PastFinder BERLIN

Maik Kopleck, Vilibald P. Barl

EINLEITUNG	2
ÖSTLICHES ZENTRUM	8
BERLIN IM »DRITTEN REICH«	116
WESTLICHES ZENTRUM	142
BERLIN IM KALTEN KRIEG	170
AUSSENBEZIRKE	186
UMLAND	256
INDEX/IMPRESSUM	274
INFORMATIONEN	280

3. Ausgabe MMXVI Copyright **PastFinder** – All rights reserved. Handmade in Germany.

Dieses Buch, einschließlich aller seiner Teile, ist urheberrechtlich geschützt. Vervielfältigungen, Übersetzungen, Mikroverfilmungen sowie die Einspeicherung und Verarbeitung in elektronischen Systemen bedürfen der schriftlichen Zustimmung des Verlages. **PastFinder** ist ein eingetragenes Markenzeichen. Die Informationen in diesem Reiseführer stammen aus zuverlässigen Quellen; für ihre Richtigkeit können wir jedoch keine Haftung übernehmen.

Auf dem Dach des Reichtagsgebäudes

Liebe PastFinder-Leser!

Als Zugereister sieht man manchmal mehr als der Einheimische. Mir fielen in Berlin besonders die noch zahlreich vorhandenen, aber nicht immer offen zu Tage liegenden Relikte der deutschen Vergangenheit und die vielen Hauptstadt-Besucher auf.

So hatte ich im Sommer 2001 als gelernter Grafik-Designer und ungelernter Historiker die Idee den *PastFinder* zu konzipieren, einen neuartigen Stadtführer, der die bekannten und weniger bekannten Schauplätze der jüngeren Berliner Geschichte in kompakter Form erklärt und mit zahlreichen Abbildungen veranschaulicht.

Nach dem ersten *PastFinder,* der schnell zum Bestseller wurde, entstanden in dieser Reihe in den letzten Jahren weitere erfolgreiche Stadt- und Reiseführer zu deutschen und europäischen Metropolen. *PastFinder* beschreiben leicht verständlich und ideologiefrei Ereignisse, die an konkreten Orten stattfanden. Viele der historischen Fotografien waren zur Zeit ihrer Entstehung ein Propaganda-Instrument, deshalb sind sie immer selektiv, nie neutral, auch wenn sie dokumentarisch wirken. Selbst im aufklärerischen Kontext können diese Inszenierungen noch ihre verführerische Wirkung entfalten und prägen so unbewusst unser Bild der damaligen Zeit.

Mit dem *PastFinder Berlin* wünsche ich Ihnen eine erfolgreiche Spurensuche. Ich weiß, die Reise in die deutsche Vergangenheit ist nicht immer eine Vergnügungsreise. Aber, wie sagte schon Richard von Weizsäcker: »*Wer vor der Vergangenheit die Augen verschließt, wird blind für die Gegenwart.*«

Maik Kopleck
PastFinder-Gründer

Fremdenverkehrsplakat, 1928

Zeitstrahl Berlin 1701–1999

1701 Kurfürst Friedrich III. krönt sich in Königsberg zum preußischen König Friedrich I. und baut die Residenzstadt Berlin zum »Spree-Athen« aus

1717 In Preußen und Berlin wird die allgemeine Schulpflicht eingeführt

1720 Am unteren Ende der Spree entsteht aus einem 1709 errichteten Pesthaus die Charité

1770 Der Reitweg vom Stadtschloss zum Tiergarten wird zur Prachtstraße Unter den Linden ausgebaut

1800 Berlin hat 170.000 Einwohner, darunter 25.000 Soldaten

1734–37 Abriss der Stadtbefestigung und Bau einer Zollmauer

1806–08 Am 27. Oktober besetzt der französische Kaiser Napoleon mit seinen Truppen Berlin

| 1700 | 1720 | 1740 | 1760 | 1780 | 1800 | 1820 | 1840 |

1740–86 Friedrich II.; Unter dem Alten Fritz entwickelt sich Berlin zu einem Zentrum der Aufklärung, zahlreiche Repräsentationsbauten entstehen (Zeughaus, Staatsoper uvm.)

1791 Einweihung des Brandenburger Tors

1713–40 Friedrich Wilhelm I., der »Soldatenkönig«

1814 Nach den Befreiungskriegen gegen Napoleon bringt Blücher die Quadriga des Brandenburger Tors von Paris zurück nach Berlin

1837 August Borsig legt den Grundstein für seine Maschinenfabrik an der Chausseestraße

1861–88 König Wilhelm I., ab 1871 Kaiser

1867 Bismarck wird in Berlin Bundeskanzler des Norddeutschen Bundes, ab 1871 erster Reichskanzler

1924–29 Goldene Zwanziger Jahre: Berlin ist der kulturelle Mittelpunkt Europas

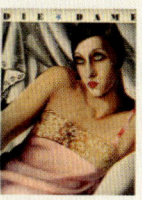

1933–45 »Drittes Reich«: »Machtergreifung« Hitlers; 1936: Olympische Sommerspiele in Berlin; 1938: »Reichskristallnacht«, Synagogen brennen, Juden werden terrorisiert, deportiert und ermordet; 1939: Hitler entfacht den 2. Weltkrieg; 1945: Sowjetische Truppen erobern Berlin, die Stadt und Deutschland werden in vier alliierte Besatzungszonen aufgeteilt

1871 Berlin wird Hauptstadt des Deutschen Reiches

1900 Berlin hat 1,9 Mio. Einwohner

| 1860 | 1880 | **1900** | 1920 | 1940 | 1960 | 1980 | **2000** |

1887 Das Elektrounternehmen AEG wird in Berlin gegründet

1914–18 1. Weltkrieg

1918–33 Weimarer Republik: Revolution in Berlin; Kaiser Wilhelm II. wird abgesetzt; Philipp Scheidemann ruft vom Reichstag die Republik aus – Deutschlands erste Demokratie

1961 13. August: Die DDR lässt die Mauer errichten

1953 17. Juni: Blutige Niederschlagung des Volksaufstands in Ost-Berlin und der DDR

1888–1918 Kaiser Wilhelm II.

1948 Sowjetische Blockade West-Berlins (Luftbrücke)

1989/90 Friedliche Revolution in der DDR; 9. November: die Mauer fällt; 3. Oktober 1990: In Berlin wird die Vereinigung Deutschlands vollzogen

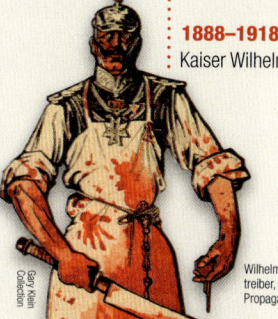

Wilhelm II. als Kriegstreiber, französische Propaganda, 1916

1999 19. April: Erste Sitzung des Deutschen Bundestages im neuen Reichstagsgebäude

Östliches Zentrum

Berlin, die Residenz der Hohenzollern repräsentierte über Jahrhunderte das protestantische Preußen. Unter ihrem Regiment keimte die Stadt zum »Spree-Athen« und der Alte Fritz erlangte mit seinem Militärstaat einen Platz am Tisch der kontinentalen Großmächte. Mit der Reichsgründung 1871, der rasanten Industrialisierung und Bevölkerungszunahme spielte Berlin dann lautstark auf der europäischen Bühne mit. Aus dem Fiasko des 1. Weltkriegs erwuchs nach der Abschaffung der Monarchie die Weimrer Republik, die über zu wenig Demokraten verfügte, um die Katastrophe der Hitler-Diktatur zu verhindern. Das »Tausendjährige Reich« der Nationalsozialisten herrschte zwar nur 12 Jahre im politischen Zentrum an der Wilhelmstraße, ließ aber nach dem 2. Weltkrieg Berlin und weite Teile Europas verwüstet zurück. Die einst pulsierende Metropole wurde eine in vier Besatzungszonen zerschnittene Stadt, die der Mauerbau 1961 in zwei Hälften teilte. Die SED-Genossen versuchten aus dem Ostteil ein Musterbeispiel des Sozialismus zu machen. Prestigeobjekte, wie der Fernsehturm oder der Palast der Republik, erhoben sich zwischen Plattenbauten. Die politischen Verhältnisse der späten 1980er Jahre ermöglichten schließlich die friedliche Revolution, die die »Diktatur des Proletariats« auch in der DDR beendete. Das triste Grau der abblätternden Fassaden wich erst nach dem Beitritt der DDR zur Bundesrepublik der Revitalisierung.

Empfang für Hitler am Brandenburger Tor nach einem Staatsbesuch in Italien, 1938

10 ÖSTLICHES ZENTRUM

12 ÖSTLICHES ZENTRUM

Die Quadriga des Brandenburger Tors mit der Friedensgöttin Eirene hätte ihr Schöpfer, >Johann Gottfried Schadow gerne nackt gen Osten rollen lassen. Auf Wunsch des Königs erhielt sie 1794 ein Gewand. Nach der preußischen Bezwingung Napoleons 1814 wandelte sich die nun mit Eichenlaub und >Eisernem Kreuz dekorierte Dame zur Siegesgöttin Viktoria.

Vom Stadttor zum Nationalsymbol

1 Brandenburger Tor Dieses Bauwerk ist eindeutig das populärste Wahrzeichen Berlins und ganz Deutschlands. Es wurde 1791 von Architekt Carl Gotthard Langhans für das preußische Herrscherhaus als »Friedenstor«, nach antikem griechischem

1 Brandenburger Tor (heute)

Vorbild errichtet und 1793 mit der >Quadriga von Bildhauer >Johann Gottfried Schadow gekrönt. Das symbolträchtige Viergespann nahm der französische Kaiser Napoleon 1806 als Kriegsbeute mit nach Paris. Die Quadriga kehrte erst nach der Niederlage Bonapartes 1814 mit dem siegreichen Generalfeldmarschall Gebhard Leberecht von Blücher, auch »Marschall Vorwärts« genannt, wieder zurück. Im gleichen Jahr wurde sie durch >Karl Friedrich Schinkels >Eisernes Kreuz im Eichenlaubkranz und den Preußen-Adler ergänzt, wieder auf das Tor montiert (um von den Berlinern postwendend als »Retourkutsche« bezeichnet zu werden).
Die »Machtergreifung« Adolf Hitlers feierten 1933 seine braunen SA-Truppen mit einem martialisch-mystischem Fackelzug durch das Brandenburger Tor.

Es war die düstere Premiere für weitere Triumphzüge, wie bei einer Visite des italienischen Duce Benito Mussolini (1937), nach dem »Anschluss« Österreichs (1938) und nach den blitzartigen Angriffskriegen gegen Polen (1939) und Frankreich (1940). Am 2. Mai 1945 feierte die Rote Armee vor dem stark verwüsteten Brandenburger Tor ihren Sieg

1 Blick vom Dach des Adlon auf das Luftschiff LZ 127 »Graf Zeppelin«, neben dem Brandenburger Tor das Haus Liebermann; hinten: Reichstag, Siegessäule und Krolloper, 1929

>**»Bundespräsident von Weizsäcker hat gesagt, die deutsche Frage ist offen, solange das Brandenburger Tor geschlossen ist … Herr Gorbatschow, öffnen Sie dieses Tor! Herr Gorbatschow, reißen Sie diese Mauer nieder!«**
>
>– Ronald Reagan in seiner Rede vor dem Brandenburger Tor, Juli 1987

1 Oben: US-Präsident Ronald Reagan und Bundeskanzler Helmut Kohl (r.) vor dem Brandenburger Tor, Juli 1987

über das faschistische Hitler-Deutschland. Von der ›Quadriga wehte seitdem die sowjetische Flagge. Am ›17. Juni 1953 wurde sie von Demonstranten des später blutig niedergeschlagenen Volksaufstands in der DDR heruntergerissen und kurzzeitig durch die schwarzrotgoldene Trikolore ersetzt. Das Tor blieb für fast 30 Jahre hinter der 1961 erbauten undurchlässigen, scharf bewachten Mauer der DDR im Schatten des Todesstreifens.

Es wurde zum Sinnbild des Ost-West-Konflikts und der deutschen Teilung. Den langjährigen Medienkampagnen von Springer & Co, »Macht das Tor auf!«, folgte 1987 vor dem Brandenburger Tor die Aufforderung des US-Präsidenten Ronald Reagan: »Mister Gorbatchew, open this gate!« Die Appelle wurden 1989 unerwartet erhört. Die Bilder des Mauerfalls wanderten ins kollektive Gedächtnis. Im U- und S-Bahnhof Brandenburger Tor informiert eine Ausstellung über die historischen Ereignisse. Der Alltag auf dem Pariser Platz am Ende von Unter den Linden auf der östlichen und dem Platz des 18. März auf der westlichen Seite demonstriert heute beispielhaft die friedliche Normalität des wiedervereinigten Deutschlands. → *Pariser Platz* 🅄🅂 *Brandenburger Tor*

14 ÖSTLICHES ZENTRUM

Beate Uhse im Adlon-Bunker

Mitte April 1945 setzte die Rote Armee zum Sturmangriff auf Berlin an. Im luxuriösen >Adlon-Bunker unter dem Pariser Platz herrschte dennoch gute Stimmung. Ein gewisser Josef Neckermann, damals Chef der ZLG und damit zuständig für die Bekleidung der Wehrmacht, hielt sich gerade hier auf. In seinen Versorgungsbereich fielen auch Kondome. Davon hatte Neckermann, wie er amüsiert berichtete, noch 100.000 Exemplare ohne Verwendung übrig. Aufmerksam hörte dies die 25-jährige Beate Köstlin (später Uhse), Luftwaffen-Pilotin im Range eines Hauptmanns beim »Überführungsgeschwader I«. Am 22. April verließ sie als eine der letzten Berlin mit ihrem Flugzeug. Nach dem Krieg erwarb sie die von Neckermann noch immer verwahrte Kondom-Ladung, es war der Start für ihr Sex-Shop-Imperium.

❷ Botschaft der USA Die USA erwarben 1930 das ehemalige Palais des Generalfeldmarschalls Blücher neben dem >Brandenburger Tor als Botschaftssitz. Bis dahin war er an der heutigen Stauffenbergstraße. Das neue

2 Luftschutzkeller der US-Botschaft

Domizil wurde benötigt, da Generalbauinspektor >Albert Speer für Hitlers >Germania-Pläne den Abriss des Hauses vorsah. Aus Protest gegen die Judenpogrome der Nationalsozialisten war der Botschaftsposten im November 1938 kurzzeitig unbesetzt. Nach dem Ausbruch des 2. Weltkriegs 1939 hofften die Amerikaner das Gebäude am Pariser Platz vor britischen Luftangriffen schützen zu können, indem sie auf das Dach in riesigen Lettern »USA« pinselten. Im Untergeschoss wurde notdürftig ein Luftschutzkeller eingerichtet. Wenige Tage nach dem japanischen Angriff auf Pearl Harbour erklärte Adolf Hitler den USA 1941 großspurig den Krieg und die Botschaft wurde von den Nationalsozialisten geschlossen. Das Personal hielten sie über Monate in einem Hotel in Bad Nauheim fest. Um das Haus kümmerte sich während des Krieges die Eidgenössische Vertretung. Die Dachaufschrift bewahrte das Gebäude nicht vor Bomben. Die Ruine, die nach 1945 im Ost-Sektor verblieb, wurde von der DDR abgetragen. Ab 1949 residierte die US-Botschaft in der Bundesrepublik Deutschland in Bonn. Daneben gab es 1974–90, als Botschaft *bei* der DDR, auch eine US-Vertretung in Ost-Berlin an der Neustädtischen Kirchstraße 4–5. Auf dem historischen Grundstück am Brandenburger Tor errichteten die Amerikaner 2004 einen Hochsicherheits-Neubau, in dem die neue Botschaft 2008 eröffnet wurde. → *Pariser Platz 2* Ⓤ Ⓢ *Brandenburger Tor*

❸ Generalinspektion für das Straßenwesen und Reichsministerium für Rüstung und Kriegsproduktion
Das frühere Palais des preußischen Gouverneurs von Berlin Friedrich von Wrangel bezog 1933 der Ingenieur Fritz Todt als Dienstsitz. Mit der Ankündigung des Baus eines Autobahnnetzes ernannte ihn Hitler zum obersten Leiter für die Verwirklichung der Pläne, die bereits in der Weimarer Republik entstanden waren. Der NS-Staat entfachte um den Straßenverkehr eine riesige Propaganda-Kampagne und baute bis Ende 1943 fast 4.000 km Reichsautobahn (RAB). Als Todt 1942 bei einem Flugzeugabsturz ums Leben kam, berief Hitler den erprobten Organisator und

2 Wandgemälde von Sol LeWitts im Foyer der neuen US-Botschaft

Architekten >Albert Speer zu dessen Nachfolger. Speer gelang es, die Kriegsproduktion mit Hilfe der »Wehrwirtschaftsführer« sowie Armeen von Sklavenarbeitern kontinuierlich zu steigern und so den 2. Weltkrieg und das große Sterben zu verlängern. Anstelle des Palais Wrangel baute 2001 der in Kalifornien lebende Großarchitekt Frank O. Gehry einen postmodernen Neubau für die DZ Bank. → *Pariser Platz 3* 🅄 🅂 *Brandenburger Tor*

4 Akademie der Künste

❹ Akademie der Künste / Generalbauinspektion für die Reichshauptstadt Berlin

Unter wechselnden Namen besteht die Akademie der Künste seit 1696. Von 1926 bis 1945 nannte sie sich Preußische Akademie der Künste. Sie sollte für die Repräsentation sowie Förderung der Kunst und Kultur aller Bereiche sorgen. Ihr Präsident war von 1920 bis zu seinen Rücktritt wegen der NS-Kulturpolitik 1933 der bedeutende Impressionist >Max Liebermann. Das Akademiegebäude am Pariser Platz nutzte ab 1937 der von Adolf Hitler zum Generalbauinspektor für die Reichshauptstadt (GBI) ernannte >Albert Speer mit seinem Stab. Für das größenwahnsinnige Projekt >Welthauptstadt Germania stand hier in einem Saal auch ein über 30 m langes Stadtmodell (siehe Seite 126) inklusive der >Großen Halle, an dem sich Hitler und Speer oft nächtelang berauschten.

Nach 1945 und der deutschen Teilung wurde in Ost-Berlin 1950 die Akademie der Künste der DDR u.a. von Bertolt Brecht gegründet. Als Heinrich Mann unerwartet im US-Exil verstarb, wurde Arnold Zweig ihr erster Präsident. West-Berlin folgte 4 Jahre später mit der Akademie der Künste im >Hansaviertel, der der Architekt und Stadtplaner Hans Scharoun vorstand. Seit 2005 residiert die wiedervereinigte Einrichtung im Behnisch-Bau am historischen Ort hinter dem Brandenburger Tor, wo öffentliche Ausstellungen und Veranstaltungen stattfinden. Weiterhin aber auch am alten Sitz der West-Berliner Akademie am

4 »Gefesselter Prometheus«

Hanseatenweg. Im letzten erhaltenen Fragment des Altbaus, der heute in den Neubau am Pariser Platz integriert ist, wurde 1995 bei Renovierungsarbeiten die Marmorplastik »Gefesselter Prometheus« des kaiserlichen Hofbildhauers Reinhold Begas entdeckt. Die von Speer beschaffte Plastik hatte man im Krieg zum Schutz vor alliierten Bombenangriffen eingemauert, sie ist nun unversehrt im Durchgang zur Behrenstraße aufgestellt. → *Pariser Platz 4* 🅄 🅂 *Brandenburger Tor*

4 Welthauptstadt Germania: Brandenburger Tor und Reichstag vor der 320 m hohen Großen Halle (Modell, 1941)

5 Hotel Adlon, 1890

5 Hotel Adlon Es war einmal ein Luxus-Hotel der Extraklasse, wie es am Anfang des 20. Jahrhunderts von der mondänen Welt, nach amerikanischem Vorbild, erwünscht war. Zur Begeisterung von >Kaiser Wilhelm II. und des europäischen Hochadels hatte es 1907 der geschäftstüchtige Mainzer Gastronom Lorenz Adlon am Pariser Platz begründet. Nach dem Ende der Monarchie sorgten in den >Goldenen Zwanzigern vor allem US-Geld- und Kultur-Adel für einen fast mythischen Ruf der Edel-Herberge. Josephine Baker, >Anita Berber, Charlie Chaplin, >Marlene Dietrich, Greta Garbo, Henry Ford, Thomas Mann oder John D. Rockefeller residierten hier. Die »völkisch-braune Creme« bevorzugte für ihre Auftritte das >Hotel Kaiserhof am Wilhelmplatz. Ab 1943 verfügte das Adlon zusätzlich über einen luxuriös ausgestatteten Luftschutzbunker unter der südlichen Grünfläche des Pariser Platzes. Immerhin zu einer Zeit, als Hitlers >»Führerbunker« noch nicht fertiggestellt war. Den 2. Weltkrieg überstand das Hotel relativ unbeschadet, brannte aber als Lazarett am 2./3. Mai 1945 ab. In der DDR nur halb genutzt und verwahrlost, wurde es 1984 abgerissen und 1997 im neuem Glanz sinngemäß wieder aufgebaut. → *Unter den Linden 75–77* U S *Brandenburger Tor*

6 Botschaft Frankreichs Das Palais Beauvryé ließ sich 1737 der gleichnamige preußische Generalmajor auf einem

6 Brandenburger Tor, Max-Lieberman-Haus und Französische Botschaft am Pariser Platz

von seinem »Soldatenkönig« geschenkten Grundstück erbauen. Von 1871 bis zur Zerstörung am Ende des 2. Weltkriegs war es die Adresse der diplomatischen Vertretung Frankreichs. Nach der Gründung der Bundesrepublik Deutschland und der Deutschen Demokratischen Republik (DDR) 1949 wurde eine neue französische Botschaft in Bonn eröffnet. In den 1970er Jahren kam noch eine weitere Vertretung in Ost-Berlin hinzu. Den Neubau, der den Gestaltungsrichtlinien für den Pariser Platz (weitgehend) folgt, haben symbolträchtig der Pariser Christian de Portzamparc und der Berliner Steffen Lehmann gemeinsam entworfen. → *Pariser Platz 5* 🆄🆂 *Brandenburger Tor*

> »Ich lebe nur noch aus Hass. Ich schaue nicht mehr aus dem Fenster dieser Zimmer – ich will die neue Welt um mich herum nicht sehen.«
> *– Max Liebermann, 1933*

18 ÖSTLICHES ZENTRUM

7 Selbstbildnis Liebermanns, 1934

❼ Max-Liebermann-Haus

Max Liebermann, der berühmte deutsch-jüdische Maler am Übergang zur klassischen Moderne, residierte hier in Vaters Anwesen von 1894 bis zu seinem Tod 1935. Das Haus ist 1846 von >Schinkel-Schüler Friedrich August Stüler direkt neben dem Brandenburger Tor erbaut worden und verfügte über ein lichtdurchflutetes Atelier im Dachgeschoss. Thomas Mann

7 »Stolperstein« am Pariser Platz

beschrieb 1928 das Domizil des Malerfürsten als einen »*Sammelpunkt mächtiger und erheiternder Charakterkräfte*«. Ab 1910 besaß Liebermann auch eine herrschaftliche Villa am Wannsee mit einem 7.000 qm großen Park, wo er jahrelang die Sommer verbrachte und etwa 200 seiner letzten Bilder malte. Liebermann, der leidenschaftlich berlinerte, war von 1920 bis 1933 Präsident der Preußischen >Akademie der Künste, vertrat eine aufgeklärte, bürgerlich-liberale Auffassung und war entschieden gegen jede, besonders aber gegen Rassen- und Judendiskriminierung. Als die Nazis 1933 an die Macht kamen, verlor er den Akademievorsitz. Am 30. Januar 1933, dem Tag des berüchtigten SA-Fackelzugs zur Feier von Hitlers »Machtergreifung«, den er von seinem Haus aus am Brandenburger Tor erlebte, sprach er den wiederholt zitierten Satz: »*Ick kann jar nich soville fressen, wie ich kotzen möchte*«. Als er 1935, krank und von vielen gemieden, friedlich entschlief, nahm ihm die Totenmaske der junge >Arno Breker ab, der spätere NS-Großskulptor. Liebermanns Frau Martha wählte 1943, vor der drohenden Deportation, den Freitod. Das im Krieg zerstörte Haus wurde erst 1996 wieder aufgebaut. Es beherbergt die Stiftung Brandenburger Tor, die hier auch Kunstausstellungen veranstaltet. → *Pariser Platz 7* Ⓤ Ⓢ *Brandenburger Tor*

❽ Verwaltungssitz der IG Farben

Die Interessengemeinschaft Farbenindustrie AG (IG Farben), ein 1925 gegründetes Konglomerat deutscher Chemieunternehmen, war damals der größte Chemie-Multi Europas und das viertgrößte Unternehmen der Welt. Die IG Farben unterstützte die Nationalsozialisten und erhielt Privilegien, die satte Gewinne garantierten. Der Vorstand bestand fast nur aus NSDAP-Mitgliedern (»Der Rat der Götter«).

7 Blick vom Reichstag auf das Brandenburger Tor im Mai 1945, links daneben die Überreste des Liebermann-Hauses

8 Rechts: Modell der für Germania geplanten IG Farben-Verwaltung entlang der Wilhelmstraße, 1939

Auch während des 2. Weltkriegs kooperierte die IG Farben weiter mit US-Standard Oil. Für die kriegswichtige Produktion von synthetischem Benzin und Kautschuk wurde ab 1941 in Auschwitz (Buna-Monowitz) ein IG-Farben-KZ errichtet. Das tödliche Gas Zyklon B produzierte auch ein Mitglied der IG Farben, die Firma Degussa. Nach 1945 wurden führende Manager in den Nürnberger Prozessen wegen »Versklavung« verurteilt und die IG Farben wieder in einzelne Firmen aufgelöst. (u.a. Agfa, Bayer, BASF, Dynamit AG, Hoechst). Die Hauptverwaltung der IG Farben war in Frankfurt/Main im Poelzig-Bau. 1938 wurde in Berlin am Pariser Platz eine repräsentative Vertretung errichtet, die im Zuge der >Germania-Planungen noch vergrößert werden sollte. Das Haus wurde im 2. Weltkrieg zerstört und später abgetragen. Heute steht dort ein ähnlicher Nachbau. → *Unter den Linden 78* Ⓤ Ⓢ *Brandenburger To*

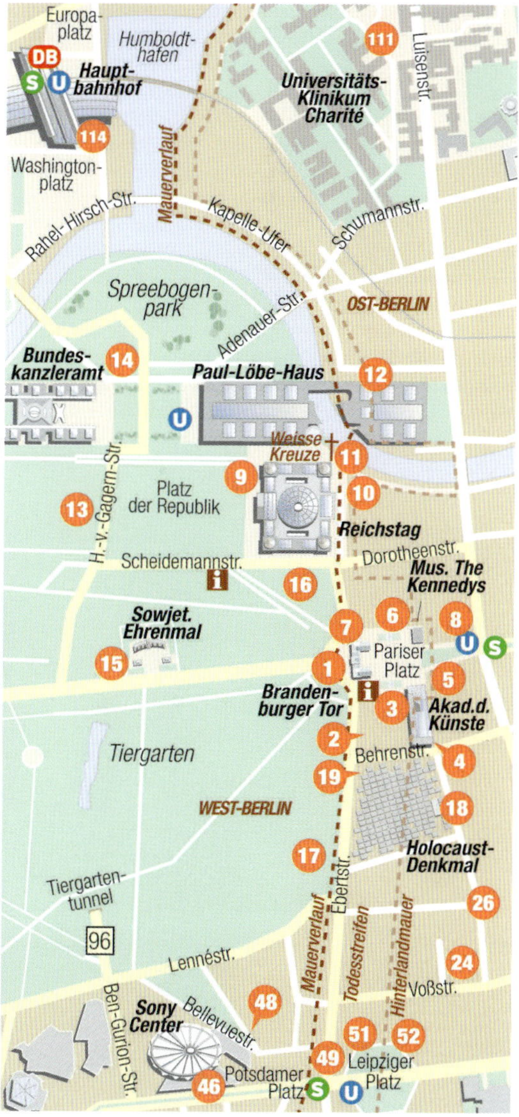

20 ÖSTLICHES ZENTRUM

Friedrich Ebert (1871–1925) war der erste Reichspräsident (SPD) der Weimarer Republik. Nach Anerkennung des Versailler-Vertrags führte er eine Politik des Interessenausgleichs und trug entscheidend zur Stabilität des Landes bei. Ständig von Nationalisten und Kommunisten diffamiert, wurde ein ungünstiges Urlaubsfoto von Ebert in Badehose zum »pöbelhaftesten Argument« gegen ihn und die junge Republik. Ebert verstarb mit nur 54 Jahren.

»Dem Deutschen Volke«

❾ **Reichstag** Drei Hohenzollern waren Paten des Reichstagsbaus; der Monarch und der Reichstag sollten die Einheit des Deutschen Reiches repräsentieren. 1884 legte Kaiser Wilhelm I. den Grundstein. Nach zehnjähriger Bauzeit wurde der von Architekt Paul Wallot entworfene Reichstag 1894 seiner Bestimmung übergeben, auch wenn >Kaiser Wilhelm II. das parlamentarische System und das neue Gebäude abscheulich fand. Erst mitten im 1. Weltkrieg erlaubte er 1916 schließlich die Anbringung der Inschrift »Dem deutschen Volke«, mit den von >Peter Behrens entworfenen Lettern. Wilhelm II. berief das Parlament alle Jahre mal ein, bis zum Kollaps des Kaisertums 1918. Dann tagte das demokratische Parlament der Weimarer Republik im Gebäude, das 1933 mit dem >Reichstagsbrand in Flammen aufging. Um die Fakten des Brandes wird bis heute geforscht, fest steht aber, dass die gerade an die Macht gekommenen Nationalsozialisten das aufsehenerregende Feuer propagandistisch zu Etablierung ihrer Diktatur voll ausnutzten. Sie schafften alle demokratischen Freiheiten ab und beseitigen die Opposition. Das Parlament zog in die >Krolloper und benutzte den Reichstag nie wieder. NS-Reichsinnenminister Wilhelm Frick meinte dazu: »Wenn der neue Reichstag zusammentritt, werden die Kommunisten durch dringendere und nützlichere Arbeiten verhindert sein, an der

❾ Bundesadler im Plenarsaal

❾ Dach des Reichstags

❾ Reichstag fotografiert von der Siegessäule, 1895

9 Rechts: Arbeiter montieren die Lettern der Inschrift »Dem Deutschen Volke« am Reichstags-Giebel, 1916

Sitzung teilzunehmen. Diese Herrschaften müssen wieder an nutzbringende Arbeit gewöhnt werden. Dazu werden wir ihnen in Konzentrationslagern Gelegenheit geben.« Rechts vorm Haupteingang des Reichstags erinnern 96 Gusseisenplatten, je eine mit den Lebensdaten der

»Das Volk liebt ihn nicht, während die Intellektuellen für ihn sind. Das deutsche Volk will keinen Präsidenten im Zylinder. Er muss eine militärische Uniform und eine Menge Orden haben. Wenn man einen Mann vor sich hat, der einen Zylinder trägt und alltäglich aussieht, dann denkt jedermann im Publikum: das kann ich auch!« – Gustav Stresemann über Friedrich Ebert, 1925

Reichstagsabgeordneten, die im »Dritten Reich« von den Nazis ermordet worden sind. Das Bodendenkmal ist eine Arbeit von drei Kunststudenten.
Als das »Tausendjährige Reich« im April 1945 in den letzten Zügen lag, wurde um den symbolträchtigen Reichstag, hauptsächlich verteidigt von Freiwilligen der französischen Waffen-SS-Division »Charlemagne«, besonders erbittert gekämpft. Noch vor der Eroberung wurde das rote Hammer-und-Sichel-Banner auf dem Dach gehisst (von dem sowjetischen Armeefotografen Jewgeni Chaldei am nächsten Tag nachgestellt und modifiziert festgehalten). Die Reichstags-

9 Reichstagskuppel

wände signierten Rotarmisten mit verkohltem Holz, diese »Graffiti« sind z.T. bis heute erhalten. Der

22 ÖSTLICHES ZENTRUM

9 Französisches Waffen-SS-Plakat

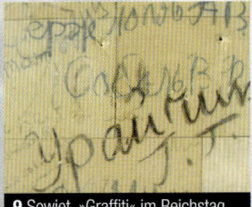
9 Sowjet. »Graffiti« im Reichstag

9 Rotarmist im Reichstag, 1945

stark zerstörte Reichstag lag ab 1961 an der Mauer, unmittelbar an der Trennungslinie der Systeme, in West-Berlin. Dort fanden in den 1970er Jahren einige Bundestagssitzungen statt. Nach der Wende und dem Beschluss von 1991, die deutsche Hauptstadt wieder in Berlin zu etablieren, durfte Architekt Sir Norman Foster dem Gebäude eine lichte, begehbare Kuppel aufsetzen. Sie gehört zu den Wahrzeichen der Metropole und wird täglich von rund 8.000 Besuchern (nach Wartezeiten) erklommen. Unvergesslich bleibt Christo's und Jeanne-Claude's »verhüllter Reichstag« (1995) mit Volksfestcharakter und globaler PR-Wirkung. → *Platz der Republik 1* ⏰ *Mo–So 8–22 Uhr* Ⓤ *Bundestag*

🔟 **Reichstagspräsidentenpalais** Die Bezeichnung Reichstagspräsident wurde im Norddeutschen Bund, in der Kaiserzeit, in der Weimarer Republik und 1932 bis 1945 von Hitlers Paladin ›Hermann Göring geführt. Dessen Vorgänger war der Sozialdemokrat Paul Löbe, der mit kurzer Unterbrechung das Amt seit 1920 inne hatte. Dienstsitz war das ebenfalls vom Architekten des ›Reichstags, Paul Wallot, erbaute Palais gegenüber dem östlichen

9 Zerschossene Reichstags-Ruine, Juni 1945

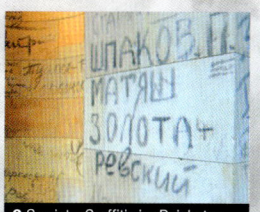
9 Sowjet. »Graffiti« im Reichstag

9 Reichstag am Platz der Republik

11 »Weiße Kreuze« am Spreeufer

Eingang des Parlaments. Nach 1961 verlief dazwischen die DDR-Mauer. Einige Historiker vermuten, dass mit Görings Wissen von dort aus 1933 SA-Männer durch den noch heute existierenden unterirdischen Gang heimlich in das Parlament gelangten und das Feuer zum ›Reichstagsbrand entfachten. Heute beherbergt das Palais die Parlamentarische Gesellschaft.
→ *Friedrich-Ebert-Platz 2*
U *Bundestag*

11 »Weisse Kreuze« Ein privater Bürgerverein stellte an den Stellen, wo »Republikflüchtlinge« die DDR-Grenzanlagen zu überwinden versuchten und dabei starben, jeweils ein weißes Kreuz auf. Die Gedenkstätte befand sich zunächst an der Ebert- Ecke Scheidemannstraße. Seit 2003 sind stellvertretend am Reichstagsufer Kreuze für 13 Tote installiert. Ein weiteres erinnert an die »unbekannten Opfer an der Mauer«.
Die meisten von ihnen wurden von DDR-Grenzern erschossen, einige ertranken hier in der Spree. An der Berliner Mauer kamen insgesamt mindestens 136 Menschen ums Leben. → *Reichstagufer* U *Bundestag*

12 »Parlament der Bäume« Ein weiterer Gedenkort für die Opfer der Berliner Mauer. Der Künstler Ben Wargin gestaltete ihn 1990 im ehemaligen Grenzstreifen aus Original-Segmenten der hinteren Sperrmauer. Ein Teil der Anlage steht heute mit einer Ausstellung im Bibliothekstrakt des Marie-Elisabeth-Lüders-Hauses. → *Schiffbauerdamm*
U *Bundestag*

ÖSTLICHES ZENTRUM

13 Hitler hält in der Krolloper die erste Reichstagssitzung nach dem Frankreichfeldzug ab, Juni 1940

⓭ Krolloper Nach dem spektakulären ›Reichstagsbrand‹ vom Februar 1933 tagten die Abgeordneten gegenüber in der Krolloper. Das Etablissement war zunächst ein mondänes Vergnügungslokal, dann ein Opernhaus unter der Leitung von Dirigent Otto Klemperer. Am 24. März 1933 gab sich hier der deutsche Parlamentarismus selbst auf:

14 Schweizerische Botschaft

Im Zeichen des Hakenkreuzes verabschiedete der – letztlich frei gewählte, aber nationalsozialistisch dominierte – Reichstag das »Ermächtigungsgesetz« und stattete Hitler so mit diktatorischen Vollmachten aus. Das NS-Scheinparlament kam danach nur noch zusammen, um dem »Führer« die Bühne für seine Reden zu bieten. 1951 wurde das im 2. Weltkrieg stark beschädigte Gebäude abgerissen. → *Platz der Republik* Ⓤ *Bundestag*

⓮ Schweizerische Botschaft Der russische Schriftsteller Fjodor Dostojewski berichtete über das Domizil seines Arztes Friedrich Theodor von Frerichs: »*Diese Leuchte der deutschen Wissenschaft wohnt in einem Palast.*« 1919 erwarben die Eidgenossen das Haus. Hitler betrachtete die deutschsprachigen Schweizer als Deutsche, was die Schweizer als direkte Bedrohung empfinden mussten. Der damalige schweizerische Botschafter in Berlin empfahl seinen Landsleuten, sich an Hitlers Neuordnung Europas zu beteiligen. Das tat die neutrale Schweiz zwar nicht, war dem NS-Staat aber bei den Devisengeschäften und dem Horten des geraubten »Nazigoldes« behilflich. Gleichzeitig führte sie die Nummernkonten ein, um die gefährdeten (jüdischen) Vermögen zu schützen.

Das Gebäude der Schweizer Vertretung am Spreebogen blieb bei den Abrissmaßnahmen für die ›Große Halle‹ der geplanten ›Welthauptstadt Germania‹ fast als einziges stehen. Den Sowjets diente es 1945 im Kampf um den ›Reichstag‹ als Feuerleitstelle. Seit 2000 beherbergt das Haus mit dem eleganten Erweiterungsbau (Architekten: Diener & Diener) wieder die Eidgenössische diplomatische Vertretung.

→ *Otto-von-Bismarck-Allee 4* Ⓤ *Bundestag*

⓯ Sowjetisches Ehrenmal Tiergarten Zwei T-34 Tanks und zwei Kanonen aus der ›Schlacht um Berlin‹ flankieren das Ehrenmal für die beim Sturm auf den ›Reichstag‹ im April/Mai 1945 gefallenen sowjetischen Soldaten. Etwa 2.500 Rotarmisten liegen auf dem Gräber-

15 Sowjet. Ehrenmal Tiergarten

feld. Die Anlage ist bereits im November 1945 nach dem Entwurf des Bildhauers Lew Kerbel auf Wunsch von Marschall >Georgi Schukow errichtet worden. Die Geschichte, dass hier Granit oder Marmor aus der >Neuen Reichskanzlei verbaut wurde, ist nicht sehr wahrscheinlich, da diese erst ab 1949 abgetragen wurde. Der in der Sowjetunion hochgeschätzte Bildhauer Kerbel schuf im Staatsauftrag eine kaum überschaubare Anzahl sozialistisch-realistischer Monumentalwerke, darunter das Ernst-Thälmann-Denkmal in Berlin, das Ehrenmal an den >Seelower Höhen und den Karl-Marx-Haupt in Chemnitz.

15 T-34 Panzer am Ehrenmal

Unterhalb des Ehrenmals verlaufen übrigens drei Tunnel zum Tiergarten hinüber. Die bis zu 200 m langen Tiefbauten entstanden während der >Germania-Planungen als Teil einer unterirdischen Straßenkreuzung. Im 2. Weltkrieg dienten sie Rüstungsbetrieben sowie als Luftschutzräume für die Zivilbevölkerung. → *Straße des 17. Juni* Ⓤ Ⓢ *Brandenburger Tor*

⑯ Denkmal für die im Nationalsozialismus ermordeten Sinti und Roma

Der Forderung von Sinti und Roma nach einem eigenen Gedenkort, der an die Verfolgung und Vernichtung ihrer Vorfahren im NS-Reich erinnert, hat die Bundesregierung 1992 zugestimmt. Danach gab es lange Debatten über die Benennung und die geschichtliche Zuordnung dieser Opfergruppen. Schließlich ist von den historischen Instituten ein salomonischer, politisch korrekter Text erarbeitet worden, in dem der Quellenbegriff »Zigeuner« und alle Opfergruppen genannt werden: Sinti, Roma, Lalleri, Lovara, Manouches und weitere. Die Zahl der Opfer, die eine lange, aber sehr schlecht dokumentierte Geschichte der groben Diskriminierungen und Tötungen in Konzentrationslagern erleiden mussten, ist kaum zu ermitteln. Sie wird auf mindestens hunderttausend bis mehrere hunderttausend Getöteter geschätzt. Die Gedenkanlage hat der israelische Künstler Dani Karavan entworfen.
→ *Scheidemannstr./Tiergarten* Ⓤ Ⓢ *Brandenburger Tor*

⑰ Denkmal für die im Nationalsozialismus verfolgten Homosexuellen

Gegenüber dem >Holocaust-Denkmal steht im Tiergarten seit 2008 ein grauer Quader (Entwurf: Elmgreen und Dragset) mit einem kleinen eingelassenen Fenster.

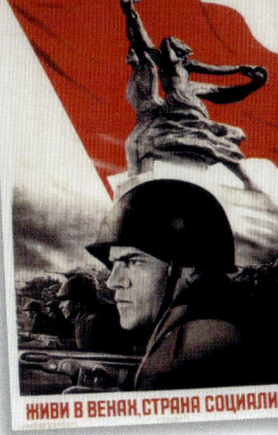

15 Sowjet. Propagandaplakat, 1943

Hinter der Scheibe läuft im Zwei-Jahres-Wechsel ein Video mit zwei sich küssenden Männern bzw. Frauen.
Während Lesben in der NS-Zeit nicht unmittelbar verfolgt wurden, kamen von etwa 10.000 bis 15.000 in Konzentrationslager verschleppten Schwulen rund 50 Prozent ums Leben. Auf der Häftlingskleidung mussten sie dort einen »Rosa Winkel«

17 Homosexuellen-Denkmal

tragen. Hunderte Homosexueller wurden kastriert, in grausamen »medizinischen Versuchen« missbraucht und in gezielten Mordaktionen getötet. → *Ebert- Höhe Hannah-Arendt-Str.* Ⓤ Ⓢ *Brandenburger Tor*

15 Bauern legen im abgeholzten Tiergarten Gemüseäcker an; hinten: Sowjet. Ehrenmal und Reichstag, 1947

In den Ministergärten

Von den Ministergärten ist heute lediglich ein Straßenschild zwischen den Vertretungen der Bundesländer geblieben. Einst war es die Bezeichnung für die Parks hinter den Palais der Wilhelmstraße. Auf diesem Areal konzentrierte sich die politische Macht Preußens, des Kaiserreiches, der Weimarer Republik und des NS-Reiches. Im 2. Weltkrieg wurden die Gärten von Bunkern unterhöhlt und 1945 durch Granaten umgepflügt. 1961–89 war dort der Todesstreifen der Mauer. Im nördlichen Bereich steht heute das >Holocaust-Denkmal.

Das Holocaust-Denkmal

18 Denkmal für die ermordeten Juden Europas Das leicht gewellte Feld mit 2.711 dunklen Beton-Stelen liegt im Herzen der ehemaligen Hauptstadt des »Dritten Reiches«, teilweise über dem Privat-Bun-

18 Museum unter dem Denkmal

ker des damaligen Propagandaministers und Judenhassers >Joseph Goebbels. Es erinnert an das singuläre Verbrechen in der Geschichte der Menschheit: an die planmäßige und industrielle Ermordung von mehr als 6 Millionen europäischen Juden in Konzentrations- und Vernichtungslagern während der nationalsozialistischen Herrschaft zwischen 1933 und 1945.

Das Projekt entstand auf Initiative der Journalistin Lea Rosh, mit Unterstützung von Alt-Bundeskanzler Willy Brandt, den Schriftstellern Günter Grass und Christa Wolf sowie eines Förderkreises. Nach langen inhaltlichen Debatten und zeitraubenden Verfahrensfragen haben das deutsche Parlament und die Regierung unter Bundeskanzler Helmut Kohl die Realisierung beschlossen. 2005 wurde das von US-Architekt Peter Eisenman entworfene Denkmal verwirklicht. Die unkonventionelle Mahnmalidee wird seitdem mit großer Aufmerksamkeit vor allem von den Berlin-Besuchern, aber genauso von den Berlinern angenommen. Die Begehung des nicht zu übersehenden, weitläufigen, labyrinthartigen Stelenfelds erzeugt ein eigentümliches Gefühl, das im unterirdischen Museum, dem »Ort der Information«, durch das dokumentarische Material verstärkt wird. Die Formen und die Anzahl der Stelen haben keinen konkreten oder symbolischen Bezug zum ver-

18 Ausstellungsraum

brecherischen Geschehen. Sie wirken gerade dadurch sehr eindringlich. → *Cora-Berliner-Str. 1* ⊙ *Apr–Sep: Di–So 10–20 Uhr; Okt–Mär: Di–So 10–19 Uhr* Ⓤ Ⓢ *Brandenburger Tor*

18 Holocuast-Denkmal zwischen Potsdamer Platz (l.) und US-Botschaft (r.)

⑲ Stadtvilla Joseph Goebbels

Am 13. März 1933 wurde der 35-jährige Joseph Goebbels von Hitler zum Propagandaminister ernannt. Mit seiner Frau Magda (geschiedene Quandt) und der ersten von fünf Töchtern hatte die Familie bisher in

19 Oben: Geplanter Neubau für die Goebbels-Villa in den Ministergärten

> »Aus dem Generalgouvernement werden jetzt die Juden nach dem Osten abgeschoben. Es wird hier ein ziemlich barbarisches und nicht näher zu beschreibendes Verfahren angewandt, und von den Juden selbst bleibt nicht mehr viel übrig. Im grossen kann man wohl feststellen, daß 60 Prozent davon liquidiert werden müssen.«
> – Joseph Goebbels, März 1943

der ehemaligen Luxuswohnung von Richard Strauss am Reichskanzlerplatz 2 (heute: Heerstr. 2) gewohnt. Nun bezogen sie eine Villa im Regierungsviertel im Park des Landwirtschaftsministeriums an der Hermann-Göring-Straße 20 (heute Ebertstraße). Das 1835 für den kaiserlichen Hofmarschall errichtete Haus stand inmitten hundertjähriger Bäume. Goebbels ließ es u.a. um einen Filmsaal erweitern und auch ein Neubau durch die Architekten Böhmer & Petrich war schon geplant. Parteiführer, Künstler und Schauspieler gingen ein und aus, Goebbels sollte bald durch seine sexuellen Eskapaden mit Ufa-Filmsternchen für Spott sorgen. Später kam der Propagandaminister noch zu einer Villa auf der >Insel Schwanenwerder und zum >Waldhof am Bogensee. Im 2. Weltkrieg wurde im Garten der Stadtvilla ein unterirdischer Bunker für Goebbels errichtet. Während der >Schlacht um Berlin diente er der SS-Freiwilligen-Division »Nordland«, die aus Skandinaviern zusammengesetzt war, als Befehlsstand. Die Villa wurde nach 1945 abgetragen, der Bunker samt

19 Familie Goebbels

einem alten Tresor erst bei den Bauarbeiten für das >Holocaust-Denkmal wiederentdeckt. Er versiegelt und nicht öffentlich zugänglich. → *Ebert-/Behrenstr.* Ⓤ Ⓢ *Brandenburger Tor*

28 ÖSTLICHES ZENTRUM

Otto von Bismarck (1815–1898) war 1871 Gründer und erster Kanzler des Deutschen Reiches. Ihm hat Preußen die Vormachtstellung in Europa und die Grundlagen des modernen Sozialstaates zu verdanken. Als er ›Kaiser Wilhelm II. nicht mehr nützte, musste 1890 »der Lotse von Bord«. Vom einsetzenden deutsch-nationalen Bismarck-Mythos, von dem auch die Nationalsozialisten zehrten, zeugen noch heute viele Denkmäler.

20 Ehemaliges Reichsluftfahrtministerium (heute Bundesfinanzministerium) an der Wilhelmstraße

Das politische Zentrum Deutschlands

20 Wilhelmstraße Die Wilhelmstraße (benannt nach dem preußischen König Friedrich Wilhelm I.) war bis 1945 weltweit das Synonym für das politische Zentrum Deutschlands. Während der Preußenzeit ließen sich in den zahlreichen prachtvollen Palais zunächst die persönlichen Vertrauten des Königs nieder. Es folgten zu Beginn des 19. Jahrhunderts die verschiedenen Ministerien Preußens, ab 1871 die Einrichtungen des Deutschen Kaiserreichs, ab 1919 die Behörden der demokratischen Weimarer Republik und ab 1933 die Reichsministerien von Hitlers NS-Regime. Während die ›Alte Reichskanzlei bis dahin Amtssitz aller deutschen Reichskanzler seit ›Bismarck war, ließ sich Hitler 1939 an der Ecke Voßstraße die monumentale ›Neue Reichskanzlei erbauen. Südlich des nicht minder pompösen ›Reichsluftfahrtministeriums befand sich mit der ›Gestapo-Zentrale, der ›Reichsführung der SS und dem ›Reichssicherheitshauptamt die Terror-Zentrale des »Dritten Reiches«. Nach dem 2. Weltkrieg lag nahezu die gesamte Wilhelmstraße in Trümmern, Abrisse zu DDR-Zeiten besorgten den Rest. In unmittelbarer Nähe zur Mauer entstanden hier 1985 »Edelplattenbauten«. Heute ist die Straße wieder in das politische Berlin eingebunden und Adresse einiger Ministerien. Zahlreiche Schautafeln informieren über die bewegte Geschichte der symbolträchtigen Meile. → *Wilhelmstr.* U S *Brandenburger Tor*

Otto v. Bismarck Bundes- bzw. Reichskanzler 1867–1890

Leo von Caprivi Reichskanzler 1890–1894

Bernhard von Bülow Reichskanzler 1900–1909

REGIERUNGSVIERTEL (1940)

1. Brandenburger Tor
2. Botschaft Frankreichs
3. Verwaltung der IG Farben
4. Reichsinnenministerium
5. Botschaft der Sowjetunion
6. RM für Wissenschaft, Erziehung und Volksbildung
7. Hotel Adlon
8. Generalbauinspektor für die Reichshauptstadt Berlin
9. Generalinspektor für das Straßenwesen / RM für Rüstung und Kriegsproduktion
10. Botschaft der USA
11. Stadtvilla Joseph Goebbels
12. Botschaft Großbritanniens
13. RM für Ernährung und Landwirtschaft
14. Reichspräsidentenpalais
15. Ministergärten (heute z.T. Holocaust-Denkmal)
16. Auswärtiges Amt
17. »Führerbunker« (1944 erbaut)
18. Alte Reichskanzlei
19. Neue Reichskanzlei
20. Reichsjustizministerium
21. Preußischer Staatsrat
22. Stellvertreter des Führers
23. Parteikanzlei der NSDAP
24. RM für Volksaufklärung und Propaganda
25. Hotel Kaiserhof
26. Reichsfinanzministerium
27. Reichspostministerium
28. Reichsverkehrsministerium
29. Kaufhaus AWAG (Wertheim)
30. Preußenhaus
31. Haus der Flieger (bis 1933 Preußischer Landtag)
32. Dienstvilla Hermann Göring

Hotel Kaiserhof am Wilhelmplatz

33. Reichsluftfahrtministerium
34. Kunstgewerbemuseum (heute Martin-Gropius-Bau)
35. Zentrale der Gestapo
36. Reichsführung der SS
37. Reichssicherheitshauptamt
38. »Angriff«-Haus

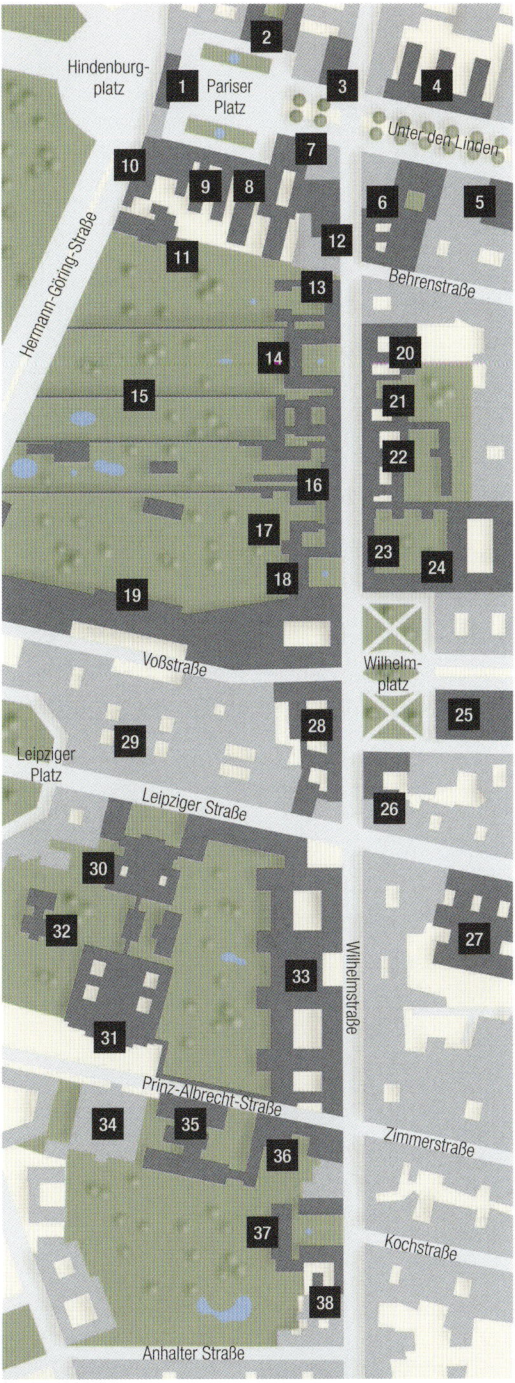

Theobald v. Bethmann-Hollweg
Reichskanzler 1909–1917

Friedrich Ebert
Reichskanzler 9.–10. November 1918

Hermann Müller
Reichskanzler März–Juni 1920 und 1928–1930

23 SPD-Wahlkampfplakat, 1919

21 Botschaft des Vereinigten Königreichs Queen Elisabeth II. eröffnete im Jahr 2000 die neue Botschaft des Vereinigten Königreichs. Als Berlin wieder die Hauptstadt des geeinten Deutschland wurde, bauten die Briten auf ihrem historischen Gelände, wo sich bis zur Zerstörung im 2. Weltkrieg die Britische Botschaft im Palais Strousberg befunden hatte, eine neue Vertretung. Das postmoderne Gebäude sollte die Offenheit und Transparenz vermitteln und wurde mit einem öffentlichen Auditorium, einer Bibliothek und einem Café ausgestattet.

Doch nach dem 11. September 2001 wuchs die Furcht vor Terroranschlägen. Heute ist nicht nur das Haus für die Öffentlichkeit unzugänglich, sondern auch die ganze Straße für den motorisierten Verkehr gesperrt. → *Wilhelmstr. 70–71* Ⓤ Ⓢ *Brandenburger Tor*

22 Auswärtiges Amt
Das deutsche Außenministerium wird seit der Reichsgründung 1871 Auswärtiges Amt oder häufig kurz »AA« genannt. Bis 1945 hatte es dann seinen Sitz in der Wilhelmstraße. Reichskanzler >Otto von Bismarck verlieh dem Amt vor allem durch seine Bündnispolitik ein besonderes Gewicht, auch wenn >Kaiser Wilhelm II. später viele außenpolitischen Entscheidungen

21 Britische Botschaft

selbst traf. In der NS-Epoche war das AA ein Teil des totalitären Systems mit wenigen Ausnahmen wie den Widerstandskämpfern Adam von Trott zu Solz und Ulrich von Hassell. Eine 2005 vom damaligen Bundesaußenminister Joschka Fischer einberufene unabhängige Kommission belegte, dass das AA nicht wie in der Nachkriegszeit oft behauptet ein Hort des Widerstands war, sondern an allen Maßnahmen der Verfolgung, Entrechtung und Vernichtung der Juden in Europa beteiligt war.

22 Stalin (l.) und Ribbentrop, 1939

Nicht zuletzt hatte Reichsaußenminister Joachim von Ribbentrop im Sommer 1939 mit dem »Hitler-Stalin-Pakt« dafür gesorgt, dass Polen bereits zwischen den beiden Diktatoren aufgeteilt war, bevor es im September 1939 von Deutschland angegriffen wurde. Parallel zum AA agierte als Konkurrenz das Außenpolitische Amt der NSDAP (APA) unter Alfred Rosenberg. Er hatte seinen Dienstsitz kurzzeitig im >Hotel Adlon und raubte mit seinen Einsatzstäben massenhaft Kunst- und Kulturgüter im besetzen Europa. Das unmittelbar neben der >Alten Reichskanzlei gelegene AA

23 Blick vom Wilhelmplatz in die Wilhelmstraße; links: Palais Borsig, Reichskanzlei; rechts: Propagandaministerium, 1937

Gustav Stresemann Reichskanzler August–November 1923

Wilhelm Marx Reichskanzler 1923–1925 und 1926–1928

Heinrich Brüning Reichskanzler 1930–1932

Gustav Stresemann und die Republik

Der Reichskanzler und Außenminister der Weimarer Republik war Vorsitzender der konservativen Deutschen Volkspartei (DVP). In der unruhigen Zeit nach dem 1. Weltkrieg förderte Stresemann (1878–1929) eine Normalisierung der Beziehungen zu Frankreich, eine Erleichterung des Versailles-Vertrags und die Wiederaufnahme Deutschlands in die Völkerfamilie. Sein Kabinett führte, kurz nach dem gescheiterten Hitler-Putsch, 1923 die Rentenmark ein und stoppte so die verheerend galoppierende Inflation. 1926 erhielt Stresemann den Friedens-Nobelpreis. Sein Tod läutete 1929, am Anfang der Weltwirtschaftskrise, das Ende der ersten deutschen Demokratie ein. Ein elegant gestreifter Anzug sowie zahlreiche Straßen in ganz Deutschland sind nach Stresemann benannt.

war bei Kriegsende 1945 stark beschädigt und wurde wenig später inkl. Ribbentrops Bunker abgerissen. Heute stehen dort Plattenbauten aus DDR-Zeiten. Das AA hat nun seinen Sitz im ehemaligen Gebäude der >Reichsbank am Werderschen Markt. → *Wilhelmstr. 76*  *Mohrenstraße*

㉓ Alte Reichskanzlei

Der erste deutsche Reichskanzler >Otto von Bismarck gab der Reichskanzlei, (die später die »Alte« genannt wurde) ihren Namen. Auf sein Betreiben wurde sie 1875 im Palais Schulenburg,

㉓ Hitlers privater Schreibtisch

einem Bau von 1739 eingerichtet. Sie wurde Arbeits- und Wohnresidenz aller Reichskanzler. Dort fanden wichtige Entscheidungen sowie bedeutende Versammlungen statt. So z.B. 1878 der Berliner Kongress, auf dem die Neuordnung auf dem Balkan zwischen den damaligen Großmächten beschlossen wurde. Der Balkan sei »nicht die gesunden Knochen eines einzigen pommerschen Musketiers wert«, meinte Bismarck. Am 9. November 1918 rief der SPD-Politiker Philipp Scheidemann vom Westbalkon des >Reichstags die Republik aus und markierte damit das Ende des Kaiserreichs und die Geburtsstunde der Weimarer Republik. Die Reichskanzlei bezogen in den folgenden Jahren demokratisch gewählte Kanzler wie >Friedrich Ebert, >Gustav Stresemann oder Wilhelm Marx. Als Adolf Hitler am 30. Januar 1933 das Amt übernahm, verkündete er beim Einzug, dass ihn keine Macht der Welt von diesem Haus lebend vertreiben würde – so sollte es auch kommen. Für seine Bedürfnisse wurden die Räume vom befreundeten Münchner Architekten-Ehepaar Paul Ludwig und Gerdy Troost umgebaut. Auch Hitlers langjährige Geliebte Eva Braun bekam ihr Zimmer. Telefonisch war die »Führerwohnung« unter der Rufnummer **12 00 50** erreichbar, allerdings meldete sich dann zunächst Telefonist Rochus Misch. Im Garten entstand 1935 ein Saalbau mit einem unterirdischen Bunker und ab 1943 der daran anschließende, >»Führerbunker«. 1939 verlegte Hitler seinen Dienstsitz in die von Leibarchitekt >Albert Speer errichtete, unmittelbar angrenzende >Neue Reichskanzlei an der Voßstraße.

㉓ Salon in der Alten Reichskanzlei

»Die politische Apathie der Menschen in ruhigen Zeiten bewirkt, dass man sie so leicht zur Schlachtbank führen kann. Weil sie heute zu faul sind, um durch ihre bloße Unterschrift ihren Willen zur Abrüstung zu bekunden, werden sie morgen bluten müssen.«
– Albert Einstein, 1928

Nach dem 2. Weltkrieg wurde die zerstörte Alte Reichskanzlei auf Weisung der sowjetischen Besatzungsmacht restlos abgetragen. → *Wilhelmstr. 77*  *Mohrenstraße*

Kurt v. Schleicher Reichskanzler 1932–1933

Adolf Hitler Reichskanzler, »Führer« (ab 1934) 1933 bis 30. April 1945

Joseph Goebbels Reichskanzler 30. April 1945 bis 1. Mai 1945

Wilhelmstraße 1939

Adolf Hitler nimmt zu Ehren seines 50. Geburtstags eine Parade der SS-Leibstandarte ab. Ganz Berlin war an diesem Tag mit Hakenkreuzflaggen »geschmückt«, auch ein anschließender, stundenlanger Truppenaufmarsch entlang der Ost-West-Achse wirkte auf internationale Beobachter eher irritierend.

34 ÖSTLICHES ZENTRUM

Kurt Schmid-Ehmen (1901–68) war Bildhauer und meißelte im »Dritten Reich« vorzugsweise steinerne Adler. Auch der Entwurf des Reichsadlers als NS-Hochheitzeichen stammt von ihm. Ebenso modellierte er die großen Adlerplastiken in der Neuen Reichskanzlei.

Die Machtzentrale des Diktators

24 Neue Reichskanzlei

Die NSDAP-Machthaber, allen voran Adolf Hitler, wünschten eine ihrem Verständnis entsprechende architektonische Spiegelung ihrer Macht und Bedeutung. Die Planungen für die Neue Reichskanzlei (NRK), begannen schon um 1935, und nicht, wie der Architekt >Albert Speer später behauptete, erst 1938. Trotzdem war bei der Eröffnung 1939 das riesige Gebäude noch immer nicht komplett fertiggestellt. Die Arbeiten verzögerten sich durch den von Hitler entfesselten 2. Weltkrieg bis 1943. Anders lautende Behauptungen waren, wie vieles, pure Polit-Propaganda. Der imposante Bau belegte fast einen halben Kilometer, genau 421 m entlang der Voßstraße. Das Palais Borsig, 1878 für den »Eisenbahnkönig« >August Borsig an der Ecke Wilhelmstraße erbaut, wurde integriert, alle anderen Altbauten, viele davon zuvor im Besitz der jüdischen Unternehmer-Familie >Wertheim, mussten weichen. Die Räumlichkeiten waren einschüchternd riesig. Der 300 m lange »Diplomatenweg« zu Hitler führte vom Ehrenhof mit den zwei überlebensgroßen Skulpturen des Staatsbildhauers >Arno Breker (»Die Partei« mit der Fackel und »Die Wehrmacht« mit dem Schwert) über den Runden Saal und die gewaltige Mosaikhalle in die 146 m lange Marmorgalerie zu zwei großgewachsenen Wachen der Leibstandarte-SS »Adolf Hitler« vor dem Arbeits-

24 Ehrenhof

zimmer des »Führers«. Der 400 qm große, mit Marmor verkleidete Saal hatte die enorme Höhe von 10 m und war pseudohistorisch eingerichtet. Er diente rein repräsentativen Zwecken, nur im 2. Weltkrieg fanden hier einige Lagebesprechungen am großen Kartentisch statt. Wenn Hitler gearbeitet hat, tat er dies in seiner Privatwohnung in der >Alten Reichskanzlei.
Auf der Terrasse standen zwei große Pferdebronzen von NS-Bildhauer Joseph Thorak. Im dahinter liegenden Garten befand

24 Neue Reichskanzlei entlang der Voßstraße, 1939

sich ein Gewächshaus, auf der westlichen Seite zwei Wohnhäuser für den Reichssicherheitsdienst und die Angestellten sowie in der nordöstlichen Ecke ab 1944 der >»Führerbunker«. Über einen langen unterirdischen Gang war dieser mit dem weitläufigen Bunkersystem der NRK verbunden. Mittels einer Hebebühne hatten sogar LKWs Zufahrt zum Keller. Im April 1945 wurde dieser Bunker zum Befehlsstand des letzten Kampfkommandanten des Regierungsviertels (»Zitadelle«), SS-Generalmajor Wilhelm Mohnke. Zusätzlich suchten dort hunderte Zivilisten Schutz und einer von Hitlers Begleitärzten, Prof. Dr. Werner Haase, hatte ein großes Notlazarett eingerichtet. Um die Spuren der NS-Machthaber nach dem 2. Weltkrieg zu tilgen, wurde die NRK 1949–1953 auf Befehl der Sowjets fast gänzlich abgetragen. Erhalten sind bis heute nur Reste der Bunkeranlagen, zu denen auch der ehemalige »Fahrerbunker« für Hitlers Mercedes-Fuhrpark an der Ebertstraße gehört. Dass die >sowjetischen Ehrenmale und die >U-Bahnstation Mohrenstraße mit dem Marmor oder Granit aus der Neuen Reichskanzlei erbaut wurden, ist bis

25 Georg Elsers 17 m hohes Stahlprofil an der Wilhelmstraße

24 Marmorgalerie

heute nicht eindeutig belegt. Einer der großen bronzenen Hakenkreuzadler von Bildhauer >Kurt Schmid-Ehmen, der in der Mosaikhalle hing, schenkten die siegreichen sowjetischen Truppen 1946 ihren britischen Waffenbrüdern von der Insel. Heute ist er im Imperial War Museum in London zu sehen. → *Voßstr.* U *Mohrenstraße*

25 **Georg-Elser-Denkzeichen** Georg Elser war der einzige deutsche Zivilist mit Zivilcourage, dem es um ein Haar gelungen wäre, Adolf Hitler zu töten. Nächtelang hatte sich der

25 Elser gefaßt, Zeitung 22.11.39

Schreiner im Münchner Bürgerbräukeller einschließen lassen, um seine selbstgebastelte Zeitzünderbombe in einer Säule zu platzieren. Er war entschlossen Hitler umzubringen, um eine Eskalation des Krieges zu verhindern. Am 8. November 1939 hielt Hitler wie vorgesehen seine Rede anlässlich des Jahrestags seines Putschversuchs von 1923. Früher als sonst beendete er die Ansprache und verließ sofort das Großlokal. 13 Minuten später explodierte die Höllenmaschine. 8 Menschen wurden getötet, 63 verletzt. Hitler war da bereits auf dem Weg zum Bahnhof, um mit dem »Führersonderzug« nach Berlin zu fahren. Er vermutete, es sei ein Attentat im Auftrag des britischen Geheimdienstes gewesen. Der an der Schweizer Grenze verhaftete Elser kam von der >Gestapo-Zentrale, wo ihn SS-Chef >Heinrich Himmler persönlich folterte, als »Sonderhäftling des Führers« ins >KZ Sachsenhausen. Im April 1945 erschoss ihn die SS im KZ Dachau. Heute erinnert am ehem. Standort von Hitlers Machtzentrale ein 17 m hohes stählernes Profil Georg Elsers (Entwurf: Ulrich Klages) an den mutigen Einzelkämpfer. Schier unglaubliche Zufälle verhinderten mindestens 39 nachgewiesene Versuche, den Diktator auszuschalten. Doch Hitler konnte sich stets auf seine »Vorsehung« verlassen. Auch Graf >Stauffenberg scheiterte am >20. Juli 1944 nur durch die Verkettung kaum vorhersehbarer Kleinigkeiten. → *Wilhelmstr./An der Kolonnade* U *Mohrenstraße*

24 »Die Wehrmacht« im Ehrenhof

36 ÖSTLICHES ZENTRUM

24 Detail im Mosaiksaal

24 Kaminecke, Hitlers Arbeitsraum

24 Reichskabinettsaal

NEUE REICHSKANZLEI
1. Toreinfahrt Wilhelmplatz
2. Eingang Voßstraße
3. Ehrenhof
4. Vorhalle
5. Mosaiksaal
6. Runder Saal
7. Marmorgalerie
8. Hitlers Arbeitszimmer
9. Terrasse
10. Hitlers Mitarbeiter
11. Reichskabinettsaal
12. Großer Empfangssaal
13. Speisesaal
14. Atrium, Feuerwehr
15. Präsidialkanzlei, Kanzlei des Führers (Palais Borsig)
16. Hebebühne bzw. Tore zum Keller und Bunkersystem
17. Erweiterungsbau (Siedler-Bau)
18. Alte Reichskanzlei
19. »Führerwohnung«
20. Auswärtiges Amt
21. Parteikanzlei der NSDAP
22. Festsaal und Wintergarten
23. Vorbunker
24. »Führerbunker«
25. Haus Kempka (Hitlers Fahrer)
26. Pkw-Zufahrt »Führerbunker«
27. Pergola
28. Gewächshaus
29. Einfahrt Tiefgarage und Fahrerbunker
30. Wohnungen Reichssicherheitsdienst und Bedienstete
31. Kaufhaus Wertheim (AWAG)

24 Großer Empfangssaal

24 Speisesaal

24 Reichskanzlei-Adler in London

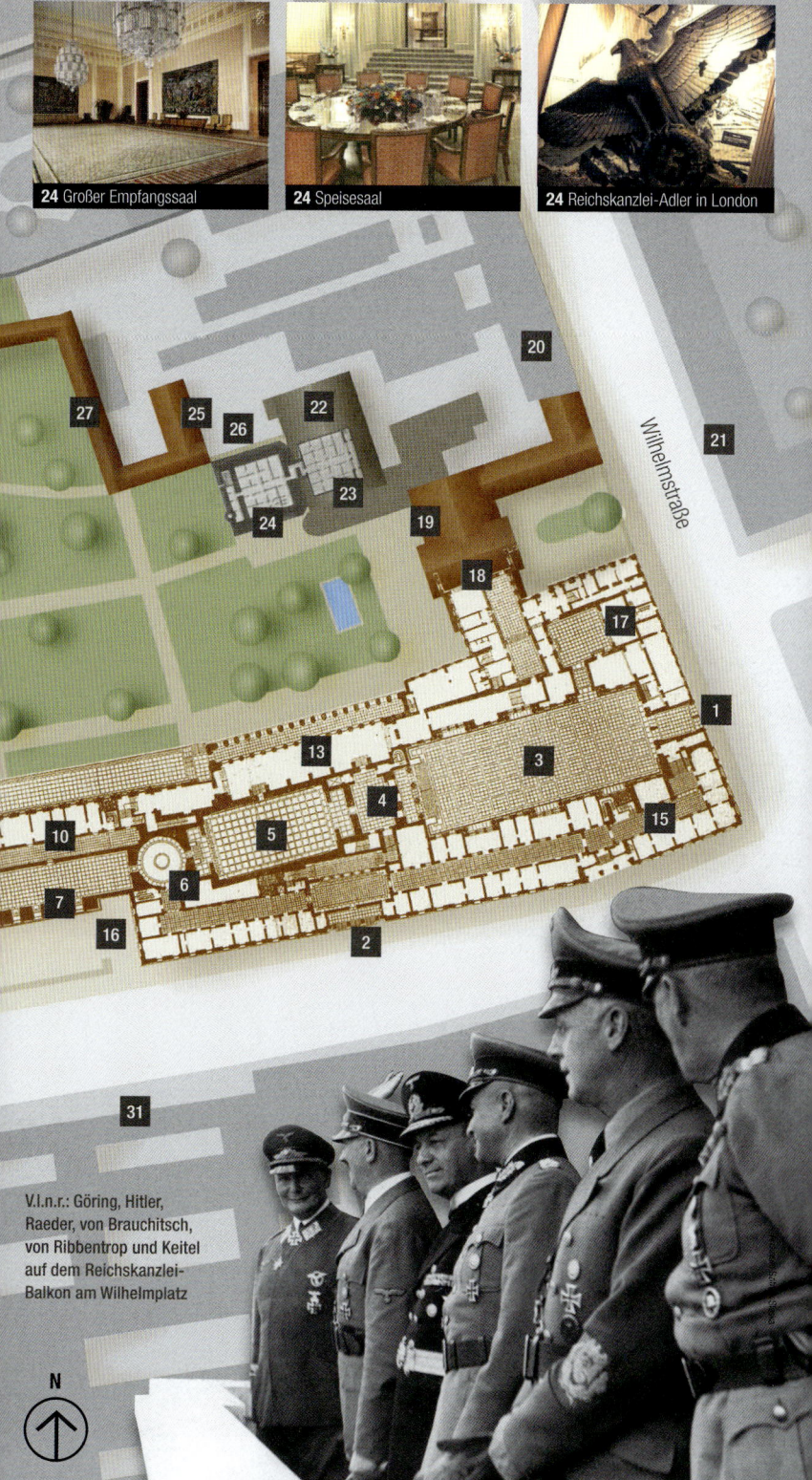

V.l.n.r.: Göring, Hitler, Raeder, von Brauchitsch, von Ribbentrop und Keitel auf dem Reichskanzlei-Balkon am Wilhelmplatz

Wilhelmstraße

N

38 ÖSTLICHES ZENTRUM

24 Hitlers 400 qm großer Arbeitssaal mit einem Bismarck-Gemälde von Franz von Lenbach über dem Kamin

24 Kapitulation: General Weidling verlässt den Reichskanzleibunker, Mai 1945

24 Marmorgalerie (146 m lang) mit den

24 Gartenansicht mit den Bronzepferden von Staatsbildhauer Josef Thorak

24 Hitler empfängt eine Abordnung seiner SS-Leibstandarte im Mosaiksaal

tlers Arbeitssaal

ÖSTLICHES ZENTRUM

Adolf Hitler 1889–1945

Adolf Hitler kam am 20. April 1889 als Kind des österreichischen Zollbeamten Alois und seiner dritten Frau Klara in Braunau am Inn auf die Welt. Nach dem Tod der Eltern lebte er von der Erbschaft. 1907 zog er ohne Schulabschluß nach Wien, um an der Kunstakademie Malerei zu studieren, wurde zweimal abgelehnt, malte Postkarten und lebte zeitweise sogar im Obdachlosenasyl. Durch die Lektüre antiliberaler, antimarxistischer und rassistischer Schriften formte er sein reaktionäres, ressentimentbeladenes Weltbild. 1913 zog Hitler nach München, wo er sich beim Ausbruch des 1. Weltkriegs 1914 als Freiwilliger zur Infanterie meldete. Er wurde als Melder an der Westfront verwundet und erhielt das >Eiserne Kreuz II. und I. Klasse. Die Niederlage Deutschlands und des K.u.K.-Reiches 1918 empfand er als den Sieg einer jüdisch-kommunistischen Verschwörung. Der begabte Redner Hitler beschloss Politiker zu werden und trat der späteren NSDAP bei. 1923 scheiterte sein Putschversuch beim Marsch auf die Feldherrnhalle in München. In komfortabler Festungshaft formulierte er im Pamphlet »Mein Kampf« offen seine Ziele: u.a. Revidierung des Versailler Vertrags und Schaffung eines Germanisch-Deutschen Reiches ohne Juden und slawische »Untermenschen«. 1933 erhielt die NSDAP die meisten Parlamentssitze und Hitler das Amt des Reichskanzlers. Nach dem >Reichstagsbrand setzte er die Grundrechte aus, entledigte sich politischer Gegner und diskriminierte die Juden. Nach dem »Anschluß« Österreichs (1938) und den Blitzkriegen gegen halb Europa (1939/40) begann er 1941, den deutschen »Lebensraum im Osten«, mit dem Angriffskrieg gegen die UdSSR, auszudehnen. Generalfeldmarschall Keitel nannte ihn den »Größten Feldherrn aller Zeiten« (Gröfaz) – das NS-Reich erstreckte sich vom Nordkap bis Nordafrika und vom Atlantik bis zum Kaukasus. In den Konzentrationslagern lief unterdessen die industrielle Ermordung der europäischen Juden. Nach dem Fiasko in der »Schlacht um Stalingrad« (1943) trieben die Alliierten die deutschen Truppen langsam ins alte Reichsgebiet zurück. Als die Rote Armee im April 1945 Berlin erreichte, war Hitler ein menschliches Wrack, auch wegen der Parkinson- und Bechterewschen Krankheit. Er beging im >»Führerbunker« Selbstmord und hinterließ ein verwüstetes Europa.

26 »Führerbunker« Dies war der Ort, an dem der ruinierte »Welteroberer« Adolf Hitler am 30. April 1945 mit Eva Hitler (geborene Braun) und der letzten Gefolgschaft den »Endsieg« inszenierte.
Der »Führerbunker« wurde in zwei Bauabschnitten von 1935–36 (Vorbunker) und 1943–44 (Hauptbunker) im Garten der >Alten Reichskanzlei nach Plänen von Architekt Carl Piepenburg durch das Bauunternehmen Hochtief errichtet. Vor Hitlers Einzug, im Januar/Februar 1945, wurde die Anlage auf seinen Wunsch noch einmal verstärkt. Das Verließ lag in rund 12 m Tiefe und hatte etwa 4 m dicke Stahlbetonwände und Decken. Ein Dieselgenerator sowie dauernd laufende Wasserpumpen und Luftfilter gewährleisteten eine unabhängige Versorgung, erzeugten aber auch einen ständig hohen Geräuschpegel. Neben Hitlers Räumen bezog im Februar 1945 freiwillig auch Eva Braun ihre Bunker-Kammer (jeder Raum maß nur 3,5 qm). Im April folgten u.a. Propagandaminister Joseph Goebbels mit Ehefrau Magda und ihren sechs Kindern. An den Gasschleusen nahmen SS-Wachen des Reichssicherheitsdienstes allen Besuchern die Waffen ab.
Im Morgengrauen des 29. April diktierte Hitler Traudl Junge, einer seiner Privatsekretärinnen

Unten: Hitler verläßt 1939 die Alte Reichskanzlei in seinem Mercedes 770; Oben: Britische Propagandafälschung einer Hitler-Briefmarke

24 Mosaiksaal der Neuen Reichskanzlei, verkleidet mit Rotgrau-Schnöll- (Wände) und Saalburger-Marmor (Boden)

sein politisches und persönliches Testament: »... *vor allem verpflichte ich die Führung der Nation und die Gefolgschaft zur peinlichen Einhaltung der Rassegesetze und zu unbarmherzigem Widerstand gegen den Weltver-*

26 Gesprengter Führerbunker, 1947

gifter aller Völker, das internationale Judentum ...«, Goebbels ergänzte es noch mit seinem »Führertreuezusatz«.
Am folgenden Abend heiratete Hitler seine vor der Öffentlichkeit geheimgehaltene Lebensgefährtin Eva Braun. Am 30. April nahmen sich beide um etwa 15.30 Uhr das Leben. Hitler zerbiss dabei eine Zyankali-Kapsel und schoss sich gleichzeitig mit seiner Walther-Pistole in die Schläfe. Ihre Leichen wurden u.a. von Kammerdiener Heinz Linge und Adjutant Otto Günsche weisungsgemäß im Garten verbrannt und verscharrt.

Am nächsten Tag brachte sich das Ehepaar Goebbels nach der Ermordung ihrer Kinder ebenfalls um. Kampfkommandant Wilhelm Mohnke führte in der folgenden Nacht die erste von mehreren Ausbruchsgruppen über die Tunnel der ›U-Bahnstation Mohrenstraße Richtung Norden. Einige gerieten an der Groterjan-Brauerei in der Prinzenallee in Gefangenschaft. Andere kamen um oder beginnen, wie Martin Bormann am ›Lehrter Bahnhof, Selbstmord. Maschinist Johannes Hentschel war am Morgen des 2. Mai der letzte Verbliebene im »Führerbunker«, als ihn junge Rotarmistinnen nach Eva Brauns Kleiderschrank fragten. Im Juli 1945 war der britische Premier Winston Churchill nicht der letzte neugierige Besucher von Hitlers düsterem Unterschlupf. 1947 sprengten die Sowjets Teile des Bunkers 1988 folgte die fast komplette Enttrümmerung des Geländes. Heute ist an dieser Stelle ein Park-

platz und eine Informations-tafel über die Geschichte des Ortes zu finden. Mehrfach wurde das filmreife Ende Hitlers bereits auf Zelluloid gebannt: »Der letzte Akt« (1955) nach einem Drehbuch von Erich Maria Remarque, »Der Bunker« (1981) mit Anthony Hopkins als Hitler und 2004 Bernd Eichingers »Der Untergang« mit Bruno Ganz in der Hauptrolle. → *Gertrud-Kolmar-Str./In den Ministergärten* U *Mohrenstraße*

24 Sightseeing im Sommer 1945: Rotarmisten in der Ruine der Neuen Reichskanzlei

42 ÖSTLICHES ZENTRUM

26 Hitlers Lieblingsbild im Bunker

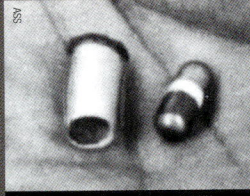
26 Zyankali-Kapsel (r.) mit Hülse

26 Nachgestellte Verbrennung Hitlers

Der »Führerbunker«

»FÜHRERBUNKER«
1. Hitlers Schlafraum
2. Hitlers Wohn- und Arbeitsraum
3. Hitlers und Eva Brauns Bad, Toilette und Ankleideraum
4. Eva Brauns Schlaf- und Wohnraum
5. Hitlers Vorraum
6. Lage- und Konferenzraum
7. Aufenthaltsraum
8. Vorraum
9. Toiletten und Waschraum
10. Versorgungsraum
11. Maschinenraum, Diesel-Notstromaggregat, Klimaanlage, Luftfilter, Wasserpumpen (Johannes Hentschel)
12. Telefonzentrale und Fernschreiber (Rochus Misch)
13. Dienerraum (Heinz Linge)
14. Aufenthaltsraum
15. Sanitätsraum
16. Schlafraum Ordonnanzen
17. Hitlers Leibärzte (Theodor Morell, dann Ludwig Stumpfegger), später Schlafraum Joseph Goebbels
18. Abluft- und Beobachtungsturm
19. »Hundebunker« (Hitlers Schäferhündin Blondi mit Welpen), Turmzugang
20. Reichssicherheitsdienst, Führerbegleitkommando
21. Gasschleuse
22. Notausgang zum Garten der Reichskanzlei
23. Reichssicherheitsdienst, Gasschleuse und Treppe zum höher gelegenen Vorbunker

Vor dem Notausgang wurden die Leichen von Adolf Hitler und Eva Braun am 30. April 1945 in einer schmalen Baugrube mit etwa 180 Litern Benzin übergossen, über mehrere Stunden verbrannt und die Überreste anschließend zusammen mit Hitlers getöten Schäferhunden »Blondi« und dem Welpen »Wolf« in einem nahen Granattrichter verscharrt.

26 Churchill am Notausgang, 1945

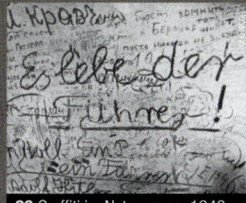
26 Graffiti im Notausgang, 1946

26 Führerbunker-Infotafel

VORBUNKER
24 Alte Gasschleuse
25 Vorraum
26 Speiseraum
27 Schlafraum Ordonnanzen
28 Wohn- und Schlafräume Magda Goebbels und Kinder
29 Schlafraum Sekretärinnen
30 Aufenthaltsraum, Reichssicherheitsdienst
31 Schlafraum Bedienstete
32 Maschinenraum
33 Schlafraum Bedienstete
35 Tresorraum
36 Aufenthaltsraum
37 Vorratsraum
38 Küche von Hitlers Diätköchin (Constanze Manziarly)
39 Toiletten
40 Waschraum, Duschen
41 Reichssicherheitsdienst
42 Gasschleusen
43 Notausgang zum Garten des Auswärtigen Amtes
44 Haupteingang und unterirdischer Wirtschaftsgang (»Kannenbergallee«) zum Keller-/Bunkersystem der Neuen Reichskanzlei

26 US-Journalisten im Aufenthaltsraum #7; links: Lageraum #6, Juni 1945

Wilhelmplatz 1940

Nach dem »Westfeldzug« und der militärischen Niederlage Frankreichs lässt sich Adolf Hitler am 6. Juli auf dem »Führerbalkon« der Neuen Reichskanzlei als siegreicher Feldherr feiern.

ÖSTLICHES ZENTRUM

Joseph Goebbels 1897–1945

Unter den ergebensten Paladinen Hitlers war der perfideste ein Germanist, der bei einem jüdischen Professor promovierte, zeitlebens mit »Dr. G.« signierte und mit seinem Doktortitel angeredet werden musste. Joseph Goebbels kam im rheinischen Rheydt in beengten Verhältnissen zu Welt und behielt wegen einer frühen Kinderkrankheit einen verkrüppelten Fuß. Nach dem Studium Anfang der 1920er Jahre erhielt er bei mehreren jüdischen Verlagen, bei denen er sich beworben hatte, keine Anstellung. 1924 trat er in die neugegründete NSDAP ein und wurde Redakteur bei der »Völkischen Freiheit«. Als Leiter des NS-Propagandablattes >»Der Angriff« hetzte er besonders aggressiv gegen alles Jüdische und Linke. Hitler wurde sein Messias, er verlieh ihm die Macht. Der »Führer« machte ihn 1926 zum NSDAP-Gauleiter Berlins. Er heiratete 1931 die geschiedene Magda Quandt, mit der er sechs Kinder hatte. Nach der »Machtergreifung« 1933 wurde er Minister für Volksaufklärung und Propaganda und mit der »Gleichschaltung« Herr über das gesamte Kulturleben im Reich. Der routinierte Rhetoriker nutzte die neuen Medien, besonders Radio und Film, virtuos und hemmungslos. Goebbels forcierte die Massenproduktion des Volksempfängers (»Goebbels-Schnauze« genannt), über den die Deutschen seinen Manipulationen ausgesetzt waren. 1938 ermunterte er hinterlistig zu Judenpogromen (»Reichskristallnacht«) und rief, nach dem Stalingrad-Desaster 1943, im >Sportpalast den »Totalen Krieg« aus. Von 1924 bis 1945 schrieb Goebbels Tagebücher, mit der Absicht, sie später zu publizieren. Sie geben heute Einblicke in die Geschichte und Psyche des »Dritten Reiches«. In den letzten Stunden des 2. Weltkriegs ernannte Hitler den »*Riesen im Zwergenformat*« testamentarisch zu seinem Nachfolger als Reichskanzler. Einen Tag nach dem Suizid des »Führers« ließ Goebbels seine sechs Kinder ermorden und folgte mit Ehefrau Magda dem Beispiel Hitlers. Die verkohlten Leichen fanden Rotarmisten wenig später im Garten der Reichskanzlei.

Propagandaministerium und Goebbels, 1934

27 Reichsministerium für Volksaufklärung und Propaganda

»*Es ist ein Traum, die Wilhelmstraße gehört uns*«, jubilierte >Joseph Goebbels in seinem Tagebuch, als er 1933 gegenüber der >Alten Reichskanzlei sein neugegründetes Propagandaministerium bezog. Die Beeinflussung der Bevölkerung durch die permanente Propaganda war den Nazis von Anfang an besonders wichtig. Sie vertrauten auf die, bei italienischen Faschisten abgeschaute, Wirkung schlichter, immer wieder kehrender Behauptungen. In Goebbels fand Hitler den idealen Spießgesellen. Mit ihm konnte er den Hass gegen die Juden, Slawen u.a. teilen. Bereits als Gauleiter Berlins hatte sich Goebbels bei Provokationen gegen die roten Arbeiter-Parteien bewährt und bekam ein maßgeschneidertes Amt. Das Ministerium herrschte über Presse, Literatur, Kunst, Film, Theater, Musik und Rundfunk. Hitler ordnete an: »*Der Reichsminister für Volksaufklärung und Propaganda ist zuständig für alle Aufgaben der geistigen Einwirkung auf die Nation, der Werbung für Staat, Kultur und Wirtschaft, der Unterrichtung der in- und ausländischen Öffentlichkeit über sie und der Verwaltung aller diesen Zwecken dienenden Einrichtungen*«. Das Wirken des Goebbels-Ministeriums gilt als Musterbeispiel für die perfide Manipulation in einem totalitärem System. In dem mächtigen, 1936 errichteten neoklassizistischen Anbau an der Mauerstraße, residierten ab 1949 DDR-Präsident Wilhelm Pieck und die Nationale Front. Derzeit wird es vom Bundesministerium für Arbeit und Soziales genutzt. → Mauerstr. 45–53 U Mohrenstraße

29 Menschenmassen erwarten vor dem Hotel Kaiserhof die Ankunft Hitlers, 1933

28 U-Bahnstation Mohrenstraße

Die U-Bahnstation hieß bei der Eröffnung 1908 »Kaiserhof«, wie das direkt angrenzende Grand Hotel am Wilhelmplatz. Während der >Schlacht um Berlin wurde sie im April 1945 stark zerstört. Die Ausbruchsgruppen aus dem >»Führerbunker« flohen durch diese U-Bahnschächte Richtung Friedrichstraße. Als nicht eindeutig belegt gilt bis heute, dass beim Wiederaufbau zu DDR-Zeiten roter Marmor aus der >Neuen Reichskanzlei Verwendung fand. Nach dem Mauerbau 1961 war hier Endstation für die Ost-Linie. Seit 1991 ist der Bahnhof nach der Mohrenstraße benannt. Mohren (=Mauren) dienten unter Friedrich I. als Musiker in dessen Regimentern und hatten hier ihre Kaserne. → *Mohrenstr.* U *Mohrenstraße*

28 U-Bahnstation Mohrenstraße

29 Hotel Kaiserhof

Es war nach der Eröffnung 1875 eines von Berlins prunkvollsten Grand Hotels. Mit fast 300 Zimmern und damals unüblichem Luxus wie elektrischem Strom, Zentralheizung, Aufzügen, Bädern und Telefonen ausgestattet. Welcher politischen Richtung die Eigentümer nahe standen, war in der Weimarer Republik an der wehenden schwarz-weiß-roten Flagge zu sehen. Ein gewisser Herr Hitler aus München tauchte hier seit 1922 öfter mit seiner Nazi-Gefolgschaft bei Soireen rechtskonservativer Gesellschaften auf. In den frühen 1930er Jahren etablierte sich der Kaiserhof als Berliner Parteizentrale der NSDAP. Mit der Reichskanzlei im Blick, verfügte Hitler über die gesamte oberste Etage und empfing in seiner Suite Großindustrielle. Nachdem der Österreicher hier im gleichen Jahr in einer feierlichen Zeremonie, mit der kurzzeitigen Ernennung zum Braunschweiger Regierungsrat, die deutsche Staatsbürgerschaft erhielt, wurde der darauf folgende, mit modernsten Mitteln geführte Wahlkampf, maßgeblich im Hotel konzipiert. >Joseph Goebbels veröffentlichte über diese Zeit 1934 das Propagandabuch »Vom Kaiserhof zur Reichskanzlei«. Im großen, palmengesäumten Empfangssaal des Kaiserhofs zeigte sich der »Führer« auch nach seiner »Machtergreifung« gerne beim Tee, wo er von den extra erschienenen weiblichen Gästen bewundert wurde. Die Ruine des im 2. Weltkrieg durch Bomben zerstörten Gebäudes wurde nach 1945 abgerissen. 1974 entstand dort die Botschaft Nord-Koreas in der DDR. → *Wilhelmplatz 3–5* U *Mohrenstraße*

30 Museum für Kommunikation

Im ehemaligen Reichspostamt und -museum von 1874 ist eine umfangreiche Sammlung aus der Geschichte der Post und (Tele-) Kommunikation zu sehen: Posttransportfahrzeuge, -Uniformen, -Schilder, -Stempel und

30 Museum für Kommunikation

Briefmarken. Darunter befinden sich in der Schatzkammer hinter Panzerglas als besondere Kostbarkeiten eine »Rote« und »Blaue Mauritius«. → *Leipziger Str. 16* ⏲ *Di 9–20, Mi–Fr 9–17, Sa–So 10–18 Uhr* U *Stadtmitte*

29 Goebbels' 1934 veröffentlichte Tagebuchaufzeichnungen 1932/33

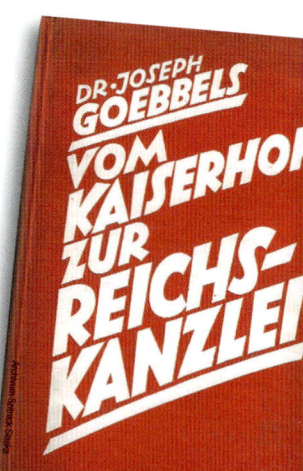

48 ÖSTLICHES ZENTRUM

31 Reichsluftfahrtministerium Als ein »*Bau der neuen Epoche*« wurde das 1936 von Architekt Ernst Sagebiel errichtete Reichsluftfahrtministerium, mit 2.000 Büroräumen seiner Zeit das größte Gebäude Berlins, von den gleichgeschalteten NS-Medien bejubelt. Um die Modernität und Verbindung zur Luft-

---

»Das einfache Volk will keinen Krieg ... Aber schließlich sind es die Führer eines Landes, die die Politik bestimmen, und es ist immer leicht, das Volk zum Mitmachen zu bringen. ... Man braucht nichts zu tun, als dem Volk zu sagen, es würde angegriffen, und den Pazifisten ihren Mangel an Patriotismus vorzuwerfen und zu behaupten, sie brächten das Land in Gefahr. Diese Methode funktioniert in jedem Land.«
– Hermann Göring, Nürnberg, 1946

fahrt gut sichtbar zu dokumentieren, ließ Hausherr ›Hermann Göring die Treppengeländer aus damals extravagantem Aluminium fertigen, Leuchten in den Foyers erinnern an Flakscheinwerfer. An der Wilhelm-, Ecke Leipziger Straße entstand außerdem ein großer unterirdischer Luftschutzbunker.
Im pompös-düsteren Bau hielt Göring nach der »Reichspogromnacht« 1938 im Großen Saal eine Konferenz ab, in der den Juden u.a. eine immense Kontributionszahlung von 1 Milliarde Reichsmark als »*Sühneleistung*« für »*die feindliche Haltung des Judentums gegenüber dem deutschen Volk*« auferlegt wurde. Diese Sitzung gilt als die

31 Rechts: Siegesfahrt Hitlers am Reichsluftfahrtministerium nach dem »Frankreichfeldzug«, 1940

50 ÖSTLICHES ZENTRUM

Hermann Göring 1893–1946

»Meier« wollte sich Reichsluftfahrtminister Hermann Göring nennen, wenn jemals ein feindliches Flugzeug über Deutschland auftauchen sollte. Das war zu Beginn des 2. Weltkriegs. Hitler imponierte das Fliegerass aus dem 1. Weltkrieg von Anfang an und ernannte Göring 1922 zum Führer der SA (Sturmabteilung) der NSDAP. Der Pour-le-Mérite-Träger beteiligte sich 1923 in München am »Marsch auf die Feldherrnhalle«, schwer verwundet, konnte er der Verhaftung, mit Hilfe eines Juden, entgehen. Der brutale Antisemit gründete als Ministerpräsident von Preußen 1933 die Gestapo und ließ gleichzeitig die ersten Konzentrationslager errichten. Für den Fall von Hitlers Tod wurde er gesetzlich zu dessen Nachfolger bestimmt. Später war Göring maßgeblich am »Anschluss« Österreichs und am Zustandekommen des Münchner Abkommens beteiligt. Der Reichsmarschall, passionierte Reichsjägermeister (seiner prunkvollen Uniformen wegen als »Goldfasan« verspottet), Kunstliebhaber und Kunstdieb, baute sich mit >Carinhall (benannt nach seiner ersten Frau) ein fürstliches Anwesen nördlich von Berlin. Bei seiner zweiten Hochzeit mit der Schauspielerin Emmy Sonnemann war Hitler Trauzeuge. Emmy spielte danach neben Magda Goebbels als »Hohe Frau« die First Lady am »NS-Hof«. Als Görings Luftwaffe 1940 in der »Battle of Britain« am Widerstand der Royal Air Force scheiterte und als es auch 1943 in der »Schlacht um Stalingrad« nicht gelang den Bodentruppen wenigstens Luftunterstützung zu geben, verlor er massiv an Ansehen. Angesichts der bevorstehenden Niederlage, versuchte er im April 1945 die Reichsführung zu übernehmen und Verhandlungen mit den West-Alliierten vorzubereiten. Als Hitler davon erfuhr, warf er ihn aus der NSDAP, entzog ihm alle Ämter und ließ Göring auf dem Obersalzberg verhaften. Nach der Kapitulation kam er als ranghöchster Nationalsozialist in die Obhut der US Army. Im Nürnberger Hauptkriegsverbrecherprozess leugnete Göring 1946 vom >Holocaust gewusst zu haben, obwohl ein Schreiben von 1941 existiert, in dem er >Reinhard Heydrich mit dem »Führerbefehl« zur »Endlösung der Judenfrage« beauftragte. Dem Galgentod entging Göring, indem er nur wenige Stunden vor der Exekution auf eine Zyankali-Kapsel biss.

Vor-Wannsee-Konferenz (siehe >Haus der Wannsee-Konferenz). Im gleichen Saal wurde am 7. Oktober 1949 die Deutsche Demokratische Republik (DDR), als »sozialistischer Arbeiter- und Bauernstaat« aus der Taufe gehoben. Unmittelbar vor dem Mauerbau log hier der Erste Sekretär der SED >Walter Ulbricht 1961 mit fistelnder Stimme bei einer Pressekonferenz: »Niemand hat die Absicht eine Mauer zu errichten«. Das Gebäude wurde in der DDR-Zeit als »Haus der Ministerien« genutzt und auch »Kleine Stadt« genannt. Im weitläufigen Keller existierte ein HO-Geschäft (Supermarkt der Handels-Organisation), eine Poliklinik und weitere Service-Einrichtungen. Ein großes Wandgemälde in der Pfeilervor-

> **»Wenn auch nur ein feindliches Flugzeug unser Reichsgebiet überfliegt, will ich Meier heißen!«**
> – Hermann Göring in einer Rundfunkrede bei Kriegsanfang, 1939

halle an der Wilhelm-, Ecke Leipziger Straße zeigt ein SED-Wunschbild des DDR-Volkes aus Meissner-Porzellan-Kacheln (Maler: Max Lingner). Dem gegenübergestellt ist seit 2000 eine in den Boden eingelassene

31 Reichsluftfahrtministerium; Oben: Göring in alliierter Haft, 1945

31 Wandbild »Aufbau der Republik« aus DDR-Zeiten und die Fotoinstallation zum Gedenken an den 17. Juni 1953

Fotoinstallation des Volksaufstands des >17. Juni 1953 von Künstler Wolfgang Rüppel. Nach der Wende bezog die Treuhandanstalt und später das Bundesministeriums der Finanzen das Haus. Seit 1992 ist es nach dem im Jahr zuvor von RAF-Terroristen ermordeten Präsidenten der Treuhandanstalt Detlev Rohwedder benannt. → *Wilhelmstr. 49* U *Mohrenstraße*

32 Festsaal im Haus der Flieger

32 Preußisches Abgeordnetenhaus Allein schon wegen seiner beachtlichen Größe ist es einer der herausragenden Parlamentsbauten Deutschlands. Der Komplex reicht vom ehemaligen Preußischen Herrenhaus (heute Bundesrat) an der Leipziger Straße bis zum ehemaligen Preußischen Abgeordnetenhaus (heute Abgeordnetenhaus von Berlin) an der Niederkirchnerstraße. Oft war das Abgeordnetenhaus Schauplatz politischer Auseinandersetzungen zwischen Demokratie und Diktatur. Während der NS-Zeit ließ Reichsluftfahrtminister >Hermann Göring das gesamte Ensemble zum elitären »Haus der Flieger«, mit einem Offizierskasino und Tanzsaal im alten Plenarsaal, umbauen. Kostbare Gemälde und Gobelins schmückten die Repräsentationsräume.

Von 1949 bis 1953 war das im sowjetischen Sektor liegende Abgeordnetenhaus Sitz der ersten DDR-Regierung. Als ab 1961 die Mauer entlang der Niederkirchnerstraße verlief, lag es im Sperrgebiet und war nur noch ein Abhörposten der >Stasi. → *Niederkirchnerstr. 5* U S *Potsdamer Platz*

33 Martin-Gropius-Bau Der Großonkel des Bauhaus-Architekten Walter Gropius, Martin Gropius, erbaute 1881 dieses Gebäude mit seinem Partner Heino Schmieden als Kunstgewerbemuseum. Ein Jahr später präsentierte Heinrich Schliemann hier der deutschen Öffentlichkeit erstmals den in Troja ausgegrabenen »Schatz des Priamos«. Nach dem Ende des 2. Weltkriegs war das Museum eine Ruine und lag ab 1961 direkt an der Mauer in West-Berlin. Walter Gropius erreichte 1966, dass die Reste unter Denkmalschutz gestellt und ab 1978 das Haus wiederaufgebaut wurde. Die erste Ausstellung 1981 war dem Werk >Karl Friedrich Schinkels gewidmet. Seitdem werden jährlich bis zu 20 große Präsentationen aus dem Bereichen der Kunst, Fotografie, Archäologie und der Kulturgeschichte gezeigt, z.B. »Zeitgeist« (1982), »Der Schatz des Priamos« (1999), »Ägyptens versunkene Schätze« (2006), »Macht und Freundschaft« (2008), »60 Jahre –

33 Lichthof im Gropius-Bau

60 Werke – Kunst aus der Bundesrepublik Deutschland« (2009) oder auch Einzelausstellungen von Künstlern wie Frieda Kahlo und Olafur Eliasson. Bei großen Blockbuster-Ausstellungen wurden hunderttausende Besucher gezählt. → *Niederkirchnerstr. 7* ⏱ *Mi–Mo 10–20 Uhr* U S *Potsdamer Platz*

31 Propagandabriefmarke anlässlich des 20. Jahrestags der DDR, 1969

52 ÖSTLICHES ZENTRUM

Heinrich »Gestapo«-Müller (1900–1945) war als Leiter der >Gestapo an nahezu allen Verbrechen beteiligt, die im >RSHA erdacht wurden. Er folterte persönlich bei Verhören, erteilte den Einsatzgruppen an der Ostfront Mordbefehle und überwachte als >Adolf Eichmanns Chef die Vernichtung der Juden in Europa. Müller starb vermutlich in der Schlacht um Berlin und wurde auf dem abgeräumten >Jüdischen Friedhof Mitte beigesetzt.

34 Überreste des Gestapo-Hausgefängnisses und der Ausstellungspavillon der »Topographie des Terrors«

Die »Topographie des Terrors«

㉞ »Topographie des Terrors« Die Nationalsozialisten errichteten im Bereich des Prinz-Albrecht-Geländes zwischen 1933 und 1945 eine teuflische Zentrale des Terrors. Die SS-Führer Heinrich Himmler und Reinhard Heydrich planten und organisierten von hier aus die Ermordung der europäischen Juden sowie die rücksichtslose Unterdrückung und Ausbeutung des von Hitler beherrschten Kontinents. Militärs, Beamte, Juristen, Ärzte und andere Akademiker wurden in den NS-Strukturen zu willigen Massenmördern. Die Dokumente und Bilder aus dieser Zeit in der >Gestapo-Zentrale, dem >Reichssicherheitshauptamt und der >Reichsführung der SS dokumentiert heute die Ausstellung »Topographie des Terrors« am historischen Ort der Täter. Nach dem 2. Weltkrieg und dem Abriss der Ruinen war hier im Schatten der Mauer ein Autodrom. 1987 wurde die »Topographie des Terrors« aufgebaut und machte erstmals die Fundamentreste zugänglich. Dazu gehört heute ein Ausstellungspavillon und das lange Zeit überwucherte südliche Parkgelände. Das Segment der Berliner Mauer an der Niederkirchnerstraße zählt zu den besterhaltenen in der Hauptstadt. → *Niederkirchnerstr. 8* ⏱ *Mo–So 10–20 Uhr* 🚇🚊 *Potsdamer Platz*

Reinhard Heydrich (1904–1942), Sohn eines Komponisten, wurde im »Dritten Reich« als Organisator des Holocaust zum eiskalten Massenmörder. Nach einem Attentat des tschechischen Widerstands starb er 1942 im von der Wehrmacht besetzten Prag.

㉟ Zentrale der Gestapo

Im früheren Gebäude der Schule des Kunstgewerbemuseums befand sich im »Dritten Reich« die Zentrale der **Ge**heimen **Sta**ats**po**lizei. Das Kürzel »Gestapo« kreierte die Reichspost für ihre Laufstempel. Nach der »Machtübernahme« Hitlers am 30. Januar 1933 war >Hermann Göring Dienstherr des gesamten preußischen Polizeiapparates. Unter der Führung von >Heinrich Himmler, >Reinhard Heydrich und >Heinrich Müller verfolgte die eng mit der SS verwobene Gestapo erbarmungslos politische Gegner, Organisationen, Juden und Andersdenkende. Sie durchsetzte dafür, soweit

---

»Es trat an uns die Frage heran: Wie ist es mit den Frauen und Kindern? – Ich habe mich entschlossen, auch hier eine ganz klare Lösung zu finden. Ich hielt mich nämlich nicht für berechtigt, die Männer auszurotten und die Rächer in Gestalt der Kinder groß werden zu lassen. Es mußte der schwere Entschluß gefaßt werden, dieses Volk von der Erde verschwinden zu lassen.«

– Heinrich Himmler zum Judenmord vor Reichs- und Gauleitern, 1943

---

es ihr gelang, alle Kreise und Schichten des gesellschaftlichen und privaten Lebens im Reich und in den von der Wehrmacht okkupierten Ländern Europas. Die Beamten verfolgten brutal jede Abweichung von der offiziellen NS-Linie und konnten viele Oppositions- und Widerstandsgruppen vernichten. Dazu gehörten u.a. die kommunistische »Rote Kapelle«, die Verschwörer des >20. Juli 1944, die »Weiße Rose« um die Studenten Sophie und Hans

Himmlers schwarzer Orden

Für die Sicherheit des »Führers« der NSDAP sorgte seit 1923 der nach ihm benannte »Stoßtrupp Adolf Hitler«, ab 1926 als Schutzstaffel (SS) bekannt. Die zwei zackigen Sieg-Runen als Signet entwarf 1929 der Grafiker Walter Heck. Wer in die »Elite« aufgenommen werden wollte, musste strenge »rassische Kriterien« erfüllen und gut zuschlagen können. Mit der Ermordung der SA-Führung im »Röhm-Putsch« stieg die SS 1934 zu einer eigenständigen paramilitärischen Organisation der NSDAP auf. Heinrich Himmler wurde so zum allmächtigen und obskuren Reichsführer-SS, der nur Hitler direkt verantwortlich war. Eifrig vollstreckte er mit dem Bau von Konzentrationslagern die Vernichtungsbefehle seines »Führers« und ging mit grausamsten Mitteln gegen alle und alles vor, was nicht »arisch« war oder nicht dem Weltbild des germanischen »Übermenschen« entsprach. Himmler hielt sich für den legitimen Nachfolger von König Heinrich I. und stilisierte diesen mit seiner wirren »Ahnenerbe-Stiftung« zu einer spätgermanischen Führerfigur und dem Initiator der Ostkolonisation. Die Wewelsburg bei Paderborn sollte zum düsteren Hauptquartier des schwarzen SS-Ordens werden. Im 2. Weltkrieg etablierte sich Himmlers Waffen-SS zum eigenständigen Kampfverband, dem auch die Wachmannschaften der Konzentrationslager (»Totenkopfverbände«) angehörten. Von der NS-Propaganda als unbesiegbare Elite-Divisionen dargestellt, kämpften die fanatischen Parteisoldaten (darunter auch Tausende europäische Freiwillige) an allen Fronten. Angehörige der Waffen-SS verübten zahlreiche Kriegsverbrechen und waren auch direkt am >Holocaust beteiligt, in dem über 6 Millionen Juden ermordet wurden. Das Nürnberger Tribunal der Alliierten stufte die SS 1946 als verbrecherische Organisation ein.

SS-Führer Heinrich Himmler (l.) besucht ein Kriegsgefangenenlager, Minsk, 1941

ÖSTLICHES ZENTRUM

35 Dienstmarke der Gestapo, 1934

Scholl, die »Swing-Jugend« oder die »Edelweiß Piraten«. Verhaftete Personen, an denen die Gestapo besonderes Interesse hatte, kamen oft zu tagelangen Verhören in das »Hausgefängnis« im Südflügel (den einstigen Bildhauerwerkstätten) der Berliner Zentrale. Folter und Schläge waren hier die Regel, bevor es weiter in Haftanstalten oder Konzentrationslager ging. Viele Insassen entkamen dem Terror nur durch Selbstmord. Die Reste der Zellen sind heute Teil der >»Topographie des Terrors«. Unter den internierten waren: **Dietrich Bonhoeffer** (Theologe), **Georg Elser** (Hitler-Attentäter), **Carl Friedrich Goerdeler** (20. Juli), **Herschel Grynszpan** (vom Rath-Attentäter), **Erich Honecker** (KPD), **Erich Kästner** (Schriftsteller), **Julius Leber** (20. Juli), **Kurt Schumacher** (SPD), **Melitta Gräfin Stauffenberg** (20. Juli), **Ernst Thälmann** (KPD). → *Niederkirchnerstr. 8 (vormals Prinz-Albrecht-Str. 8)* 🚇🚆 *Potsdamer Platz*

36 Reichsführung der SS

Im ehemaligen Luxus-Hotel Prinz-Albrecht, einem pompösen Renaissancebau, hatte ab 1934 der Reichsführer-SS (RFSS) Heinrich Himmler seinen Dienstsitz. Dabei wurden die wichtigsten Teile des SS-Verwaltungsapparats von München, der »Hauptstadt der Bewegung«, nach Berlin verlegt. Himmler hatte zu dieser Zeit durch die blutige Entmachtung der SA (Sturmabteilung) im »Röhm-Putsch« nach Adolf Hitler die mächtigste Position im »Dritten Reich« erlangt. Er herrschte über einen eigenen Staat im NS-Staat und besaß mit der Waffen-SS eigene Kampfverbände. Ein enges Netz von Arbeits-, Konzentrations- und Vernichtungslagern

35 Fundamente der Gestapo-Zentrale

sowie das >SS-Wirtschafts- und Verwaltungshauptamt sorgten auch für den finanziellen Reichtum des obskuren »schwarzen Ordens«. Der Schreibtischtäter Himmler fuhr sogar persönlich zu den Mordstätten seiner SS-Schergen, besichtigte Kriegsgefangenenlager, Konzentrationslager wie Dachau, Mauthausen oder Auschwitz und war auf eigenen Wunsch auch Augenzeuge von Vergasungen und Massenexekutionen.

Im Garten des Prinz-Albrecht-Geländes entstand 1941 ein massiver oberirdischer Luftschutzbunker, der als Befehlsstelle Himmlers und später auch von Heydrichs Nachfolger, Ernst Kaltenbrunner, diente. Während der >Schlacht um Berlin schwärmten von hier Ende April 1945 SS-Kommandos aus, um Deserteure oder Zivilisten, die schon weiße Fahnen aus dem Fenster gehängt hatten, wegen »Wehrkraftzersetzung« hinzurichten. Himmler war da längst nicht mehr in Berlin, sondern versuchte, von Norddeutschland aus sinnlose Verhandlungen mit den West-Alliierten über einen Separatfrieden aufzunehmen. Hitler entzog seinem »treuen Heinrich« daraufhin,

37 Massenerschießung von Juden durch SD-Männer in der Ukraine, 1941

vom >»Führerbunker« aus, alle Ämter. Himmler beging später in britischer Gefangenschaft mit einer Zyankali-Kapsel Selbstmord. Die Kellerreste des einstigen Prinz-Albrecht-Hotels sind heute im Rahmen der >»Topographie des Terrors« zugänglich.
→ *Niederkirchnerstr. 9 (vormals Prinz-Albrecht-Str. 9)* U S *Potsdamer Platz*

37 Reichssicherheitshauptamt Das 1739 erbaute Prinz-Albrecht-Palais, ein herrschaftlicher Prachtbau mit Arkaden und offenem Ehrenhof zur Wilhelmstraße, war seit 1934 Dienstsitz des Reichssicherheitshauptamts (RSHA). In den benachbarten Gebäuden Wilhelmstraße 98/99 war für einige Zeit auch die »Inspektion der Konzentrationslager« (IKL) von >Theodor Eicke einquartiert. Zwei übel klingenden Namen sind mit der Leitung des RSHA verbunden:

37 Karteikarten von Beamten des RSHA in der »Topographie des Terrors«

Reinhard Heydrich und ab 1943 sein Nachfolger, der Österreicher Ernst Kaltenbrunner. Sie herrschten über ein Instrument der Unterdrückung und des Terrors, das ab 1939 alle wichtigen deutschen Sicherheitsorgane umfasste. Dazu gehörten u.a. die Gestapo, die Sicherheitspolizei (Sipo), der Sicherheitsdienst (SD), die Kriminal- und Grenzpolizei sowie die Auslands-Spionage unter Walter Schellenberg. Im Marmorsaal des Prinz-Albrecht-Palais richtete RSHA-Chef Reinhard Heydrich sein Dienstzimmer ein. Die ehemalige Bibliothek des Kunstgewerbemuseums in der >Gestapo-Zentrale ließ der Amateur-Fechter zur Turnhalle umbauen.
SS-Verbrecher wie >Adolf Eichmann sorgten in ihren Ämtern akribisch dafür, dass Deportationszüge voll beladen in Vernichtungslager fuhren, gaben den SD-Einsatzgruppen hinter der Front Befehle für Massenerschießungen und ließen in den besetzten Ländern Kunstschätze und Devisen rauben.
Heydrich starb 1942 im besetzten Prag als »Reichsprotektor von Böhmen und Mähren« an den Folgen eines Attentats. Kaltenbrunner wurde 1946 von den

> »Über die Frage von Juden und Kommunisten war den Einsatzgruppen ... mündliche Weisung erteilt ..., dass im russischen Territorium die Juden zu liquidieren seien, ebenso wie die politischen Kommissare der Sowjets.«
>
> – Otto Ohlendorf (Befehlshaber der Einsatzgruppe D), Nürnberg, 1946

37 Prinz-Albrecht-Palais

Alliierten als einer der Hauptkriegsverbrecher gehängt. Der Standort des im Krieg zerstörten Prinz-Albrecht-Palais gehört heute zur >»Topographie des Terrors«. Nur einige wenige Fundamentreste des Gebäudes sind erhalten. → *Wilhelmstr. 102* U S *Potsdamer Platz*

ÖSTLICHES ZENTRUM

Stella Goldschlag

Das Schicksal der in Berlin geborenen Jüdin Stella Goldschlag (1922–1994) ist ein Beispiel für die Unmenschlichkeit in der NS-Zeit. Ab 1939 musste die damals 17-jährige mit ihrem Mann Zwangsarbeit in einem Rüstungsbetrieb leisten. Als 1942 die großen Deportationen begannen, tauchte sie unter. Stellas »arische« Attraktivität schützte sie einige Zeit vor Polizeikontrollen, bis sie 1943 der Gestapo in die Hände fiel. Nach Folterungen willigte Stella in die Kollaboration ein und arbeitete fortan als »Greiferin« in der naiven Hoffnung, so ihre Eltern vor der Deportation zu bewahren. Gezielt suchte »das verführerische blonde Gift« nach untergetauchten Juden, den sogenannten U-Booten, und verriet sie an die Gestapo. Ihr Ehemann und ihre Eltern wurden trotzdem in Konzentrationslagern ermordet. Stella lieferte den Nazi-Mördern mindestens hunderte Juden aus. Nach 1945 wurde sie von den Sowjets zu 10 Jahren Gulag verurteilt und lebte bis zu ihrem Suizid 1994 in West-Berlin.

38 »Angriff«-Haus

Die NSDAP-Propaganda-Zeitung »Der Angriff« wurde 1927 von Berlins Gauleiter >Joseph Goebbels gegründet. Die Redaktion befand sich seit 1934 in der Wilhelmstraße 106; heute ist das Areal Teil der >»Topographie des Terrors«. Berüchtigt war die Tageszeitung für ihre infamen Hetzaktionen gegen wirkliche und angebliche NS-Widersacher. Die »Isidor«-Kampagne zwang z.B. den Berliner Vizepolizeipräsidenten Bernhard Weiß zur Flucht ins Ausland. Die letzte Ausgabe erschien als »Kampfblatt« mitten in der >Schlacht um Berlin, am 24. April 1945, mit einer Auflage von 300.000 Exemplaren.
→ *Wilhelmstr. 106* U *Kochstraße*

38 »Der Angriff«, 30. Januar 1933

39 Stasi-Ausstellung

39 Ballhaus Clou

Das Gebäude entstand 1886 als eine von mehreren Berliner Markthallen. Daran erinnern noch Reliefs an der Fassade, die den Handel symbolisieren sollen. In die umgebaute Halle zog 1910 das große Vergnügungslokal Ballhaus Clou ein. Hier trat u.a. Bernard Etté mit seinem Tanzorchester auf, hier berlinerte und fluchte die lesbische Kabarettkönigin Claire Waldoff, während sie auf der Bühne rauchte. Am 1. Mai 1927 sprach im Ballhaus bei einer Versammlung der Nationalsozialisten erstmals Adolf Hitler im Roten Berlin. Im Vorderhaus richtete nach der »Machtergreifung« der Münchner Zentralverlag der NSDAP, Franz-Eher, eine Dependance mit Redaktionsräumen des NS-Massenblatts »Völkischer Beobachter« und der SS-Postille »Das Schwarze Korps« ein. Die Kellerräume nutzte die Gestapo für Verhöre und Folterungen politischer Gegner. Bei der von >Adolf Eichmann vorbereiteten »Fabrik-Aktion« war das ehem. Ballhaus im Februar 1943 Sammellager für verhaftete jüdischen Zwangsarbeiter, die hier für die bevorstehenden Deportationen in Konzentrationslager zusammengepfercht wurden. Nach der Teilung Berlins 1961 lag das Haus im Sperrgebiet unmittelbar an der Mauer in Ost-Berlin. Hier hatte die Abteilung

»Judenrazzia« der Polizei im Scheunenviertel, April 1933

40 Anhalter Bahnhof um 1930

»Kommerzielle Koordinierung« (KoKo) des Ministeriums für Außenhandel der DDR unter Alexander Schalck-Golodkowski ihren Sitz. Seit 2011 befindet sich dort ein Informations- und Dokumentationszentrum der Stasiunterlagenbehörde der ehem. DDR mit einer Ausstellung zur Geschichte des Ministeriums für Staatssicherheit. Die ›Stasi‹ war das Machtinstrument des

40 Fragment des Bahnhofs heute

SED-Regimes zur Überwachung und Unterdrückung aller Tätigkeiten, die zur Gefährdung des Staatssystems der DDR führen könnten. Nach dem Vorbild des KGB wurde sie eine auswuchernde Organisation mit mehr als 60.000 Bediensteten und etwa 200.000 inoffiziellen Mitarbeitern (IM), die in fast alle Bereiche des Lebens eindrang.
→ *Zimmerstr. 90/91* ⊙ *Mo–Sa 10–18 Uhr* Ⓤ *Kochstraße*

40 Anhalter Bahnhof Wie ein hohler Zahn ragte das Fragment des Portikus des Anhalter Bahnhofs Jahrzehnte aus der Brache auf der Westseite, nahe der Berliner Mauer. Es steht immer noch, aber jetzt restauriert und denkmalgeschützt, als letzter architektonischer Krümel aus der Dampfroß-Ära. 1880 eröffnet, war der verkehrsgünstig gelegene Monumentalbau einst der größte Kopfbahnhof Europas. Im Laufe der Jahrzehnte entstiegen hier den Luxuszügen aus dem Süden Potentaten und Berühmtheiten aus aller Welt, wenn sie die Reichshauptstadt besuchten. In unmittelbarer Nähe boten Grand Hotels wie das Hollstein oder das durch einen direkten Tunnelzugang erreichbarer Excelsior alles, was die betuchte Klientel begehrte. Südlich des Bahnhofs stand während der NS-Zeit Hitlers Führersonderzug »Amerika« jederzeit abfahrbereit unter Dampf. Von 1942 bis 1945 wurden vom Anhalter Personenbahnhof in 116 Zügen über 9.600 Berliner Juden in das Konzentrationslager Theresienstadt deportiert. Der schwer beschädigte Bahnhof wurde nach dem 2. Weltkrieg bald wieder in Betrieb genommen, 1952 aber aufgegeben und 1959 gesprengt. Im Waldstück hinter dem »Tempodrom« finden sich noch überwucherte Reste der Gleise und alten Bahnsteige. Erhalten sind auch zwei Reichsbahnbunker am Halleschen Ufer 74–76 und an der Schöneberger Straße 23. Letzterer ist als **Berlin Story Bunker** bekannt und beherbergt u.a. das »Berlin Story Museum« mit einer sehenswerte Ausstellung über 800 Jahre Berliner Geschichte. → *Askanischer Platz* ⊙ *Berlin Story Bunker: Di–Fr 10–19, Sa–So 12–20 Uhr* Ⓢ *Anhalter Bahnhof*

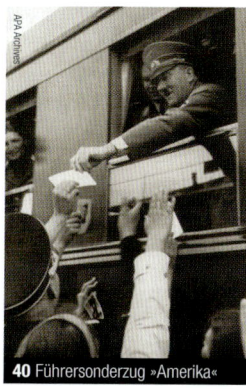

40 Führersonderzug »Amerika«

41 Leuchtreklame am Europahaus, 1934

41 Europa- und Deutschlandhaus Der 1931 von Otto Fierle im Stil der Neuen Sachlichkeit erbaute Komplex aus Europa- und Deutschlandhaus zog mit seinem riesigen Neonreklame-Lichtturm besonders bei Nacht viele Blicke auf sich. Weitere Highlights waren ein Filmtheater, ein Tanzpalast

41 Fenster im Deutschlandhaus

und ein Palmengarten. Für die Mitarbeiter des hier damals ansässigen Reichsarbeitsamtes entstand 1937 im unter der Stresemannstraße verlaufenden S-Bahn-Tunnel ein Bunker. Er wird heute als *»Deutschlands größte Lasergame Area«* genutzt und ist über eine Luke im Bürgersteig (Stresemannstr. 92) zugänglich.

Das Deutschlandhaus an der Ecke Anhalter Straße ist ab 2017 Sitz des **Zentrums »Flucht, Vertreibung, Versöhnung«** mit einer Dauerausstellung über die Zwangsmigration aus den von Deutschen bewohnten Gebieten Europas, als Folge des 2. Weltkriegs. → *Stresemannstr. 90–94* Ⓢ *Anhalter Bahnhof*

42 Akzisemauer Die letzten sichtbaren Reste der einstigen Akzisemauer (Zollmauer) sind an der Stresemannstraße 64 (Nachbildung in der Straßenmitte) und an der Hannoverschen Straße 9 (eingebunden in die Hausfassade) erhalten. Lange vor der 1961 durch die DDR erbauten Mauer umgab dieser (stellenweise hölzerne) Ring den damaligen Stadtkern Berlins. Er diente der Erhebung von Gebühren, aber auch der Verhinderung von Desertionen der Soldaten des Stadtregiments.

Sie wurde ab 1737 in der Regierungszeit des »Soldatenkönigs« Friedrich Wilhelm I. gebaut und erst Mitte des 19. Jahrhunderts niedergerissen. Von den einstigen 18 Mauertoren (Juden durften nur das Rosenthaler Tor und das Hallesche Tor passieren) blieb nur das >Brandenburger erhalten. → *Stresemannstr. 64* Ⓢ *Anhalter Bahnhof*

43 Deutsches Technikmuseum Weithin sichtbar hängt vom Dach des Museums ein »Rosinenbomber« aus der Zeit der >Luftbrücke. Der Flieger macht auf einen Ort aufmerksam, wo große und kleine Exponate die Vielfalt der technischen Entwicklung der letzten Dekaden veranschaulichen. Dazu gehören Beispiele der militärischen sowie zivilen Luft- und Raumfahrt – von der Jeannin-Stahltaube aus dem Jahr 1914 über die »Tante Ju« bis zur >V2-Rakete. Ebenso Geräte aus der Dampflok-Ära, dem Straßenverkehr, der Schifffahrt und vielen anderen Bereichen der rasanten Veränderungen der Industrieproduktion. Historische Automobile, die berühmten Berliner Doppeldeckerbusse und andere seltene Straßenfahrzeuge werden im benachbarten Depot gezeigt. Sonderausstellungen ergänzen die große Präsentation. Neben dem verwunschenen Außengelände des Museums ist auch der angrenzende »Park am

Simon Kremser

Keine Gedenktafel, keine Straße erinnert an den Begründer von Berlins öffentlichem Personen-Nahverkehr. Als Hüter der Kriegskasse war der Jude Simon Kremser (1775–1851) in Generalfeldmarschall Blüchers Armee zu Ruhm gekommen (Eisernes Kreuz und Pour le Mérite). Exklusiv erhielt er vom König eine Fuhrunternehmerlizenz und entwickelte 1825 den Pferde-Omnibus für 20 Personen. Es ging vom Brandenburger Tor nach Charlottenburg, später erstmals zu festen Zeittakten und Preisen auch durch die ganze Stadt. »Mit dem Kremser int Jrüne«, konnte sich nun jedermann leisten.

Gleisdreieck« sehr sehenswert. Zwischen den z.T. konservierten Gleisanlagen der vergangenen Anhalter und Potsdamer Güterbahnhöfe, kann man hier Flanieren, Biken, Skaten oder Picknicken. → *Trebbiner Str. 9* ⏲ *Di–Fr 9–17.30, Sa, So 10–18 Uhr* Ⓤ *Gleisdreieck*

43 Messerschmitt Bf 110 aus dem 2. Weltkrieg im Technikmuseum

60 ÖSTLICHES ZENTRUM

Berthold Kempinski (1843–1910) war Weinhändler aus Posen. 1872 eröffnete er ein Geschäft in Berlin und expandierte schnell. Schwiegersohn Richard Unger übernahm die Firma und betrieb ab 1928 das >Haus Vaterland. In der NS-Zeit musste Unger emigrieren, viele Familienmitglieder wurden deportiert. 1952 eröffnete Ungers Sohn in Berlin das erste Hotel Kempinski. Heute steht der Name Kempinski weltweit für Luxushotels.

Der alte und neue Mittelpunkt Berlins

🟠44 Potsdamer Platz

Der Potsdamer Platz ist heute mit seinen modernen Hochhäusern das Synonym des »Neuen Berlin«. Eher beschaulich ging

44 Erste Ampel Berlins

es hier zu, als der Platz noch vor den Toren der Stadt, genauer gesagt vor dem Potsdamer Tor und der >Akzisemauer lag. Mit dem 1838 eröffneten Potsdamer Bahnhof kam auch das geschäftige Treiben, und die Kreuzung entwickelte sich zu einem der belebtesten Plätze Europas.

44 Potsdamer Platz aus identischer Sicht Richtung Norden, heute und 1890

Bald setzte ein wahrer Bauboom ein, Grand Hotels wie das Bellevue, das >Esplanade, das Palast-Hotel oder der Fürstenhof entstanden neben Amüsier-Etablissements wie dem >Haus Vaterland, dem Café Josty und dem Pschorr-Bräu. Tagsüber Geschäftsleben, nachts der Rausch und das Vergnügen mit Restaurants, Kinos, Varietees, und Prostitution prägten den legendären Ruf des Potsdamer Platzes in den >Goldenen Zwanziger Jahren. Die Moderne war nicht zuletzt mit dem 1924 nach New Yorker Vorbild aufgestellten »Verkehrsturm« – einer der ersten Ampeln Europas – eingezogen. Täglich passierten mehr als 20.000 Autos und 85.000 Reisende den Platz. Nach dem Ende des 2. Weltkriegs lag fast alles davon in Trümmern. Die Stadt war in die Sektoren der Sieger geteilt, die hier ein Dreizoneneck bildeten. Als die DDR die Mauer errichtete, lag das Areal als eine von Trümmern geräumte Brache endgültig im Abseits, um nach der Wende, in den 1990er Jahren, zur größten Baustelle Europas zu werden. Das Ergebnis ist ein völlig neuer Stadtteil mit Büro- und Shopping-Komplexen wie dem Sony Center von Helmut Jahn. Einen duften Rundblick auf janz Berlin erlaubt der »Panoramapunkt« auf der Spitze des 115 m hohen, rot verklinkerten Kollhoff Towers. → *Potsdamer Platz* 🟦U 🟢S *Potsdamer Platz*

45 Haus Vaterland Es war gegen Ende der >Goldenen Zwanziger der angesagteste Amüsiertempel Berlins. Ein Dutzend Themen-Restaurants, wie eine Wild-West-Bar, eine Japanische Teestube oder die Rheinterrasse mit einem Rheintalpanorama inkl. Wettersimulation (»Im Haus Vaterland ißt man gründlich, hier gewitterts stündlich«), sorgten für modernste Erlebnis-Gastronomie. Mit der »Arisierung« des Betriebs, während der NS-Zeit, verschwand auch der Name >Kempinski. Im 2. Weltkrieg brannte das Haus bei Bombenangriffen weitgehend aus, konnte aber noch als Wehrmachtsheim genutzt werden. Die Ruine

45 Kempinskis Haus Vaterland neben dem Potsdamer Bahnhof, 1931

47 Eingezwängtes Weinhaus Huth

lag nach dem Mauerbau direkt im Grenzstreifen und ging bei einem Gebietsaustausch an West-Berlin. 1976 folgte endgültig der Abriss. → *Potsdamer Platz 10* Ⓤ Ⓢ *Potsdamer Platz*

46 Deutsche Kinemathek – Museum für Film und Fernsehen Alles was irgendwie mit dem deutschen Film, Kino und Fernsehen zu tun hat, von den Pionieren in Babelsberg über Fritz Langs »Metropolis« bis hin zur Gegenwart, wird hier auf mehreren Etagen präsentiert und vorgeführt. Vieles was im Museums-Archiv schlummert, ist für Interessierte wie Forscher (nach Anmeldung) zugänglich. Das Filmmuseum entstand auf dem Grundstock der 1963 gegründeten Deutschen Kinemathek. Die >Marlene-Dietrich-Collection, aus dem Nachlass der internationalen Celebrity, erlaubt einen intimen Einblick in das Leben der in Deutschland lange umstrittenen Schauspielerin, Sängerin und Antifaschistin.
→ *Potsdamer Str. 2* ⊙ *Di–So 10–18, Do 10–20 Uhr* Ⓤ Ⓢ *Potsdamer Platz*

47 Weinhaus Huth Das 1912 im Auftrag der Familie Huth erbaute Weinhaus und das >Haus Vaterland haben maßgeblich zum großen Ruhm des alten Potsdamer Platzes beigetragen. Im Erdgeschoss befand sich eine Weinhandlung, in der 1. Etage ein gehobenes Weinrestaurant mit Veranstaltungslokal. Hier arbeitete Anfang der 1930er Jahre ein gewisser >Alois Hitler als Oberkellner. Gerne prahlte er mit seinem berühmt-berüchtigten Halbbruder Adolf, bevor er sich 1937 mit einer Gaststätte am Wittenbergplatz selbstständig machte. Nach 1945 lag der Potsdamer Platz in Trümmern. Nur das Haus der Weinhändler-Familie hatte, dank seiner Stahlbetonkonstruktion, den alliierten Bombenhagel einigermaßen überstanden. Als 1948 ein Strich auf der Straße die Teilung des britischen vom sowjetischen Sektor markierte, war es praktisch »das letzte Haus am Potsdamer Platz«. In dieser Randlage an der Mauer, waren dann Sozialwohnungen untergebracht und es symbolisierte so bis 1989 den Zustand der Stadt. Nach dem Mauerfall

46 Plakat des Dokumentarfilms »Die Sinfonie der Großstadt«, 1927

erwarb der Daimler-Konzern das Areal. Heute ist das Weinhaus Huth der letzte erhaltene Altbau am Platz und beherbergt u.a. die Kunstsammlung »Daimler Contemporary«. → *Alte Potsdamer Straße 5* Ⓤ Ⓢ *Potsdamer Platz*

Der 17. Juni 1953

Der Volksaufstand vom 17. Juni 1953 gehört zu den denkwürdigsten Tagen der deutschen Geschichte. Er war die erste Massenerhebung im sowjetischen Machtbereich, an der sich mindestens 1 Million DDR-Bürger beteiligten. Der Grund für die Unzufriedenheit in der DDR-Bevölkerung sowie die anhaltende Flucht von Hunderttausenden Menschen in den Westen waren die schlechten Lebensbedingungen und die undemokratischen Verhältnisse. Der tiefgreifenden Wirtschaftskrise versuchte die SED-Parteiführung am 28. Mai 1953 u.a durch die allgemeine Erhöhung der Arbeitsnormen um 10 Prozent entgegenzuwirken.

Die daraufhin aufflackernden Proteste veranlassten die sowjetische Führung, einen weniger harten »Neuen Kurs« zu fordern. Die SED sagte soziale Erleichterungen und mehr Rechtssicherheit zu, doch die Normenerhöhung für die Arbeiter blieb. Am 15. Juni 1953 eskalierte die Situation. Arbeiter der Baustelle am Ost-Berliner Krankenhaus Friedrichshain traten in den Streik, Kollegen von der Großbaustelle ›Stalinallee schlossen sich ihnen an. Schon einen Tag später ging es nicht mehr nur um eine Rücknahme der Normenerhöhung, mittlerweile forderten 10.000 Demonstranten den Rücktritt der Regierung, die Freilassung politischer Gefangener und freie Wahlen. Für den 17. Juni wurde zum landesweiten Generalstreik aufgerufen. Der Volksaufstand erfasste rund 700 Städte und Gemeinden. Zahlreiche Polizei-Dienststellen, SED-Verwaltungen, Ratsgebäude und ›Stasi-Einrichtungen wurden erstürmt, in Gefängnissen kam es zu Befreiungsaktionen. Insgesamt starben etwa 50 Demonstranten, 20 wurden hingerichtet. In den Wochen danach folgten Tausende Festnahmen und Verurteilungen zu langjährigen Haftstrafen. Der Bevölkerung sollte vorgeführt werden, dass die herrschende Macht bereit sei, jegliche Opposition mit allen Mitteln zu zerschlagen. In der Bundesrepublik Deutschland war der 17. Juni ab 1954 arbeitsfreier »Tag der deutschen Einheit«.

48 Hotel Esplanade Die Fragmente des Kaisersaals aus dem einst an dieser Stelle stehenden mondänen Grand Hotel Esplanade findet man heute, etwas verschämt, im Innenhof des Sony Centers wieder. Er wurde 1993 für den Bau des postmodernen Bürokomplexes (Architekt Helmut Jahn) um 75 m hierher versetzt. Das Belle-Époque-Hotel, in dem einst ›Kaiser Wilhelm II. seine exklusiven Herrenabende zelebrierte und das in den ›Goldenen Zwanziger Jahren der Weimarer Republik ein beliebter Treffpunkt der Monarchisten war, ist im Winter 1944/45 bei alliierten Luftangriffen weitgehend untergegangen. Die spätere Hollywood-Größe Billy Wilder war dort einst als Eintänzer engagiert und Erich Kästner ließ eine wichtige Szene aus ›»Emil und die Detektive« hier spielen. An der Bellevuestraße stehen noch Fassadenteile des ehe-

48 Fragment des Hotel Esplanade

maligen Haupteingangs des Esplanade, jetzt eingespannt zwischen Glas und Stahl. → *Bellevuestr. 1* U S *Potsdamer Platz*

Unten: Demonstranten wehren sich auf dem Leipziger Platz mit Steinen und Brettern gegen sowjetische T-34 Panzer, 17. Juni 1953

51 Todesstreifen mit Panzersperren und Grenztürmen am Potsdamer Platz (Richtung Stresemannstraße), 1982

49 S-Bahnhof Potsdamer Platz 1928 kam in Berlin der Begriff »Stadtschnellbahn« für die Vorortzüge auf. Seit 1930 wurden sie offiziell (mit dem grünweißen Signet) als »S-Bahn« bezeichnet. 15 Linien verbinden heute auf über 300 km fast 170 Stationen. Der zentrale Nord-Süd-Tunnel der S-Bahn wurde am 2. Mai 1945, wenige Stunden vor der deutschen Kapitulation, vermutlich von Waffen-SS-Einheiten unterhalb des Landwehrkanals gesprengt und flutete auch die Station am Potsdamer Platz. Seit dem Mauerbau 1961 waren die unterirdischen Bahnhöfe der West-Linien im Ostsektor gesperrt. Die West-Berliner Züge mussten mit gedrosselter Geschwindigkeit, ohne Halt, die spärlich beleuchteten, von DDR-Grenzern bewachten Bahnsteige passieren – eine geisterhafte Situation. Neben dem Potsdamer Platz gab es 17 solcher »Geisterbahnhöfe«. Am Deutsche-Bahn-Hochhaus erinnert ein historisches S-Bahn-Schild (hinter der Glasfassade) an diese Zeit. → *Potsdamer Platz* U S *Potsdamer Platz*

50 Grenzturm Leipziger Platz Während der Teilung Berlins lagen der Potsdamer Platz und der Leipziger Platz mitten im Sperrgebiet der DDR-Grenzanlagen. Statt Geschäftshäusern und belebten Straßen durchzogen Panzersperren, Stacheldraht und die DDR-Mauer das einst pulsierende Zentrum Berlins. Nur einige wenige Mauersegmente sind bis heute erhalten geblieben. Einer der letzten Grenztürme Berlins steht etwas versteckt hinter der neuen Bebauung des Leipziger Platzes in der Erna-Berger-Straße.
→ *Erna-Berger-Str.* U S *Potsdamer Platz*

50 Ehemaliger DDR-Grenzturm am Leipziger Platz

51 Leipziger Platz Der achteckige Nachbar des Potsdamer Platzes erhielt seinen Namen 1814 zur Erinnerung an die Völkerschlacht bei Leipzig. Vor dem 2. Weltkrieg waren die beiden Plätze wichtige Verkehrsknoten-

49 DDR-Grenzer im »Geisterbahnhof«

punkte. An der Nordseite befand sich u.a. das 1885 errichtete Palais des Berliner »Zeitungskönigs« Rudolf Mosse und das ›Kaufhaus Wertheim‹. Kaum bekannt ist, dass sich in den Gärten hinter der südlichen Bebauung die herrschaftliche Dienstvilla von ›Hermann Göring‹ befand. US-Botschafter William E. Dodd bemerkte im Sommer 1936 sichtlich beeindruckt nach einem Besuch: »*Die Villa ist viel größer als das Weiße Haus in Washington und weitaus kunstvoller ausgestattet.*«
Während der Teilung Berlins lag der Leipziger Platz ab 1961 als

52 Einer der drei Lichthöfe mit der Statue »Die Arbeit« im Kaufhaus Wertheim, 1906

Brache im Todesstreifen in der »Hauptstadt der DDR«. Eine Laune der Geschichte: zwischen dem Leipziger und Potsdamer Platz gab es schon einmal eine Mauer, die ›Akzisemauer. 1867 wurde sie nach rund 100 Jahren geschleift. Stehen blieben nur die von ›Schinkel entworfenen Potsdamer Torhäuser. 1961 mussten sie als Kriegsruinen leider dem »antifaschistischen Schutzwall« weichen. → *Leipziger Platz* U S *Potsdamer Platz*

52 Einst Kaufhaus Wertheim, heute LP12 Mall of Berlin

52 Kaufhaus Wertheim

Stralsund war 1852 der Geburtsort des Familienunternehmens Wertheim. Mit neuartigen Ideen haben Rudolph Karstadt, Adolf Jandorf (siehe ›KaDeWe), Hermann Tietz (Hertie) und Georg Wertheim den Einzelhandel nach US-Vorbild erneuert. Die Wertheims hatte schon einige Filialen in Berlin, als 1897 das Kaufhaus am Leipziger Platz, in Anwesenheit des Kaisers, eröff-

52 LP12 Mall of Berlin

nete wurde. Der von Architekt Alfred Messel entworfene Gebäudekomplex reichte bis zur Voßstraße und entlang der Leipziger Straße. Damals war es das größte Warenhaus Europas. Beim etablierten Handel waren die Kaufhäuser besonders wegen ihrer niedrigen Preise unbeliebt. Die meisten waren in jüdischem Besitz, wurden nach dem Machtantritt der Nazis 1933 boykottiert und, wie z.B. Wertheim, 1937 zur AWAG (Allgemeine Warenhaus Gesellschaft AG) »arisiert«. »Judenfreie« Unter-nehmen wie Kaufhof, Merkur und Hertie entstanden. Nach 1945 wurden die Wertheim-Häuser in der DDR enteignet, im Westen übernahm später Karstadt-Quelle das Unternehmen.
Die Kriegsruine des Wertheim am Leipziger Platz ließ die DDR im Zuge des Mauerbaus abreissen, das Areal lag danach direkt im Todesstreifen. 2014 eröffnete als Nachfolger des Wertheim an gleicher Stelle die »LP12 Mall of Berlin«. → *Leipziger Platz 12* U S *Potsdamer Platz*

53 »Tresor«

Eine Legende aus der Post-Wende-Zeit: Berlins erster Techno-Club mit dem eigenen Platten-Label »Tresor Records«. 1991 im Tresorraum des ehemaligen ›Kaufhauses Wertheim mit den dekorativ aufgebrochen Schließfächern und Gittertüren eingerichtet. Eine immer längere Reihe von Insidern verehren die DJ's, wie den inzwischen international begehrten Paul van Dyk, die die Tresor-Tradition fortsetzen. Die Abschieds-Party fand schon 2005, kurz vor dem Abriss der Original-Location, statt. Die Subkultur lebt jetzt im früheren Heizkraftwerk Berlin-Mitte weiter, wo einige der mitgenommenen Schließfächer im »Tresor 2« an die alten Zeiten erinnern. → *Leipziger Str. 126* U S *Potsdamer Platz*

52 Unten: SA-Mann mit Boykottaufruf jüdischer Geschäfte vor dem Kaufhaus Wertheim, 1933

66 ÖSTLICHES ZENTRUM

Nach dem Mauerbau 1961 gab es zwischen den West-Berliner Sektoren und der »Hauptstadt der DDR« sowie dem DDR-Umland etwa 15 Kontrollpunkte, die von den DDR-Grenztruppen fast 30 Jahre lang scharf bewacht wurden. Am Übergang >Bornholmer Straße wurde in der Nacht zum 9. November 1989 die Mauer zuerst unkontrolliert passierbar.

54 Kalter Krieg in Berlin: US- (vorne) und Sowjet-Panzer stehen sich am Checkpoint Charlie gegenüber, 27.10.1961

Showdown am Checkpoint Charlie

54 Checkpoint Charlie

Nach der Trennung Berlins durch den Mauerbau der DDR im August 1961, war der Checkpoint Charlie neben Helmstedt (Alpha) und Dreilinden (Bravo) der dritte innerdeutsche Grenzübergang für die Alliierten Streitkräfte, Ausländer und Mitarbeiter der >Ständigen Vertretung. Patrouillenfahrten der vier Besatzungsmächte (USA, Großbritannien, Frankreich, UdSSR) sollten in allen Sektoren jederzeit möglich sein. Doch schon am 27. Oktober 1961 wurde US-Truppen die Durchfahrt in den sowjetischen Sektor plötzlich verweigert. Für mehrere Tage standen sich am Checkpoint Charlie amerikanische und sowjetische Panzer gefechtsbereit in einer riskanten Machtprobe gegenüber. Die Welt stand in Berlin für kurze Zeit am Abgrund eines 3. Weltkriegs.

Der sowjetische Regierungschef Nikita Chruschtschow beendete schließlich die Provokation und ließ seine Panzer in Seitenstraßen abziehen.

1962 kam der DDR-Flüchtling >Peter Fechter nahe dem Checkpoint besonders tragisch ums Leben, 1974 nahm ein Volkspolizist einen Kameraden als Geisel und wurde beim Fluchtversuch von DDR-Grenzern erschossen. Im August 1989 gelang es Hans-Peter Spitzner und seiner Tochter, im Kofferraum eines Autos den Grenzübergang zu passieren, es war die letzte Flucht vor dem Fall der Mauer.

54 Gasmasken als Souvenirs

Die Nachbildungen des Wachhauses am Checkpoint Charlie ist mittlerweile eines der beliebtesten Fotomotive Berlins.

56 Peter-Fechter-Denkmal

Das letzte originale Wachhaus des US-Kontrollpunkts ist im >Alliierten-Museum zu besichtigen. → *Friedrich-/Kochstr.* Ⓤ *Kochstraße*

54 Checkpoint Charlie, 1982

55 Museum Haus am Checkpoint Charlie Die unmittelbare Nähe zum populären alliierten Kontrollpunkt >Checkpoint Charlie wählte 1963 der Gründer des Mauermuseums, Reiner Hildebrandt, um die Situation Berlins durch die Mauerteilung (mit US-Geldern gestützt) zu dokumentieren und anzuprangern. Der Historiker kam aus den Widerstandskreisen gegen die NS- als auch die DDR-Diktatur und war an zahlreichen kontroversen Aktionen gegen das SED-Regime beteiligt. Im Mauermuseum werden sowohl die verschiedenen Evolutionsstufen der DDR-Grenzanlagen veranschaulicht, als auch der Einfallsreichtum der Menschen, um diese zu überwinden. Zum Beispiel mit umgebauten Autos, einem Mini-U-Boot, Heißluftballons und Flugdrachen.
→ *Friedrichstr. 43–45* ⊙ *Mo–So 9–22 Uhr* Ⓤ *Kochstraße*

54 Wachhaus am ehem. Checkpoint Charlie

56 Peter-Fechter-Denkmal
Als der »antifaschistische Schutzwall« schon über ein Jahr Ost- und West-Berlin fast unüberwindlich trennte, entschloss sich der 18-jährige Maurer Peter Fechter, mit seinem gleichaltrigen Freund aus der Ummauerung in den Westen zu fliehen. Sie kletterten in Sichtweite des >Checkpoint Charlie durch den Stacheldraht. Dem Freund gelang die »Republikflucht« über die mannshohe Mauer, Fechter aber wurde angeschossen, und blieb ohne Hilfe im Todesstreifen auf der östlichen Seite liegen und verblutete nach einer Stunde. Später erklärten die Schützen, sie hätten aus Angst vor eventuellem Beschuss aus dem Westen Fechter nicht geholfen. Tatsächlich ist einige Tage zuvor der DDR-Grenzsoldat Rudi Arnstadt von westdeutschen Bundesgrenzschutzbeamten tödlich getroffen worden. Fechters Tod führte zu Empörung auf der westlichen Seite, auch weil viele Zeugen hilflos die Vorgänge beobachteten. Fechter stand seitdem für die Unmenschlichkeit des kommunistischen Regimes. Heute erinnert eine schlichte metallene Säule an

56 Peter Fechter

Peter Fechter. Den ehemaligen Mauerverlauf markieren Pflastersteine im Asphalt. → *Zimmerstr. 26/27* Ⓤ *Kochstraße*

57 Axel-Springer-Verlagshaus, dahinter der Todesstreifen der Berliner Mauer, 1966

🔴57 Axel-Springer-Haus

Der Hamburger Gründer des europäischen Medienimperiums, Axel Cäsar Springer, fungierte als personifizierte Hassfigur der einäugigen 68er-Studentenbe-

57 Bild-Zeitung von 1964

wegung (»Enteignet Springer!«). Der »Grövaz« (Insider-Spitzname = Größter Verleger aller Zeiten) Springer sah sich selbst als Messias der nationalen Vereinigung und der Aussöhnung mit den Juden, als Verteidiger der westlichen Demokratie und der sozialen Marktwirtschaft. Aus Enttäuschung über die sowjetische Ablehnung der Wiedervereinigung Deutschlands betrieb er vehement die »Mach-das-Tor-auf-Kampagne« und baute 1959 sein Verlagshochhaus direkt an der Demarkationslinie zwischen Ost und West an der Kochstraße. Der damalige Berliner Regierende Bürgermeister Willy Brandt setzte den Grundstein für das Haus, aus dem dann stramm gegen den Sozialismus, gegen linke Studenten und gegen die Ost-Politik Brandts angeschrieben wurde. Der Lebemann Springer nutzte nach 1945 eine britische Drucklizenz zur Gründung des enorm erfolgreichen Medienkonzerns, der mit Titeln wie »Hörzu«, »Bild« und »Die Welt« startete. Vor dem Verlagshaus stehen heute an der Rudi-Dutschke-Straße [sic!] Bronzeköpfe der »Väter der Einheit«: Bush sen., ›Gorbatschow und Kohl. → *Axel-Springer-Str. 65* Ⓤ *Kochstraße*

🔴58 Ullsteinhaus

Der Fürther Papierfabrikant Leopold Ullstein begründete 1877 die Verlagsdynastie, die in der ersten Hälfte des 20. Jahrhunderts unter den führenden Deutschlands war. Der Verlagssitz lag mitten im Berliner Zeitungsviertel an der Kochstraße, unweit des expressionistischen Mossehauses von »Zeitungszar« Rudolf Mosse. Die Nazis machten aus dem »arisierten« Unternehmen 1937 den NSDAP-eigenen Deutschen Verlag. Dort wurde ab 1940 die großformatige Propaganda-Illustrierte »Signal« hergestellt, die vom Oberkommando der Wehrmacht nur für das Ausland in 25 Sprachen (darunter arabisch und russisch) herausgeben wurde. Die Gesamtauflage lag 1942 bei über 2 Millionen Exemplaren. Journalistisch wie gestalterisch war »Signal« sehr modern (»*teuflisch geschickte Tarnung*« – Daily Mail) und Vorbild für viele europäische (»Paris Match«) und deutsche Nachkriegs-Magazine (»Quick«). Nach

58 H.-J. Marseille liest »Signal«

1945 besetzten die Ex-»Signal«-Redakteure führende Posten in der Medienbranche. Auch die Wochenzeitung »Das Reich«, mit den obligatorischen Dr.-Goebbels-Leitartikeln, erschien im Deutschen Verlag. Für die ›Schlacht um Berlin‹ 1945 sogar noch das Kampfblatt »Panzerbär«. An der Stelle des im Krieg zerstörten Ullsteinhauses steht heute das GSW-Hochhaus. → *Kochstr. 22–26* Ⓤ *Kochstraße*

58 Englischsprachige »Signal«-Ausgaben von 1941/43

59 Sitz der Organisation Todt

Die Organisation Todt (O.T. oder Org. Todt) war ein dem Reichsminister für Rüstung und Kriegsproduktion unterstellter, militärischer Bautrupp. Nach der Wehrmacht und der SS war sie die mächtigste Kraft im NS-Reich. Ihr Chef, Bauingenieur Dr. Fritz Todt (1891–1942), bewährte sich als >Generalinspektor für

59 Reichsadler (heute)

das deutsche Straßenwesen schon beim Bau der Reichsautobahn. Die O.T. erhielt 1938 von Hitler den Auftrag zum Bau des Westwalls; es folgten im Kriegsverlauf u.a. riesige U-Bootbunker in Frankreich, der Atlantikwall, Abschussrampen für V2-Raketen und Untertagerüstungsfabriken. Dies erforderte eine robuste Organisation sowie enorme Material-Ressourcen. Als Todt 1942 bei einem Flugzeugabsturz ums Leben kam, ernannte Hitler >Albert Speer zu dessen Nachfolger. Ab 1943 mussten für die O.T. auch Zwangsarbeiter und Kriegsgefangene unter elenden Bedingungen schuften: 1944 über 1.360.000 Arbeitskräfte, davon 60.000 Deutsche. Die O.T.-Zentrale an der Friedrichstraße war ursprünglich als Gauarbeitsamt geplant, heute ist es Sitz einer Arbeitsagentur. Auf dem Dach prangt noch ein grosser steinerner NS-Adler. → *Friedrichstr. 34 37a* U *Kochstraße*

59 Reichsminister Fritz Todt, 1940

60 Belle-Alliance-Platz

Mehringplatz klingt heute bei weitem nicht so gut wie Belle-Alliance-Platz. Von 1815 bis 1946 war diese einst prachtvolle innerstädtische Anlage mit dem Halleschen Tor nach dem Ort benannt, an dem Napoleon in den Befreiungskriegen 1815 seine entscheidende Niederlage gegen den preußischen Generalfeldmarschall Blücher und den britischen Feldmarschall Wellington erlitt (besser bekannt als Schlacht bei Waterloo). Der kreisrunde Platz war im 2. Weltkrieg ein idealer Orientierungspunkt für feindliche Bomber und blieb 1945 völlig verwüstet zurück. Er wurde nach dem marxistischen Historiker Franz Mehring umbenannt und sollte nach den Plänen von Architekt Hans Scharoun als lebenswertes, modernes Wohnquartier aufgebaut werden. Dazu fehlte das Geld und heute kämpft man leider an einem der unansehnlichsten Plätze Berlins, umgeben von trostlosen Betonhochhäusern, mit Drogen- und anderen sozialen Problemen. Die 1843 errichtete, 19 m hohe Friedenssäule mit der Siegesgöttin Viktoria von Bildhauer Christian David Rauch erinnert an die vergangenen Zeiten. → *Mehringplatz* U *Hallesches Tor*

60 Belle-Alliance-Platz (heute Mehringplatz) mit Halleschem Tor und Friedenssäule, Richtung Friedrichstraße, 1890

61 Zinkblechfassade des Jüdischen Museums

61 »Garten des Exils«

61 Jüdisches Museum

Der zickzackförmige Neubau und das barocke Haus des ehemaligen preußischen Kammergerichts beherbergen das Museum, in dem die 2.000-jährige Kultur des jüdischen Volkes und die komplexe deutsch-jüdische Geschichte dokumentiert werden. Der ungewöhnliche, dekonstruktivistische Bau des Architekten Daniel Libeskind ging 1989 erfolgreich aus einem Wettbewerb hervor und wurde 2001 eröffnet.

61 Installation »Shalechet«

Die spitzen Winkel, die sich im Grundriss und an vielen Details am Bau finden, sollen Assoziationen an einen zerbrochenen Davidstern sein. In einer ausführlichen Dauerausstellung werden auf mehreren Ebenen die geschichtlichen Zeugnisse, didaktisch aufbereitet, präsentiert. Vielbeachtete thematische Sonderausstellungen ergänzen das Programm. Drei unebene Achsen dominieren das Untergeschoss des Neubaus: die Achse der Kontinuität, die Achse des Exils und die Achse des >Holocaust. Der Holocaust-Turm ist, entgegen der vielfachen Vermutungen der Besucher, kein Abbild einer Gaskammer, sondern erlaubt freie Interpretationen. Beklemmung löst auch die Installation »Shalechet – Gefallenes Laub« von Menashe Kadishman aus. 10.000 stilisierte Gesichter aus Stahlblech erinnern an die ermordeten Juden. Das Feld kann betreten werden, die dabei entstehenden metallischen Klänge sollen den Toten ihre Stimme zurückgeben. Wegen angeblicher Ähnlichkeiten von Libeskinds »Garten des Exils« und dem später erbauten >Denkmal für die ermordeten Juden Europas von Architekt Peter Eisenman kam es zu inzwischen ausgeräumten Plagiats-Vorwürfen. Das Museum ist durch den Altbau, nach einer Sicherheitskontrolle, zugänglich. Die Institution zählt mit über 760.000 Gästen pro Jahr längst zu den meistbesuchten Museen der Hauptstadt. → *Lindenstr. 9–14* ⊙ *Mo–So 10–20 Uhr* Ⓤ *Kochstraße*

62 Bundesdruckerei

Amtliche Drucksachen (wie Personalausweise) hatten schon immer die Aufgabe, auch den Staat zu repräsentieren und möglichst fälschungssicher zu sein. Dieses alles erledigte seit 1879 die in der Oranienstraße 91 gegründete Reichsdruckerei. In den 1920er Jahren wurde dort vor allem »millionenschweres« Inflationsgeld gedruckt. Die Druckerei funktionierte trotz Luftangriffen und Materialmangel im Krieg bis 1944. Danach ging das gesamte Papierlager in Flammen auf. 1955 ratterten erstmals nach dem Krieg wieder Banknoten im Wert von 5 DM aus der Druckerpresse. Bis dahin wurde die Deutsche Mark von den West-Alliierten geliefert. Nach wechselnden Besitzverhältnissen gehört das Unternehmen heute wieder dem Bund und produziert alle Reisepässe,

62 Bundesdruckerei

Personalausweise, Führerscheine und vieles mehr, was den Falsifikatoren graue Haare bescheren soll. → *Kommandantenstr. 15* Ⓤ *Spittelmarkt*

61 Achse der Kontinuität, des Exils und des Holocaust im Jüdischen Museum

61 Grundriss des Jüdischen Museums

ÖSTLICHES ZENTRUM

63 Entblößte Tänzerinnen der Haller-Revue mit ihrer Figur »Quadriga« im Admiralspalast, 1927

63 Admiralspalast Ein traditionsreicher Ort des Vergnügens und einer der letzten seiner Art in Berlin. Als Admiralsgartenbad 1873 direkt gegenüber dem >Bahnhof Friedrichstraße mit

63 Admiralspalast

eigener Heilquelle eröffnet, erlangte der Palast erst Anfang des 20. Jahrhunderts seine volle Pracht. Ausgestattet mit 900 Zimmern, Eisarena, Lichtspieltheater, Kegelbahn, Tanzsälen sowie einem großen Café war er Tag und Nacht geöffnet.

63 Modetanz der Goldenen Zwanziger: Charlesteon, um 1927

In der direkten Umgebung gab es damals nicht weniger als 30 solcher Etablissements. Im berühmten »Wintergarten« tanzte sich, meist nackt, die leichenblasse >Anita Berber im Kokainrausch in Ekstase oder der legendäre Houdini führte seine Entfesselungstricks vor. Auch das Rotlichtmilieu tummelte sich in der Umgebung: auf der nördlichen Friedrichstraße warteten die minderjährigen Mädchen auf pädophile Freier, in der Oranienburgerstraße hingegen Prostituierte mit Entstellungen und in der Münzstraße die »Münzis«, schwangere Huren. Der Admiralspalast war in den >Goldenen Zwanzigern besonders für die von Direktor Hermann Haller inszenierten Revuen bekannt. Während der NS-Zeit lauschte von der »Führerloge« aus angeblich schon mal Hitler persönlich dem Sänger Johannes Heesters. Nach dem Untergang des braunen Reiches fusionierte in diesem Saal – unter Zwang freiwillig – die SPD mit der KPD und firmierte dann als die rote SED (Sozialistische Einheitspartei Deutschlands) der DDR. Die Träger des Parteiabzeichens mit dem stilisierten Händedruck hießen im Volksmund »die mit den abgehackten Pfoten«.
Im Admiralspalast wurden weiter Revuen zum volks(eigenen) Vergnügen geboten. Seit 1953 steht im Vorderhaus u.a. die Bühne des populären politischen Kabaretts »Die Distel«. Die Wende schaffte auch hier unklare Verhältnisse, bis sich einer fand, der sich die Grundsanierung und neue Opulenz leistete. Nach der Wiedereröffnung 2006 trällerte sogar der 103-jährige Jopi Heesters noch einmal seine Top-Hits aus uralten Zeiten. → *Friedrichstr. 101* U S *Bahnhof Friedrichstraße*

64 Tränenpalast

64 Grenzübergang Bahnhof Friedrichstraße und Tränenpalast Mit dem Bau der Mauer wurde der Bahnhof Friedrichstraße 1961 zum Grenzübergang für S-, U- und Fernbahnreisende aus dem Westen. Für Ost-Berliner war hier Endstation. Ein Labyrinth aus Sichtsperren, Gängen und fensterlosen Räumen führte Reisende aus dem Westen zur Abfertigungshalle, dem sogenannten Tränenpalast. Grenzorgane kontrollierten mit versteinerter Mine die Reisepässe. In umgekehrter Richtung verabschiedeten DDR-Bürger traurig ihren West-Besuch, daher Tränenpalast. In diesem gläsernen Gebäude am Spreedreieck befindet sich jetzt eine Gedenkstätte der »Stiftung Haus der Geschichte der Bundesrepublik Deutschland« mit dem Thema »Teilung und Grenze im Alltag der Deutschen«.

64 Denkmal »Kindertransporte«

Am Südausgang des Bahnhofs erinnert seit 2008 ein Denkmal an 10.000 in der NS-Zeit geretteten jüdische Kinder, die zwischen 1938 und 1939 mit »Kindertransporten« von Deutschland nach London ausreisen konnten.
→ *Spreedreieck* ⏰ *Tränenpalast: Di–Fr 9–19, Sa, So 10–18 Uhr* 🚇🚆 *Bahnhof Friedrichstraße*

65 Hochhaus Mies van der Rohe
Seit 2009 steht am Bahnhof Friedrichstraße, dort wo seit dem 2. Weltkrieg eine Brache war, ein umstrittenes ovales Bürohochhaus. Für diesen Ort projektierte schon im Jahr 1921 Bauhaus-Architekt >Ludwig Mies van der Rohe einen technisch und gestalterisch neuartigen Wolkenkratzer, der als Vorbild für moderne Hochhäuser, ja sogar als das Urhochhaus gilt. Die Ausführung des wegweisenden Baus selbst musste aber der 1929er Wirtschaftskrise geopfert werden. Mies van der Rohe, späterer Erbauer zahlreicher US-Wolkenkratzer, entwickelte für Berlin damals einen Prototyp für Hochbauten mit glasverhangenen Stahlskelett-Konstruktionen, die heute als Standard gelten.
→ *Friedrichstr./Reichstagufer* 🚇🚆 *Bahnhof Friedrichstraße*

66 Berliner Ensemble
Die Ost-Berliner Kommunisten schufen, wie von der sowjetischen Administration vorgemacht, unmittelbar nach dem 2. Weltkrieg in ihrem Teil Berlins eine, auch für den Westen, attraktive Kulturszene. Nach der Rückkehr >Bertolt Brechts und seiner Frau Helene Weigel aus der für beide enttäuschenden Emigration gründeten sie 1949 das Berliner Ensemble (ab 1954 am Schiffbauerdamm, gegenüber dem Bahnhof Friedrichstraße). Von Anfang an mit Brechtschen Stücken unter seiner, später Weigels Leitung äußerst erfolgreich (mit Pablo Picassos Friedenstaube als Logo). Die Bühnenbilder und Plakate entwarfen u.a. Karl von Appen und der Fotomontagekünstler John Heartfield. Bis heute ist das Theater eine der maßgeblichen deutsch-sprachigen Bühnen. Unter den Nachfolgern in der Intendanz (u.a.: Heiner Müller und Peter Palitsch) ging es schon mal turbulent zu. Vor dem Haus erinnert eine Skulptur an Bertolt Brecht, der mit seiner Frau in der Nähe an der Chausseestraße 125 wohnte und auf dem benachbarten >Dorotheenstädtischen Friedhof begraben ist. → *Bertolt-Brecht-Platz 1* 🚇🚆 *Bahnhof Friedrichstraße*

63 Magazintitel (F. W. Koebner), 1921

65 Modell des von Mies van der Rohe geplanten Hochhauses, 1921

Unter den Linden 1890

Geschäftiges Treiben Unter den Linden mit Blick Richtung Süden in die Friedrichstraße. Die Kreuzung dieser repräsentativen Straßenzüge war einer der belebtesten Knotenpunkte der »Kaiserstadt« Berlin.

Unter den Linden 1912

Standartenträger des Heeres marschieren anlässlich der Neujahrsparade für Kaiser Wilhelm II. auf dem Boulevard Unter den Linden. Im Hintergrund das Kronprinzenpalais, es ist erhalten und wird heute als Veranstaltungsort genutzt.

Die Gebrüder Wilhelm (1767–1835) und Alexander von Humboldt (1769–1859) sind ein Glücksfall für die deutsche Kulturgeschichte. Die herausragenden Leistungen der beiden preußischen Universalgelehrten wirken sich bis in die Gegenwart spürbar positiv aus. Wilhelm war Staatsmann und u.a. Mitbegründer der heutigen Berliner Humboldt-Universität, der Naturforscher Alexander gilt als »der zweite Kolumbus«.

67 Russische Botschaft Unter den Linden

Die Allee Unter den Linden

67 Botschaft der Russischen Föderation Der Gebäudekomplex der ehemaligen Sowjetischen Botschaft beherbergt seit dem Zerfall der UdSSR 1991 die Vertretung der Russischen Föderation. Bereits in der Zeit von Zar Peter dem Großen etablierte sich 1706 die erste ständige diplomatische Vertretung Russlands in Berlin. Nach dem deutschen Überfall auf die Sowjetunion belegte 1942 das Reichsministerium für die besetzten Ostgebiete unter NS-Chefideologen Alfred Rosenberg das Haus, bis es 1944 im alliierten Bombenhagel unbrauchbar wurde. 35 Jahre nach der Oktoberrevolution entstand bis 1952 der heutige, eher abweisende Prunkbau im Stil des sozialistischen Klassizismus. Er sollte ein sichtbares Zeichen für die Position der Sowjetunion im Nachkriegseuropa sein und ein Muster für die Architekturrichtung, die auf der >Stalinallee in Ost-Berlin fortgeführt wurde. Bei der Renovierung 1990 sind dann fast alle alten Staatssymbole der UdSSR entfernt worden. Ein marmorner Lenin ist von den Postkommunisten vom Vorgarten in den öffentlich nicht zugänglichen Innenhof verbannt worden. Ein Relief des Begründers der Sowjetunion zierte bis 2012 noch die Schwimmhalle der Botschaft an der rückwärtigen Behrenstraße, hier zog übrigens auch schon >Michail Gorbatschow seine 25-Meter-Bahnen.
→ Unter den Linden 63–65
U S Brandenburger Tor

Alexander von Humboldt bereiste als Naturforscher fast die ganze Welt, es gibt kaum Wissensfelder auf denen er nicht tätig war. Eine körperliche Höchstleistung Humboldts war 1802 die Beinahe-Besteigung des 6.310 m hohen Vulkans Chimborazo in Ecuador.

68 Wohnhaus Johann Gottfried Schadow

Johann Gottfried Schadow (1764–1850), der Schöpfer der Quadriga des >Brandenburger Tors und einer Vielzahl anderer bekannter Werke, ließ sich 1805 in der heute nach ihm benannten Straße, ein klassizistisches Bürgerhaus errichten. Das Wohn- und Atelierhaus des bedeutendsten preußischen Bildhauers und Grafikers ist heute eines der wenigen

68 Schadow-Relief an der Fassade

erhaltenen aus dieser Zeit und somit ein wichtiges kulturelles Baudenkmal. Schadow hatte zahlreiche erfolgreiche Schüler wie Christian Daniel Rauch, der das >Reiterstandbild des Alten Fritz schuf (den Auftrag hatte sich Schadow erhofft). *»Mein Ruhm ist in Rauch aufgegangen«* soll er daraufhin enttäuscht gesagt haben. → *Schadowstr. 10/11* U S *Brandenburger Tor*

69 Humboldt-Universität

Die Humboldt-Universität ist Berlins älteste Hochschule. Auf Initiative des preußischen Gelehrten Wilhelm von Humboldt begannen 1810 an der Alma Mater Berolinensis (Berliner Universität) die Vorlesungen. Die Ziele der Hochschule waren die enge Verbindung von Forschung und Lehre, freie Wissenschaft und die Bildung der Persönlichkeit ohne Effizienz-Zwang. Damit wurden die Fundamente für das moderne Universitätswesen gelegt. Während der NS-Zeit kam es ab 1933 zu Boykotten und Ausschreitungen, bis alle Juden aus dem Haus verbannt waren. Den kulturellen Tiefpunkt bildete die von Studenten und Professoren begleitete >Bücherverbrennung auf dem gegenüberliegenden Bebelplatz. Beim Wiederaufbau des kriegszerstörten Gebäudes wurde 1946 u.a. im Foyer Steinmaterial aus einem Lager bei Fürstenberg/Oder verwendet, das ursprünglich für Hitlers Bauten der >Welthauptstadt Germania vorgesehen war. Zu DDR-Zeiten erhielt die Hochschule, an der schon Karl Marx, Heinrich Heine oder >Otto von Bismarck studiert hatten,

69 Alexander von Humboldt

dann den Namen der Gebrüder von >Humboldt. → *Unter den Linden 6* U S *Bahnhof Friedrichstraße*

70 Staatsoper Unter den Linden

Das Opern- und Theaterhaus wurde 1743 auf Wunsch des >Alten Fritz von Baumeister Georg Wenzeslaus von Knobelsdorff errichtet. Die Hofoper war damals der größte Theaterbau Europas. Seit der Abschaffung der Monarchie (1918) heißt das Haus Staatsoper Unter den Linden. Im 2. Weltkrieg wurde sie zweimal 1941/42 bei Luftangriffen zerstört und auf direkten Befehl des Opernliebhabers Hitler von >Albert Speer wiederaufgebaut. In der NS- und DDR-Zeit wurde die Institution vornehmlich für Staatsrepräsentation benutzt, heute ist sie wieder für jedermann frei zugänglich. → *Unter den Linden 5–7* U S *Bahnhof Friedrichstraße*

70 Staatsempfang vor der Neuen Wache Unter den Linden, 1937

Friedrich der Große (Friedrich II.) 1712–1786

»Jeder soll nach seiner Façon selig werden«, dieser sprichwörtliche Satz des kleinen »Großen Preußen« steht für die Toleranz des aufgeklärten Absolutismus. Der Sohn des autoritären, gnadenlosen »Soldatenkönigs« Friedrich Wilhelm I. hat schon früh erfahren müssen, wie die Macht die Freiheit willkürlich beschränken kann. Als er König wurde, führte er selbst viele Kriege um Macht und Besitz. Seine Siege verschafften den Preußen schließlich den Platz am Spieltisch der europäischen Großmächte (neben Frankreich, Großbritannien, der österreichischen Donaumonarchie und dem zaristischen Russland). Der musik- und literaturliebende, aber auch sehr pragmatische »erste Diener seines Staates« modernisierte die feudale Gesellschaft, soweit er dazu in der Lage war. Es gelang ihm z.B. nicht, die Leibeigenschaft abzuschaffen, der Widerstand des Landadels war stärker. Für Juden hatte er auch nicht viel übrig. Aber die Einführung des Schulwesens, der Speise-Kartoffel und einer effektiven Verwaltung mit bürgerlichen Tugenden sind dem Alten Fritz zu verdanken. Ebenso eine Militarisierung des preußischen Staates (u.a. mit seinen »Langen Kerls«). Das historische Bild Friedrichs II. wandelte sich je nach politischer Situation. Im Nationalsozialismus erreichte der Kult um den Preußenkönig einen unrühmlichen Gipfel. Der philosophierende Windhund-Liebhaber und zeitweiliger Voltaire-Freund starb kinderlos und zunehmend zynisch geworden 1786 vom Leben gezeichnet in seinem von ihm entworfenen und von Knobelsdorff gebauten Schloss Sanssouci in Potsdam. Seine Gebeine wurden entgegen seinem Wunsch nicht bei seinen Hunden auf der Terrasse von Sanssouci bestattet. Sie fanden erst nach über 200 Jahren und einigen Zwischenstationen zu den von ihm vorgesehenen Platz. Aber wieder nicht in der von Friedrich II. gewünschten Form: Nach der Wende, fand die Überführung und Wiederbestattung 1991 nicht im Schein einer Laterne mit kleinem Gefolge, sondern mit militärischen Ehren und großem PR-Pomp statt.

71 Reiterstandbild Friedrich der Große Der bronzene Reiter hoch auf dem Sockel, König Friedrich II. von Preußen (oder Alter Fritz) mit dem typischen Dreispitz auf dem Haupt, ist eine Arbeit des Bildhauers Christian Daniel Rauch von 1851. Das Denkmal des Hohenzollern war als Abschluss des vorgesehenen Forum Fridericianum am >Stadtschloss gedacht und als Anfang der Allee Unter den Linden, der Via Triumphalis, die am >Brandenburger Tor endet. Mit dem Auftrag, das Standbild zu fertigen, rechnete eigentlich >Johann Gottfried Schadow, doch König Friedrich Wilhelm III. bevorzugte die bildnerische Auffassung des Schadow-Schülers Rauch. Die monumentale Skulptur wurde im 2. Weltkrieg zum Schutz eingemauert und überstand den Bombenhagel unversehrt. Sie passte jedoch nicht mehr in die politische Nachkriegszeit. Der Staat Preußen wurde per alliiertem Dekret 1947 aufgelöst und der Alte Fritz sollte, als Symbol des preußischen Militarismus, eingeschmolzen werden. Nur der Initiative einiger Privat-Personen ist es zu verdanken, dass das Standbild in seinem Potsdamer Versteck in Einzelteilen erhalten blieb und 1962 sogar wieder heimlich im Park Charlottenhof

Feldherr Friedrich der Große in der Schlacht von Zorndorf, 1758

aufgestellt wurde. Als 1980 die Hohenzollern der SED wieder ins Konzept passten, wurde der König 1980 erneut Unter den Linden aufgebaut. → *Unter den Linden/Universitätsstr.* U S *Bahnhof Friedrichstraße*

72 Denkmal zur Erinnerung an die Bücherverbrennung

Hier marschierten am Abend des 10. Mai 1933 Studenten in SS- und SA-Uniformen auf, um von den Nationalsozialisten verfemte Bücher zu verbrennen. Dazu angestiftet hatte sie der Reichsminister für Volksaufklärung und Propaganda >Joseph Goebbels. Unter dem Motto »Deutsche Studenten marschieren wider den undeutschen Geist« warfen sie etwa 25.000 Exemplare in den lodernden Scheiterhaufen. In der schaurigen Inszenierung

72 Bücherverbrennung der Nazis auf dem heutigen Bebelplatz, 10.5.1933

72 Denkmal Bücherverbrennung

»übergaben sie den Flammen« u.a. Werke von Bertolt Brecht, Albert Einstein, Lion Feuchtwanger, Sigmund Freud, Maxim Gorki, Heinrich Heine, Franz Kafka, Erich Kästner, Jack London, Thomas Mann, Karl Marx, Kurt Tucholsky, Voltaire und Emile Zola. »Das war ein Vorspiel nur, dort wo man Bücher verbrennt, verbrennt man auch am Ende Menschen« wusste Heinrich Heine schon 1821. In der 70.000-köpfigen Menge erlebte >Erich Kästner die Einäscherung seiner eigenen Werke. Eine überraschende Metapher als Mahnmal und Erinnerung an die beschämende Bücherverbrennung schuf 1995 in der Mitte des Bebelplatzes der israelische Künstler Micha Ullman. → *Bebelplatz* U *Französische Straße*

73 Hotel de Rome

Unter den Linden 10 stand von 1755 bis 1909 die noble Unterkunft gleichen Namens, wo sich selbst der Kaiser incognito die Badewanne lieh. Das Hotel de Rome am heutigen Bebelplatz war ein Teil des Gebäudekomplexes im Karree, das ab 1889 Hauptsitz der Dresdner Bank war und 1945 enteignet wurde. Dann nutzte die Staatsbank der DDR die Räumlichkeiten nebst der lokalen SED-Leitung. Nach dem Ende der DDR stand das Haus zeitweise leer, bis es 2006 zum Luxushotel umgebaut wurde. So ist es heute wieder möglich, im gediegenen Ambiente mit vielen Originaldetails, die an den Geldtempel erinnern, sich der Wohltaten der Wellness zu widmen, soweit das Konto dies erlaubt. Eine Highlight ist dabei sicherlich der 20 m lange Pool zwischen den Schließfächern des ehemaligen Tresorraums im Keller. → *Behrenstr. 37* U *Französische Straße*

74 Maxim-Gorki-Theater

Das kleinste Berliner Stadttheater spielt im ältesten Konzertsaal der Stadt: im Gebäude der Singakademie, die nach >Schinkels Entwürfen 1827 erbaut wurde. Nach dem 2. Weltkrieg zunächst sowjetisches Kulturhaus, zog 1952 in das nach dem russischem Schriftsteller Maxim Gorki benannte Haus die DDR-Kultur ein. Es wurden Werke des sozialistischen Realismus gezeigt, erst nach der Entstalinisierung kamen auch Stücke wie »Die Lohndrücker« von Hausdramaturg Heiner Müller auf die Bühne.
Ein Kuriosum ist der heute weitgehend zugeschüttete »Lindentunnel«. Einen Teil der 1916 fertiggestellten Straßenbahnunterführung der Allee Unter den Linden nutzt heute das Gorki-Theater als unterridisches Lager. → *Am Festungsgraben 2* U S *Bahnhof Friedrichstraße*

71 Reiterstandbild des Alten Fritz

Unter den Linden 1937

Das Reiterstandbild des Alten Fritz von Bildhauer Christian Daniel Rauch. Anlässlich eines Besuchs des Duce Benito Mussolini ließ Hitler entlang des Boulevards temporär Pfeiler mit den Hoheitssymbolen Italiens und des Deutschen Reiches aufstellen.

Unter den Linden 1895

Großes Verkehrsaufkommen und Wachwechsel vor der Neuen Wache. Rechts das Zeughaus, heute Sitz des Deutschen Historischen Museums (DHM), mit seiner im 2. Weltkrieg zerstörten Glaskuppel.

86 ÖSTLICHES ZENTRUM

Das Eiserne Kreuz

Im Krieg gegen Napoleon 1813–15 gaben die Frauen ihr Geschmeide ab und erhielten dafür Eisenringe mit einer »Gold gab ich für Eisen«-Gravierung. Alle Patrioten waren Eisenträger. Preußens König Friedrich Wilhelm III. ließ >Karl Friedrich Schinkel einen Orden nach dem Vorbild des Balkenkreuzes des Deutschen Ordens (rein-)zeichnen. Als Tapferkeitsauszeichnung wurde er ab 1813 in zwei Klassen für alle, Mannschaften und Offiziere, verliehen. Der (inflationäre) Missbrauch in der NS-Zeit und die Hinzufügung des Hakenkreuzes auf den Orden verdrehten seine genuine Bedeutung vollends ins Gegenteil. Hinzu kamen weitere Stufen wie das Ritterkreuz. Heute ist das Eiserne Kreuz wohl die berühmt-berüchtigste militärische Auszeichnung und wird seit 1945 nicht mehr verliehen. Seit 1956 ist es als Bundeswehrsignet präsent (1999 von Designer Peter Schmidt modifiziert). Eiserne Kreuze aus der NS-Zeit dürfen seit 1957 ohne Hakenkreuz getragen werden.

75 Neue Wache In der Geschichte der Neuen Wache spiegelt sich deutlich der Wechsel der Zeiten wieder: 1818 ließ König Friedrich Wilhelm III. das Gebäude für sein Wachregiment und als Gedenkstätte für die Gefallenen der napoleonischen Kriege errichten. Zur Einweihung des ersten bedeutenden klassizistischen Werks von Preußens Baumeister >Karl-Friedrich Schinkel reiste auch der russische Zar Alexander an. Nach einem Wettbewerb, zu dem u.a. die Architekten >Peter Behrens, >Mies van der Rohe und Hans Poelzig eingeladen waren, gestaltete Architekt Heinrich Tessenow 1931 den Innenraum als Gedenkraum für die Opfer des 1. Weltkriegs um. Ludwig Gies (der später den Bundestagsadler entwerfen sollte) schuf dafür eine Eichenlaubkranzskulptur aus Platin, Gold und Silber, die heute im >DHM ausgestellt ist. Die Nationalsozialisten deuteten die Neue Wache zur »Ruhmeshalle der heldenhaften Toten« um und veranstalteten hier am alljährlichen Heldengedenktag große Aufmärsche. In der DDR wurde sie 1960 zum »Mahnmal für die Opfer des Faschismus und Militarismus«. Zum 20. Jahrestag der DDR wurden dort die sterblichen Überreste eines unbekannten KZ-Häftlings und eines unbekannten Soldaten bestattet. Die Tradition der Ehrenwachen wurde bis zum Ende der DDR 1990 fortgesetzt. Zwei NVA-Soldaten des Wachregiments »Friedrich Engels« vollführten alle paar Stunden vor den Touristen den preußisch-zackigen Stechschritt. Der Vereinigungskanzler Helmut Kohl erklärte die Entscheidung über Nutzung und Gestaltung der Neuen Wache nach der Wende zur Chefsache. Jetzt steht in der »Zentralen Gedenkstätte

76 Napoleons Zweispitz im DHM

der BRD für die Opfer von Krieg und Gewaltherrschaft« eine nach Gutdünken vergrößerte Kopie der Antikriegsplastik »Mutter mit totem Sohn« von Käthe Kollwitz. → *Unter den Linden 4*
🇺🇸 *Bahnhof Friedrichstraße*

Unten: Hitler vor der Neuen Wache, Heldengedenktag, 10. März 1942
Oben: Eisernes Kreuz von 1914

75 Wachwechsel des Wachregiments »Friedrich Engels« der NVA der DDR vor der Neuen Wache, 1989

76 Deutsches Historisches Museum (DHM) Das Zeughaus ist das älteste Gebäude Unter den Linden. Es wurde zwischen 1695 und 1729 von verschiedenen Architekten als Waffenarsenal der Residenzstadt Berlin errichtet. Die lateinische Portalinschrift lautet übersetzt: »*Den Waffentaten zur Anerkennung, den Feinden zum Schrecken, seinen Völkern und Bundesgenossen zum Schutz hat Friedrich I., der erhabene und unbesiegte König von Preußen, dieses Zeughaus zur Bergung aller Kriegswerkzeuge sowie kriegerischer Beute und Trophäen von Grund auf erbauen lassen im Jahre 1706.*« Entsprechend martialische Darstellungen schmücken den quadratischen Bau. Über die Jahrzehnte kamen hier zahlreiche erbeutete Waffen aus verschiedenen Kriegen zusammen. Ab 1831 zeigte man wechselnde militärhistorische Ausstellungen. Auch Adolf Hitler hat das Zeughaus in seinen frühen Berliner Jahren gerne aufgesucht. Wenn er sich verabredete, ließ er sein Gegenüber wissen: »*Also Treffpunkt morgen um 10 Uhr im Zeughaus, im ersten Stock an der Glasvitrine mit dem Uniformrock Friedrichs des Großen*«, so sein Auslandspressechef Ernst Hanfstaengl.

Als Hitler an der Macht war, hielt er im Lichthof beim alljährlichen Heldengedenktag seine schwülstigen Reden. Der militärische Widerstand plante hier am 21. März 1943 ein Attentat auf den Diktator. Oberst Rudolf-Christoph Freiherr von Gersdorff war damals fest entschlossen, den »Führer« und sich selbst mit schon entsicherten Haftminen, die er in den Manteltaschen trug, in die Luft zu sprengen. Hitler verließ die Vorführung erbeuteter sowjetischer Waffen jedoch vorzeitig. Von Gersdorff entschärfte den Sprengsatz in letzter Minute in der Toilette. Hitler überlebte mehrere Dutzend geplanter Anschläge ähnlicher Art. Bis Mai 1945 sollte dies noch Millionen Tote und dramatische Folgen für ganz Europa haben.

Zu DDR-Zeiten war im Zeughaus das Museum für Deutsche Geschichte. Seit 2003 beherbergt der Prunkbau das Deutsche Historische Museum (DHM).

76 Uniform des Alten Fritz im DHM

Für Sonderausstellungen entwarf der US-Architekt I. M. Pei einen postmodernen Anbau. Die Dauerausstellung zählt zu den sehenswertesten der Stadt und zeigt einzigartige Dokumente der deutschen Geschichte, von den Germanen bis zur Gegenwart.
→ *Unter den Linden 2 Mo–So 10–18 Uhr Bahnhof Friedrichstraße*

76 Durchschossener »Führerglobus« von Reichsaußenminister Ribbentrop

ÖSTLICHES ZENTRUM

78 Friedrichswerdersche Kirche

77 Bauakademie >Karl Friedrich Schinkel schuf mit der Bauakademie 1836 den ersten klassischen Funktionalbau in Deutschland. In der Hochschule, wo die zukünftigen Baumeister lernten, hatte Schinkel seine Dienstwohnung im 2. Obergeschoss. Nach seinem Tod wurde dort 1844–1873 das erste >Schinkelmuseum eingerichtet. Gegen Ende des 2. Weltkriegs brannte das Gebäude nach einem alliierten Bomben-

77 Bauakademie, 1868

angriff im Februar 1945 aus. In den 1950er Jahren begann der Wiederaufbau. 1961/62 musste die Akademie im Rahmen der »sozialistischen Umge-

78 Panorama vom Dach der Friedrichswerderschen Kirche; links: Bauakademie; rechts: Gendarmenmarkt (Gemälde: Eduard Gaertner, 1834)

staltung des Stadtzentrums« der Hauptstadt der DDR den Neubauplänen für ein 11-geschossiges Hochhaus des Außenministeriums weichen. Nach der Wiedervereinigung ist der unansehnliche Plattenbau 1995 abgerissen worden. Mit Unterstützung des »Fördervereins Bauakademie« wurde 1999 eine Eckfassade der Akademie rekonstruiert. Eine originalgetreue Wiederherstellung der Bauakademie ist vorgesehen, der Schinkelplatz davor ist seit 2007 bereits fertiggestellt.
→ *Schinkelplatz* U *Hausvogteiplatz*

78 Schinkelmuseum In der von >Karl Friedrich Schinkel entworfenen Friedrichswerderschen Kirche werden heute Skulpturen aus der >Alten Nationalgalerie gezeigt. Das ursprünglich für zwei Gemeinden bestimmte Gotteshaus ist von 1824 bis 1831, an die Gotik erinnernd, erbaut worden. Im 2. Weltkrieg erlitt das Gebäude schwere Schäden durch Bombentreffer. Danach stand die Ruine Jahrzehnte leer und wurde auf Anordnung des SED-Chefs >Erich Honecker zum 750. Stadtjubiläum restauriert. Neben Skulpturen von Ende des 16. bis Mitte des 19. Jahrhunderts werden auf der Empore Dokumente aus dem Leben von Schinkel ausgestellt. Die ständige Ausstellung ist bekannt auch wegen der Bildnisse deutscher Geistesgrößen wie Immanuel Kant, Johann Wolfgang von Goethe oder der Gebrüder

Karl Friedrich Schinkel

Der vielseitig begabte Karl Friedrich Schinkel (1781–1841) prägt mit seinen klassizistischen Bauten das preußische Berlin bis heute. Dem jungen Architekten vermittelte >Wilhelm von Humboldt die erste Staatsstellung, die Schinkel mit genialen Ideen und enormen Arbeitsfleiß auszubauen verstand. Außer monumentalen Gebäuden (Konzerthaus, >Neue Wache, >Altes Museum, >Bauakademie, Potsdamer Nikolaikirche und viel mehr) entwarf er anlässlich der Befreiungskriege auch das >Eiserne Kreuz. Als Maler (besonders der Panorama-Formate), Bühnenbildner, Innenarchitekt und Graphiker war er ebenso vortrefflich wie als Baumeister und Stadtplaner.

>Alexander und Wilhelm von Humboldt, geschaffen von den führenden Bildhauern ihrer Zeit wie >Johann Gottfried Schadow, Christian Daniel Rauch und Friedrich Tieck. Besonders oft wird Schadows Original-Gips-Darstellung der anmutigen preußischen Kronprinzessinen Luise und Friederike von 1795 bestaunt (Prinzessinnengruppe). Sie gilt als ein Hauptwerk des Berliner Frühklassizismus.
→ *Werderscher Markt*
⏲ Mo–So 10–18, Do 10–22 Uhr U *Hausvogteiplatz*

79 Reichsbank Der rückwärtige Gebäudekomplex am Werderschen Markt 1 wurde 1939 als Erweiterung für die Reichsbank errichtet. Architekten wie Walter Gropius, >Mies van der Rohe, Hans Poelzig und Wilhelm Kreis reichten Wettbewerbsarbeiten ein. Hitler entschied, dass der Entwurf des Reichsbankbaudirektor Heinrich Wolff ausgeführt werden sollte. 1940 konnte eines der größten Bürogebäude Berlins an Reichsbankpräsident Hjalmar Schacht übergeben werden. In den Tresoren lagerten die im 2. Weltkrieg in halb Europa erbeuteten Gold- und Devisenreserven des »Dritten Reiches«. Darunter auch Wertgegenstände und Zahngold von in den Vernichtungslagern ermordeter Juden. Um die genaue

79 Goldbarren im Tresor der Berliner Reichsbank, 1941

79 Wertpapier-Tresor der Reichsbank

Herkunft des Raubgolds zu verschleiern, wurde auf den Barren die Jahreszahl »1935« eingeprägt. »Nazigold« im Wert von hunderten Millionen verschwand nach Kriegsende spurlos.
Seit 1959 befand sich im ehemaligen Reichsbankgebäude mit dem Zentralkomitee (ZK) der SED das Machtzentrum der DDR. Die ehemaligen Kassenhallen der Reichsbank ließ das ZK zu einem Tagungszentrum umbauen. Im zweiten Obergeschoss hatten die Parteiführer der SED großzügige Büros mit eigenem Sitzungssaal und einem Kino. In 40 Jahren der »Diktatur des Proletariats« übten die zentrale Macht nacheinander lediglich drei Personen aus: >Walter Ulbricht (1950–1971), >Erich Honecker (1971–1989) und kurzzeitig Egon Krenz (1989). Am 20. September 1990 tagte im ZK-Gebäude die erste freigewählte Volkskammer der DDR. Eine Zweidrittelmehrheit stimmte dem Einigungsvertrag mit der Bundesrepublik Deutschland zu und damit der Abschaffung der DDR. 1999 wurde der Altbau renoviert und um einen Erweiterungsbau an der Werderstraße ergänzt. Das gesamte Ensemble dient dem >Auswärtigen Amt. Im einstigen Wertpapier-Tresor der Reichsbank befindet sich heute hinter schweren Stahltüren das Krisenreaktionszentrum der Bundesrepublik Deutschland, darunter sind noch weitere ehemalige Tresorräume erhalten. → *Werderscher Markt 1* Ⓤ *Hausvogteiplatz*

80 Internationales Pressezentrum der DDR Seit 1977 war im »Haus Stern« das Internationale Pressezentrum der DDR. Hier verkündete Günter Schabowski, Mitglied des Politbüros, am 9. November 1989 während einer inzwischen legendären Pressekonferenz etwas überhastet die Reisefreiheit für alle DDR-Bürger. Zu früh, eigentlich hätte die Meldung erst am folgenden Tag verlesen werden sollen. Die Nachricht von der Öffnung der Mauer ging

80 Schabowski im DDR-TV, 9.11.89

blitzschnell über alle Fernsehsender um die Welt. Tausende DDR-Bürger strömten umgehend an die Grenze und konnten wenige Stunden später ungehindert den »Goldenen Westen« besuchen. → *Mohrenstr. 36* Ⓤ *Hausvogteiplatz*

Stadtschloss 1861

Die von Karl Friedrich Schinkel entworfene Schlossbrücke über die Spree mit ihren charakteristischen Marmorfiguren, dahinter das Stadtschloss der Hohenzollern. Das Gemälde des gebürtigen Berliners Eduard Gaertner entstand 1861.

Preußens Gloria und Größenwahn

Preußen – einigen immer noch ein Vorbild, besonders im Ausland für viele die Verkörperung des »bösen Geistes Europas« – existierte als Land, mit unterschiedlichen geografischen Umrissen, vom Mittelalter bis zum Ende des

Friedrich I. krönt sich in Königsberg zum König, 1701

2. Weltkriegs. Nach dem Volk der Prußen benannt, wurde das Land 1226 schon als christianisierter Staat des Deutschordens erwähnt und 1466 zwischen der polnischen Krone und dem Rest-Ordensstaat geteilt. Ab 1525 weltliches Herzogtum Preußen, ab 1701 Königtum Preußen, ein Name, der dann für allen Besitz des Hauses Hohenzollern gebraucht wurde. Mit den siegreichen Kriegen des musikalischen Philosophen-Königs ›Friedrich II.‹, vor allem gegen die Habsburger, errang Preußen seinen Platz in der ersten Liga der europäischen Großmächte und verschaffte dem Militär damit im Innern die permanente Dominanz im Staat. Die effiziente Verwaltungsstruktur mit den sprichwörtlichen preußischen Tugenden, wie Pflichtbewusstsein, Verantwortung, Fleiß, Bescheidenheit und Toleranz, entstand aus der Bevorzugung der militärischen Strukturen (auch bei aufgeklärten) Monarchen. Eigentlich wurzeln sie im calvinistischen Geist, der den erfolgreichen holländischen Immigranten abgeschaut wurde. Die vielen Reformen, die heute als fortschrittlich scheinen, sollten vor allem Militär und Adel nutzen. Kaiser Napoleon überrannte 1806 Preußen und verlor es wieder in den Befreiungskriegen, mit den Niederlagen in der Völkerschlacht bei Leipzig und bei Waterloo. In den deutschen Befreiungskriegen reiften die Ideen für die Einigung. Die Märzrevolution 1848/49, von der sich Europa nach Napoleon mehr Freiheiten, mehr Autonomie und Gerechtigkeit erhoffte, wurde niedergeschlagen und endete mit der Restauration des Absolutismus in

Flötenkonzert Friedrichs II. in Sanssouci, 1852

der (Un-)Heiligen Allianz (Preußen, Österreich und Russland). 1871, nach dem Sieg über den französischen »Erbfeind« auf der linken Rheinseite, schaffte ein ostelbischer Junker, der trickreiche Machtmensch ›Otto von Bismarck‹, quasi das Deutsche Reich zu proklamieren. Nicht in Deutschland, sondern im Schloss Versailles der Franzosen-Könige. Nun waren alle deutschsprachigen Länder – außer der Schweiz und Österreich – im von Preußen und Bismarck dominierten Reich vereint. Der arrogante »Blut und

Eisen«-Kanzler verachtete alles, was nicht in sein reaktionäres Weltbild passte, besonders alle »vaterlandslosen Gesellen«, wie Sozialdemokraten, Katholiken und Polen. Die slawischen Preußen sollten germanisiert werden und der polnische Staat verschwinden (»Haut doch die Polen, dass sie am Leben verzagen...«). Karl Marx sprach es aus: »Die Existenz des Staates Preußen entspringt ... aus dem Verrat

Englische Propaganda-Karikatur Wilhelms II., 1918

Reichsgründung im Schloss Versailles, 1871

der Hohenzollern an Polen«. Im Bund mit den zaristischen und K.u.K.-Adels-Kumpanen teilte man Polen drei Mal. Die Hohenzollern-Kaiser regierten bis 1918, bis zum Ende des von deutschen und österreichischen Kaisern (hauptverantwortlich) angezettelten und verlorenen 1. Weltkriegs. Nach der Ausrufung der deutschen Republik war der Freistaat Preußen, anders als andere Bestandteile der Weimarer Republik, dann ein Bollwerk der Demokratie, bis 1932 die Regierung des konservativen Reichskanzlers Franz von Papen im »Preußenschlag« das Land de facto liquidierte. Das endgültige Ende Preußens bestimmte 1947 de iure das Kontrollratsgesetz der Alliierten Sieger des 2. Weltkriegs. Aus der Konkursmasse entstanden Länder (größtenteils identisch mit den heutigen Bundesländern): Brandenburg, Berlin, Sachsen-Anhalt, Sachsen, Mecklenburg-Vorpommern, Thüringen, Schleswig-Holstein, Groß-Hessen, Württemberg-Hohenzollern und Nordrhein-Westfalen. Die preußische Geschichte war (und ist) politisch ein bereitstehender Steinbruch, aus dem sich jeweils Passendes herausbrechen lässt. Die Nazis ernannten ungeniert den >Alten Fritz zum ersten Nationalsozialisten auf dem Königsthron und Hitler zum echten Preußen. Die Ost-Zonen-Sozialisten gerierten sich später gerne als »Rote Preußen«. Die Rekonstruktion des von der DDR gesprengten >Berliner Stadtschlosses der Hohenzollern ist vom Bundestag beschlossen. Es gibt aber wenig, allenfalls etwas aus dem absolutistischen Zusammenhang heraus Destilliertes, was ein zeitgemäßes, demokratisches Deutschland von den Preußen heute als Vorbild brauchen könnte. Wohin Obrigkeitsloyalität, Pflichtbewußtsein und Fleiß auch führen können, ist in der NS-Zeit vorgeführt worden.

»Germania« aus dem Gemälde »Deutschland August 1914« von Maler Friedrich August Kaulbach; links: Lustgarten und Berliner Stadtschloss um 1890

Der Hohe Orden vom Schwarzen Adler war der höchste preußische Orden. Stifter war am Tag seiner Selbstkrönung 1701 König Friedrich I. Ab 1848 wurden die Auserwählten gleichzeitig in den Adelsstand erhoben. Über dem preußischen Adler steht auf Lateinisch »Jedem das Seine«. Ritter des Ordens waren u.a.: Friedrich der Große, Bismarck, Hindenburg, Moltke, Napoleon I., Zar Nikolaus II., Tirpitz und Tenno Yoshihito.

81 Schlüterhof des Stadtschlosses; seit der Zeit Friedrichs II. war er der Öffentlichkeit frei zugänglich, 1830

Stadtschloss und Palast der Republik

81 Berliner Stadtschloss und Palast der Republik

»Erichs Lampenladen« nannten die Bewohner der Hauptstadt der DDR etwas despektierlich den von SED-Chef >Erich Honecker in Auftrag gegebenen Palast der Republik (Architekt: Heinz Graffunder, 1976). Sie waren aber auch stolz auf das Objekt mit »Weltniveau«, das die SED ihnen und sich selbst schenkte. Es war das Feinste, was sich der »sozialistische Arbeiter- und Bauernstaat« in Berlin architektonisch gönnte. Vor dem Prachtbau war dank der Sprengung des Stadtschlosses, das hier zuvor stand, genug Platz für Militärparaden und Aufmärsche. Innen fanden festliche Veranstaltungen zu unterschiedlichsten Anlässen statt. Selbst der West-Rocker Udo Lindenberg und die Friedensikone Harry Belafonte traten hier 1983 vor den FDJ-Blauhemden auf. Nach der friedlichen Abschaffung des

81 Sprengung der Ruine des Berliner Stadtschlosses auf Befehl von SED-Chef Walter Ulbricht, 7. September 1950

Kaiser Wilhelm II. 1859–1941

Der Enkel der britischen Queen Victoria wurde 1888 mit 29 Jahren deutscher Kaiser. Im gleichen Jahr starben Wilhelms Großvater, der erste deutsche Kaiser Wilhelm I., und sein Vater Kaiser Friedrich III. (nach nur 99 Tagen Regentschaft). In diesem Dreikaiserjahr keimte die Ära, die wir heute Wilhelminische nennen. Unter dem »Eisernen« Reichskanzler ›Otto von Bismarck prosperierte die deutsche Ökonomie. *»Einen Platz an der Sonne«*, bei der kolonialen Teilung der Welt, verlangten die Deutschen erst mit Wilhelm II. Der Kaiser setzte beim europäischen Kräftemessen auf maritime Macht und bevorzugte begeistert die Kriegsmarine. Das Militärische durchtränkte bald die ganze Gesellschaft. Mit soldatischem Pomp und nationalistischen Sprüchen versuchte der vom Schicksal mit verkrüppelter linker Hand geschlagene Hohenzoller womöglich auch die Minderwertigkeitsgefühle zu kompensieren. Die (geerbte) bismarcksche Dominanz ertrug er nicht und schickte 1890 den Lotsen vom Bord. Die anfängliche Hoffnung auf politische und soziale Reformen zerschlug Wilhelm II. durch seine widersprüchlichen Entscheidungen und Unberechenbarkeit. Sein Image polierte der Antimodernist nachhaltig durch kalkuliertes Auftreten in der Öffentlichkeit wie bei prächtigen Militärparaden. »Wilhelm Zwo« erwuchs zum ersten Medienmonarchen des 20. Jahrhunderts.

Nach dem Attentat von Sarajevo (1914) hatte er keine Möglichkeit mehr, sich der immer wieder betonten Bündnistreue mit dem österreichisch-ungarischen Kaiser Franz Joseph I. zu entziehen. Der von Wilhelm II. eigentlich so nicht beabsichtigte Krieg weitete sich zum verheerenden Weltbrand aus. Der erstmalige Einsatz moderner Waffen führte bis 1918 zu einem ungeahnten Blutvergießen mit Millionen von Opfern. Die unrühmliche Rolle im 1. Weltkrieg, die mit der katastrophalen Niederlage des Deutschen Reiches und der Abschaffung der Monarchie endete, zwang Wilhelm II. letztlich ins niederländische Exil. Lange hoffte er, wieder auf den Thron gerufen zu werden. Als er 1941 starb, verbot Adolf Hitler im NS-Reich alle Trauerfeierlichkeiten.

Kaiser Wilhelm II. in Paradeuniform, ca. 1910; oben: Wilhelm II. im Exil in Doorn, ca. 1933

SED-Sozialismus entfernte man nicht nur das DDR-Hoheitsemblem von der bronze-verspiegelten Fassade, sondern entsorgte 2009 den ganzen Palast. Viele sind überzeugt, dass der langwierige Abriss aus bösartigen Motiven der kapitalistischen Politiker oder als nachträgliche Demütigung der DDR erfolgte und nicht wegen der Asbest-Verseuchung des Gebäudes. Zumal als Folge die Rekonstruktion der alten Stadtschloss-Fassade der preußischen Feudalherrscher vorgesehen ist. Warum die Hohenzollern-Kulisse das neue demokratische Berlin repräsentieren soll, leuchtet nicht jedem ein und genauso wenig überzeugen die Nutzungsabsichten der »Humboldt-Forum« genannten Replik. Die Architektur-Wettbewerbe waren jedenfalls blamabel. 2019 soll das Gebäude als Ausstellungsort von Kunst und Kultur eröffnet werden.

Das Berliner Stadtschloss, das ab 1443 auf der Spreeinsel entstand, bewohnten die Kurfürsten,

81 DDR-Briefmarke

»Pardon wird nicht gegeben! Gefangene werden nicht gemacht! Wer euch in die Hände fällt, sei euch verfallen!«
– *»Hunnenrede«* Kaiser Wilhelms II. zur Niederschlagung des Boxeraufstandes in China, 27. Juli 1900

Könige und Kaiser der Hohenzollern seit Anfang des 16. Jahrhunderts als Winter-Residenz. An der Gestaltung wirkten Baumeister wie Andreas Schlüter,

81 Palast der Republik, Fernsehturm und Rotes Rathaus (r.), 1983

>Karl Friedrich Schinkel oder Carl Gotthard Langhans mit. Als die neuen Berliner Grand-Hotels, wie das >Adlon, entstanden, hatten diese luxuriösere und modernere Ausstattungen als die kaiserliche Residenz. >Wilhelm II. ging schon mal zur Körperpflege ins Hotel oder ließ sich die Badewanne ins Schloss bringen. Seine Vorgänger hatten die Wahl nicht: Im Stadtschloss gab es nämlich keine Badewannen. Als der letzte Kaiser nach dem verlorenen 1. Weltkrieg die Krone ablegen musste und ins niederländischen Exil in Doorn ging, nutzte man Teile des Schlosses als Museum. Im 2. Weltkrieg stark durch Bomben beschädigt und zum Teil ausgebrannt, erschien das Symbol des preußischen Absolutismus dem aus Moskau eingeflogenen, späteren SED-Chef, >Walter Ulbricht ohnehin nicht mit der Diktatur des Proletariats kompatibel. Zunächst ließ er das riesige Kaiser-Wilhelm-Nationaldenkmal von Reinhold Begas entsorgen.

Davon ist heute an der Spree nur noch der Sockel inkl. Gewölbe erhalten. Am 7. September 1950 rückten dann Sprengtrupps an und jagten die Schlossruine in die Luft. → *Schlossplatz* Ⓤ *Hausvogteiplatz*

81 Rechts: Nach dem Abriss des Palasts der Republik kamen die Fundamente des Stadtschlosses zu Tage.

98 ÖSTLICHES ZENTRUM

82 Schlossportal IV (heute)

82 Staatsratsgebäude

Es war eine der prominentesten Adressen Ost-Berlins. Von 1964 bis 1989 war hier der Dienstsitz der Staatsratsvorsitzenden (also des Staatsoberhaupts der DDR) >Walter Ulbricht, Willi Stoph, >Erich Honecker und Egon Krenz. Ungewöhnlich ragt das zentral eingefügte Portal IV des >Stadtschlosses aus dem Neubau hervor. Die Jahreszahlen »1713/1963« im Giebel suggerieren, es handele sich um das Original. Tatsächlich ist das

82 Glasbild im Staatsratsgebäude

Portal eine Nachbildung. Für die SED war es von großer Bedeutung, weil Karl Liebknecht am 9. November 1918 von diesem Balkon die »sozialistische Republik Deutschland« ausgerufen hatte. Die ursprüngliche Innenausstattung ist weitgehend erhalten. Im Treppenaufgang hängt eine haushohe Glas-malerei mit Szenen aus der Arbeiterbewegung. Von 1998 bis 2001 nutzte Gerhard Schröder (SPD) das Gebäude provisorisch als Kanzleramt. Nun werden hier in einer Privatschule Manager auf den harten Alltag des Kapitalismus vorbereitet. → *Schlossplatz 1* Ⓤ *Hausvogteiplatz*

83 Marx-Engels-Forum

Neben anderen künstlerischen Darstellungen steht die Bronze von Bildhauer Ludwig Engelhardt: der sitzende Karl Marx und der links daneben stehende Friedrich Engels im Mittelpunkt dieser Anlage. Die Plastik der beiden bärtigen Väter des »Wissenschaftlichen Sozialismus«, als dessen Vollstreckerin sich die Deutsche Demokratische Republik in ihrem Selbstbild sah, entstand in Engelhardts Atelier auf Usedom und wurde 1986 im Herzen des neugestalteten Zentrums der Hauptstadt der DDR eingeweiht. Bis zur Zerstörung im 2. Weltkrieg und darauf folgenden Abrissen befand sich auf diesem Areal ein Viertel aus Wohn- und Geschäftshäusern. → *Spandauer Str.* Ⓢ *Hackescher Markt*

Erich Honecker

Erich Honecker wurde 1912 als Sohn eines Bergarbeiters in Neunkirchen im Saarland geboren. Nach dem Eintritt in die KPD und dem Besuch der »Lenin-Schule« in Moskau arbeitete er in Berlin für den kommunistischen Untergrund. Die >Gestapo nahm ihn deshalb 1935 fest und inhaftierte Honecker bis 1945 im Zuchthaus Brandenburg-Görden. Nach dem Kriegsende schloss er sich der KPD um >Walter Ulbricht an und war Mitbegründer und Vorsitzender der Freien Deutschen Jugend (FDJ). Seit 1946 gehörte Honecker zum Parteivorstand der SED und stieg in der DDR zum wichtigsten Mann nach Ulbricht auf. Maßgeblich war er 1961 für den Bau der Mauer verantwortlich. 1971 löste Honecker Ulbricht als Erster Sekretär des ZK ab. Im Zuge der politischen Umbrüche in der DDR musste er 1989 von allen Ämtern zurücktreten. Die Justiz ermittelte danach gegen Honecker wegen Amtsmissbrauchs, Hochverrates und des Schießbefehls an der innerdeutschen Grenze. Krankheitsbedingt wurde das Verfahren eingestellt. 1994 starb er im Alter von 81 Jahren in Santiago de Chile.

81 Palast der Republik, ca. 1988

85 Trauung von Emmy Sonnemann und Hermann Göring im Roten Rathaus, links Trauzeuge Hitler, 1935

84 DDR-Museum Was in den klassischen Museen die Aufpasser verhindern sollen, ist hier erwünscht: das Anfassen. Die Besucher sollen den »sozialistischen« Alltag im Wortsinn begreifen. Zahlreiche Relikte des entschwundenen deutschen Staates (mit der eigenen Duftnote; >Wofasept) sind hier, in Gruppen wie »Wohnen«, »Einkaufen« oder »Verkehr« geordnet konzentriert. Man kann sich z.B. in die legendäre Rennpappe, den >Trabi, setzen oder viele andere Plaste-und-Elaste-Erzeugnisse auf »Weltniveau« begreifen.
→ *Karl-Liebknecht-Str. 1* ⊙ *Mo–So 10–20, Sa 10–22 Uhr* Ⓢ *Hackescher Markt*

84 Trabi im DDR-Museum

85 Rotes Rathaus Die rote Ziegelsteinfassade gab dem Berliner Rathaus 1869 (unpolitisch) seinen Namen. Hier repräsentieren der Senat und der Regierende Bürgermeister nach dem Mauerfall seit 1991 wieder die ganze Metropole. Seit dem Auszug der westlichen Vertreter während der Berlin-Blockade 1948 war das >Rathaus Schöneberg Sitz der West-Berliner Stadtverwaltung. Bis zum Ende des 2. Weltkriegs umgab das Rote Rathaus ein dichtbebautes Quartier. Zugunsten des neuen »sozialistischen Stadtzentrums« wurden die Ruinen bis auf die dann freistehende Marienkirche von der DDR abgerissen. → *Rathausstr. 15* Ⓤ Ⓢ *Alexanderplatz*

86 Sozialverwaltung der jüdischen Gemeinde
In einem heute nicht mehr vorhandenen Haus der jüdischen Gemeinde internierten die Nazis 1943 fast 2.000 Juden, die mit »Nichtjuden« verheiratet waren. Sie waren zuvor von 6.000 anderen Juden getrennt worden, die in der »Fabrik-Aktion« von der Gestapo an ihren (Zwangs-)Arbeitsplätzen zur Deportation nach Auschwitz verhaftet wurden. Im März des gleichen Jahres versammelten sich vor der Sozialverwaltung in der Rosenstraße eine Woche lang spontan Ehefrauen und Familienmitglieder der Inhaftierten, um deren Freilassung zu fordern. Diese Protestaktion war zu dieser Zeit äußerst ungewöhnlich. Nach und nach wurden die Männer entlassen. Propagandaminister >Joseph Goebbels schrieb dazu in sein Tagebuch: »Es haben sich da leider etwas unliebsame Szenen vor einem jüdischen Altersheim abgespielt, wo die Bevölkerung sich in größerer Menge ansammelte und zum Teil sogar für die Juden Partei ergriff. Ich gebe dem SD Auftrag, die Judenevakuierung nicht ausgerechnet in einer so kritischen

»Den Sozialismus – so sagt man bei uns immer – in seinem Lauf halten weder Ochs noch Esel auf.« – Erich Honecker, August Bebel zitierend (1989)

Zeit fortzusetzen. Wir wollen uns das lieber noch einige Wochen aufsparen; dann können wir es umso gründlicher durchführen.« Heute informiert eine Litfaßsäule vor Ort über das außergewöhnliche Ereignis.
→ *Rosenstr.* Ⓢ *Hackescher Markt*

83 Marx-Engels-Forum

Der Lustgarten vor dem Alten Museum war einst der Küchengarten des >Stadtschlosses. 1646 verfeinerte man ihn nach holländischem Vorbild mit Fontänen, Skulpturen, Orangerie und einem Gewürzgarten. Erstmals wurde hier in Berlin die Kartoffel angepflanzt. Danach war er mal Paradeplatz des »Soldatenkönigs«, Aufmarschforum der Nazis oder wie heute ein Park zum Relaxen.

Die Insel der Museen

87 Museumsinsel Fünf große Bauten für die Kunst bilden das Architektur-Ensemble im nördlichem Teil der Spreeinsel, das als Museumsinsel bekannt ist und seit 1999 Teil des UNESCO-Weltkulturerbes ist. Die Grundidee für diesen Komplex hatte König Friedrich Wilhelm II. Unter der Leitung von Wilhelm von Humboldt und nach Plänen von >Karl Friedrich Schinkel entstand 1830 zuerst das >Alte Museum. Es folgten 1859 das >Neue Museum, 1876 die >Alte Nationalgalerie, 1904 das >Bode-Museum und 1930 das >Pergamonmuseum. In der NS-Zeit sahen Hitler und sein Architekt >Albert Speer für die künftige >Welthauptstadt Germania eine Reihe von monumentalen Neubauten wie z.B. ein Weltkriegsmuseum, ein Germanisches Museum und ein Ägyptisches Museum entlang der Spree vor. 1945 lagen rund 70 Prozent der Museumsinsel in Trümmern, 1950 begann die DDR langsam mit dem Wiederaufbau, der erst über 60 Jahre später nahezu abgeschlossen werden konnte. ➔ *Bodestr.* Ⓢ *Hackescher Markt*

87 Museums-Modell für Germania

»Die Museumsinsel ist der einzige museale Ort weltweit, bei dem sowohl die äußere Form wie auch der Inhalt als Weltkulturerbe gelten.«
– Michael Eissenhauer, Generaldirektor der Staatlichen Museen zu Berlin

88 Altes Museum

»FRIDERICVS GVILHELMVS III. STVDIO ANTIQVITATIS OMNIGENAE ET ARTIVM LIBERALIVM MVSEVM CONSTITVIT MDCCCXXVIII«

88 Altes Museum

prangt es in goldenen Lettern am antikisierenden Monumentalbau: »Friedrich Wilhelm III. hat zum Studium der Altertümer jeder Art sowie der freien Künste 1828 dieses Museum gestiftet.« 1830 wurde dieses erste öffentliche Museum Preußens eingeweiht. Die Sammlung zeigt heute Skulpturen, Waffen, goldenes sowie silbernes Geschmeide und vieles aus der klassischen Kultur und Kunst der alten Griechen. Ebenso wie andere politische Gruppen vor ihnen, nutzten die Nationalsozialisten den Lustgarten für ihre Propaganda-Veranstaltungen und Aufmärsche. 1936 erwarteten 20.000 Hitlerjungen und rund 40.000 SA-Männer dort die Ankunft des Olympischen Feuers. 1942 zeigten die Nazis im Alten Museum die Greuel-Ausstellung »Das Sowjetparadies«. Während der Schau verübte eine Widerstandsgruppe, die vorwiegend aus jüdischen Unterstützern bestand, einen Brandanschlag. Mindestens 33 Personen richtete die Gestapo deshalb hin. Als zusätzliche »Sühnemaßnahme« wurden kurz danach 500 Juden verhaftet und 250 davon sofort ermordet. Im Krieg brannte das Gebäude aus, wurde in der DDR-Zeit wiederaufgebaut und für zeitgenössische Kunstausstellungen genutzt. → *Am Lustgarten* ⏱ *Fr–Mi 10–18, Do 10–22 Uhr* Ⓢ *Hackescher Markt*

89 Neues Museum

Das Neue Museum ist das Hauptwerk des >Schinkel-Schülers Friedrich August Stüler. Das spätklassizistische Gebäude wurde 1843 bis 1855 errichtet, als im >Alten Museum die Räumlichkeiten nicht mehr ausreichten. Der Bau selbst ist ein Zeugnis der Architekturgeschichte, des Bauens mit neuen Eisen-Konstruktions-

89 Neues Museum

methoden. Im 2. Weltkrieg stark beschädigt, nutzte man Teile der Ruine lange als Magazin. Seit 1989 wurde das Neue Museum, im Rahmen des Masterplans, vom britischen Architekten David Chipperfield mit viel Feingefühl

88 Blick vom Stadtschloss auf den Lustgarten und das Alte Museum, 1895

89 Aquarell von Eduard Gaertner des im 2. Weltkrieg zerstörten Ägyptischen Hofes im Neuen Museum, 1862

rekonstruiert und unter Berücksichtigung der historischen Spuren mit dezenten modernen Elementen ergänzt. 70 Jahre nach der Schließung konnte das Museum 2009 wieder eröffnet werden. Hauptattraktion ist die weltberühmte einäugige Büste der

89 Neues Museum

Nil-Schönheit ›Nofretete‹ im Ägyptischen Museum. Der 1873 von Heinrich Schliemann in Troja entdeckte und aus dem Osmanischen Reich geschmuggelte »Schatz des Priamos« ist nur als Nachbildung ausgestellt. Das Original wurde 1941 zum Schutz vor Luftangriffen im ›Flakturm Zoo‹ gelagert und 1945 von der Roten Armee nach Moskau verbracht. Erst 1993 wurde die Existenz vom Puschkin-Museum bestätigt.
→ Bodestr. 1–3
⊙ So–Mi 10–18, Do–Sa 10–20 Uhr
Ⓢ Hackescher Markt

90 Pergamonmuseum

Das Pergamonmuseum ist zwischen 1910 und 1930 vor allem für den gewaltigen Pergamonaltar erbaut worden. Zu verdanken ist dieser dem Essener Archäologie-Autodidakten Carl Humann. Er entdeckte (und rettete) ihn 1864 im Osmanischen Reich. Mit Marineschiffen gelangte der Altar 1879 nach Berlin. Mit anderen einzigartigen Exponaten wie dem Ischtar-Tor und Teilen der Prozessionsstrasse von Babylon ist er heute *der* Anziehungspunkt im Komplex der Antikensammlungen des Vorderasiatischen Museums und des Museums für islamische Kunst. Das Gebäude wurde im 2. Weltkrieg durch Bomben schwer beschädigt und verlor zunächst große Teile der Sammlungen, die als Beutekunst nach Moskau und Leningrad gebracht wurden. Die Sowjetunion übergab 1958 die meisten Kunstgegenstände wieder der DDR, darunter auch die Reste des Pergamonaltars.
→ Am Kupfergraben 5
⊙ Fr–Mi 10–18, Do 10–22 Uhr Ⓢ Hackescher Markt

91 Alte Nationalgalerie

Die 1876 von Friedrich August Stüler erbaute Alte Nationalgalerie erinnert an einen monumentalen Tempel. Im 2. Weltkrieg ist das Gebäude stark zerstört worden. Bei den Endkämpfen um Berlin sind 1945 auch viele Kunstobjekte entweder vernichtet worden oder als Beutekunst in die Sowjetunion gelangt. Die Ruine stand bis 1948 ohne Dach. Dann wurde der Bau langsam saniert und konnte als erstes

90 Pergamonmuseum

Museum der Insel 1949 teilweise wiedereröffnet werden. Mit dem Mauerbau wurden auch die Exponate getrennt. Der westliche Teil ist zuerst im Schloss Charlottenburg und später in der ›Neuen Nationalgalerie‹ gezeigt worden. Nach der Wende sind die beiden Sammlungen wiedervereint worden und seit 2001 in der Alten Nationalgalerie zu besichtigen. → Bodestraße 1–3 ⊙ Fr–Mi 10–18, Do 10–22 Uhr Ⓢ Hackescher Markt

Nofretete wurde 1912 bei Ausgrabungen der Deutschen Orient-Gesellschaft unter Leitung von Ludwig Borchardt in Tell el-Amarna (Ägypten) entdeckt. Ein Jahr später gelangte sie nach Deutschland und wird heute im ›Neuen Museum‹ gezeigt. Ägypten forderte wiederholt die Rückgabe der Nil-Schönheit.

92 Bode-Museum Der 1904 als Kaiser-Friedrich-Museum eröffnete Barockbau ist heute nach seinem Begründer und ersten Direktor benannt. Hinter der überwältigenden Kuppelhalle mit dem Reiterstandbild des Großen Kurfürsten erwartet den Besucher die größte Sammlung europäischer Skulpturen – vom Alten Rom bis hin zum Friderizianischen Berlin. Daneben beher-

93 Berliner Dom

bergt es das Münzkabinett und das Museum für Byzantinische Kunst, mit Werken aus dem gesamten Mittelmeerraum, den Konstantinopel über Jahrhunderte auch kulturell dominierte. Die schweren Zerstörungen des 2. Weltkriegs sind dem Bau nach der Sanierung kaum noch anzumerken. Im Raum 224 werden allerdings exemplarisch Werke gezeigt, die während ihrer Auslagerung im >Flakturm Friedrichshain starke Brandschäden erlitten. → *Am Kupfergraben 1 ⊙ Fr–Mi 10–18, Do 10–22 Uhr* Ⓢ *Hackescher Markt*

93 Berliner Dom Der evangelische Dom war wie alle Bauten auf der Spreeinsel nach dem 2. Weltkrieg eine Ruine. Durch eine Brandbombe war die Kuppellaterne 1944 abgestürzt und hatte den Boden zur Gruft durchschlagen. Jahrzehntelang dämmerte der Sakralbau schwarzverrußt vor sich hin, bis die DDR 1975 mit der Rekonstruktion begann. Die Arbeiten konnten erst 10 Jahre nach dem Mauerfall abgeschlossen werden. Ursprünglich stand an dieser Stelle ein schlichter, von >Karl Friedrich Schinkel entworfener Dom. >Kaiser Wilhelm II. ordnete den Abriss und Neubau an.

92 Bode-Museum

Wie es seine Art war, mischte sich der Monarch immer wieder in die Entwürfe von Architekt Julius Raschdorff ein. Der 1905 fertig gestellte Bau zitiert die italienischen Vorbilder und ist im Innern mit den Gemälden des Hofmalers Carl Joseph Begas d.Ä. geschmückt. In der zu besichtigenden Hohenzollerngruft sind 1536–1916 die adligen Familienmitglieder bestattet worden; zwar keine Hohenzollern-Kaiser, aber dennoch der König in Preußen, Friedrich I. Ein anderer Feudalherr zelebrierte hier 1935 seine Hochzeit: >Hermann Göring heiratete im Dom seine zweite Frau Emmy Sonnemann, mit Hitler als Trauzeugen. → *Am Lustgarten ⊙ Mo–Sa 9–20, So 12–20 Uhr* Ⓢ *Hackescher Markt*

93 SA-Truppen im Trauermarsch vor dem Berliner Dom, 5. Februar 1933

Museumsinsel 1890

Blick über die Spree auf die Alte Nationalgalerie. Das Museum wurde im 2. Weltkrieg durch Bomben stark zerstört, die Friedrichsbrücke hingegen 1945 von der Wehrmacht gesprengt. Beide Bauten erstrahlen heute fast wieder in altem Glanz.

94 Fernsehturm

Im Rahmen eines Architekturwettbewerbs zur »sozialistischen Umgestaltung der Hauptstadt der DDR« entwarf >Hermann Henselmann 1959 den »Turm der Signale«. 10 Jahre später wurde daraus der Fernsehturm als neues Wahrzeichen Ost-Berlins. Mit 368 m ist er das zweithöchste Gebäude Europas. In der 7-geschossigen Turmkugel ist ein rotierendes Telecafé eingerichtet, auch die Stasi hatte sich hier mitten im >Kalten Krieg einen Posten gesichert, um den Klassenfeind im Westen auszuhorchen. Ausgerechnet vom ehemaligen sozialistischen Prestigeobjekt strahlt bei schönem Wetter ein weithin sichtbares christliches Symbol: Durch die Reflexion der Sonne entsteht in den dreieckigen Metallfacetten der Turmkugel ein funkelndes Lichtkreuz. Im Foyer zeigt eine Darstellung im zeitgenössischen DDR-Design die (damals) größten Fernsehtürme der Welt.
→ *Panoramastr. 1* ⏰ *Mo–So 9–1 Uhr* Ⓤ Ⓢ *Alexanderplatz*

95 Alexanderplatz

Der Alex, amtlich Alexanderplatz, ist einer der Mittelpunkte der Hauptstadt, benannt nach dem russischen Zar Alexander I. Die Märzrevolutionäre von 1848 kämpften hier auf den Barrikaden. Neben dem >Potsdamer Platz war der Alex ein Synonym für die metropolishafte Modernität Berlins. Die Warenhäuser Tietz und >Wertheim sowie das (heute noch erhaltene) Alexander- und Berolinahaus von Architekt >Peter Behrens repräsentierten das 20. Jahrhundert. Endgültig zur Legende erwuchs er mit dem Roman »Berlin Alexanderplatz« (1929) von Alfred Döblin und den gleichnamigen Verfilmungen mit >Heinrich George (1931) und Günter Lamprecht (1980). Fast 10 m unter dem Alex entstand 1941 einer der größten Luftschutzbunker der Stadt, der Platz selbst lag 1945 in Trümmern. Die DDR

94 Weltzeituhr auf dem Alex

verwirklichte hier ab 1962 ihr neues »sozialistisches Zentrum«, ohne Rücksicht auf historische Strukturen, in der 4-fachen Vorkriegsgröße des Platzes. Neben Massenveranstaltungen, wie bei den Weltjugendfestspielen von 1973, war der Alexanderplatz mit Walter Womackas Brunnen der Völkerfreundschaft

94 Alexanderplatz, 1983; oben: Fassadenbild »Unser Leben« am Haus des Lehrers

und Erich Johns Weltzeituhr auch ein beliebter Treffpunkt der DDR-Hauptstädter.
Am 4. November 1989 versammelten sich hier wenige Tage vor dem Fall der Mauer schätzungsweise über 500.000 Demonstranten gegen das DDR-Regime. Es war einer der Meilensteine der friedlichen Revolution.
Am südlichen Rand des Alexanderplatzes ragt das »Haus des Lehrers« von >Hermann Henselmann in den Himmel, das 1964 das erste Hochhaus vor Ort war und inzwischen samt der Kongresshalle unter Denkmalschutz steht. Der mehrfache DDR-Nationalpreisträger Walter Womacka entwarf das idealisierende, 7 x 125 m große Fassadenbild »Unser Leben«.
→ Alexanderplatz U S Alexanderplatz

96 Polizeipräsidium Alexanderplatz Den immer noch modern wirkenden Bau am Alexanderplatz (das »Haus der 4.000 Fenster«) entwarf 1931 der Karstadt-Architekt Philipp Schaefer als Verwaltungssitz des Unternehmens. Gegenüber wirkte seit 1901 das erste politische Kabarett Deutschlands »Überbrettl« (nach Nietzsches »Übermensch«). Im Karstadt-Haus hatte 1933 die >Gestapo ihre erste Dienststelle, dann das Statistische Reichsamt. Nach dem 2. Weltkrieg war es bis zur Wiedervereinigung 1990 das Ost-Berliner Polizeipräsidium und auch Untersuchungsgefängnis der Volkspolizei der DDR. Am 13. August 1961 leitete von hier aus ein Einsatzstab unter >Erich Honecker den Bau der Berliner Mauer. Heute wird der ehemalige Zellentrakt oft für Filmaufnahmen genutzt (»Good Bye, Lenin!«, 2003). Der Ort, an dem kurz vor der Wende nach den großen Demonstrationen von 1989 Hunderte friedliche Bürger weggesperrt wurden, soll demnächst als Gedenkstätte der Öffentlichkeit zugänglich gemacht werden.
→ Otto-Braun-Str. 27 U Rosa-Luxemburg-Platz

97 SED-Haus 1929 ließ sich der jüdische Kaufmann Hermann Golluber ein Kreditwarenhaus an der heutigen Torstraße 1 errichten. Unter dem NS-Regime musste das Grundstück 1942 verkauft werden. In der DDR diente die Immobilie der SED unter dem Namen »Haus der Einheit« für einige Jahre als Sitz des Zentralkomitees. Gedenktafeln am Eingang erinnerten an die

97 Stalin am SED-Haus, 1951

Amtszeiten von Wilhelm Pieck und Otto Grotewohl als paritätische Vorsitzende der SED. Die Funktionäre verurteilten hier politische Abweichler zum Tode und organisierten die Vergeltungsmaßnahmen gegen die Aufständischen des >17. Juni 1953. Zwischen 1959 und 1995 war im Haus das Institut für Marxismus-Leninismus und das Parteiarchiv der SED. Heute zeugt kaum etwas von der alten Nutzung des Gebäudes, es beherbergt nun den Lifestyle-Club »Soho House Berlin«. → Torstrasse 1 U Rosa-Luxemburg-Platz

97 Restaurant im Dachgeschoss des Soho House Berlin

Das Scheunenviertel, ein Quartier zwischen Hackescher Markt und Rosa-Luxemburg-Platz, lag ursprünglich außerhalb der Stadtmauer. Auf Anweisung des »Soldatenkönigs« hatten sich Juden hier ab 1737 niederzulassen. Viele waren vor den Pogromen in Russland und aus Polen geflohen. In der Weimarer Republik galt die heutige Almstadtstraße als ein »Ghetto mit offenen Toren«. Um auch gegen die Juden rund um die ›Neue Synagoge zu hetzen, dehnten die Nazis den üblen Ruf des elenden »Scheunenviertels« auf die gesamte Spandauer Vorstadt aus.

98 Hackesche Höfe im heute angesagten Scheunenviertel

Zwischen Davidstern und Roter Fahne

98 Haus Schwarzenberg
Ein Mix aus alternativer Subkultur und jüdischer Geschichte in verwitterten Hinterhäusern, in Nachbarschaft zu den glänzenden Hackeschen Höfen. Haus Schwarzenberg ist ein Verein, der 70 internationalen Künstlern Raum für Präsentationen und Arbeit bietet. Das Gebäude mit seiner bewegten Historie retteten 1995 die Künstlergruppe Dead Chickens und Gleichgesinnte.

98 Museum Blindenwerkstatt

▶ Das **Museum Blindenwerkstatt Otto Weidt** dokumentiert die Geschichte des Fabrikanten Otto Weidt, der hier während des 2. Weltkriegs hauptsächlich blinde und gehörlose Juden beschäftigte. Er versuchte die Angestellten seines »wehrwichtigen« Bürstenbetriebs mit allen Tricks vor Verfolgung oder Deportation zu schützen und beschaffte für viele von ihnen Verstecke. 
▶ Die **Gedenkstätte Stille Helden** erinnert an Widerständler gegen die Judenverfolgung wie Berthold Beitz und Oskar Schindler.
▶ Das **Anne-Frank-Zentrum** dokumentiert die tragische Lebensgeschichte des Mädchens und bietet den Stadtrundgang »Auf den Spuren jüdischen Lebens« an.
▶ **Alternative Kultur** zeigen Galerien wie »Neurotitan« mit Spielarten der Kreativität der jungen Kunst, der Urban Art, Comics und Illustration. Im Vorderhaus ist außerdem das nicht feine aber kleine Central-Kino zuhause.
▶ Vor dem Eingangstor erinnern »**Stolpersteine**« des gebürtigen Berliner Künstlers Gunter Demnig an die von hier verschleppten Juden. → *Rosenthaler Str. 39* ⏱ *Blindenwerkstatt: Mo–So 10–20, Sa 10–22 Uhr* Ⓢ *Hackescher Markt*

99 Litfaßsäule Der Großvater der Outdoor-Reklame Ernst Litfaß erfand 1854 aus preußischer Ordnungsliebe die Plakatsäule. Das wilde, unkontrollierte Plakatieren war nicht nur ihm, sondern auch den Behörden ein Gräuel. Sie erteilten dem Drucker eine Lizenz mit der Auflage, nicht nur Werbung, sondern auch neueste Nachrichten auf seinen Annoncier-Säulen zu verbreiten. Die 1855 im Stadtgebiet aufgestellten ersten 100 Litfaßsäulen vermehrten sich rapide. Im deutsch-französischen Krieg

101 Mendelssohns Grabstein

1870/71 standen die Berliner davor und lasen die aktuellen Kriegs-Depeschen. Schnell folgte auch politische Propaganda. Heute gibt es diese City-Möbel in immer neuen Ausführungen, die plexiglasgeschützten Poster drehen sich und erstrahlen nachts im Licht. Wo am 15. April 1855 die erste Annonciersäule in der Münzstraße stand, erinnert eine Nachbildung aus Bronze an den Reklamepionier. → *Münzstr. 2* Ⓤ Ⓢ *Alexanderplatz*

100 Karl-Liebknecht-Haus 1926 erwarb die KPD (Kommunistische Partei Deutschlands) dieses Bürohaus im >Scheunenviertel und benannte es nach ihrem Gründer >Karl Liebknecht. Hier waren u.a. der Sitz des Zentralkomitees der KPD und die Redaktion der Zeitung »Rote Fahne«. 1933 besetzten die Nazis das Gebäude und nutzten es als Sammellager für politische Gegner. Benannt war es nun nach dem 1930 von einem Kommunisten erschossenen SA-Mann Horst Wessel. Hitler stilisierte ihn zum »Märtyrer der Bewegung«. Das Horst-Wessel-Lied wurde als inoffizielle Nationalhymne nach dem Deutschlandlied gesungen. Sein unkenntlich gemachtes Grab befindet sich auf dem nahen St.-Nikolai-Friedhof. Nach 1945 schickten die Sowjets die KPD-Führungskader aus der UdSSR nach Ost-Berlin, wo sie die Deutsche Demokratische Republik gründeten und 40 Jahre beherrschten. »Die Linke«-Partei hat ihre Wurzeln in der SED und ihre Zentrale im Karl-Liebknecht-Haus. → *Kleine Alexanderstr. 28* Ⓤ *Rosa-Luxemburg-Platz*

100 Reklame-Plakat »Rote Fahne«

101 Jüdischer Friedhof Mitte Dies war seit 1880 der Begräbnisplatz für die aus Wien eingewanderten Juden und ist damit der älteste jüdische Friedhof Berlins. Es wird geschätzt, dass es dort bis zu 7.000 Gräber gab. Die in der Mauer eingelassenen Gedenksteine blieben erhalten, der Friedhof aber wurde von den Nationalsozialisten 1943 eingeebnet. Zur Straße hin stand ein jüdisches Altenheim, das die Gestapo als Sammelstelle vor den Deportationen in Konzentrations- und Vernichtungslager benutzte, bis es im 2. Weltkrieg zerstört wurde. Der Philosoph Moses Mendelssohn, der Gotthold Ephraim Lessing für sein Stück »Nathan der Weise« als Vorbild diente, ist die bekannteste hier bestattete Persönlichkeit. Seine rekonstruierte Grabplatte steht als einzige auf der Grünanlage. → *Große Hamburger Str. 26* Ⓢ *Hackescher Markt*

98 »Judenrazzia« der Berliner Polizei im Scheunenviertel, 1938

Das jüdische Berlin

Im Beisein des späteren Reichskanzlers >Otto von Bismarck wurde 1866 die >Neue Synagoge an der Oranienburger Straße feierlich eingeweiht. Sie zeugte damit vom erreichten Status und Selbstbewusstsein, das die jüdische Gemeinde Berlins nach Jahrhunderten unter prekären Verhältnissen bis dahin erlangt hatte. Die Anwesenheit von Juden in Berlin ist schon einige Jahrzehnte nach der Stadtgründung 1237 dokumentiert. Sie wurden zwar immer wieder vertrieben und hatten keine Bürgerrechte, doch ab 1671 waren sie dann in Berlin ständig ansässig. Anders als z. B. in Frankfurt am Main gab es an der Spree kein mittelalterliches Ghetto, das jüdische Wohngebiet lag, wie noch heute die Jüdenstraße zeigt, nahe dem >Roten Rathaus. Das preußische Judenedikt von 1812 führte zur teilweisen rechtlichen Gleichstellung der Juden. Die aufstrebende Gemeinde spielte im öffentlichen Leben Berlins eine immer wichtigere Rolle. So zählten zu ihr bald viele überdurchschnittlich begabte Intellektuelle, Künstler, Verleger, Bankiers und Unternehmer. Darunter Persönlichkeiten wie Moses Mendelssohn, sein Enkel Felix Mendelssohn Bartholdy, Henriette Herz, Samuel Fischer, >Max Liebermann und >Leopold Ullstein. In der Weimarer Republik waren 1925 in Berlin rund 173.000 Personen jüdischen Glaubens registriert. Das war ein Drittel aller Juden Deutschland. Die meisten wohnten im verarmten >Scheunenviertel und in der gutbürgerlichen Spandauer Vorstadt. Nach der »Machtergreifung« der Nazis retteten sich viele von ihnen durch Auswanderung, etwa 9.000 Juden überlebten im Untergrund, ca. 55.000 sind Opfer des >Holocaust geworden. Ihre Synagogen waren bei Kriegsende fast alle zerstört. Heute ist die jüdische Gemeinde die am schnellsten wachsende in der Republik, besonders durch Zuwanderer aus der ehemaligen Sowjetunion.

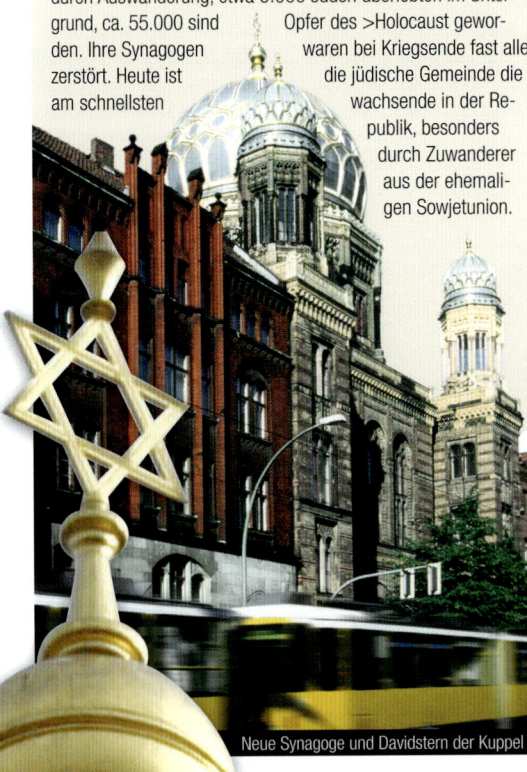

Neue Synagoge und Davidstern der Kuppel

102 Jüdische Knabenschule

Der dreistöckige Bau ist 1906 von der jüdische Gemeinde errichtet worden. Dort wurde in der Tradition der freien privaten jüdischen Schulen unterrichtet. Das >Reichssicherheitshauptamt schloss die Schule 1942 und zweckentfremdete sie als Sammelstelle (»Judenlager«) für die jüdischen Bürger des >Scheunenviertels, bevor sie in die deutschen Konzentrations- und Vernichtungslager im Osten transportiert wurden. Heute wird das restaurierte und stark gesicherte Schulgebäude vom Jüdischen Gymnasium genutzt.
→ *Große Hamburger Str. 27*
Ⓢ *Oranienburger Straße*

103 Ehem. Jüdisches Kinderheim

103 Museum The Kennedys und Jüdisches Kinderheim »Ahawah«

Das Gebäude Nr. 14–16, in der heute trendigen Auguststraße, wurde ab 1835 als jüdische Mädchenschule und später zusätzlich als Krankenhaus genutzt. Das Spital zog 1914 nach Wedding (siehe >Jüdisches Krankenhaus Berlin). Den freigewordenen Raum nutzte das jüdische Kinderheim »Ahawa« (hebräisch: Liebe). Angrenzend (Nr. 11–13) entstand 1928 ein Klinkerbau als jüdische Mädchenschule. Die Gestapo machte aus dem Komplex ab 1941 ein Sammellager für Juden, die deportiert wurden. Seit 2012 zeigen hier Galerien moderne Kunst, der Kosher Classroom und ein Deli bieten Kulinarisches. Ein Higlight ist das Museum »The Kennedys« mit einer großen Ausstellung über den US-Präsidenten JFK. → *Auguststr. 11–13* ⏰ *The Kennedys: Di–So 11–19 Uhr*
Ⓢ *Oranienburger Straße*

104 Neue Synagoge

Rund 28.000 Mitglieder zählte die jüdische Gemeinde Berlins, als die (Neue) Synagoge 1866 nach Entwürfen der Architekten Eduard Knoblauch und Friedrich August Stüler eröffnet wurde. Mit über 50 m Höhe war das Bethaus mit seiner goldenen Kuppel nicht unumstritten, besonders natürlich bei Antisemiten. Während des Novemberpogroms 1938 wurde das Gebäude von der SA in Brand gesetzt. Der Polizeioffizier Wilhelm Krützfeld vertrieb die Brandstifter mit vorgehaltener Pistole und alarmierte die Feuerwehr (gegen die dienstliche Anweisung). Schwere Schäden verursachten später die Luftangriffe. 1958 ließ die DDR die Kuppel sprengen und die Ruine stand lange Zeit leer. An einem Wiederaufbau war die SED-Führung nicht interessiert, vielmehr schmähte sie die jüdische Gemeinde zeitweilig als »Agentur des US-Imperialismus«. 1988 erfolgte der durch internationale Spenden finanzierte Wiederaufbau. Kurz vor dem Mauerfall zählte die jüdische Gemeinde in der DDR lediglich 372 Mitglieder.
In der rekonstruierten Neuen Synagoge ist heute das Centrum Judaicum mit einem Museum und dem Archiv zur Geschichte der Berliner Juden. In unmittelbarer Nachbarschaft sind jüdische Restaurants, Cafés und in der Tucholskystraße 40 das Gemeindezentrum von Adass Jisroel mit einem kleinen Synagogenraum. → *Oranienburger Str. 28–30* ⊙ *So–Do 10–18, Fr 10–14 Uhr* Ⓢ *Oranienburger Straße*

104 Innenraum der Neuen Synagoge um 1890

105 Postfuhramt

1881 wurde der mächtige Backsteinbau für die Kaiserliche Reichspost fertiggestellt, im Hinterhof standen ursprünglich zweigeschossige Ställe für rund 250 Zugpferde. Nach der Wende fanden in den charmant heruntergekommenen Räumlichkeiten international viel beachtete Design-, Architektur- und Fotografie-Ausstellungen des privaten Vereins »C/O Berlin« statt; darunter Arbeiten von Annie Leibovitz, Weegee, Pierre et Gilles oder Thomas Hoepker und Peter Lindbergh. Nach dem Verkauf durch die Deutsche Post dient das Gebäude nach aufwändiger Restaurierung u.a. als ein Unternehmenssitz. → *Oranienburger Str. 35/36* Ⓢ *Oranienburger Straße*

105 Detail am Alten Postfuhramt

106 Kunsthaus Tacheles

Heute ist es kaum noch zu erahnen, aber dieses Gebäude war bis zur Zerstörung im 2. Weltkrieg eine der schillerndsten Einkaufspassagen Berlins. Seit 1928 nutzte die >AEG den Monumentalbau mit seiner 48 m hohen Glaskuppel als »Haus der Technik«. Der einstige Glanz wird heute überstrahlt vom globalen Ruf, den die Besetzer aus Ost und West der Ruine ab 1990 erarbeitet haben. Die schrille, permanent fotografierte und

106 Rückseite des Tacheles

meist etwas zögerlich betretene Location war ein legendärer Veranstaltungs- sowie Kunstort. Inzwischen steht das Haus zwar unter Denkmalschutz, aber die Künstlerinitiative musste das das Gebäude 2012 räumen. Die alternativen Bewohner zogen z.T. nach Marzahn um.
→ *Oranienburger Str. 54–56a* Ⓢ *Oranienburger Straße*

112 ÖSTLICHES ZENTRUM

🔴107 Reichsbahnbunker

Als die Luftüberlegenheit der alliierten Bomberverbände immer bedrohlicher wurde, befahl Hitler den beschleunigten Bau von Luftschutzbunkern. Dieser Koloss sollte vor allem Reisenden vom nahegelegenen >Bahnhof Friedrichstrasse Schutz bieten. 1,80 m dicke Stahlbetonwände und eine mehr als 3 m starke Decke halfen bis zu 3.000 Personen, in den niedrigen Räumen sitzend, den Bombenhagel zu überleben. Der verwendete »Blaue Beton« ist das Material mit der größten Festigkeit und

108 Dienstzimmer des Vertreters

erhärtetet erst nach 30 Jahren ganz. Architekt des aufwendig verzierten Bauwerks war 1942 >Albert Speers »Oberbunkerbaurat« Karl Bonatz (später leitete er als West-Berliner Stadtbaudirektor den Wiederaufbau). Von der Roten Armee 1945 als provisorisches Gefängnis für Wehrmachtssoldaten genutzt, lagerte im »Bananenbunker« zu DDR-Zeiten das »VEB Obst-und Gemüse-Kombinat« Südfrüchte. Nach der Wende erlangte die Beton-Location Weltruf als skurriler Techno-, Sado/Maso-Club. Selbst für die »New York Times« war es damals »the hardest Club on Earth«.

Die Weltkriegshinterlassenschaft gehört heute nach aufwendigen Umbauten dem Werber und Kunstsammler Christian Boros. Auf dem Dach thront sein 1000-qm-Penthouse. Nach Voranmeldung (und oft langer Wartezeit) kann die Beton-Schatztruhe besichtigt werden. ➔ *Reinhardtstr. 20* 🅄 🅂 *Bahnhof Friedrichstraße*

🔴108 Ständige Vertretung der BRD bei der DDR

Nach der Unterzeichnung des Grundlagenvertrags zwischen den beiden deutschen Staaten 1972 sagte Egon Bahr: *»Bisher hatten wir keine Beziehungen, jetzt werden wir schlechte haben, und das ist der Fortschritt.«*

Die Ständigen Vertretungen, der DDR in Bonn, der Bundesrepublik in Ost-Berlin, waren de facto Botschaften, die wegen gegensätzlicher Auffassungen so nicht genannt werden sollten. Berlin,

108 Pavillon der Vertretung

im >Kalten Krieg zwischen dem Kommunismus im Osten und dem kapitalistischen »Freien Westen«, war Frontstadt mit Viermächte-Sonderstatus. Deshalb auch die Spitzfindigkeit bei der Bezeichnung »bei« und nicht »in« der DDR, weil Ost-Berlin genau so wenig wie West-Berlin de iure ein Bestandteil der beiden deutschen Nachkriegsstaaten war. Immer wieder flüchteten DDR-Einwohner in die BRD-Vertretung, um die Ausreise zu erreichen. Für die Freikäufe zahlte Bonn an die DDR in 16 Jahren an die 3 Milliarden DM oder ca. 100.000 DM pro Person. Bekannte Vertreter der Bundesrepublik waren Ex-»Spiegel«-Chefredakteur Günter Gaus und der Sprecher der sozialliberalen Bundesregierung Klaus Bölling. In der

107 Ehemaliger Reichsbahnbunker, heute Privatmuseum mit Penthouse

DOROTH.-STÄDTISCHER FRIEDHOF

Georg W. F. Hegel 1770–1831; Philosoph und wichtigster Vertreter des Idealismus

Karl F. Schinkel 1781–1841; Bedeutendster preuß. Baumeister und Stadtplaner

Johann Gottfried Schadow 1764–1850; Grafiker und bedeutendster preuß. Bildhauer

August Borsig 1804–54; Unternehmer und Gründer der Borsig-Werke

Christian D. Rauch 1777–1857; Einer der bedeutendsten und erfolgreichsten Bildhauer

Friedrich A. Stüler 1800–65; Einer der wichtigsten preußischen Baumeister

Ernst Litfaß 1816–74; Verleger, Druckereibesitzer und Erfinder der Litfaßsäulen

Heinrich Mann 1871–1950; Schriftsteller und älterer Bruder von Thomas Mann

Bertolt Brecht 1898–1956; Einer der einflussreichsten Dramatiker und Lyriker

John Heartfield 1891–1968; Maler, Grafiker und Fotomontagekünstler

Gary Klein Collection, Foto Boggazow

Wende schraubte der letzte »Ständige« Franz Bentele medienwirksam das offizielle Schild von der Fassade ab. Das Replikat ließ er auf eigene Kosten anfertigen, weil das Original kurz davor gestohlen worden war. Kurioserweise existiert seit 1997 wieder eine »StäV«, sie ist allerdings eine beliebte rheinische Politikerkneipe am Spreeufer gegenüber dem >Bahnhof Friedrichstraße. → *Hannoversche Str. 28–30* Ⓤ *Oranienburger Tor*

109 Wohnhaus Wolf Biermann Der sozialistische Liedermacher (oder »Stückeschreiber« wie er sich selbst nannte) Wolf Biermann wohnte auf der Chausseestraße 131 bis zu seiner DDR-Ausbürgerung nach einem Konzert 1976 in Köln. In seiner Wohnung realisierte er unter suboptimalen Bedingungen ein Album mit dieser Adresse

110 Dorotheenstädtischer Friedhof

als Titel. Für die Scheibe bekam er 1969 den West-Berliner Fontane-Preis. Das Preisgeld spendete er der APO (Außerparlamentarische Opposition) in der BRD, was einen heftigen Skandal auslöste. → *Chausseestr. 131* Ⓤ *Oranienburger Tor*

110 Brecht-Weigel-Gedenkstätte und Dorotheenstädtischer Friedhof Bertolt Brecht und Helene Weigel, das berühmte Vorzeige-Paar des Ost-Berliner Nachkriegs-Theaters, bewohnte diese Wohnung »mit anständigen Maßen« von 1953 bis 1956 bzw. 1960. Die beiden Gründer und Leiter des >Ber-

110 Brecht-Weigel-Gedenkstätte

liner Ensembles, des Theaters am Schiffbauerdamm, ruhen jetzt auf dem angrenzenden Dorotheenstädtischen Friedhof (nicht zu verwechseln mit dem Französischen Friedhof) neben zahlreichen anderen prominenten Künstlern und bedeutenden Persönlichkeiten der Berliner Geschichte. Die Brecht-Weigel-Gedenkstätte beherbergt das Bertolt-Brecht-und-Helene-Weigel-Archiv als Teil der >Akademie der Künste. Im Haus ist auch Platz für ein Literaturforum und ein Restaurant.
Zu bestimmten Zeiten kann die Wohnung, z.T. noch mit der Originalausstattung, im Rahmen einer Führung mit maximal 8 Personen, besichtigt werden.
→ *Chausseestr. 125* ⏰ *Di, Mi, Fr, 10–11.30, Do 10–12, 17–18.30, Sa 9.30–13.30, So 11–18 Uhr* Ⓤ *Oranienburger Tor*

109 Wolf Biermanns Langspielplatte »Chausseestraße 131«, 1968

114 ÖSTLICHES ZENTRUM

111 Charité

Die Charité – Barmherzigkeit – ist der wohlklingende Name dieser traditionsreichen Berliner Kranken- und Forschungsanstalt mit Weltruf. Als prophylaktisches Pesthaus 1710 vom »Soldatenkönig« Friedrich Wilhelm I. erbaut und später vom >Alten Fritz mit der wissenschaftlichen Forschung und Krankenpflege betraut, ist die Charité heute eine der größten Universitätskliniken Europas. Viele bekannte Forscher, Entdecker und Nobelpreisträger wie Ferdinand Sauerbruch, Rudolf Virchow oder Robert Koch lehrten einst hier. Einige von ihnen haben sich neben wissenschaftlichen Verdiensten während der NS-Zeit auch braune Flecken geholt. So war z.B. das Verhalten des bedeutenden Chirurgen Ferdinand Sauerbruch zwiespältig: Er verarztete Adolf Hitler schon 1923 nach dem gescheiterten Putsch in München, verfasste 1933 ein antijüdisches Pamphlet, protestierte aber heftig gegen die Euthanasiemorde, die an der Charité u.a. SS-Hauptsturmbannführer Dr. Maximilian de Crinis betrieb. Im SED-Regime wurde die Charité kläglich heruntergewirtschaftet. Das Medizinhistorische Museum (Charitéplatz 1) mit einer der weltweit größten pathologischen Sammlungen und die Alte Tieranatomie (im Park östlich der Luisenstraße) vom Erbauer des >Brandenburger Tors, Carl Gotthard Langhans, sind besonders sehenswert.
→ *Charitéplatz 1 ⏲ Medizinhistorisches Museum: Di, Do, Fr 10–17, Mi, Sa 10–19, So 10–17 Uhr* 🚇 🚊 *Hauptbahnhof*

112 Grenzübergang Invalidenstraße

An diesem ehemaligen Grenzübergang misslang 1963, kurz vor der westlichen Demarkationslinie, 12 jungen Menschen die »Republikflucht«. Ihr Bus blieb im Kugelhagel der DDR-Posten stecken, die schwer Verwundeten wurden sofort verhaftet. Nach der Beseitigung der Ost-West-Grenze

113 Museum für Gegenwart

ist im Invalidenpark der Brunnen »Die sinkende Mauer« des Schweizers Christophe Girot errichtet worden. → *Sandkrugbrücke* 🚇 🚊 *Hauptbahnhof*

113 Hamburger Bahnhof

Die Fassade des ehemaligen Kopfbahnhofs taucht nachts in das blaue Licht einer Installation von Dan Flavin. Die letzten Dampfloks fuhren hier vor mehr als 100 Jahren ab. Das markante Bauwerk ist 1996 von Architekten J. P. Kleihues zum »Museum der Gegenwart« umgebaut worden. Seitdem zählt es mit den Werken von Joseph Beuys, Andy Warhol und anderen Pop-Art-, Konzeptkunst- und Arte Povera-Ikonen zu den erfolgreichsten Institutionen für

114 Berlin – Hamburg mit 160 km/h in 138 min, »Fliegender Hamburger«, 1933

zeitgenössische Kunst in der Hauptstadt. Wechselausstellungen sowie die kontroverse Flick-Collection sind in den Rieckhallen zu sehen. Im Ostflügel des Gebäudes sorgt übrigens TV-Köchin Sarah Wiener mit einem Café für Speis und Trank. → *Invali-denstr. 50–51* ⏰ *Di–Mi, Fr–So 10–18, Do 10–20 Uhr* 🚇🚆 *Hauptbahnhof*

114 Martin Bormann

114 Lehrter Bahnhof

Etwa dort wo heute der Berliner Hauptbahnhof steht (Architekt: Meinhard von Gerkan, 2006), befand sich 1868–1951 der Lehrter Bahnhof. Die Hauptachse des Gebäudes lag parallel zum Humboldthafen. Es war einer von 11 großen Kopfbahnhöfen in Berlin. Einen Hauptbahnhof gab es nicht, weil wegen der alten Zollmauer alle Gleise vor dem Stadtkern endeten. Ab 1933 raste u.a. von hier aus der legendäre »Fliegende Hamburger« in nur 138 Minuten in die Hansestadt – fast so schnell wie rund 80 Jahre später der ICE. Eine örtliche Kuriosität: Die Skelette, die Arbeiter 1972 in Bahnhofsnähe ausbuddelten, gehörten dem berüchtigten Privatsekretär des »Führers« Martin Bormann und Hitlers letztem Leibarzt Dr. Ludwig Stumpfegger. Nach ihrer Flucht aus dem >»Führerbunker« am 1. Mai 1945 verübten sie hier mit Zyankali-Kapseln Selbstmord. → *Washingtonplatz* 🚇🚆 *Hauptbahnhof*

Karl Ludwig Freiherr von und zu Guttenberg (1902–1945) war Monarchist und lancierte als Publizist Kontakte

115 Geschichtspark Zellengefängnis Moabit

Nur wenige Minuten von Berlins Hauptbahnhof entfernt liegt dieser Gedenkort. 1845 war es Preußens Muster-Haftanstalt. Unter den ersten Insassen waren polnische Separatisten. Es folgten u.a. der damals 17-jährige Wilhelm Voigt, besser bekannt als »Hauptmann von Köpenick«, und Max Hödel, der hier wegen eines misslungenen Revolverattentats auf Kaiser Wilhelm I. enthauptet wurde. Die Nazis überboten sich mit Brutalitäten, besonders bei 306 eingekerkerten Regimegegnern und Verschwörern des >20. Juli 1944, von denen nur 35 überlebten. In der Endphase des Krieges sind noch 16 Häftlinge, unter Vorwand der Freilassung, erschossen worden. Ebenso ermordete die SS auf Befehl von Gestapo-Chef >Heinrich Müller, Albrecht Graf von Bernstorff, Klaus Bonhoeffer, >Karl Ludwig zu Guttenberg und Albrecht Haushofer. Die Reste des Gefängnisses sind heute Teil eines preisgekrönten Geschichtsparks. → *Lehrter Str. 1–5* 🚇🚆 *Hauptbahnhof*

116 Museum für Naturkunde

Das Museum für Naturkunde ist inzwischen über 200 Jahre alt und gehört nach wie vor zu den bedeutendsten seiner Art. Der im 2. Weltkrieg zerstörte Ostflügel ist erst 2010 wieder hergestellt worden. Es werden spektakuläre Exponate ausgestellt wie

117 AEG-Reklameplakat, ca. 1888

das in der Kolonie Deutsch-Ostafrika gefundene, weltweit größte Skelett eines Brachiosaurus, eines Urvogels, und viele beeindruckend realistisch anmutende Dioramen aus den 1920er Jahren. → *Invalidenstr. 43* ⏰ *Di–Fr 9.30–17, Sa, So 10–18 Uhr* 🚇 *Naturkundemuseum*

116 Museum für Naturkunde

117 Edison-Höfe

Thomas Alva Edisons Glühlampe war eine der hellsten Erfindungen der Menschheit. 1884 holte sie Emil Rathenau nach Berlin und gründete in der Schlegelstraße mit der »Deutschen Edison Gesellschaft« die erste Fabrik zur Herstellung von Glühbirnen. Die Anfangsproduktion war noch bescheiden, bildete aber den Grundstock für ein Weltunternehmen Namens >AEG. Die Edison-Höfe werden heute als Büros genutzt, außerdem gibt es im Jazzkeller »Schlot« beste Live-Musik. → *Schlegelstr. 26/27* 🚇 *Naturkundemuseum*

zur Widerstandsgruppe des >20. Juli 1944. Als NS-Gegner arbeitete er unter Admiral Canaris.

Nach dem Hitler-Attentat wurde er verhaftet und Ende April 1945 ermordet. Er ist der Großonkel von »Dr.« Karl-Theodor zu Guttenberg.

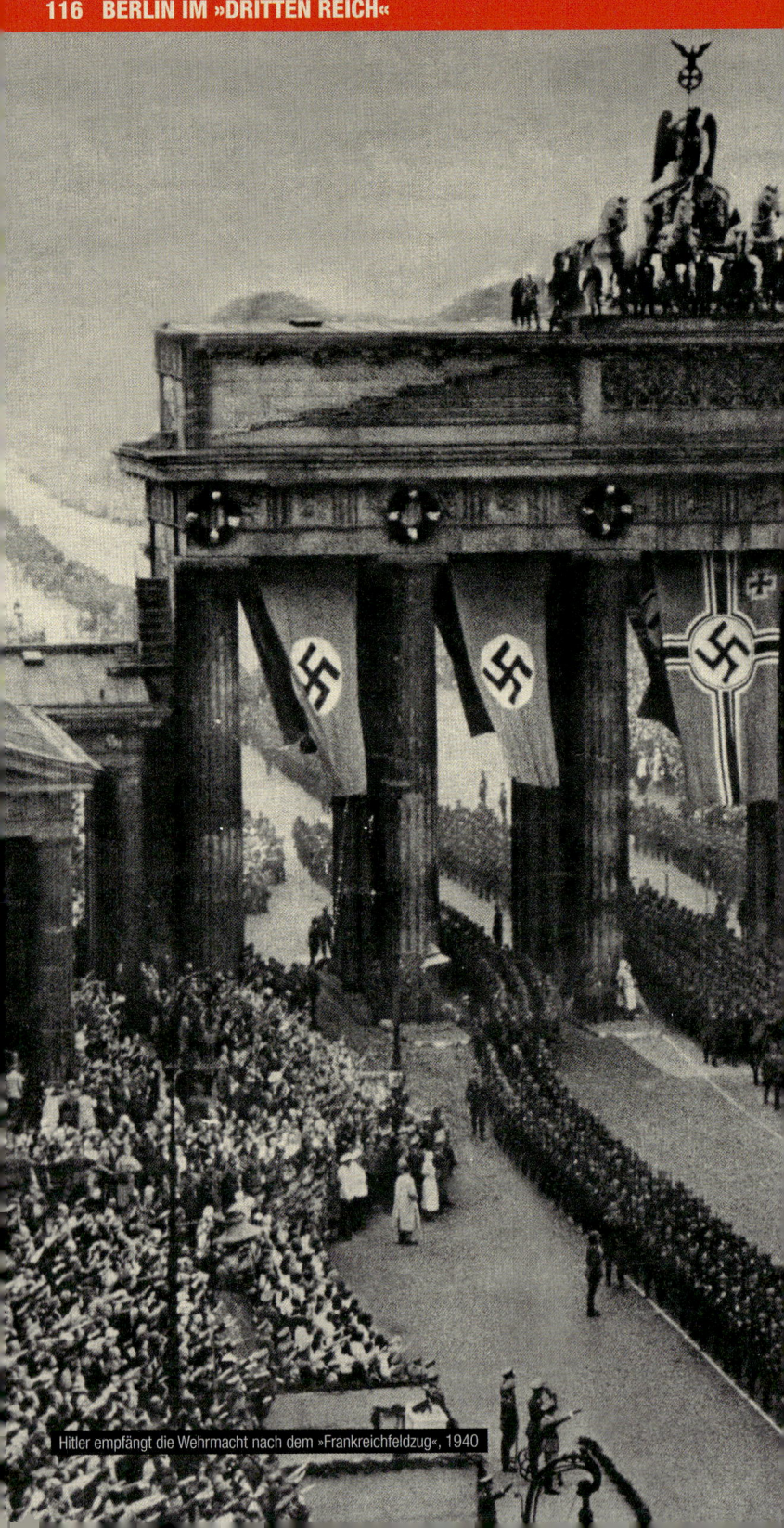
Hitler empfängt die Wehrmacht nach dem »Frankreichfeldzug«, 1940

Berlin im Nationalsozialismus

1933 kamen die Nationalsozialisten und ihr »Führer« Adolf Hitler in die Schlüsselstellungen des Deutschen Reiches der demokratisch verfassten Weimarer Republik. Die formal legale Aneignung der Ämter hieß in der NS-Propaganda offiziell »Machtübernahme«. Von Berlin aus schaffte die braune Regierung umgehend die Demokratie und die Republik ab.
Bereits zuvor war in den chaotischen Verhältnissen nach dem 1. Weltkrieg nicht nur das autoritäre, kaiserlich-bürgerliche Weltbild der Deutschen, sondern auch eine ganze Epoche erloschen. Die verheerenden Kriegserlebnisse und ihre Folgen – mit gewalttätigen Exzessen, Hyperinflation und Arbeitslosigkeit – wurden als eine perspektivlose Situation empfunden und die Rettung in dem vermeintlichen Erlöser Adolf Hitler gesehen. Die als grobe Ungerechtigkeit gefühlten Bedingungen des Versailler Vertrags und den ungeschickten Umgang der Sieger mit den Deutschen konnten die reaktionären Kräfte ausnutzen. In der »roten Enklave« Berlin hatten die Nazis aber 1926 gerade einmal magere 500 Parteimitglieder, als Joseph Goebbels von Hitler zum Gauleiter der Reichshauptstadt ernannt wurde. Schon 1929 zog die NSDAP dort in das Abgeordnetenhaus ein. Nach den Reichstagswahlen 1932 bildete sie in Berlin die stärkste Fraktion. Bald sollte sie in ganz Deutschland herrschen.

BERLIN IM »DRITTEN REICH«

Paul von Hindenburg (1847–1934) war Generalfeldmarschall und Prototyp des kaiserlichen Militärs. Die Schlacht bei Tannenberg im 1. Weltkrieg verschaffte ihm einen mythischen Ruf, an dem er selber strickte. Als Chef der Obersten Heeresleitung besaß er (militär-)diktatorische Macht. Nach der Niederlage 1918 verbreitete er die »Dolchstoß-Legende«, wurde 1925 zweiter Reichspräsident und ernannte 1933 den »böhmischen Gefreiten« Hitler zum Reichskanzler. Ein Zeppelin, Kasernen, Schulen und viele Straßen trugen und tragen seinen Namen.

Rückkehr der Wehrmacht vom »Frankreichfeldzug«, Unter den Linden am Reiterstandbild des Alten Fritz, 1940

Die Erschleichung der Macht

Am 30. Januar 1933 ernannte Reichspräsident >Paul von Hindenburg den »Führer« der NSDAP (Nationalsozialistische Deutsche Arbeiterpartei) Adolf Hitler zum Reichskanzler. Trotz anfänglichen Misstrauens leistete der »Marschall« dem »böhmischen Gefreiten« Hitler damit wertvolle Steigbügeldienste auf dem Weg in die Diktatur. Schon kurz danach beherrschten die rot-weiß-schwarzen Hakenkreuzfahnen und braunen Uniformen die >Wilhelmstraße und das Berliner Stadtbild.

Den bis heute nicht aufgeklärten >Reichstagsbrand nutzten die neuen Machthaber für die beschleunigte Abschaffung der demokratischen Verfassungsrechte der Weimarer Republik, für das Verbot aller Oppositionsparteien, der Gewerkschaften und anderer nicht NS-genehmen Gruppierungen. Jeder, der als NS-Gegner verdächtig war, wurde von den Schlägertrupps der SA aufgegriffen und verschwand unter dem Vorwand der »Schutzhaft« in Gefängnissen oder wilden Lagern wie dem >KZ Oranienburg vor den Toren Berlins.

Unter dem Eindruck der populären politischen und wirtschaftlichen Erfolge, wie z.B. der Beendigung der Rhein-Ruhr-Besetzung, dem

Hindenburg und Hitler mit NSDAP-Wahlkampfplakat

Der Reichstagsbrand

Als am Abend des 27. Februar 1933 in Berlin der Reichstag in Flammen aufging, verbrannte damit auch das Symbol der parlamentarischen Demokratie. Am Tatort wurde der 24-jährige niederländische Linksanarchist und arbeitslose Invalide Marinus van der Lubbe (Foto) festgenommen. Adolf Hitler beschuldigte sofort die Kommunisten der Brandstiftung. Einen Tag später ließ er die demokratischen Grundrechte der Weimarer Verfassung außer Kraft setzen und unter dem Deckmantel der Legalität politische Gegner der NSDAP verfolgen, verhaften und bald in »wilde« Konzentrationslager sperren. Ein entscheidender Schritt zur Errichtung der NS-Diktatur. Vor dem Leipziger Reichsgericht wurden neben van der Lubbe drei bulgarischen Kommunisten, unter ihnen Georgi Dimitrow und der deutsche KPD-Politiker Ernst Torgler, in einem Schauprozess angeklagt. Dimitrow gelang es vor allem in rhetorischen Duellen mit >Hermann Göring und >Joseph Goebbels die inszenierte Anklage der Nationalsozialisten zu entlarven. Nach drei Monaten endete der Prozess am 23. Dezember 1933 mit Freisprüchen und dem Todesurteil gegen van der Lubbe (2008 von der Bundesanwaltschaft aufgehoben). Bis heute konnte die Alleintäterschaft van der Lubbes nicht eindeutig nachgewiesen werden.

»Anschluss« Österreichs, der »Heimholung« der Sudetendeutschen (und der Zerschlagung der Tschechoslowakei) ließen sich dann auch die so Eingeschüchterten und die Opportunisten in der Volksgemeinschaft nach nationalsozialistischen Vorstellungen gleichschalten. Die Mehrheit der Deutschen hoffte auf ein Ende der instabilen Verhältnisse und auf eine rasche Besserung der persönlichen Lebensumstände.

Die Nationalsozialisten eröffneten Arbeitsprogramme, die dem Einzelnen soziale Sicherheit, Komfort, vor allem aber eine Zuversicht für die Zukunft versprachen. Nur wenige merkten, dass sie die Ordnung und den wirtschaftlichen Aufschwung mit totaler Anpassung und Unrecht erkaufen mussten. Man gab sich der lustigen Unterhaltung in den Lichtspielhäusern und Tanzlokalen hin. Gleichzeitig lullte der jetzt für jeden Haushalt erschwingliche »Volksempfänger« die Volksgenossen ein. NS-Massenverbände ermöglichten den breiten Schichten z.B. mit der

Reichstag am Morgen nach dem Brand, 28. Februar 1933

Café Kranzler (Ku'damm), 1939

Organisation »Kraft durch Freude« (KdF) Erlebnisse wie die beliebten Ferien- und Fernreisen, die sich davor nur gutbürgerliche Kreise leisten konnten. Die Mehrheit war begeistert und sah gerne über Unangenehmes hinweg. Die >Olympischen Sommerspiele von 1936 in Berlin waren dann ein Geschenk, das den Nationalsozialisten perfekt ins Konzept passte: Sieh her, Welt – wie friedlich das nationale Deutschland ist.

»Heil Hitler!« hatte im öffentlichen Leben schon lange das »Guten Tag« ersetzt, um keine Scherereien zu bekommen oder Nachteile zu erleiden. Schnell entwickelte sich auch ein Denunziantentum und selbst leise Kritik wurde von den »Blockwarten« oder auch von den Nachbarn der braunen Obrigkeit gemeldet.

BERLIN IM »DRITTEN REICH«

Boykott jüdischer Geschäfte, 1933

NSDAP-Plakat des Gaus Berlin

SS-Chef >Heinrich Himmler und sein eifriger Paladin >Reinhard Heydrich beherrschten vom >Prinz-Albrecht-Gelände aus den gesamten Polizeiapparat und terrorisierten das ganze Land. Tausende Gestapo-Beamte sorgten im Reich mit berüchtigten Hausgefängnissen, in denen Folter die Regel war, für die wirksame Einschüchterung. Nachdem die Nazis im März 1933 u.a. in Berlin schon die >Bücherverbrennung veranstaltet hatten, folgte 1938 die »Reichspogromnacht«. Allein in der Hauptstadt brannten 9 der 12 Synagogen aus, jüdische Geschäfte wurden von der SA demoliert, jüdische Bürger schikaniert, verschleppt und ermordet.

Vom »arischen Herrenvolk« verlangte die NS-Ideologie, dass Frauen aus dem Berufsleben zurück an den Herd kehrten und junge Männer sich in Organisationen wie der >Hitlerjugend (HJ) und dem Reichsarbeitsdienst (RAD) ideologisch, körperlich und vormilitärisch stählten.

Propagandaminister >Joseph Goebbels versuchte mit großem Aufwand, den Volksgenossen rein deutsche Unterhaltung in allen Bereichen wie Radio, Film, Musik, Sport und Mode zu bieten, doch die stilbildenden Impulse kamen weiterhin aus Paris, London und den USA. Eine »deutsche Kultur« existierte vor allem als völkisches Dogma nur in der Vorstellung der NS-Elite. Im Verborgenen hörten viele »Negermusik« und machten Witze über das Regime. Ihre Modernität demonstrierten die Nazis z.B. mit den Rennfahrerhelden der >AVUS oder mit massenwirksamen Technik-

Den »Judenstern« mussten jüdische Bürger ab 1941 an der Kleidung tragen.

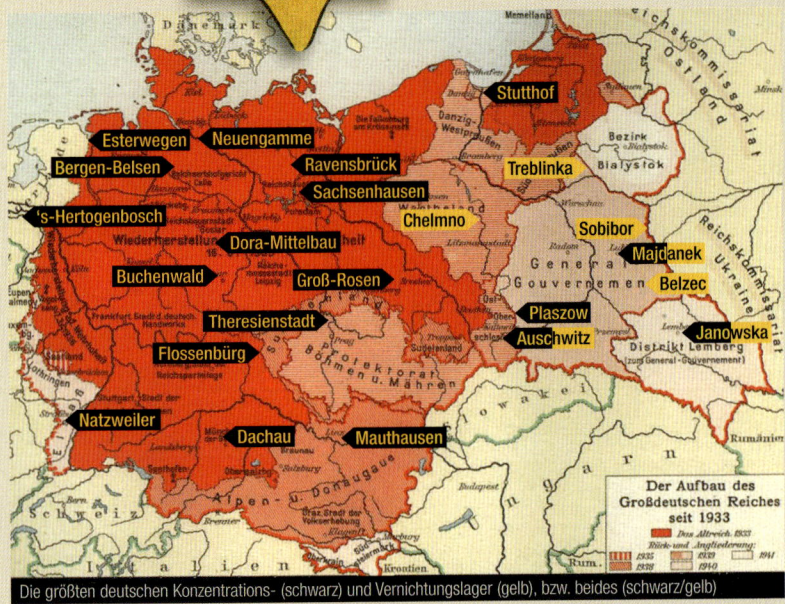
Die größten deutschen Konzentrations- (schwarz) und Vernichtungslager (gelb), bzw. beides (schwarz/gelb)

schauen wie der Automobilausstellung (IAA) auf dem Berliner >Messegelände. Tatsächlich waren viele der gezeigten Entwicklungen wie der KdF-Wagen (Volkswagen) nur Teil der Aufrüstung für die kommenden Eroberungskriege. Mit der Lüge vom Überfall Polens auf Deutschland entfachte Hitler am 1. September 1939 den 2. Weltkrieg. In der

»Berlin muß eine judenreine Stadt werden. Sie verderben nicht nur das Straßenbild, sondern auch die Stimmung. Zwar wird das schon anders werden, wenn sie ein Abzeichen tragen, aber ganz abstellen kann man das erst dadurch, dass man sie beseitigt.«
– *Joseph Goebbels, August 1941*

>Krolloper verkündete er in der ihm eigenen Diktion: »Polen hat heute Nacht zum ersten Mal auf unserem eigenen Territorium auch bereits durch reguläre Soldaten geschossen! Seit 5.45 Uhr wird jetzt zurückgeschossen!« Damit begann ein beispielloser Vernichtungskrieg.
Ab 1941 gipfelte in der Reichshauptstadt die Verfolgung der Juden mit ihrer massenhaften Deportation in die Konzentrations- und Vernichtungslager (siehe >Mahnmal Gleis 17). Immer länger werdende Kolonnen von zerlumpten Zwangsarbeitern (verharmlosend »Fremdarbeiter« genannt), die zunehmend ungünstigen Frontberichte, offensichtliche Versorgungsmängel und alliierte Bomben verdüsterten nach und nach endgültig die propagandistisch aufgerichtete Scheinidylle der frühen NS-Jahre.

Der Holocaust

Die Wörter Holocaust und Shoa stehen etwa seit den 1970er Jahren für die großräumig organisierte, systematische physische Vernichtung von Millionen Juden durch die deutschen Nationalsozialisten und ihre Helfer. Zu den Opfern werden, auch die von den NS-Tätern ebenfalls als »minderwertige Fremdrasse« eingestuften Sinti und Roma gerechnet, die auch hunderttausendfach ermordet wurden. Die latenten Vorbehalte der Deutschen gegen die nicht »arischen« Menschen wurden durch die permanente NS-Propaganda, die aggressive Diffamierung und gesetzliche Ausgrenzung verstärkt. Der »Führerbefehl« Adolf Hitlers, die »Endlösung der Judenfrage« (sprich Ermordung) zu organisieren, wurde über den Reichsmarschall >Hermann Göring an die gnadenlosen SS-Führer >Heinrich Himmler und >Reinhard Heydrich weitergeleitet. Die massenhaften Morde begannen unmittelbar nach dem Überfall auf Polen 1939 und die Sowjetunion 1941 hinter der Front durch die deutsche Ordnungspolizei und die Einsatzgruppen (Babyn Jar). Auf der >Wannseekonferenz wurde 1942 in Berlin die Perfektionierung der Mordaktion beschlossen. Mit bürokratischer Pedanterie organisierten Schreibtischtäter wie >Adolf Eichmann die Deportationen aus allen Teilen Europas, die in den deutschen Vernichtungs- und Konzentrationslagern Osteuropas mit der Ermordung und Einäscherung der Opfer endeten. So in Auschwitz, Treblinka, Sobibor und hunderten weiterer Lager, wo gleichzeitig auch die »Vernichtung durch Arbeit« planmäßig praktiziert wurde. Die faschistischen Verbündeten des Großdeutschen Reichs, wie Italien oder Kroatien, beteiligten sich an den Tötungen. Es ist unerheblich, auch weil es kaum genau zu ermitteln ist, ob 6 oder 7 Millionen Menschen ermordet wurden – diese Taten bedeuten den absoluten Tiefpunkt der westlichen Zivilisation. Die Hoffnung, dass die Menschheit nach diesem Menetekel immun gegen Genozide seien würde, erfüllte sich bisher leider nicht.

Torgebäude des KZ Auschwitz; oben: Massengrab

122 BERLIN IM »DRITTEN REICH«

GAS CHAMBERS II & III

U.S. 500lb. HE BOMBS

GUARD TOWERS

WOMEN'S CAMP

TRANSPORTS

MAIN GUARD HOUSE   GUARD TOWERS

US-Luftbild des KZ Auschwitz-Birkenau, rechts: Vergrößerung der Gaskammern am Ende der Rampe (o.l.), 1944

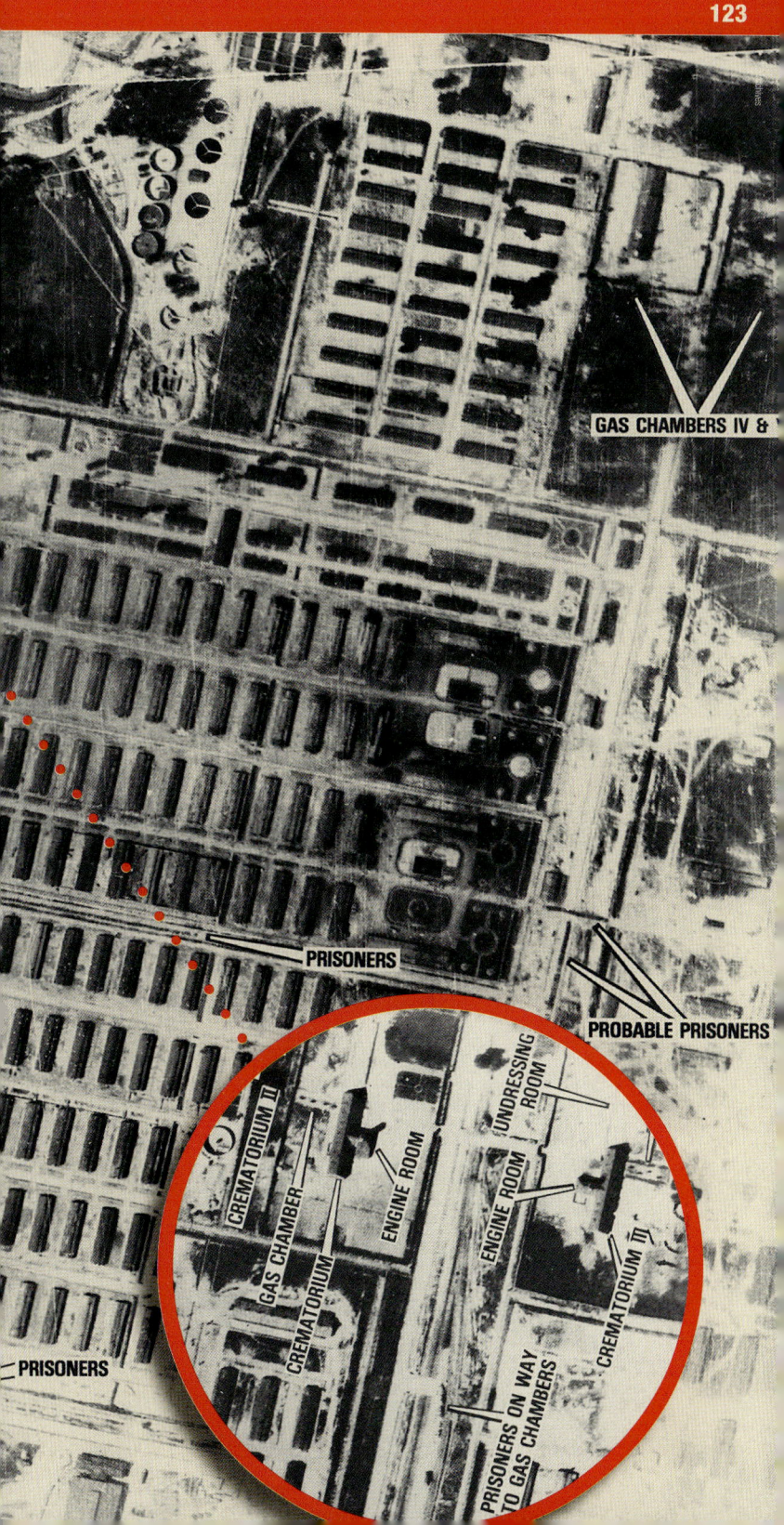

Adolf Hitler übergab >Albert Speer 1936 ein Skizzenbuch, dass er in den 1920ern für eine künftige Umgestaltung Berlins angelegt hatte: »Diese Zeichnungen machte ich vor 10 Jahren.

Ich habe sie immer aufgehoben, da ich nie daran zweifelte, dass ich sie eines Tages bauen werde. Und so wollen wir sie nun auch durchführen.« (links: Hitlers erster Entwurf der >Großen Halle)

Die »Welthauptstadt Germania«

Es war ein narzisstisches Projekt als Synonym für maßlose Selbstüberschätzung und egoistische Rücksichtslosigkeit.
Wäre Adolf Hitler die Herrschaft über Europa gelungen, sollte Berlin im Jahr 1950 als Hauptstadt des Großdeutschen Reiches in »Germania« umgetauft werden.

Modell des Brandenburger Tors

Dies alles nach dem Abschluss tiefgreifender Umbaumassnahmen mit gigantischen Bauten und Anlagen, die noch in tausend Jahren wie antike Ruinen von der Überlegenheit ihrer Erbauer und der germanischen Rasse zeugen sollten.

Neben den »Führerstädten« Hamburg, München, Nürnberg und Linz waren fast alle größeren deutschen Orte für die Umgestaltung im NS-Stil vorgesehen. Der verhinderte Baumeister Hitler ließ sich bis in die letzten Kriegstage fast jederzeit von anderen Tätigkeiten ablenken, wenn sein Lieblingsarchitekt und Generalbauinspektor >Albert Speer mit neuen Plänen für die (erst später so bezeichnete) »Welthauptstadt Germania« erschien. Mit dem Eifer von Modelleisenbahnfreunden ergötzten sich die beiden oft nächtelang in

> »Wenn wir mit Berlin erst einmal fertig sind, wird Paris nur noch ein Schatten sein.«
> – Hitler zu Speer nach dem »Frankreichfeldzug« in Paris, Juni 1940

der >Akademie der Künste am Pariser Platz an den Plänen und übermannsgroßen Modellen.
Hitler hatte schon im Buch »Mein

Hochschulstadt im Westend

Kampf« die Sehnsucht nach den »Monumenten des Stolzes« formuliert. In der Person des jungen Albert Speer fand er einen willigen Vollstrecker. Diesem stand dafür ein ganzer Stab regimetreuer Architekten und Bildhauer wie Paul Bonatz, Hermann Giesler, Helmut Hentrich, Wilhelm Kreis (Speers Lehrmeister), >Friedrich Tamms oder die Staatsbildhauer >Arno Breker und Josef Thorak zur Seite.

Angesichts der zerbombten Städte meinte Hitler zu Speer: »Für unseren Bebauungsplan hätten Sie allein in Berlin 80.000 Häuser abreißen müssen. Leider haben die Engländer diese Arbeiten nicht genau nach Ihren Plänen durchgeführt. Aber immerhin ist ein Anfang gemacht!«

Die Welthauptstadt Germania hätte eine 40 km lange >Nord-Süd-Achse mit der alle menschlichen Maße sprengenden >Großen Halle am Spreebogen dominiert. Außerdem sollte am >Reichssportfeld eine Hochschulstadt entstehen und die >Museumsinsel erweitert werden. Die Vorbereitungsarbeiten mit Umsiedlungen und Abrissen ganzer Wohnquartiere, 15.000 Grabumbettungen und der Beschaffung von Baumaterial waren bereits im vollen Gange. 70.000 Juden wurden Opfer einer Enteignungspolitik. Im eigens für Germania angelegten Klinkerwerk des >KZ Sachsenhausen und in den Steinbrüchen anderer Konzentrationslager leisteten zehntausende Menschen Sklavenarbeit unter kaum vorstellbaren, mörderischen

KZ-Häftlinge beim Appell

Bedingungen, um die fast bis ins Detail ausgearbeiteten Fantasien des »Führers« und seiner Paladine umzusetzen. Erst mit Kriegsbeginn, ließ Hitler die Bauarbeiten größtenteils einstellen.

Albert Speer 1905–1981

»Für einen großen Bau hätte ich wie Faust meine Seele verkauft. Nun hatte ich meinen Mephisto gefunden«, bekannte der »unpolitische« Architekt Albert Speer nach 20 Jahren Haft im >Alliierten Kriegsverbrechergefängnis in seinem Buch »Erinnerungen«. Mit Hilfe von Joachim Fest und Jobst Siedler wurde es zum Bestseller. Speer stilisierte sich schon vor dem Nürnberger Tribunal von 1946 als der »gutgläubige Edel-Nazi«, was nachweislich gelogen war, ihm aber viele bereitwillig glaubten. Sebastian Haffner schrieb 1944 im Observer: »*Speer ist heute wichtiger als Hitler, Himmler, Göring, Goebbels oder Generale. Sie sind alle nichts als Mitwirkende dieses Mannes geworden*«. Der Todesstrafe entging er nur knapp durch ein Patt im Richterkollegium.

Speer, der seit 1931 NSDAP-Mitglied war, bewies Hitler früh sein Talent und wurde 1934, als 29-jähriger, zum »Architekten des Führers« ernannt. Unter seiner Verantwortung entstanden u.a. das Reichsparteitagsgelände in Nürnberg und die >Neue Reichskanzlei. Als der Generalbauinspektor für die Reichshauptstadt (GBI) sollte er im Auftrag Hitlers die Umgestaltung Berlins zu >Welthauptstadt Germania verwirklichen. Speer ging unverzüglich an die Arbeit, machte eifrig Pläne, ließ riesige Modelle bauen und vereinbarte mit Reichsführer-SS >Heinrich Himmler die Lieferung von Baumaterial durch KZ-Sklaven. Den Standort einiger Konzentrationslager legte er aufgrund naher Steinbrüche persönlich fest. Nachdem >Fritz Todt 1942 bei einem Flugzeugabsturz ums Leben kam, ernannte Hitler Speer zusätzlich zum Reichsminister für Bewaffnung und Munition. Das ebenso geniale wie mitleidlose Organisationstalent schaffte es mit einem Heer von Millionen Sklavenarbeitern trotz ständiger alliierter Bombenangriffe, die Rüstungsproduktion bis Anfang 1945 stetig zu steigern und damit den Krieg und die Tötung von Juden und anderen zu verlängern. Speer behauptete bis zum Schluss, von der planmäßigen Vernichtung der Juden und Zwangsarbeiter nichts gewusst zu haben.

Heinrich Breloer sezierte 2005 mit der Filmstudie »Speer und Er« das Verhältnis zwischen Architekt und Diktator. Dort kam auch Albert Speer jr., der selbst weltweit erfolgreicher Stadtplaner und Architekt ist, zu Wort.

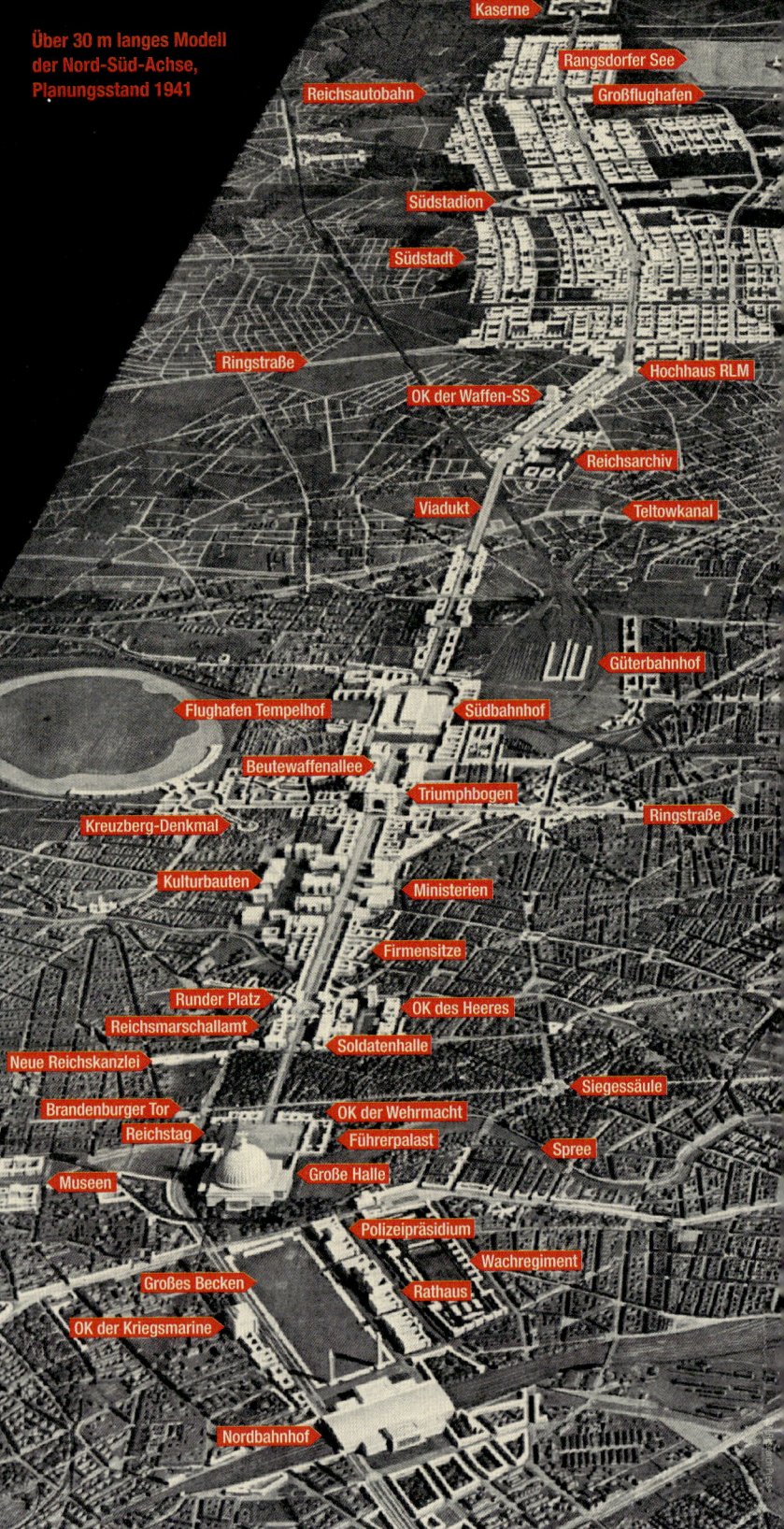

Runder Platz auf der Nord-Süd-Achse mit Arno Brekers Brunnenanlage und dem Haus des Fremdenverkehrs

Nord-Süd-Achse Die rund 40 km lange Nord-Süd-Achse war das zentrale Großprojekt, entlang der sich die repräsentativsten Monumentalbauten Germanias erstrecken sollten. Beginnend an der >Großen Halle hätte sie die >Ost-West-Achse exakt auf Höhe des 1945 errichteten >Sowjetischen Ehrenmals im Tiergarten gekreuzt und wäre ungefähr an der heutigen S-Bahntrasse am Gleisdreieck auf die nächste Dominante, den >Triumphbogen, zugelaufen. Hinter dem Südbahnhof wollte man die Straße mit einem von

»Beutewaffenallee«

Architekt >Friedrich Tamms entworfenen Viadukt über den Teltowkanal bis zur neugeplanten Südstadt fortführen und schließlich an den Berliner Ring bzw. die Reichsautobahn anschließen. Am nahen Rangsdorfer See war einer von vier neuen Großflughäfen vorgesehen. Für die Anbindung zur Innenstadt hätte ein unterirdisches Schnellbahnsystem gesorgt.

Auf dem 5 km langen Hauptteil der Achse sollten am Südbahnhof ankommende Besucher durch eine »Beutewaffenallee« vor dem monströsen Triumphbogen eingeschüchtert werden. Dahinter hätte man am Horizont auf die Kuppel der Großen Halle geblickt. Nach dem Planungsstand von 1941 lagen für nahezu allen symbolträchtigen Bauten entlang des Prunkboulevards fertige Entwürfe von >Albert Speers Architektenstab vor. Selbst die Belegung der Häuser war bereits weitgehend beschlossen. Im Umkreis des Triumphbogens sollten sich Ministerien, Dienststellen der NSDAP, Hotels und kulturelle Einrichtungen, wie die Oper, die Philharmonie, Theater, Kinos sowie Geschäfte und Autosalons, ansiedeln. Im nördlichen Bereich waren neben der >Soldatenhalle mit dem Oberkommando des Heeres (OKH) und dem völlig überdimensionierten >Reichsmarschallamt >Hermann Görings auch viele Verwaltungen von Wirtschaftskonzernen vorgesehen. Darunter AGFA, >AEG, Allianz, Mercedes-Benz, Henkel und die Hermann-Göring-Werke.

Hitlers Grundsteinlegung für das Haus des Fremdenverkehrs am projektierten Runden Platz war 1938 der Startschuss zum Bau-

Arbeiter an den riesigen Modellen

beginn der Nord-Süd-Achse. Für den Mittelpunkt des Kreisverkehrs am Landwehrkanal hatte Bildhauer Arno Breker eine große Brunnenanlage entworfen. Das Fremdenverkehrshaus war bis zur Einstellung der Arbeiten im 2. Weltkrieg der einzige errichtete Rohbau. Die Ruine wurde 1964 abgerissen, dort steht heute die >Neue Nationalgalerie.

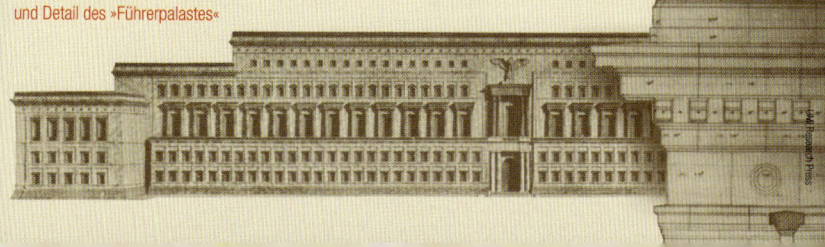
Modell des Reichsmarschallamts und Detail des »Führerpalastes«

»*Der Wahn hat, so lange er dauert, eine unüberwindliche Wahrheit.*«
– *Johann Wolfgang von Goethe*

Modell des Adolf-Hitler-Platzes mit OKW (l.), »Führerpalast« und Großer Halle, 1940

BERLIN IM »DRITTEN REICH«

Vernichtung durch Arbeit: Häftlinge schuften im Steinbruch des KZ Flossenbürg für Hitlers Bauvorhaben, 1943

Südbahnhof Wer die Pläne der beiden maßlosen Visionäre Hitler und Speer für den Südbahnhof Germanias kennt, der kann ihn zumindest in Teilen mit dem heutigen Berliner Hauptbahnhof vergleichen: viel Glas und Stahl, mehrere Ebenen, weitläufige Vorplätze. Aber auch alles anders und vor allem größer, denn das erklärte Ziel der Nazis war es, am Südbahnhof eintreffende Staatsgäste und Reisende zu Ehrfurcht vor dem Regime zu bewegen. So hatte Hitler nach dem »Frankreichfeldzug« angeordnet, auf dem 1 km langen und 330 m breiten Bahnhofsvorplatz, nach dem Vorbild der Widderallee von Karnak nach Luxor, eine von Beutewaffen gesäumte Achse anzulegen. Der Generalbauinspektor entwarf einen fast modern wirkenden, 400 m breiten, quadratischen Bau, der sich von »den übrigen steinernen Ungetümen« (Albert Speer, 1969) abheben sollte. Über ein unterirdisches Schnellbahnsystem wäre er an den vor dem >Großen Becken projektierten Nordbahnhof angeschlossen gewesen.

Triumphbogen Als Gegenpol zur >Großen Halle war der gigantische Triumphbogen von Hitler für die im 1. Weltkrieg gefallenen deutschen Soldaten vorgesehen. Jeder Name der 1,8 Millionen Toten sollte an dem Ehrenmal eingemeißelt werden. Für das im Planungsstab nur als »Bauwerk T« bezeichnete Projekt hatte Hitler schon in den frühen 1920er Jahren eine Skizze angefertigt. >Albert Speer überarbeitete den Entwurf nur leicht und notierte »Nach Ideen des Führers« auf den Bauplänen. Wie immer, sollte vor allem Vergleichbares um das Zigfache überragt werden. In diesem Fall der Pariser Arc de Triomphe, den der etwas plump wirkende, aber 170 m breite, 120 m tiefe und 117 m hohe

Krypta der Soldatenhalle

Germania-Koloss weit überboten hätte. Am 20. April 1939 überraschte Speer seinen Mentor zu dessen 50. Geburtstag mit einem 4 m hohen Modell des Triumphbogens. Um das Präsent in die Realität umsetzen zu können, ließ der Generalbauinspektor 1941 am vorgesehene Standort einen >Großbelastungskörper errichten. Tests mit dem 12.600 Tonnen schweren Betonzylinder ergaben, dass die technische Umsetzung des Baus möglich gewesen wäre. Der Belastungskörper ist heute einer der wenigen erhaltenen Relikte der Germania-Planungen.

Granit-Lager für Germania, 1944

Reichsmarschallamt

Entsprechend seinem Ruf als prunksüchtiger Lebemann bestellte sich >Hermann Göring, obwohl ihm mit dem >Reichsluftfahrtministerium gerade eines der größten Gebäude Berlins errichtet worden war, bei >Albert Speer mit dem Reichsmarschallamt für Germania einen neuen Dienstsitz. Der Entwurf sah überall ausladende Ausmaße und Protz vor. Hinter der 240 m langen Fassadenfront bestimmte die größte Treppenhalle der Welt das Gebäude. Auf dem fast 12.000 qm großen begrünten Flachdach mit Swimming Pool, Tennisplatz und Amphitheater wollte der Hausherr rauschende Feste feiern. Hitler bemerkte mit Argwohn: »Dieser Bau ist für Göring zu groß, er hebt sich damit zu sehr heraus. Ich sehe es überhaupt nicht gerne, wenn er sich meinen Architekten dazu nimmt.«

Soldatenhalle

Die Soldatenhalle war als Teil des Komplexes des Oberkommandos des Heeres (OKH) gegenüber dem >Reichsmarschallamt an der >Nord-Süd-Achse geplant. Den überdimensionierten, gigantischen Bau entwarf Architekt Wilhelm Kreis, der bereits in der Kaiserzeit und in der Weimarer Republik erfolgreich wirkte. Hitler entschied nach der Niederwerfung Frankreichs 1940, dass die Soldatenhalle, statt der »armseligen und unwürdigen« >Neuen Wache, das nationale Ehrenmal für die Gefallenen sein

Skizze des Triumphbogens von Adolf Hitler aus den frühen 1920er Jahren.

sollte. In einer Krypta wollte er neben dem >Alten Fritz die Sarkophage hoher Militärs wie Gerhard von Scharnhorst (vom >Invalidenfriedhof) oder Erwin Rommel aufstellen lassen. Gleichzeitig war in der »Totenburg« ein Zeughaus mit Waffen und Beutestücken, wie dem berühmten französischen Speisewagen von Compiègne, geplant.

»Führerpalast«

Direkt neben der >Großen Halle sollte auf dem Areal des Spreebogens, dort wo heute das Kanzleramt steht, der künftige Amtssitz des »Führers« errichtet werden. Die Entwürfe für den aufgeblasenen und festungsartigen Bau erstellte >Albert Speer schon 1938, also bevor die ebenfalls effekthaschende >Neue Reichskanzlei fertiggestellt war. Der rund 500 m lange Koloss sollte neben riesigen Repräsentationsräumen, Festsälen und einem Theater auch die Wohnung des Diktators enthalten. Speer gegenüber begründete Hitler die aufbauschende Architektur mit den Worten: »Sehen Sie, ich selbst würde auch mit einem ganz einfachen, kleinen Haus in Berlin auskommen. Ich habe genug Macht und Ansehen. Aber glauben Sie mir: die einmal nach mir kommen, die haben solche Repräsentation dringend notwendig. Viele von ihnen werden sich nur auf diese Weise halten können. Solche Räume mit einer großen geschichtlichen Vergangenheit erheben auch einen kleinen Nachfolger zu geschicht-

Modell von Hitlers »Führerpalast«

lichem Rang. Deswegen müssen wir das noch zu meinen Lebzeiten bauen: damit ich darin noch gelebt habe und mein Geist diesem Bau Tradition verleiht.« Doch soweit kam es bekanntlich nicht, viel mehr als große Modelle wurden nie gebaut.

Modell der Soldatenhalle an der Nord-Süd-Achse, 1940

BERLIN IM »DRITTEN REICH«

Innenraum der 180.000 Menschen fassenden Großen Halle (Modell), 1940

Große Halle Als gewaltigster Bau aller Zeiten sollte die Große Halle des Volkes die Welthauptstadt Germania krönen. Es sei die einzig angemessene Größe für das »Übermenschen-Volk«, fand der mit Minderwertigkeitskomplexen beladene »Führer«. Schon in den 1920er Jahren erträumte sich der damals kaum bekannte Hitler mit dem Zeichenstift die Grundformen des Kuppelbaus nach dem Vorbild des Pantheons in Rom. Als die Nationalsozialisten die Macht in ihren Händen hatten, entwarf Hitlers ehrgeiziger Leibarchitekt >Albert Speer ein 320 m hohes Kuppel-Monstrum für 180.000 Zuschauer auf einer quadratischen Fläche von 315 m. Auf der höchsten Stelle sollte ein germanischer Adler über der Weltkugel thronen. Ironischerweise hätten die gigantischen Dimensionen der Großen Halle die optische Wirkung des »Führers« bei seinen Auftritten deutlich reduziert. Ganz abgesehen von ungelösten technischen Problemen, wie z.B. das eventuell auf die Zuschauer herabregnende Kondenswasser bei einer vollbesetzten Halle. Doch was für Hitler zählte, war die »Ewigkeit«: *»Wir nehmen als Baustein Granit. Selbst die ältesten Findlinge aus Urgestein in der norddeutschen Ebene zeigen kaum einen Anflug von Verwitterung. Diese Bauten werden, wenn inzwischen nicht wieder das Meer die norddeutsche Ebene überspült, unverändert noch in zehntausend Jahren stehen!«* fantasierte er vor Speer.
Als Standort war der Adolf-Hitler-Platz mit einem Fassungsvermögen von 1 Million Menschen am Spreebogen ausgewählt. Gegenüber dem >»Führerpalast« hätte hier am östlichen Rand der zum Winzling verkommene >Reichstag gestanden. Die Südseite dominierte das Oberkommando der Wehrmacht – zur Not als letztes Bollwerk gegen das eigene Volk: *»Es ist doch nicht ausgeschlossen, dass ich einmal gezwungen bin, unpopuläre Maßnahmen zu treffen. Vielleicht gibt es dann einen Aufruhr. Für diesen Fall muss vorgesorgt werden: Alle Fenster der Gebäude an diesem Platz erhalten stählerne, schusssichere Schiebetüren. Die Türen müssen ebenfalls aus Stahl sein und der einzige Zugang zum Platz wird durch ein schweres eisernes Gitter abgeschlossen. Das Zentrum des Reiches muß wie eine Festung verteidigt werden können.«*
Die Große Halle wollte ihr Bauherr bis 1950 vollendet sehen. Die rücksichtslosen Umsiedlungen und Abrisse am Spreebogen begannen 1938. Marmor und Granit wurden in ganz Europa geordert. In Steinbrüchen mussten KZ-Häftlinge todbringende Sklavenarbeit leisten. Von dem Mammut-Projekt blieb am Ende des braunen Reiches, außer Zeichnungen und Modellen, nur eine mit Wasser vollgelaufene Baugrube.

Großes Becken Als Verlängerung der >Nord-Süd-Achse sollte sich zwischen Spreebogen und der Perleberger Straße in Moabit das Große Becken, ein fast 3 km langes Wasserreservoir, erstrecken. Am nördlichen Ufer war der riesenhafte quadratische Nordbahnhof geplant. Reisende, die über die große Freitreppe herausgetreten wären, hätten auf die >Große Halle geblickt, die sich im glasklaren Wasser spiegeln sollte. Als leidenschaftlicher Kajakfahrer wollte >Albert Speer das extra nicht an die Spree angeschlossene Becken für Schwimmer und andere Wassersportler freigeben. An den westlichen Längsseiten waren neben der Kaserne des Wachregiments »Großdeutschland« (heute Fritz-Schloss-Park) zentral das neue, von zwei Türmen flankierte Rathaus Germanias (Architekt German Bestelmeyer) sowie das Polizeipräsidium (Architekt: Paul Bonatz) und andere städtische Verwaltungsbauten vorgesehen. Auf der Ostseite erhob sich u.a. das monumentale Oberkommando der Kriegsmarine (OKM). Der historische >Invalidenfriedhof hätte dafür eingeebnet werden müssen.

Modell des Germania Rathauses

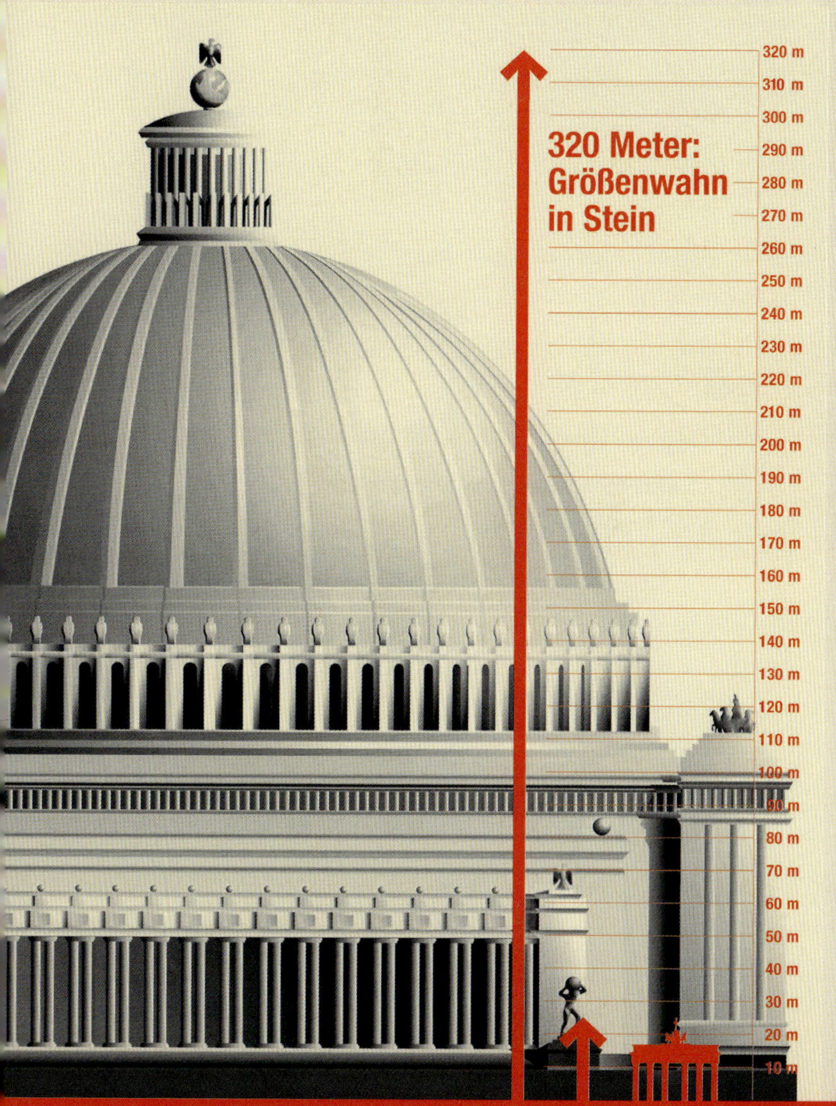

320 Meter: Größenwahn in Stein

Tagangriff 1944

Amerikanische Bomber der USAAF vom Typ B-17 »Flying Fortress« entladen ihre tödliche Bombenfracht über dem Berliner Zentrum. In der Bildmitte ist der Alexanderplatz mit einem roten »X« markiert.

BERLIN IM »DRITTEN REICH«

Georgi K. Schukow (1896–1974) war Marschall und vierfacher Held der Sowjetunion. 1941 verteidigte er Moskau vor der Wehrmacht und siegte bis zum Einmarsch in Berlin. Dort nahm er am 9. Mai 1945 die bedingungslose Kapitulation Deutschlands entgegen. Nach politischen Machtkämpfen entließ ihn Nikita Chruschtschow 1957. Seine Urne ruht seit 1974 an der Kremlmauer.

Die Schlacht um Berlin

Seit dem Sommer 1940 tobte über Großbritannien die »Luftschlacht um England«, mit der Hitler vergeblich versuchte, die Kapitulation des Empire zu erzwingen. Wie bereits zuvor bei der verheerenden Zerstörung Rotterdams oder Warschaus durch die deutsche Luftwaffe litten nun auch britische Städte und die Zivilbevölkerung unter dem immer rücksichtsloser werdenden Bombenterror. Zur Vergeltung flog die Royal Air Force

Propagandaplakat des Reichsluftschutzbundes (Ludwig Hohlwein)

(RAF) ab August 1940 ihren ersten Luftangriff auf die Reichshauptstadt. Bei den bis dahin vom Krieg verschonten Berlinern verursachten die Bomben vor allem eine psychologisch schockierende Wirkung. Wütend beschwerte sich Adolf Hitler über den Vorfall bei Reichsluftfahrtminister >Hermann Göring, der noch im Jahr zuvor großspurig verkündet hatte, dass er »Meier« heißen wolle, wenn jemals ein feindliches Flugzeug das Reichsgebiet überfliegen würde. Als Konsequenz befahl Hitler den sofortigen Bau von drei riesigen >Flakturmpaaren in den Berliner Stadtparks. In den Stahlbetonkolossen fanden, als ab November 1943 die alliierten Bombardements immer massiver wurden, auch jeweils bis zu 22.000 Menschen Schutz. Dennoch gab es in der Millionen-Metropole viel zu wenig Bunker für die Zivilbevölkerung und Göring erwies sich im Abwehrkampf gegen die feindliche Übermacht als völlig unfähig. Die Alliierten herrschten bald über die alleinige Lufthoheit in Deutschland und konnten Berlin fast ungehindert nachts mit britischen und tagsüber mit amerikanischen Staffeln angreifen. Mit der »Operation Donnerschlag« schickte der umstrittene britische Luftmarschall Arthur Harris bis März

Französische Waffen-SS

1944 über Monate die schwersten Bomber der RAF Richtung Berlin, um den Industriegürtel und die Arbeiterbezirke zu zerstören. Mit der »Moral Bombing«-Taktik, der gezielten Vernichtung von Wohnquartieren, sollte der Unmut in der deutschen Bevölkerung gegen das NS-Regime geschürt werden. Das Gegenteil

Sowjetische Panzer an der Moltkebrücke, rechts über die Spree steht heute das Kanzleramt, Mai 1945

Rotarmisten stürmen im Häuserkampf durch die Straßen Berlins, April 1945 (sowjetische Fotomontage)

wurde erreicht: Trotzreaktion und ein Zusammenrücken waren die Folgen. Die Propagandamaschinerie von ›Joseph Goebbels sorgte mit Lügen und falschen Versprechungen dafür, dass sich dem »Totalen Krieg« die überwiegende Mehrheit verpflichtet fühlte. Die großflächigen Bombardements – durch die mindestens 35.000 Menschen starben – setzten erst im Frühjahr 1945 aus, als die Rote Armee schon vor den Toren Berlins stand. Nach dem Scheitern der letzten deutschen Offensive in den Ardennen im Winter 1944/45 waren den Alliierten an der West- und Ostfront keine nennenswerten Kräfte mehr entgegenzusetzen. Hitler verlegte sein Hauptquartier am 16. Januar 1945 endgültig in die Trümmerwüste Berlin. Vom »›Führerbunker« aus rief er zum sinnlosen Endkampf bis zur letzten Patrone auf.

> »Das Herz bleibt einem stehen, wenn man von den Luftbombardements Berlins liest. Da sie nicht mit militärischen Operationen verbunden sind, sieht man kein Ende des Krieges, nur ein Ende Deutschlands.«
> – Bertolt Brecht, 1943

Letztes Aufgebot: Volkssturm

BERLIN IM »DRITTEN REICH«

Hitler verleiht dem 12-jährigen Alfred Czech das Eiserne Kreuz, 19. März 1945

Der Diktator hatte sich mit dem Rest seiner Vasallen in das unterirdische Verließ zurückgezogen, um mit der Reichshauptstadt unterzugehen. Gleiches erwartete er von seinen Soldaten und von der noch hier ausharrenden Bevölkerung.
Am 16. April setzte die Rote Armee im Oderbruch mit 1 Million Soldaten, tausenden Geschützen und Panzern zum Großangriff auf Berlin an. Nach vier Tagen gelang ihnen unter hohen Verlusten an den ›Seelower Höhen‹ der Durchbruch. Um vor den Amerikanern und Briten die Reichshauptstadt seines einstigen Verbündeten Hitler zu erobern, war Stalin bereit, wie auch schon in anderen Schlachten des Krieges, unverhältnismäßig viele eigene Soldaten zu opfern. In einer Zangenformation zog die Rote Armee unter Führung der Marschälle ›Schukow, Rokossowski und Konjew mit 2,5 Millionen Mann einen Ring um Berlin, das noch von 500.000 deutschen Verteidigern gehalten wurde. Am 21. April erreichten erste sowjetische Verbände bei Marzahn die Stadtgrenze (›»Haus des 21. April 1945«). Hitler ernannte den General der SS-Leibstandarte Wilhelm Mohnke zum Kampfkommandanten des innersten Verteidigungsabschnitts »Zitadelle« im Regierungsviertel. Die NS-Propaganda versprach bis zum Schluss den Endsieg, mit neuen »Wunderwaffen« und Divisionen, die nicht existierten. Der Volkssturm aus fanatisierten halbwüchsigen ›Hitlerjungen und desillusionierten Greisen wurde chancenlos verheizt, während die Nazi-Führer schon den Selbstmord oder ihre eigene Flucht vorbereiteten. Mit Standgerichten und Exekutionen von Soldaten und Zivilisten versuchten SS-Schergen den Durchhaltewillen zur aussichtslosen Verteidigung zu erzwingen. Die äußerst erbitterten Häuserkämpfe, mit hohen sowjetischen Opfern, verursacht durch die simplen Panzerfaust-

Kampfkommandant Wilhelm Mohnke

Waffen und Scharfschützen, führten dazu, dass die Artillerie nahezu die gesamte Innenstadt in Schutt und Asche legte.
Am 29. April stand die Rote Armee im Regierungsviertel, nur wenige hundert Meter vom »Führerbunker« entfernt. Seite an Seite mit den

Rekrutierungsplakat der Waffen-SS für niederländische Freiwillige

Westseite der Ruinen des Brandenburger Tors; links: Max-Liebermann-Haus, Mai 1945

Vom Rote-Armee-Fotografen Jewgeni Chaldei nachgestellte Szene der Flaggenhissung, Reichstag, 2. Mai 1945

»Jeder, der Maßnahmen, die unsere Widerstandskraft schwächen, propagiert oder gar billigt, ist ein Verräter! Er ist augenblicklich zu erschießen oder zu erhängen!«

– Adolf Hitler, 22. April 1945

Sowjets kämpfte die polnische 1. Infanteriedivision »Tadeusz Kosciuszko« gegen deutsche Einheiten, meist Waffen-SS-Verbänden mit französischen, skandinavischen, lettischen und niederländischen Freiwilligen. Bis zum 30. April, als sich Hitler das Leben nahm, hielten sie den Reichstag und kämpften noch in den Kellergewölben, als auf dem Dach schon die Rote Fahne wehte. Dieses bekannte Bild, die Ikone des Sieges, inszenierte am nächsten Tag der Armeefotograf Jewgeni Chaldei auf dem Dach des Reichstags (und bearbeitete es später im Labor). Die nun kopflose NS-Führung versuchte vergeblich aus Berlin zu fliehen oder beging Selbstmord. Am Morgen des 2. Mai befahl General Weidling im Divisionsgefechtsstand von General Tschuikow am Schulenburgring 2 die Einstellung der deutschen Kampfhandlungen. Die bedingungslose Kapitulation unterzeichneten am 8./9. Mai im sowjetischen Hauptquartier in Karlshorst (dem heutigen >Deutsch-Russischen Museum) Generalfeldmarschall Wilhelm Keitel und die Vertreter der Anti-Hitler-Koalition. Der 2. Weltkrieg, der von Berlin ausging, war nach 6 Jahren in Europa beendet und der Kontinent ausgeblutet. Den Millionen Opfern und physisch wie psychisch Verkrüppelten an allen Fronten folgten mit der Schlacht um Berlin ungefähr 200.000 weitere tote Soldaten und Zivilisten sowie 500.000 Verletzte. Viele Mädchen und Frauen wurden Opfer von Massenvergewaltigungen siegestrunkener Rotarmisten. Nach Schätzungen waren etwa die Hälfte der 1946 Neugeborenen in Berlin »Russenkinder«, über die man öffentlich bis in die jüngste Zeit so gut wie nicht redete. Einige leben heute noch unter uns.

Sowjet. Orden: »Unsere Sache ist gerecht. Wir haben gesiegt.«

Winston Churchill besuchte im Rahmen der Potsdamer Konferenz im Juli 1945 auch die Ruine der >Neuen Reichskanzlei und Hitlers >»Führerbunker«.

Friedrichstraße 1945

Landser gehen nach der Kapitulation in sowjetische Kriegsgefangenschaft. Auf der linken Seite die Hausnummer 107, eine alte Kaserne, heute Standort des Friedrichstadt-Palastes, der Panzerwagen gehörte zum »Schwedenzug« der SS-Freiwilligen-Division »Nordland«.

Westliches Zentrum

In Berlin haben sich schon früh zwei Anziehungspunkte als Stadtzentren ausgebildet: östlich der Potsdamer Platz und westlich die Gegend um den Kurfürstendamm. Besonders in den Goldenen Zwanzigern standen sie für das Weltstadtflair der Metropole. Als Adolf Hitler und sein Protegé Albert Speer 1935 ihre anmaßenden Pläne für die »Welthauptstadt Germania« umzusetzen begannen, starteten sie mit dem Ausbau der Ost-West-Achse als »Via Triumphalis«. Was von Berlin nach 1945 noch stand, wurde zuerst notdürftig repariert, mit der Teilung in Ost und West aber anorganisch weiterentwickelt. Als West-Berlin zum Ausstellungsfenster des westlichen Lebensstils und Wohlstands bestimmt wurde, sollte auch die Architektur ihre Vorbildfunktion erfüllen. Die Ost-Sozialisten und der freie Westen versuchten sich auf jedem Gebiet zu übertrumpfen. Dabei ist auf beiden Seiten auch architektonisch vieles schiefgelaufen. Schon kurz nach dem Mauerfall, noch in der Freude

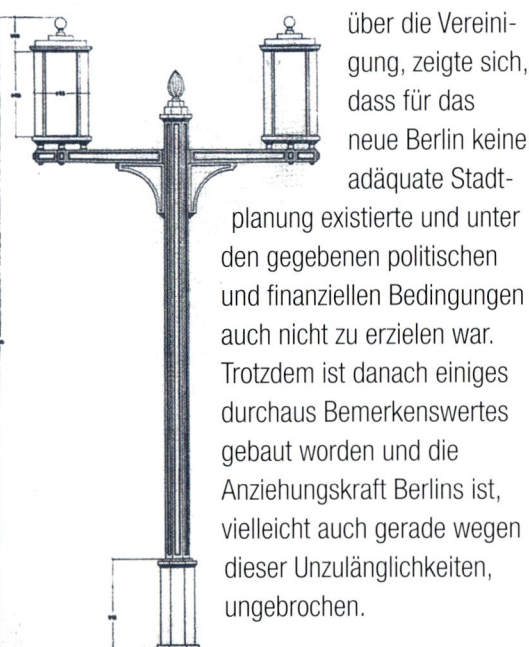

über die Vereinigung, zeigte sich, dass für das neue Berlin keine adäquate Stadtplanung existierte und unter den gegebenen politischen und finanziellen Bedingungen auch nicht zu erzielen war. Trotzdem ist danach einiges durchaus Bemerkenswertes gebaut worden und die Anziehungskraft Berlins ist, vielleicht auch gerade wegen dieser Unzulänglichkeiten, ungebrochen.

1 Siegessäule mit den von Albert Speer entworfenen Kandelabern, 1939

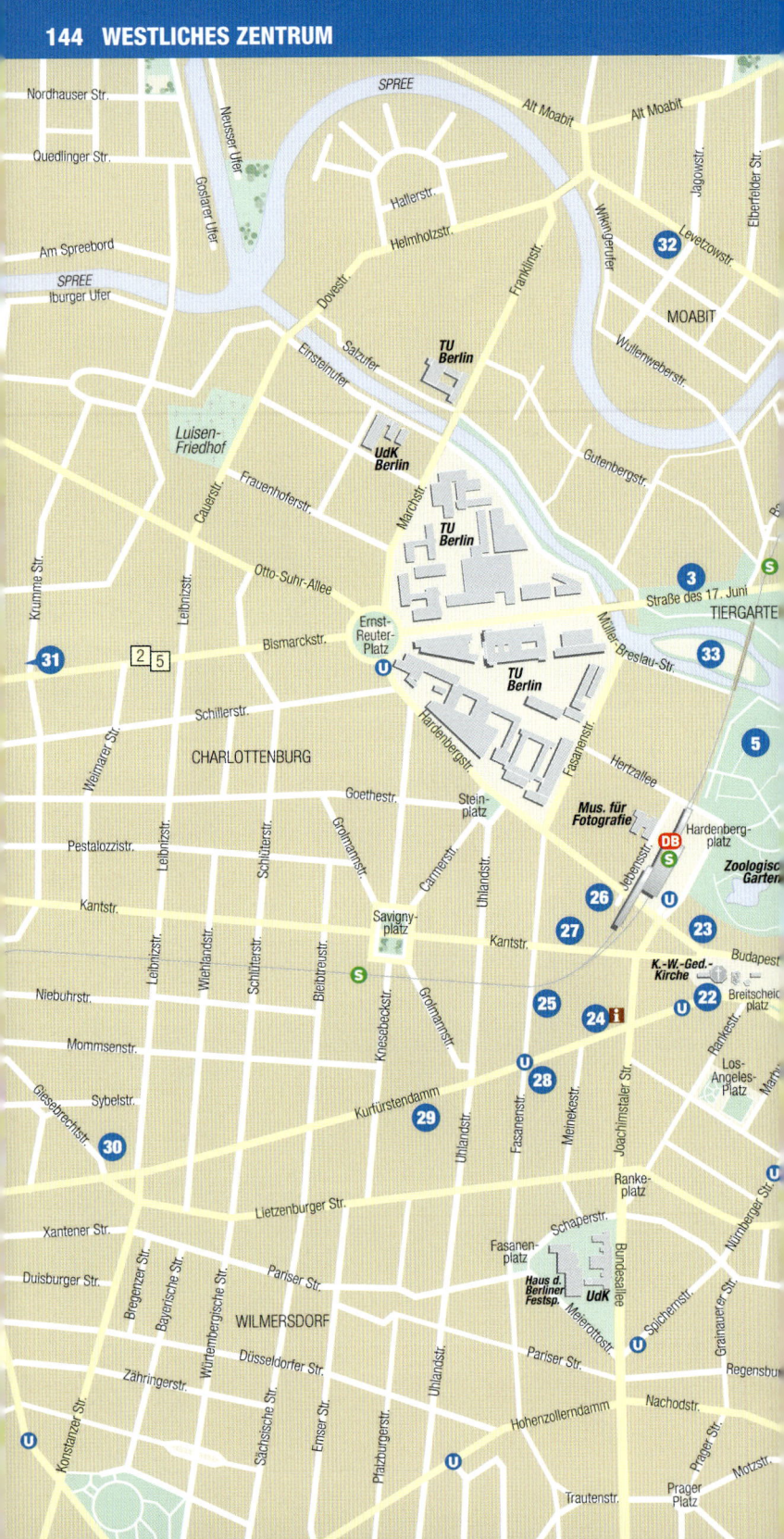

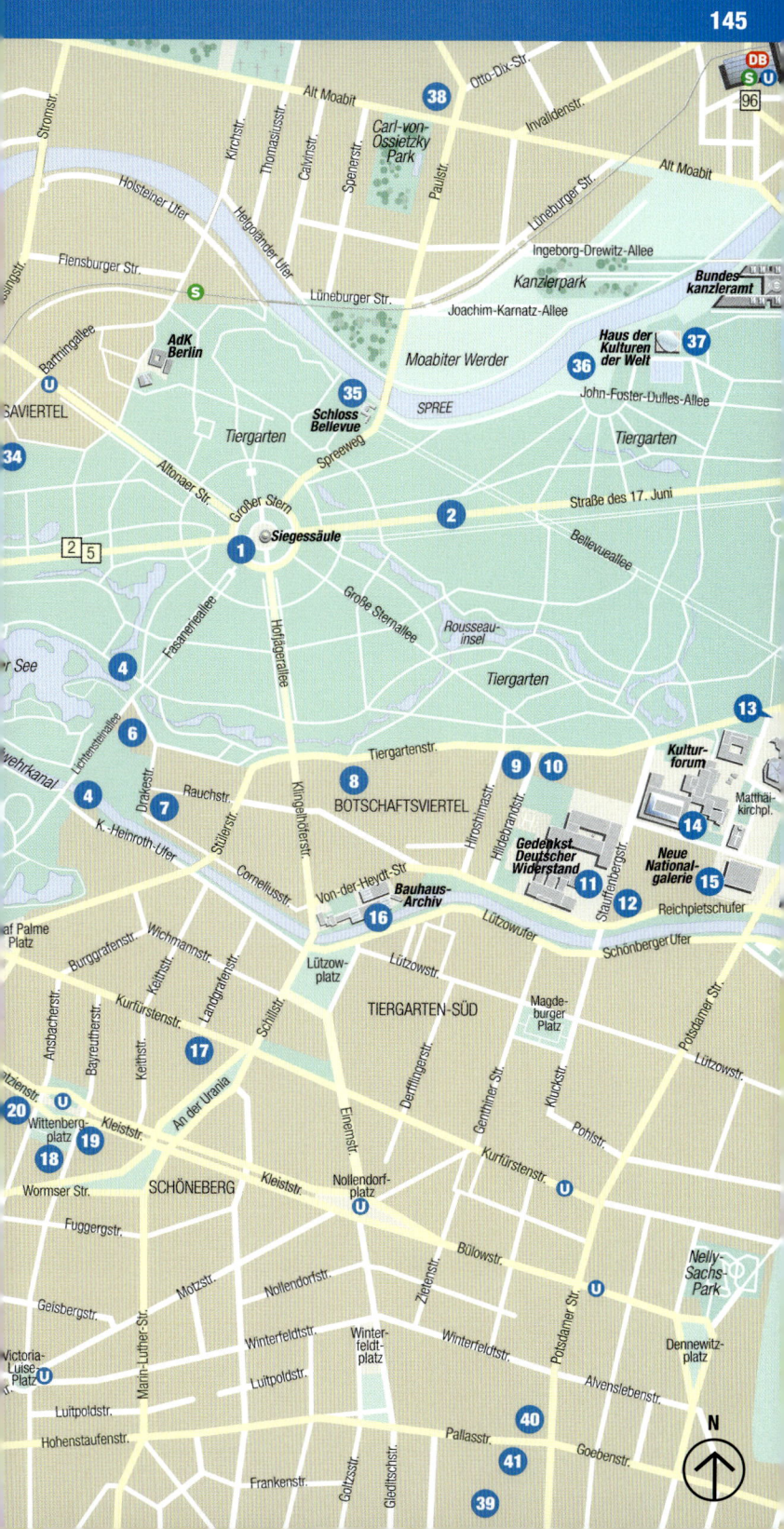

Ost-West-Achse 1939

Am Vorabend des 50. »Führergeburtstags« befährt Hitler mit seiner Mercedes-Kolonne am 19. April die von Albert Speer neugestaltete Ost-West-Achse. Tags darauf folgte in einem martialischen Aufmarsch die größte Militärparade der deutschen Geschichte.

Helmuth Karl Bernhard von Moltke (1800–1891) trug als kreativer Stratege unter dem Motto »Getrennt marschieren, vereint schlagen« wesentlich zu den preußisch-deutschen Siegen in den Kriegen zwischen 1864 und 1871 bei. Später beriet der Generalfeldmarschall auch das Osmanische Reich, den »Kranken Mann am Bosporus«, und starb hoch betagt beim Kartenspiel. Sein bekanntestes Denkmal steht am Großen Stern an der >Siegessäule.

1 Blick von der Siegessäule auf die Ost-West-Achse Richtung Brandenburger Tor

Die Achse der Sieger

① Siegessäule Nach dem Sieg des Deutschen Bundes (Preußen, Österreich) über Dänemark von 1864 veranlasste König Wilhelm I. die Errichtung eines Denkmals auf dem Königsplatz (heute Platz der Republik) vor dem Reichstag. Der Baumeister sollte Heinrich Strack sein. Währenddessen besiegten die Truppen der Hohenzollern 1866 noch den früheren Verbündeten, Österreich, und 1870/71 auch die Franzosen unter Napoleon III. Dem »Eisernen Kanzler« >Otto von Bismarck gelang es dann, aus dem deutschen Staaten-Patchwork ein Deutsches Reich zu schneidern. Genügend Gründe also für ein Nationaldenkmal. Über den drei Tonnensegmenten, die die drei Siege symbolisieren, sollte eine goldene Viktoria mit Flügeln, >Eisernem Kreuz und Lorbeerkranz schweben. Die bronzene »Goldelse«, wie sie auf Berlinerisch heißt, schuf der Bildhauer Friedrich Drake, seine Tochter stand ihm dafür Modell. Am 3. Jahrestag des Sieges bei Sedan fand die pompöse Einweihung im Beisein von Kaiser Wilhelm I. und Reichskanzler Bismarck statt. Adolf Hitler und seinem Architekt >Albert Speer stand das Monument für die Pläne der künftigen >Welthauptstadt Germania im Weg. Speer ließ die Säule 1938 an den Großen Stern im Tiergarten verlegen, erhöhte

Die Siegesgöttin Viktoria thront als 8,30 m große und 700 Zentner schwere Dame auf der (mit ihr) 67 m hohen Siegessäule. Als das Nationaldenkmal noch vor dem Reichstag stand blickte sie friedlich nach Osten. Nachdem Hitler sie 1938 versetzen ließ, wechselte Viktoria die Blickrichtung gen Westen.

sie, nach Hitlers Wunsch um ein zusätzliches Segment (für den Sieg im kommenden Krieg?) und machte sie über Tunnel durch vier von ihm gestaltete Torhäuser zugänglich.

Von der Aussichtsplattform, die über eine enge Wendeltreppe zu erreichen ist, kann man gut den Tiergarten bis zum Brandenbur-

1 Bismarck-Denkmal

ger Tor, die Reichstagskuppel und fast ganz Berlin sehen. Wenig verehrt erblickte die »Goldelse« nach dem 2. Weltkrieg die Siegesparade der Alliierten auf der Ost-West-Achse. Die Franzosen wollten die Siegessäule eigentlich sprengen und obwohl selbst der Berliner Senat dafür stimmte, waren Amerikaner und Briten dagegen. Als Trost konnten die Franzosen zwei der Sockelreliefe nach Paris schaffen. Zur 750-Jahrfeier der Stadt wurden sie 1987 zurückgebracht. Events wie die Loveparade, die hier bis 2006 stattfand, sind nun ebenfalls Geschichte. → *Großer Stern* ⏲ *Apr–Okt: Mo–Fr 9.30–18.30, Sa, So 9.30–19 Uhr; Nov–Mär: Mo–Fr 10–17, Sa, So 10–17.30 Uhr* Ⓢ *Bellevue*

❷ **Straße des 17. Juni** Der Straßenname erinnert an den Volksaufstand in der DDR vom >17. Juni 1953, der mit Hilfe sowjetischer Panzer blutig niedergeschlagen wurde. Als Teil der Ost-West-Achse (die praktisch bis zum Berliner Autobahnring reicht) beginnt sie am >Brandenburger Tor und endet am Ernst-Reuter-Platz. Während der Boulevard im Tiergarten noch Charlottenburger Chaussee hieß, machte der junge >Wernher von Braun dort in den 1920er Jahren seine ersten Versuche mit kleinen Raketen Marke Eigenbau. Als Aufmarschstraße wurde die Allee ab 1935 von >Albert Speer auf die heutige Breite ausgedehnt und am Großen Stern mit der >Siegessäule versehen. Die von ihm entworfenen Kandelaber sind heute nur noch hinter dem S-Bahnhof Tiergarten zu finden. Am Abend des 19. April 1939 übergab Speer die fertig gestellte Ost-West-Achse sei-

1 Treppenspindel der Siegessäule

nem »Führer«, der sie zum Auftakt mit seiner Mercedes-Kolonne durchfuhr. Am folgenden Tag feierte Hitler hier mit einer einschüchternden Militärparade

1 Mosaik an der Siegessäule

seinen 50. Geburtstag. Über vier Stunden lang gaben Stechschritt und Panzerketten den Ton an. Ab 1940 versuchte man feindliche Bomber zu täuschen, indem die Achse z.T. mit Tarnnetzen verhüllt wurde. Während der >Schlacht um Berlin diente der Abschnitt an der Siegessäule als Landebahn für Versorgungsflugzeuge wie die Ju 52. Speers Laternen mussten deshalb demontiert werden. Soldaten wurden zur sinnlosen Verteidigung eingeflogen, prominente Nazis aus der untergehenden Reichshauptstadt ausgeflogen. Die West-Alliierten setzten die Truppenparaden-Tradition alljährlich bis 1989 fort. Heute ist der Trödelmarkt vor dem >Ernst-Reuter-Haus eine feste Größe, ähnlich wie der Christopher Street Day (CSD) oder die Fanmeile während großer Fußballturniere. → *Straße des 17. Juni* Ⓤ Ⓢ *Brandenburger Tor*

2 Siegesparade der alliierten Truppen auf der Ost-West-Achse; fabrikneue sowjetische IS-3 Kampfpanzer, Juli 1945

2 Blick von der Siegessäule Richtung Brandenburger Tor und Reichstag (l.); Parade zum »Führergeburtstag«, 1939

❸ Ernst-Reuter-Haus

Der auffällig monumentale Verwaltungsbau ist eines der wenigen verwirklichten Projekte der geplanten ›Welthauptstadt Germania‹. ›Albert Speer ließ ihn 1938 an der verbreiterten Ost-West-Achse von Architekt Karl Elkart errichten. Fast endlos hätten sich solche eher gesichtslosen Bauten auch entlang der vorgesehenen ›Nord-Süd-Achse erstreckt. 1940 bezog eine von Speers Abteilungen und der Deutsche Gemeindetag das Haus. Seit 1953 ist es nach West-Berlins erstem Regierenden Bürgermeister benannt. → *Straße des 17. Juni 112* Ⓢ *Tiergarten*

3 Ernst-Reuter-Haus

❹ Tatort Rosa Luxemburg und Karl Liebknecht

Nach der gescheiterten November-Revolution und der Ausrufung der Republik am 9. November 1918 wurden die Spartakus- und KPD-Gründer Karl Liebknecht und Rosa Luxemburg von Soldaten des rechtsnationalen Freikorps am 15. Januar 1919 in einer Wohnung in Berlin-Wilmersdorf aufgegriffen. Beim »Verhör« im Hotel Eden am Zoologischen Garten misshandelte man sie brutal, bevor beide getrennt voneinander in Autos abtransportiert wurden. Liebknecht zwangen die Männer unterwegs auszusteigen und Leutnant Rudolf Liepmann erschoss ihn hinterrücks im Tiergarten; bei der Polizei wurde Liebknechts Leiche als »unbekannt« abgegeben. Rosa Luxemburg tötete Leutnant zur See Hermann Souchon während des Transports mit einem schallgedämpften Revolver. Ihr Körper wurde nach der Tat in den Landwehrkanal geworfen und erst Monate später gefunden. Die Beisetzung beider Leichen erfolgte auf dem Zentralfriedhof Friedrichsfelde an der heutigen ›Gedenkstätte der Sozialisten‹. Die bekannten Täter sind überhaupt nicht oder kaum verfolgt worden.

Am Neuen See erinnert eine Steinstele an die Ermordung Liebknechts. Für Luxemburg ist ein gusseiserner Schriftzug unterhalb der Lichtensteinbrücke angebracht. → *Liebknecht: Großer Weg, Neuer See, Tiergarten; Luxemburg: Katharina-Heinroth-Ufer* Ⓢ *Tiergarten*

4 Rosa-Luxemburg-Denkmal

❺ Flakturm Zoo

Im September 1940 griffen britische Bomber, als Antwort auf deutsche Luftangriffe auf England, zum ersten Mal Berlin an. Hitler verfügte daraufhin den Bau von massiven Flaktürmen. Sie sollten der Reichshauptstadt Schutz vor der Gefahr aus der Luft bieten. Schon im April 1941 ist das erste Paar (Leit- und Gefechtsturm) von Architekt ›Friedrich Tamms erbaut worden. Zwei weitere folgten im ›Humboldt- und ›Friedrichshain. Den Gefechtsturm (G-Turm) am Zoologischen Garten nannte man »Gustav«. Die 12,8-cm Zwillingsgeschütze (Flak) auf der oberen Plattform wurden später u.a. von jugendlichen Flak-Helfern mit bedient. Der quadratische, 70 m breite und 42 m hohe Bunker hatte 3,50 starke Wände und bot auf 5 Etagen bis zu 22.000 Menschen Schutz. Neben einem Krankenhaus waren dort auch zahlreiche Kunstschätze von der ›Museumsinsel eingelagert. Im Mai 1945 beschlagnahmte die »Trophäenkommission« der Roten Armee hier u.a. Schliemanns goldenen Schatz des Priamos und lieferte ihn in Stalins Reich. Die Büste der ›Nofretete hatte die Wehrmacht im März in ein Salzbergwerk bei Merkers in Thüringen gebracht.

Die Beseitigung des monströsen Flakturmpaares durch britische Sprengkommandos dauerte bis 1948. An dieser Stelle steht jetzt das Vogelhaus des Zoologischen Gartens. Eine der 6 cm starken Panzertüren des Gefechtsturms findet übrigens bis heute in der Werkstatt des Zoos als Schweißtisch Verwendung. → *Vogelhaus des Zoologischen Gartens* Ⓤ Ⓢ *Zoologischer Garten*

5 Architekturmodell des Gefechtsturm Zoo im Tiergarten, 1941

9 Monatszeitschrift für die kulturellen Beziehungen der Achsenmächte, 1939

6 Botschaft Spaniens und Dänemarks

Wegen Hitlers Plänen, Berlin zur ›Welthauptstadt Germania umzugestalten, sollten südlich des Tiergartens alle Botschaftsgebäude in einem »Diplomatenviertel« angesiedelt werden. Das faschistische Franco-Spanien erhielt 1943 einen Neubau am Zoologischen Garten. Das im 2. Weltkrieg beschädigte Gebäude wurde 2003 (nach Entfernen der frankistischen Insignien) wieder von der spanischen Gesandtschaft bezogen. Im gleichen Komplex war in der NS-Zeit die dänische Vertretung, die sich heute im Ensemble der Nordischen Botschaften an der Rauch-Ecke Klingelhöferstraße befindet. → Thomas-Dehler-Str./Lichtensteinallee Ⓢ Tiergarten

8 Krupp-Emblem

7 Gesandtschaft Jugoslawiens

Die Villa des Agfa-Gründers Paul Mendelssohn Bartholdy (Enkel des Komponisten Felix Mendelssohn Bartholdy) stand bis 1938 an dieser Stelle. Sie wurde von den Nazis für einen Bruchteil des Wertes zwangsweise »arisiert« und abgerissen. Nach Entwürfen des Erbauers des ›Olympiastadions, Werner March, entstand hier bis 1940 die neue jugoslawische Gesandtschaft. Vorher war sie auf dem Areal, das in den ›Germania-Planungen dem Oberkommando des Heeres zukommen sollte. Der damalige jugoslawische Botschafter war der spätere Literatur-Nobelpreisträger Ivo Andric. Die Residenz schmücken Reliefe von Hitlers Lieblingsbildhauer ›Arno Breker, die Balkonbrüstung schuf Ludwig Gies (Entwerfer des Bundestagsadlers). 6 Monate nach der Botschaftseröffnung überfiel Deutschland 1941 Jugoslawien und zerstückelte das Land. Eine Gesandtschaft erübrigte sich und das Gebäude wurde Gästehaus des NS-Staates. Ab 1953 diente es als Sitz des Rückerstattungsgerichts (zuständig für die Entschädigung von NS-Opfern). Heute gehört es der Gesellschaft für die Auswärtige Politik. → Rauchstr. 17–18 Ⓢ Tiergarten

8 Verwaltung der Firma Krupp

Der Essener Stahl-Gigant ließ sich 1937 dieses repräsentative Anwesen von Architekt Paul Mebes als Verwaltungssitz in der Reichshauptstadt errichten. Krupps altes Berliner Domizil musste wegen der ›Germania-Planungen aufgegeben werden. Das

7 Relief von Bildhauer Arno Breker

Unternehmen war in der NS-Zeit mit 250.000 Angestellten (und zehntausenden Zwangsarbeitern) die größte Rüstungsschmiede überhaupt. Man baute für Hitler tödliches Kriegsmaterial jeder Art: Granaten, LKWs, Panzer, U-Boote, Schlachtschiffe und die größten Geschütze der Welt. Nach 1945 kaufte der katholische Jesuitenorden das Verwaltungsgebäude am Tiergarten, der darin bis heute das Canisius-Kolleg führt. Die Eingangstür aus Nirosta nahmen die Kruppianer wieder mit ins Ruhrgebiet. Auf der Pariser Weltausstellung wurde sie 1937 ausgezeichnet und ist heute in der Villa Hügel zu sehen. → Tiergartenstraße 30 Ⓤ Nollendorfplatz

9 Botschaft Japans

Unmittelbar neben der italienischen Botschaft entstand 1942 auf einem großzügig bemessenen Grundstück die diplomatische Vertretung Japans. Unter der Leitung von Generalbauinspektor ›Albert Speer durfte Architekt Ludwig Mosshamer den klassizistisch-epigonalen Bau verwirklichen. Weil danach britische Bomberverbände die Japaner zwangen, mehr Zeit im Bunker als bei Empfängen zu verbringen, konnten die Räumlichkeiten kaum genutzt werden.

9 Ausdehnung des Machtbereichs der »Achse« im 2. Weltkrieg

10 Italienische Botschaft am Tiergarten

Deshalb verlegten sie einen Teil der Botschaft ins Berliner Umland nahe Brandenburg an der Havel. Ab Herbst 1940 war Japan neben Italien der dritte Kriegsverbündete der Achse Berlin-

9 Japanische Botschaft, 1942

Rom-Tokio. Hitler hatte gehofft, dass Japan die Sowjetunion von Osten her angreifen würde, um seinen »Russlandfeldzug« zu unterstützen. Das tat Nippon aber nicht und konzentrierte sich auf den Krieg gegen die Alliierten in Südostasien und im Pazifik. Die Botschaft in Berlin bröckelte nach 1945 jahrzehntelang als Ruine vor sich hin. Nach der Wiedervereinigung wurde der Bau in großen Teilen originalgetreu rekonstruiert und ein japanischer Garten hinzugefügt. Am Hauptportal glänzt wieder die goldene kaiserliche Chrysantheme. → *Tiergartenstr. 24–27* Ⓤ Ⓢ *Potsdamer Platz*

❿ Botschaft Italiens

Die italienische Botschaft war 1941 der erste Neubau in dem für >Germania konzipierten »Diplomatenviertel«. Architekt Friedrich Hetzelt entwarf einen römischen Palazzo mit einer Travertinsteinfassade und rosa getünchten Wänden. Die Botschaft sollte die Bedeutung der faschistischen Achse Berlin-Rom veranschaulichen. Der italienische Duce Benito Mussolini (1883–1945) kam 1937 zu einem Staatsbesuch nach Berlin, wo ihn Hitler durch einen triumphalen Empfang mit großer Militärparade und einen Massenaufmarsch am >Olympiastadion sehr beeindruckte. Kurz nach der Fertigstellung wurde die »Ambasciata d'Italia a Berlino« bei einem Luftangriff stark zerstört. Nach dem 2. Weltkrieg war sie lange Zeit eine romantische Ruine. Als Berlin 1991 wieder gesamtdeutsche Hauptstadt wurde, zogen viele Botschaften vom Rhein an die Spree. Die italienische Vertretung wurde saniert, die Spuren des Krieges blieben absichtlich erhalten, ebenso die faschistischen Machtsymbole im Inneren. → *Tiergartenstr. 21a–23* Ⓤ Ⓢ *Potsdamer Platz*

10 Unten.: Emmy Göring, Benito Mussolini und Hermann Görings Landsitz >Carinhall, 1937

Claus Schenk Graf von Stauffenberg (1907–1944) begrüßte als Leutnant zunächst Hitlers »Machtergreifung«. Im 2. Weltkrieg kämpfte er in Polen, Frankreich und Nordafrika, wo er 1943 schwer verwundet wurde. Danach entwickelte er sich zu einem der Köpfe des militärischen Widerstands und verübte am >20. Juli 1944 in der »Wolfsschanze« ein Attentat auf Hitler, dass er am gleichen Tag mit seinem Leben bezahlte.

11 Innenhof des Bendlerblocks, in dem Graf Stauffenberg und einige andere Verschwörer erschossen wurden

Widerstand gegen Hitler

11 Gedenkstätte Deutscher Widerstand Der Bendlerblock gilt heute als Synonym für den gesamten Komplex des Bundesverteidigunsministeriums. Das Herzstück bildet der Innenhof mit einem Ehrenmal für die am >20. Juli 1944 hingerichteten Offiziere der Widerstandsgruppe um Graf >Stauffenberg.

Im Kaiserreich entstand 1911 am Landwehrkanal zunächst das wuchtige Hauptgebäude für die Marine. Dort hatte damals Großadmiral Alfred von Tirpitz seinen Dienstsitz, jetzt befindet sich im linken Flügel das Büro des Bundesverteidigungsministers. Kurz nachdem Adolf Hitler im Januar 1933 an die Macht gekommen war, hielt er vor Befehlshabern des Heeres und der Marine eine berüchtigte Rede, in der er unmissverständlich seine Marschrichtung für die kommenden Jahre formulierte:

11 »Das neue Europa ist unschlagbar«: Wehrmachts-Propagandaplakat über den deutschen Vormarsch.

11 Hauptgebäude (Landwehrkanal)

»Völlige Umkehrung der gegenwärtigen Zustände in Deutschland. Keine Duldung der Betätigung irgendeiner Gesinnung, die dem Ziel entgegensteht. Wer sich nicht bekehren läßt, muß gebeugt werden. Ausrottung des Marxismus mit Stumpf und Stiel. ... Todesstrafe für Landes- und Volksverrat. Straffste autoritäre Staatsführung. Beseitigung des Krebsschadens der Demokratie ... Eroberung neuen Lebensraums im Osten und dessen rücksichtslose Germanisierung.« Die hohen Militärs wehrten sich höchstens innerlich oder vereinzelt gegen die Absichten des »Führers«. Im Jahr darauf schwor jeder deutsche Soldat in einem »heiligen Eid« unbedingten Gehorsam auf Adolf Hitler, den neuen Oberbefehlshaber der Wehrmacht.

11 Innenhof des Bendlerblocks

In den Bendlerblock zog 1935 das Oberkommando der Wehrmacht (OKW) mit Heer, Luftwaffe und Kriegsmarine ein. Auch die militärische Spionage-Abwehr hatte dort ihren Sitz unter Admiral Wilhelm Canaris. Von hier aus wurden später Hitlers Angriffskriege koordiniert.

1938 entstand der von Architekt Wilhelm Kreis entworfene Anbau an der Bendlerstraße (heute Stauffenbergstraße). In diesen Räumen, wo sich jetzt die Gedenkstätte Deutscher Widerstand befindet, bildete sich im Oberkommando des Heeres unter der Führung von General Friedrich Olbricht das Zentrum des militärischen Widerstands. Hier arbeitete Olbricht den für die Niederschlagung eventueller innerer Aufstände oder Unruhen

»Es ist Zeit, daß jetzt etwas getan wird. Derjenige allerdings, der etwas zu tun wagt, muß sich bewusst sein, daß er wohl als Verräter in die deutsche Geschichte eingehen wird. Unterläßt er jedoch die Tat, dann wäre er ein Verräter vor seinem eigenen Gewissen.«

– Graf Stauffenberg, Sommer 1944

Die Operation »Walküre«

»Staatsautorität als Selbstzweck kann es nicht geben, da in diesem Fall jede Tyrannei auf dieser Welt unangreifbar und geheiligt wäre. Wenn durch die Hilfsmittel der Regierungsgewalt ein Volkstum dem Untergang entgegengeführt wird, dann ist die Rebellion eines jeden Angehörigen eines solchen Volkes nicht nur Recht, sondern Pflicht.« schrieb Hitler 1924 in Festungshaft in seinem Buch »Mein Kampf«. Im gleichen Sinn handelten die Verschwörer um General Friedrich Olbricht. Ihr Ziel war es, das NS-Regime zu stürzen, den Krieg und die Judenverfolgung zu beenden sowie die Wiederherstellung des Rechtsstaats. Eine parlamentarische Demokratie lehnten sie jedoch ab.

Am Morgen 20. Juli 1944 flog Oberst Graf >Stauffenberg mit seinem Adjutanten Werner von Haeften von Rangsdorf bei Berlin zum Führerhauptquartier »Wolfsschanze« in Ostpreußen. Um **12.30 Uhr** machte er unter Zeitdruck nur einen Sprengsatz in seiner Aktentasche scharf und betrat um **12.37 Uhr** den Lageraum, wo er die Tasche unter dem schweren Kartentisch nahe Hitler platzierte. Unter einem Vorwand verließ er die Baracke. Um **12.42 Uhr** detonierte die Bombe. 4 der 20 Anwesenden Personen erlitten tödliche Verletzungen. Hitler hatte über 100 Holzsplitter im Bein, sonst aber nur leichte Verletzungen an Arm und Kopf. Stauffenberg gelang es, die »Wolfsschanze« Richtung Berlin zu verlassen, er war überzeugt, Hitler getötet zu haben. In der Reichshauptstadt löste Olbricht den eigentlich für innere Aufstände vorgesehenen »Walküre«-Alarm aus, um die Zentralen des NS-Regimes im Regierungsviertel auszuschalten. Als durch eine Rundfunkrede von >Joseph Goebbels bekannt wurde, dass Hitler überlebt hatte, brach der Staatsstreich zusammen. Im Hof des >Bendlerblocks ließ Generaloberst Friedrich Fromm die führenden Verschwörer um **22.30 Uhr** erschießen, um seine eigene Verstrickung in das Attentat zu vertuschen. Daraufhin besetzten das Wachbataillon »Großdeutschland« unter dem führertreuen Major Otto Ernst Remer und wenig später >Otto Skorzeny mit einem SS-Jagdverband den Bendlerblock. Gegen **1 Uhr** nachts meldete sich Hitler im Radio und kündigte allen Verschwörern die tödliche Abrechnung an.

V.l.n.r.: Oberst Graf Stauffenberg, General der Flieger Bodenschatz, Hitler und Generalfeldmarschall Keitel im FHQ »Wolfsschanze«, 15. Juli 1944

11 Ehemaliges Dienstzimmer von Oberst Graf Stauffenberg in der Gedenkstätte Deutscher Widerstand

vorgesehenen >Operationsplan »Walküre« in einen Plan für den Staatsstreich gegen Hitler um. Im Herbst 1943 wurde Oberst Graf Stauffenberg, der bereits Kontakt zu Olbricht gesucht hatte, Stabschef des Allgemeinen Heeresamts im Bendlerblock. In seiner Funktion hatte er ab Juli 1944 direkten Zugang zu den Lagebesprechungen im Führerhauptquartier »Wolfsschanze«. Am 20. Juli 1944 zündete er dort eine Bombe und flog zurück nach Berlin. Hitler überlebte das Attentat allerdings und der Umsturzversuch scheiterte. Noch in der Nacht erschoss man die führenden Verschwörer im Innenhof des Bendlerblocks. Alle später Verhafteten wurden in einem entwürdigenden Schauprozess unter dem »Blutrichter« Roland Freisler vom >Volksgerichtshof verurteilt und meist in >Plötzensee hingerichtet. Bis April 1945 wurden so etwa 200 Personen als Verschwörer oder Mitwisser des Attentats getötet oder in den Tod getrieben. Darunter auch Admiral Canaris, der im KZ Flossenbürg gehängt wurde. Während der >Schlacht um die Reichshauptstadt, bezog in den letzten Kriegstagen der

11 Bundeswehr-Ehrenmal

Kampfkommandant von Berlin, General Helmuth Weidling, den Bendlerblock als Gefechtsstand. Neben den Geschehnissen des 20. Juli dokumentiert die Gedenkstätte Deutscher Widerstand in einer eindrucksvollen Ausstellung ebenso die zahlreichen Facetten des zivilen Widerstands gegen das NS-Regime. 2007 wurden im Bendlerblock Teile des kontrovers diskutierten Films »Valkyrie« mit Tom Cruise als Graf Stauffenberg gedreht. An der Hildebrandstraße steht seit 2009 ein Ehrenmal für die Gefallenen der Bundeswehr. Die Struktur der löchrigen Bronzefassade soll an die im Todesfall eines Soldaten abgebrochene Erkennungsmarke erinnern.
→ *Stauffenbergstr. 13–14*
🕒 *Mo–Mi, Fr 9–18, Do 9–20, Sa, So 10–18 Uhr* Ⓤ Ⓢ *Potsdamer Platz*

11 Gedenktafel im Bendlerblock

VERSCHWÖRER DES 20. JULI 1944

Ludwig Beck *Generaloberst; sollte Reichsstatthalter werden; 1944 Selbstmord/erschossen*

Carl Goerdeler *Jurist, Ex-OB von Leipzig; sollte Reichskanzler werden; 1945 hingerichtet*

Henning von Tresckow *Generalmajor; erarbeitete den »Walküre«-Plan, 1944 Selbstmord*

Peter Graf Yorck von Wartenburg *Offizier; Herz des Kreisauer Kreises, 1945 hingerichtet*

Ulrich von Hassell *Jurist, Diplomat; sollte Aussenminister werden, 1944 hingerichtet*

Erwin von Witzleben *Generalfeldmarschall; sollten das OKW übernehmen, 1944 hingerichtet*

Friedrich Olbricht *General, Chef des Allg. Heeres; Kopf der Verschwörer; 1944 erschossen*

12 Shell-Haus

Das angenehm auffallende, wellenförmige Bürogebäude am Landwehrkanal baute 1932 der Mineralölkonzern Shell für seine deutsche Tochterfirma Rhenania-Ossag. Der Entwurf des Architekten Emil Fahrenkamp (von 1937 bis 1945 Direktor der Düsseldorfer Kunstakademie) siegte im Wettbewerb, es ist sein bekanntestes Werk. Die Neue Sachlichkeit, kombiniert mit technischen Innovationen, überzeugt noch heute. Für den Architekt des neuen gläsernen Hauptbahnhofs Meinhard von Gerkan ist es »das schönste Bauwerk Berlins«. 1935 bis 1945 bezogen Teile des Oberkommandos der Kriegs-

13 »Grauer Bus« als T4-Mahnmal

marine das Haus. Auf dem Dach war im 2. Weltkrieg eine Flakbatterie stationiert. In den 1990er Jahren sanierte die Bewag als neuer Eigentümer das denkmalgeschützte Haus aufwendig. → *Reichpietschufer 60* U S *Potsdamer Platz*

13 Euthanasie-Zentrale

Das NS-»Gesetz zur Verhütung erbkranken Nachwuchses« von 1933 war ein Glied in der Reihe rassistischer Maßnahmen zur Züchtung des nordischen »Herrenmenschen«. Die Vorstellung der Nazis von einer »Rassenhygiene« führten zur massenhaften Ermordung psychisch und physisch behinderter Menschen durch Ärzte in Gaskammern oder mit Giftspritzen in 6 großen Tötungsanstalten. Hitler persönlich beauftragte seinen chirurgischen Begleitarzt SS-Gruppenführer Dr. med. Karl Brandt und den Leiter der »Kanzlei des Führers«, SS-Obergruppenführer Philipp Bouhler, 1939 mit den Morden, die als »Aktion Brandt« bekannt wurden. Sitz der Euthanasie-Zentrale waren zwei im Krieg zerstörte Villen an der Tiergartenstraße 4. Diese Adresse gab nach 1945 den Tötungsmaßnahmen die Bezeichnung »Aktion T4«. Nach Protesten aus der Bevölkerung wurden die Tötungen 1941 größtenteils eingestellt. SS-Ärzte und Pflegepersonal ermordeten so etwa 200.000 Menschen. Zur Verschleierung wurden die Patienten in Bussen mit zugepinselten Scheiben transportiert. Am Ort der einstigen T4-Zentrale steht heute ein Mahnmal.

→ *Tiergartenstr. 4* U S *Potsdamer Platz*

14 »Wunden der Erinnerung«

14 »Wunden der Erinnerung«

Auch lange nach dem 2. Weltkrieg tragen noch viele Gebäude sichtbare Spuren der >Schlacht um Berlin. Exemplarisch sind hier an der Fassade der Villa Parey Einschusslöcher konserviert zu sehen. »Wunden der Erinnerung« war ein Projekt der Künstler Beate Passow und Andreas von Weizsäcker als Mahnung gegen den Krieg an vielen Orten in Europa. Das 1896 für den Verleger Paul Parey erbaute Anwesen im vornehmen Tiergartenviertel, erwarb 1938 die Reichsregierung für das Oberkommando des Heers. Von einst 529 Gebäuden am Tiergartenrand, hatten nur 7 den Krieg überstanden, darunter die Villa Parey, deren Abriss für das neue Kulturforum verhinderten in den 1980er Jahren zum Glück die neuen Mieter des Hauses.

→ *Sigismundstr. 4a* U S *Potsdamer Platz*

12 Shell-Haus von Architekt Emil Fahrenkamp am Landwehrkanal

15 Mies van der Rohes Neue Nationalgalerie

⓯ Neue Nationalgalerie

Ein Baudenkmal der Moderne von 1968, in dem vor allem die Kunst des 20. Jahrhunderts versammelt ist. Es ist das einzige Bauprojekt, das der Architekt >Mies van der Rohe, damals 76,

15 Innenraum der Nationalgalerie

nach 1945 in Deutschland verwirklichen konnte. Sein Entwurf beruhte auf nicht ausgeführten Plänen für den Firmensitz von »Bacardi« auf Kuba und für das Museum Schäfer in Schweinfurt. Die Institution entwickelte sich zu einem wichtigen Ort des Berliner Kulturlebens. Nach der Vereinigung kam es zu einem erbitterten deutsch-deutschen Bilderstreit über die Einbeziehung der DDR-Staatskunst in die Sammlung. Das Haus sorgte in den letzten Jahren mit Blockbuster-Shows für Aufmerksamkeit, so z.B. mit der Präsentation »Das MoMA in Berlin«. → *Potsdamer Str. 50* ◷ *Di, Mi, Fr 10–18, Do 10–22, Sa, So 11–18 Uhr* Ⓤ Ⓢ *Potsdamer Platz*

Ludwig Mies van der Rohe
(1886–1969) lebte und arbeitete in den 1920er Jahren als Bauhaus-Architekt in seinem Berliner Atelier

⓰ Bauhaus-Archiv

Das Bauhaus-Archiv ist mit seinem Museum die weltweit umfangreichste Sammlung, die Arbeit und Auswirkung des prägenden Instituts für Gestaltung aus der Zeit nach dem 1. Weltkrieg dokumentiert. An den legendären Bauhaus-Direktor Walter Gropius, der sein Archiv der Institution vermachte, erinnern schon von weitem die prägnanten Sheddach-Umrisse. Neben den Sonderausstellungen zeigt das Archiv viele Design- und Kunst-Beispiele der Bauhaus-Lehrer und -Schüler, wie Kandinsky, Klee und Moholy-Nagy. Unter der Leitung von >Mies van der Rohe wirkte die Gestalterschule nach dem von den Nazis erzwungenen Wegzug aus Dessau noch 1932–33 in Berlin an der Birkbuschstraße 49. → *Klingelhöferstr. 14* ◷ *Mi–Mo 10–17 Uhr* Ⓤ *Nollendorfplatz*

⓱ »Eichmannreferat«

Das »Eichmannreferat«, auch bekannt als »Judenreferat«, war eine Unterabteilung des >Reichssicherheitshauptamts, die von SS-Obersturmbannführer >Adolf Eichmann geleitet wurde. Die erklärte Absicht der Nazis war, Großdeutschland und das von ihnen beherrschte Europa »judenfrei« zu machen. Eichmann organisierte von hier aus, überaus beflissen, die Deportationen von Millionen europäi-

16 Bauhaus-Archiv

scher Juden in die Vernichtungslager. Er wurde zum Sinnbild des Schreibtischtäters im entmenschlichten System der industriellen Ermordung von Menschen im >Holocaust. Nach 1945 konnte Eichmann aus dem britischen Gewahrsam fliehen, lebte unerkannt bis 1950 in Österreich und entkam später über die – von alten NS-Kameraden und dem Vatikan organisierte »Rattenlinie« –

Am Karlsbad 24. Das nicht mehr erhaltene Gebäude stand unweit der heutigen >Neuen Nationalgalerie am Landwehrkanal.

nach Argentinien. Dort lebte er mit Wissen des BND und der CIA unter dem Namen Riccardo Klement. 1960 entführte ihn der Mossad nach Israel. In einem Prozess wurde er 1961 zum Tod verurteilt und gehängt.
Die Philosophin Hannah Arendt schrieb darüber im Buch »Eichmann in Jerusalem«, Untertitel »Banalität des Bösen«, und prägte den Begriff »Schreibtischtäter«. Die Bushaltestelle der Linie 100 wurde anstelle des im Krieg zerstörten Gebäudes zum Mahn-Ort umgestaltet.

17 Eichmann-Mahnort

So erinnert eine markante Dokumentation an die Stelle, wo einst die Schreibtische der Täter standen. → *Kurfürstenstr. 115/116* U *Wittenbergplatz*

18 Gaststätte »Alois«

»Heil Hitler!« klang in dieser Kneipe besonders zweideutig: denn der Wirt war 1937–1945 Adolf Hitlers Halbbruder Alois. Wie der Reichskanzler trug er ein Oberlippenbärtchen, führte kein besonders geregeltes Leben und hatte auch schon eine Haftstrafe verbüßt. Sein Lokal zog nicht nur SA-Männer an und machte offensichtlich reichlich Umsatz. Der »Führer« war, nach allem was bekannt ist, nie zu Gast (er mied grundsätzlich den offenen Kontakt mit Familienmitgliedern). Er schickte aber regelmäßig seinen Telefonisten Rochus Misch mit Briefumschlägen zum Halbbruder. In der Nachkriegszeit wohnte Alois bis ans Lebensende unter den Namen Hiller in Hamburg. Das Lokal am Wittenbergplatz wird noch heute gastronomisch genutzt. → *Wittenbergplatz 3* U *Wittenbergplatz*

19 Diskontobank Wittenbergplatz

Der Name Diskonto-Gesellschaft ist heute nur wenigen Insidern bekannt, dabei war diese Bank um 1920 eine der mächtigen und einflussreichsten. Sie übernahm mehr als 15 Banken, bevor sie 1929 mit der Deutschen Bank zur Deutsche und Diskonto Bank (DeDi-Bank) fusionierte. Ab 1937 hieß sie dann nur Deutsche Bank. Als das Institut noch als Diskonto-Gesellschaft firmierte, buddelten die (später berühmt-berüchtigten) Brüder Franz und Erich Sass aus dem armen Moabit, im Januar 1929, einen Tunnel zum Tresor der Diskontobank am Wittenbergplatz. Mit damals neuartigen Schneidbrennern knackten sie den Safe. Von 181 Schließfächern konnten die Meisterdiebe 179 öffnen und entkamen mit schätzungsweise 2 Millionen Reichsmark, Gold und Schmuck (die genaue Summe war wegen der unbekannt großen Menge an Schwarzgeld, das hier lagerte, nicht zu ermitteln). Sie lebten danach ungeniert im Luxus, verschenkten der Legende nach Scheine an mittellose Moabiter, konnten aber nicht von der Berliner Polizei überführt werden. Der Diskonto-Bruch war ihr spektakulärster, aber nicht ihr einziger – das Volk hatte seine

18 Hitlers Halbbruder Alois, 1938

Helden. 1934 konnten sie in Kopenhagen in der Stadtsparkasse gefasst werden und wurden nach Verbüßung der Haft 1938 ins Deutsche Reich abgeschoben. Inzwischen hatte die Berliner Polizei in der Sass-Wohnung Beweismittel aus anderen Brüchen gefunden, die für eine erneute Verhaftung ausreichten. Bei der Überstellung vom Zuchthaus ins >KZ Sachsenhausen wurden sie auf Befehl des späteren Kommandanten des KZ Auschwitz Rudolf Höß erschossen.

19 Gebrüder Sass

Die millionenschwere Diskonto-Beute soll laut einem damaligen Polizisten nahe dem Lokal »Schildhorn« im Grunewald vergraben sein – noch hat sie niemand gefunden! → *Kleiststr. 23* U *Wittenbergplatz*

17 Ausweis von Eichmann alias »Riccardo Klement«

»Emil und die Detektive« erschien erstmals 1929 und ist Erich Kästners berühmtestes Kinderbuch. Romanheld »Emil« verfolgt darin zusammen mit »Pony Hütchen« und »Gustav mit der Hupe« einen Dieb vom Bahnhof Zoo kreuz und quer durch Berlin. Kästner wohnte damals in jener Gegend und erlebte 1933 als einziger Autor persönlich, wie die Nazis seine Bücher auf dem Bebelplatz verbrannten.

Zwischen Tauentzien und Ku'damm

20 KaDeWe Das **Ka**ufhaus **de**s **We**stens wurde 1907 vom jüdischen Großkaufmann Adolf Jandorf errichtet. Schon kurz nach der Eröffnung shoppte Thai-König Rama V. mit seinem Hofstaat im neuem Weltwarenhaus zwei Tage lang für 250.000 Reichsmark. Es war schon damals etwas teurer dort einzukaufen. »Charlottengrad« (Charlottenburg) war eher etwas für den emigrierten russischen Adel als für den Normal-Berliner der >Goldenen Zwanziger. Die Eröffnung des KaDeWe markierte den Wandel des eher provinziellen Berlins zur Weltmetropole. Ab 1927 gehörte das Kaufhaus zum Imperium von Hermann Tietz. Bald spielte das KaDeWe in einer Liga mit Harrods, Lafayette und Bloomingdales. 1933 folgte die kalte Enteignung durch die Banken und die Nazis: Bei einem Treffen im >Hotel Adlon, wo eine Finanzierung wegen der Weltwirtschaftskrise besprochen werden sollte, wurden den KaDeWe-Eignern die Reisepässe entzogen und das Haus zu ungünstigen Konditionen »arisiert«. Danach mussten

21 Romanisches Café, (J. Mammen)

500 »nichtarische« Angestellte und die Tietz-Söhne das Kaufhaus verlassen.
Als 1943 ein US-Kampfflieger auf das Dach stürzte, ging das gesamte Haus in Flammen auf. Mit dem Mauerbau 1961 bekam der Name »Kaufhaus des Westens« eine neue Bedeutung. Es wurde zum Schaufenster des freien Berlins, Symbol für den Wohlstand im Westteil der Frontstadt. Im 6. Stock ist heute der größte Gourmet-Tempel Europas. In den Stockwerken darunter sind sowohl Produkte des täglichen Bedarfs als auch die ausgefallensten Luxus-Erzeugnisse zu haben. → *Tauentzienstr. 21–24* ⏰ *Mo–Do 10–20, Fr 10–21, Sa 9.30–20 Uhr* Ⓤ *Wittenbergplatz*

21 Romanisches Café
Gegenüber der >Kaiser-Wilhelm-Gedächtniskirche, dort wo heute der Investment-Klotz Europa-Zentrum steht, war bis 1943 ein neo-romanischer Wohn- und Geschäftskomplex, in dem sich das legendäre Romanische Café befand. Es wurde zum Kult, als die zeitgenössischen Intellektuellen, Literaten und Künstler ihren Treffpunkt, das Epizentrum der Avantgarde nach dem 1. Weltkrieg, vom Café des Westens – auch Café Größenwahn genannt – hierher verlegten.
Die Ausstattung des Lokals war mäßig bis scheußlich, wie das Essen und die Bedienung. Die Rangordnung optisch eindeutig: Im hinteren »Bassin der Schwimmer« saß die etablierte Elite mit all den illustren Namen, die unbekannten Talente nahmen im vorderen Raum für »Nichtschwimmer« Platz. Zwischen Bertolt Brecht und Carl Zuckmayer verkehrten lexikalische Größen wie

Gottfried Benn, Otto Dix, Hanns Eisler, George Grosz, Friedrich Hollaender, Erich Kästner, Alfred Kerr, Hugo Lederer, Else Lasker-Schüler, >Max Liebermann, Erich Maria Remarque, Joachim Ringelnatz, Franz Werfel, Willy (Billy) Wilder, Stefan Zweig. Als britische Bomberverbände das Zooviertel im 2. Weltkrieg in Schutt und Asche legten, brannte auch das Romanische Café aus. Den kreativen liberalen Geist hatten zuvor schon die Nationalsozialisten unwiederbringlich vertrieben. Was blieb ist Geschichte. → Budapester Str. 43 U S Zoologischer Garten

Anita Berber

Die exzentrische Tänzerin und Selbstdarstellerin Anita Berber (1899–1928) war schon vor dem Ende des 1. Weltkriegs eine Größe in der Berliner Szene. Sie war die erste Frau, die mit Smoking und Monokel auftrat und prägte damit Anfang der 1920er Jahre eine Modewelle. Die anmutige Tänzerin trank, nahm Morphin und Kokain und hatte problemlos Sex mit beiden Geschlechtern (auch schon mal spontan für ein gehobenes Monatsgehalt). Die Femme fatale trat im Apollo-Theater, im »Wintergarten« sowie im Kabarett »Schall und Rauch« auf, laszig und gerne völlig nackt. Der befreundete Otto Dix malte sie so alt, wie sie nie wurde (siehe rechts). Ausgedehnte Tourneen, mit ständigen Skandalen, führten die Berber durch Europa und in den Vorderen Orient. 1928 kehrte sie mit ihrem dritten Ehemann nach Berlin zurück, wo sie ausgezehrt und TBC-krank starb. Sie wurde nur 29 Jahre alt.

㉒ Kaiser-Wilhelm-Gedächtniskirche

Die Kirche ist 1895 zu Ehren Kaiser Wilhelms I. von Architekt Franz Schwechten errichtet worden. Im 2. Weltkrieg zerstörten alliierte Bomben den Sakralbau fast völlig. Die Ruine des Turmbaus blieb als »Hohler Zahn« stehen und avancierte zum Wahrzeichen West-Berlins und zum Mahnmal gegen den Krieg. Egon Eiermanns Umgestaltungsentwurf sah zunächst einen Komplettabriss vor, was zu heftigen Protesten führte. Schließlich ergänzte er die Ruine um einen Glockenturm und ein oktogonales Kirchenschiff mit insgesamt 20.000 Glasfenstern. → Breitscheidplatz U S Zoologischer Garten

㉓ Ufa-Palast am Zoo

Der 1919 als größtes deutsches Lichtspielhaus eröffnete Ufa-Palast war Schauplatz zahlreicher Uraufführungen weltbekannter Filme: *Die Nibelungen* (1924), *Metropolis* (1927), *Frau im Mond* (1929), *M – Eine Stadt sucht einen Mörder* (1931), *Sieg des Glaubens* (1933), *Triumph des Willens* (1935), *Münchhausen* (1943).
Nach dem Wiederaufbau des durch Bomben zerstörten Gebäudes hatte der Ufa-Palast ab 1957 noch einmal eine Glanzzeit, als hier während der Berlinale die Wettbewerbsfilme in Anwesenheit internationaler Stars wie Gary Cooper, Henry Fonda, Jean Gabin, Rita Hayworth und Sophia Loren vorgeführt wurden. Seit 1999 treffen sich die Cineasten anlässlich der alljährlichen Filmfestspiele im Berlinale Palast am >Potsdamer Platz. → Hardenbergstr. 29 U S Zoologischer Garten

22 Gedächtniskirche, 1965

㉔ Café Kranzler

Das Kult-Café auf dem Ku'damm, wo sich schon vor dem 2. Weltkrieg die Reichen und die Schönen der Hauptstadt trafen. Der Namensgeber war der Wiener Zuckerbäcker Johann Georg Kranzler, der seit 1835 eine florierende Konditorei Unter den Linden Ecke Friedrichstraße führte. Dort wo am Kurfürstendamm das Café des Westens war, kam 1934 eine zweistöckige Filiale hinzu. Beide Etablissements wurden bei Bombenangriffen fast völlig zerstört. Der heutige Bau am Ku'damm mit einer Glaskanzel und rot-weiß gestreiften Markisen (seither die Erkennungszeichen) stammt von 1958

24 Café Kranzler

(Architekt: Hanns Dustmann). Im >Kalten Krieg war das Kranzler ein Synonym für den feinen Westen, bis 2000 wieder Schluss war. Aber es fand sich dank des Gerry-Weber-Konzerns eine Lösung: Die Kaffee-und-Kuchen-Weltbürger können jetzt wieder in der Rotunde, die nun über ein Modegeschäft zugänglich ist, Platz nehmen. → Kurfürstendamm 18 ⏰ Mo–So 8.30–20 Uhr U S Zoologischer Garten

25 Synagoge Fasanenstraße

Wo seit 1959 das jüdische Gemeindehaus steht, weihte die liberale jüdische Gemeinde von Rabbiner Leo Baeck 1912 ihre Synagoge ein. Der byzantinisch anmutende Bau wurde 1938 in der »Reichskristallnacht« von den Nazis verwüstet und in Brand gesteckt. Nach der Enteignung 1939 benutzte das Gebäude die Reichspost. Den Gelehrten Baeck deportierte die Gestapo 1943 ins KZ Theresienstadt (er überlebte die Shoa). Im Hof des Gemeindehauses ist eine Gedenkwand mit den Namen der Mordorte, wo in der NS-Zeit 55.000 Berliner Juden sterben mussten. Ein Fragment des Portals erinnert an die alte Synagoge. → *Fasanenstr. 79–80* Ⓤ Ⓢ *Zoologischer Garten*

26 Oben: Talât Pascha um 1915

26 Tatort Talât Pascha

Der Völkermord an den Armeniern 1915–17 im Osmanischen Reich ist während des 1. Weltkriegs maßgeblich von den »Jungtürken« um Innenminister Talât Pascha (1872–1921) geplant und betrieben worden. Das befreundete Deutsche Kaiserreich ermöglichte ihm nach der Niederlage die Flucht nach Berlin. In der Weimarer Republik lebte Talât mit seiner Frau unauffällig, unter falschem Namen, in Charlottenburg. In der Nähe seiner Wohnung auf der Hardenbergstraße ist er 1921 von Soghomon Tehlirian erschossen worden. Der Attentäter war Mitglied einer geheimen armenischen Gruppe, die den Genozid an den Landsleuten rächen wollte. Adolf Hitler fragte 1939 in einer Geheimrede vor dem Angriffskrieg gegen Osteuropa und der Vernichtung der Juden: »*Wer redet heute noch von der Vernichtung der Armenier?*« Tatsächlich ist der erste Völkermord der Neuzeit, in dem hunderttausende Menschen starben, lange Zeit wenig beachtet worden. Talâts Gebeine ließ das NS-Regime 1943 nach Istanbul überführen. In der Türkei tragen noch etliche Straßen und Institutionen Talâts Namen. → *Hardenbergstraße 22–24* Ⓤ Ⓢ *Zoologischer Garten*

26 Talât Pascha

27 Theater des Westens

Wilder wilhelminischer Historismus prägt die Architektur der über 100-jährigen Institution mit einer wechselhaften Geschichte. Neben der Hauptbühne spielte im Keller zeitweise Friedrich Hollaenders Tingel-Tangel-Theater. >Marlene Dietrich sang dort 1930 ihre von Hollaender geschriebenen Welthits aus dem Film »Der blaue Engel«. Im Rahmen des NS-Programms »Kraft durch Freude« (KdF) eröffnete das Theater des Westens nach längerer Schließung 1935 wieder mit Beethovens »Fidelio«. Obwohl es eigentlich offiziell die Volksoper war, rief man es auch gerne nur »Ley-Haus«, nach dem KdF-Leiter und NSDAP-Bonzen Robert Ley. Seit 1961 wird das Theater hauptsächlich für Operetten- und Musicalaufführungen wie »My Fair Lady«, »Falco meets Amadeus« oder »Evita« genutzt. Damit weht nun an der Kantstraße ein Hauch von Broadway. → *Kantstr. 12* Ⓤ Ⓢ *Zoologischer Garten*

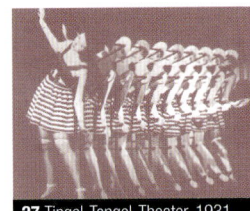

27 Tingel-Tangel-Theater, 1931

28 Nelson-Theater

Der jüdische Kaufmannssohn Rudolf Nelson (eigentlich Rudolf Lewysohn) eröffnete 1907 an der Friedrichstraße das Kabarett »Chat Noir«. Nach Beginn des Weltkriegs wurde es im patriotischen Sinn eilig in »Schwarze Katze« umbenannt. Kurt Tucholsky zählte hier zu den Stammgästen. Unter dem Pseudonym »Theobald Tiger« schrieb er für Nelson zahlreiche Schlagertexte, die im 1920 gegründeten Theater am Kurfürstendamm bei Revuen für Stimmung sorgten. Nelson verfasste ca. 100 unpolitische Kabarett-Programme und

25 Synagoge Fasanenstraße, 1929 (erhalten ist nur ein Teil des Portals)

war aus der vergnügungssüchtigen Berliner-Szene nicht wegzudenken. Die verrufene >Anita Berber, ihres Zeichens Meisterin der »Tänze des Lasters, des Grauens und der Ekstase«, kam hier zu ihren ersten Auftritten. 1926 feierte Josephine Baker im

29 Atombunker Kurfürstendamm

Nelson-Theater mit »La Revue Nègre« ihre Deutschland-Premiere. Sie brachte nicht nur den Charleston, sondern auch Sex-Appeal nach Berlin. Die Presse war begeistert: »*Josephine ist kein groteskes schwarzes Tanzgirl mehr, sondern eine schwarze Venus.*« Wegen antisemitischer Ausschreitungen blieb nicht nur die Baker Deutschland leider bald fern, auch Nelson musste sein Theater 1933 schließen und emigrierte. Nach Stationen in Wien und Amsterdam, wo er versteckt den >Holocaust überlebte, kehrte er nach dem Krieg nach Berlin zurück. Dort schrieb er 1949 seine letzte Revue »Berlin-W-Weh«. → *Kurfürstendamm 217* U *Uhlandstraße*

28 Josephine Baker, 1926

29 The Story of Berlin und Atombunker Kurfürstendamm

1973, mitten im Kalten Krieg, wurde tief unter dem Parkhaus des Ku'damm-Karrees ein ziviler Atomschutzbunker erbaut. Im Ernstfall hätten dort 3.592 Menschen Platz gefunden. Die Anlage sollte einem Atomschlag in 1,5 km Entfernung standhalten. Insgesamt gab es in Berlin Luftschutzräume für nur schätzungsweise 27.000 Personen. Noch heute ist der Bunker in nahezu betriebsfähigem Zustand und kann im Rahmen der Ausstellung »The Story of Berlin« besichtigt werden. → *Kurfürstendamm 207–208* ⏰ *Mo–So 10–20 Uhr* U *Uhlandstraße*

---

30 Salon Kitty

Das Edel-Bordell von Kitty Schmidt, unweit des Ku'damms, wählte >RSHA-Chef >Reinhard Heydrich 1939 aus um die Kundschaft aus Parteigrößen, Diplomaten und Prominenten auszuhorchen. SS-Geheimdienstchef Walter Schellenberg machte sich an die Arbeit: Doppelwände, verwanzte Räume und automatische Fernübertragung. Den Gästen, unter ihnen

30 Walter Schellenberg, 1943

Mussolinis Schwiegersohn und italienischer Außenminister Graf Ciano, Italiens Botschafter Bernardo Attolico oder der Befehlshaber der >Leibstandarte-SS »Adolf Hitler« Sepp Dietrich, ließ sich so gut wie nichts Verwertbares entlocken. Dem britischen Geheimdienst gelang es aber, eine der 20 von der SS geschulten Freudenmädchen umzudrehen und so mitzuhören. Auch Heydrich selbst hat hier die Lust gesucht, die Abhöranlage war zu seinem Entsetzen zu der Zeit nicht abgeschaltet. Sänger Johannes Heesters wohnte übrigens nebenan und beobachtete so zeitweise das geschäftige Treiben. Die Operation wurde 1943 beendet. Die Kollektion von 25.000 Tonbändern ist seit Kriegsende verschollen. Kitty Schmidt, die sich bei der Gestapo zum Stillschweigen verpflichtet hatte (und dies bis zu ihrem Tod tat), betrieb den Salon noch in den Wirtschaftswunderjahren. In den 1990er Jahren schloss das Etablissement mangels Nachfrage.

Der italienische Regisseur Tinto Brass verfilmte die heiße Story 1976 auf seine Art, mit Helmut Berger als Walter Schellenberg. → *Giesebrechtstr. 11* U *Adenauerplatz*

Metropolis Berlin: Die Goldenen Zwanziger

Die Jahre zwischen 1924 und 1929 sollen in Deutschland und speziell in Berlin die Goldenen gewesen sein. Unmittelbar nach dem – vom Deutschen Reich (mit)verursachten und verlorenen – 1. Weltkrieg verschwand 1918 mit

Weimarer Republik: Die erste deutsche Demokratie

dem letzten Hohenzollern >Kaiser Wilhelm II. auch die Monarchie. Es folgte mehr als nur ein Katzenjammer, es kam zum totalen moralischen Verfall und wirtschaftlichen Kollaps. Die Inflation galoppierte schrankenlos und an der höchsten Säuglingssterblichkeit in Europa kann man die damaligen sozialen Verhältnisse ablesen. An den Rändern des politischen Meinungsspektrums entlud sich auch in Berlin die ganze Verunsicherung im hektischen Radikalismus. Allmählich änderte sich die Lage. Sie wurde eingeleitet durch die Einführung der Rentenmark, der Abmilderung der harten, kaum erfüllbaren und als ungerecht empfundenen Klauseln des Versailler Vertrags und durch die Aufnahme der neuen, demokratischen Weimarer Republik in den Kreis der Völkerbundnationen.

In den 1920er Jahren war Berlin mit weit über 4 Millionen Einwohnern – nach New York und London – die drittgrößte Metropole der Welt. Vor allem aber die angesagteste Kunst- und Kulturmetropole Europas. Die trostlose Stimmung der Nachkriegsjahre besserte sich durch eine von den USA ausgehende wirtschaftliche Erholung. Jetzt konnten bestimmte Schichten die neuen Freiheiten ausgiebig genießen. Dazu zählten zuerst die Spekulanten und Schieber, aber auch die zahlreichen von der Zensur befreiten Intellektuellen und Künstler. Besonders aber die »neuen Frauen« in den neuen Berufen, die von den spießigen Moralvorstellungen der bürgerlichen Männergesellschaft (fast) erlöst wurden. Im Sog der neuen Berliner Attraktivität

Das weltberühmte Berliner Vokal-Ensemble

blühte schnell auch das Amüsierverlangen auf. Ungezählte Lokalitäten rund um den Ku'damm, den Potsdamer Platz und die Friedrichstraße sorgten mit illustren Namen wie >Josephine Baker, Asta Nielsen, >Marlene Dietrich, Harry Houdini, Claire Waldoff oder den legendären Comedian Harmonists dafür, dass die Vergnügungstempel vom Wintergarten über das >Haus Vaterland bis zum >Admiralspalast heute noch einen Klang besitzen. Alle diese

Lichtspiel- und Revuetheater, Cabarets und Tanzpaläste verströmten ein Lebensgefühl, das in den Kunstwerken eines George Grosz, Otto Dix oder Max Beckmann, in den Filmen von Fritz Langs »Metropolis« oder Joseph von Sternbergs »Blauer Engel« sowie in den Theaterwelten Max Reinhards und >Bertolt Brechts lebte und sich später zum Mythos der Goldenen Zwanziger verdichtete.

»Die Großstadt« (Ausschnitt) Otto Dix, 1928

Revue im Wintergarten an der Friedrichstraße

In der Weimarer »Zylinder-Republik« war – trotz unversöhnlicher Gegensätze zwischen den dogmatischen, rechthaberischen Parteien, die nur ihrer Klientel und nie dem gemeinsamen Staat verpflichtet waren – auch noch Platz für Neues. Stellvertretend für den frischen Geist verdrängten die geistreichen Dadaisten, Surrealisten, der wuchtige Kubismus, die Neue Sachlichkeit und weitere Einfälle den erstarrten Akademismus in der bildenden Kunst. Das innovative Bauhaus suchte Kunst und Industrie auf soziale Art zu verknüpfen. Weniger war mehr und besser. Aus dem Rheinland strahlte 1926 die größte Messe der Weimarer Republik – die GeSoLei (Gesundheit, Soziales, Leibesübungen) von Düsseldorf aus – bis in die Reichshauptstadt. Legere Kleidung ersetzte die steife Etikette. Die Frau trug Bubikopf, lange Perlenketten, Boas und rauchte aus superlangen Zigarettenspitzen. Der Mann gab sich sportlich mit Schirmmütze, Knickerbocker und nach hinten gegeltem Haar. Die Berliner Etablissements waren voll von extravaganten Glückssuchenden. Schicke, joblose Offiziere mit Manieren sangen mit den bürgerlichen Frauen »Schöner Gigolo, armer Gigolo« und verdienten sich ihr Zubrot oder den Lebensunterhalt beim Tanzen des Charleston und bei neuer Jazzmusik. Wenn sie nicht gerade – wie ein gewisser Adolf Hitler – aktiv in den rechtskonservativen und radikalen Kreisen (von der Hochfinanz und Wirtschaft wohlwollend oder gezielt unterstützt) am Niedergang der Weimarer Demokratie mitwirkten.

»Nacht! Tauentzien! Kokain! Das ist Berlin!« – Andrej Belyj, 1923

Josephine Baker; unten: Potsdamer Platz, 1925

WESTLICHES ZENTRUM

33 »Rosa Röhre«: Umlauftank im Tiergarten

33 Umlauftank Die unförmige und unübersehbar riesige »Rosa Röhre« im Tiergarten ist der größte Umlauftank der Welt. Im Modellversuch wird hier herausgefunden, wie sich Wasserfahrzeuge, von der Segeljacht bis zum Tanker, nach der Fertigstellung verhalten werden bzw. sollen. Seit 1995 ist das 1976 errichtete Ungetüm Teil der Technischen Universität und sogar denkmalgeschützt.
→ *Müller-Breslau-Str. (Schleuseninsel)* Ⓢ *Tiergarten*

31 Tatort Benno Ohnesorg
Am 2. Juni 1967 war der Schah von Persien, Rezah Palevi, zu Besuch in Berlin. In der Deutschen Oper sollte er mit Gefolge Mozarts »Zauberflöte« beiwohnen. Wegen bekannter Menschenrechtsverletzungen des iranischen Regimes empfingen tausende Studenten den Staatsgast mit Farbbeuteln und lauten Sprechchören wie *»Schah – Mörder«*. Vom Iran bezahlte Schahanhänger (»Jubelperser«) griffen mit Eisenstangen die Demonstranten an. Die Polizei prügelte auf die flüchtende Studenten ein. Der 27-jährige Student Benno Ohnesorg wurde in der Krummen Straße durch einen Kopfschuss von Kriminalobermeister Karl-Heinz Kurras getötet. Kurras, der, wie man heute weiß, inoffizieller Mitarbeiter der >Staatssicherheit der DDR war, kam nur kurz in Haft. Nach diesem Vorfall wuchs die Studentenbewegung enorm an und ihre radikalen Vertreter propagierten die Anwendung von Gewalt. Eine der späteren Terroristengruppen nannte sich nach diesem Ereignis »Bewegung 2. Juni«. An Benno Ohnesorg erinnert vor der Deutschen Oper ein Relief des Bildhauers Alfred Hrdlicka. → *Bismarck-/Krumme Str.* Ⓤ *Deutsche Oper*

32 Mahnmal Synagoge Levetzowstraße Dieses Gotteshaus war mit mehr als 2.000 Plätzen eine der größten Synagogen Berlins. Am 9. November 1938 – der »Reichskristallnacht« – wütete wie im ganzen Reich auch im Stadtteil Tiergarten der Nazi-Mob. Dabei wurde die Synagoge geschändet. Die Gestapo missbrauchte den Prachtbau dann als Sammellager für 1.000 jüdische Bürger. An die Deportation der Frauen, Kinder und Männer vom nahen Güterbahnhof Putlitzstraße in Konzentrationslager erinnert an der Levetzowstraße die Skulptur eines Viehwaggons mit gefesselten Menschen. → *Levetzowstr. 7–8* Ⓤ *Hansaplatz*

32 Synagoge Levetzowstraße

34 Hansaviertel Dort wo die Internationale Bauausstellung »Interbau« 1957 im Hansaviertel am Tiergarten stattfand, lag nach dem 2. Weltkrieg das gutbürgerliche Quartier von 1874 zu 90 Prozent in Trümmern. Einst lebten dort viele bekannte Persönlichkeiten wie Käthe Kollwitz, Lovis Corinth, >Heinrich George, Kurt Tucholsky, >Rosa Luxemburg und, kurz aber illegal, Wladimir Iljitsch – Lenin. Der vom >Alliierten Kontrollrat beauftragte Architekt Hans Scharoun plante und verwirklichte hier ab 1956 mit einer internationalen Architekten-Elite, darunter Alvar Aalto, Arne Jacobsen, Oscar Niemeyer, Egon Eiermann, Max Taut und Walter Gro-

32 Mahnmal Levetzowstraße

pius, 35 moderne Großobjekte. Es war ein Demonstrationsmodell der architektonischen Nachkriegsmoderne mit hohem Wohn- und Freizeitwert. Politisch auch als Gegenentwurf zu den von den Sowjets gewünschten Zuckerbäcker-Bauten auf der >Stalinallee in Ost-Berlin gedacht.
→ *Kloppstockstr./Bartningallee* Ⓤ *Hansaplatz* Ⓢ *Tiergarten*

35 Schloss Bellevue

Als das Schloss 1786 von Architekt Michael Philipp Boumann für August Ferdinand von Preußen fertiggestellt war, lag es noch inmitten des verwunschenen Tiergartens am Ufer der seichten Spree. Carl Gotthard Langhans ergänzte den Bau mit einem noch erhaltenen ellipsenförmigen Tanzsaal. Die Nationalsozialisten nutzten das weitläufige Anwesen als Reichsgästehaus. Dem Staatsschauspieler Gustaf Gründgens baute man im Schlossgarten ein Wohnhaus. Seit 1957 wird Bellevue als Dienstsitz des Bundespräsidenten genutzt. → *Spreeweg 1* Ⓢ *Bellevue*

35 Schloss Bellevue um 1978

36 Sex-Forscher Magnus Hirschfeld

36 Institut für Sexualwissenschaft

Dem Begründer der Sexualwissenschaft, dem Arzt Magnus Hirschfeld, gelang 1919 die Gründung des ersten Instituts mit dem Ziel der »Förderung wissenschaftlicher Forschung des gesamten Sexuallebens und Aufklärung auf diesem Gebiete«. Der Menschenrechtler und Sexualreformer behandelte in seiner Villa im Tiergarten auch Nationalsozialisten. Kurz nach ihrer »Machtergreifung« 1933 wurde sein Institut von Studenten der Hochschule für Leibesübungen verwüstet und seine Bücher verbrannt. Hirschfeld selbst ging in französisches Exil, wo er 1935 starb. Am Spreeufer erinnert eine Gedenkstele an den Standort des Instituts. → *Bettina-von-Arnim-Ufer* Ⓤ *Bundestag*

37 Haus der Kulturen der Welt

Diese Kongresshalle entstand 1957 im Rahmen der Internationalen Bauausstellung als Geschenk der USA. Als am 7. April 1965 hier der Bundestag tagte, um den Anspruch der Bundesrepublik auf West-Berlin zu demonstrieren, donnerten im Minutentakt 500 sowjetische Düsenjäger in mehreren Staffeln im Tiefflug über das Gebäude. Die Sitzung musste abgebrochen werden. 1980 stürzte das Dach der Halle ein, weil ein Stahlkern durchgerostet war. Seit 1989 wird das Gebäude als Haus der Kulturen der Welt für unterschiedlichste Veranstaltungen genutzt. → *John-Foster-Dulles-Allee 10* Ⓤ *Bundestag*

38 Justizvollzugsanstalt Moabit

Im sternenförmigen »Königliche Untersuchungsgefängnis« von 1881 sitzen noch heute bis zu 1.200 Häftlinge. Prominente (linke) Insassen waren z.B. Leo Jogiches, der 1919 die Kommunistische Partei Deutschlands mitbegründete und selbst kurz ihr Vorsitzender war, bevor er hier ermordet wurde. In der NS-Zeit waren u.a. die Kommunisten-Führer Ernst Thälmann und Georgi Dimitrow in Moabit eingesperrt. Ihnen folgten nach dem Untergang der DDR der ehemalige SED-Chef >Erich Honecker und der einstige Stasi-Chef >Erich Mielke. → *Alt-Moabit 12* Ⓤ *Turmstraße*

37 Haus der Kulturen der Welt mit eigenem Biergarten und Schiffsanleger am Ufer der Spree

40 Propagandaminister Goebbels spricht im Sportpalast, 1934

③⑨ Volksgerichtshof und Alliierter Kontrollrat

Der Volksgerichtshof war ein Instrument der NS-Repression und der Rechtlosigkeit. Von Hitler 1934, nach seinem Ärger über die Urteile des ›Reichstagsbrand-Prozess, als Sondergericht eingerichtet. Ab 1935 tagte es in den Räumen des Königlichen Wilhelms-Gymnasiums am ›Potsdamer Platz. Besonders berüchtigt für sein fanatisch gebrülltes NS-Vokabular war der »Blutrichter« Roland Freisler. Propagandistische Scheinprozesse zelebrierte er mit perfidem Sadismus; so

39 Berliner Kammergericht

gegen die »Weiße Rose« in München oder gegen die Widerstandskämpfer um Oberst ›Graf Stauffenberg. Deren Prozess fand nach dem Attentat des ›20. Juli 1944 in den Räumen des Berliner Kammergerichts statt. Hitler sprach sein Urteil schon zuvor: *»Ich will, dass sie gehängt werden, aufgehängt wie Schlachtvieh!«*

Bis Kriegsende wurden vom Volksgerichtshof erlassene Todesurteile über 5.000 mal vollstreckt, oft schon z.B. für leise Zweifel am »Endsieg«. Freisler selbst kam im Februar 1945 bei einem Luftangriff ums Leben. Nach dem 2. Weltkrieg zog der Alliierte Kontrollrat in dieses Gebäude. Es war das oberste Regierungsorgan der vier Besatzungsmächte. Hier wurde über die grundlegenden Angelegenheiten Deutschlands entschieden. Als sich 1948 die West-Alliierten mit den Sowjets überwarfen, trat der Kontrollrat nicht mehr zusammen. → *Elßholzstr. 30* Ⓤ *Bülowstraße*

④⓪ Sportpalast

Der Ort, wo die Berliner viele Veranstaltungen erlebten, von der Eröffnung 1910 (bei der Richard Strauß Beethovens 9. Sinfonie dirigierte) über die vielen Sechstage-Rennen und zahlreichen Boxkämpfe (u.a. mit Max Schmeling), bis zum Abriss 1973. An der Fassade leuchtete übrigens auch noch während der NS-Zeit eine Coca-Cola-Reklame.

Am schauerlichsten bleibt wohl die berüchtigte Sportpalastrede in Erinnerung: Um den »Totalen Krieg« zu legitimieren, inszenierte Reichsdemagoge ›Joseph Goebbels hier am 18. Februar 1943 seine perfide Ansprache. Nach der deutschen Niederlage in der Schlacht von Stalingrad 1943 gellte er der Menge entgegen: *»Wollt ihr den totalen Krieg? Wollt ihr ihn, wenn nötig, totaler und radikaler, als wir ihn uns heute überhaupt erst vorstellen können?«* Die handverlesenen NS-Zuhörer antworteten mit dem hysterischen *»Jaaaah!«*. Die Rede gilt als Musterbeispiel für die totalitäre Volksmanipulation im »Dritten Reich«.

Der nach Bombenschäden 1949 notdürftig wieder aufgebaute Sportpalast sah erneut viele Prominente: Ella Fitzgerald, Pink Floyd, Beach Boys, Jimi Hendrix, Frank Zappa u.v.m. Heute steht an gleicher Stelle ein monströser Wohnkomplex, auch »Sozialpalast« genannt. → *Potsdamer Str. 172* Ⓤ *Bülowstraße*

39 »Blutrichter« Roland Freisler

④① Hochbunker Pallasstraße

Diesen als Fernmeldebunker gedachten Koloss mussten 1943–1945 sowjetische Zwangsarbeiter errichten. Sie hausten im benachbarten »Augustalager« in der heutigen Sophie-Scholl-

> *»Ich frage euch: Wollt ihr den totalen Krieg? Wollt ihr ihn, wenn nötig, totaler und radikaler, als wir ihn uns heute überhaupt noch vorstellen können?«*
> – Joseph Goebbels, Februar 1943

Oberschule. Deren Schüler haben in dem 1989 zum Zivilschutzbunker umfunktionierten Bau einen »Ort der Erinnerung« geschaffen, damit die Schicksale der »Ostarbeiter« nicht vergessen werden. → *Pallasstr. 30* Ⓤ *Bülowstraße*

41 Pallasbunker und das Wohnhochhaus »Sozialpalast«

US-Panzer (vorne) und sowjetische Tanks stehen sich am Checkpoint Charlie gegenüber, 27. Oktober 1961

Berlin im Kalten Krieg

Der Kalte Krieg war eine Ära erbitterter politischer, wirtschaftlicher und propagandistischer Kämpfe zwischen den Supermächten USA und Sowjetunion. Nach dem Sieg über Hitler-Deutschland bröckelte das Bündnis der Alliierten schnell. Die Welt war über Jahrzehnte in zwei Machtblöcke geteilt, deren wohl gefährlichste Demarkationslinie quer durch Deutschland und Berlin verlief. Im Februar 1945 hatten Winston Churchill, Franklin D. Roosevelt und Josef Stalin bei einem Treffen in Jalta auf der Krim den Grundstein für die Nachkriegsordnung gelegt. Dazu gehörte auch die Aufteilung Deutschlands in vier Besatzungszonen und die Verschiebung der polnischen Grenzen. Roosevelts Nachfolger Truman schlug ab April 1945 einen deutlichen Konfrontationskurs gegenüber der UdSSR ein, die dabei war, in Osteuropa pro-sowjetische Regierungen einzusetzen. Am 16. Juli 1945, dem Vorabend der Potsdamer Konferenz, testeten die USA erfolgreich ihre erste Atombombe – es war der Beginn eines neuen Zeitalters und ein Zeichen der Stärke gegenüber Stalin. Auf Schloss Cecilienhof konnten sich die Siegermächte im Juli 1945 noch über die Verwaltung Deutschlands als wirtschaftliche Einheit verständigen. Sie legten zugleich die Reparationszahlungen fest und beschlossen eine Entmilitarisierung des Landes.

DDR-Karte des Großraums Berlin, West-Berlin bleibt aus »Sicherheitsgründen« ein weißer Fleck, 1988

BERLIN IM KALTEN KRIEG

Ernst Reuter (1898–1953) war als Oberbürgermeister (SPD) im Kalten Krieg eine Symbolfigur für die Standhaftigkeit West-Berlins gegen die Vereinnahmung durch die Sowjets, wie mit seiner Rede »Ihr Völker der Welt«, 1948 vor 300.000 Berlinern. Der ehemalige Kommunist prangerte den stalinistischen Totalitarismus der UdSSR vehement an und genoss die Unterstützung der USA.

Brandenburger Tor, von Ost und West unzugänglich, hinter Mauer und Todesstreifen in Ost-Berlin, 1962

Der Eiserne Vorhang

Berlin wurde genau wie ganz Deutschland in vier Besatzungszonen eingeteilt. Über die Ausgestaltung der neuen politischen Strukturen kam es in den folgenden Jahren zu schweren Auseinandersetzungen zwischen den Besatzungsmächten. Während die drei Westverbündeten demokratische Verhältnisse anstrebten, forcierte Moskau Schritt für Schritt die »Sowjetisierung« Ostdeutschlands. Im März 1948 verließen die Vertreter der UdSSR den Alliierten Kontrollrat und im Juni die Alliierte Kommandantur. Nachdem die Verhandlungen über die Einführung einer eigenständigen Berliner Währung – die Bären-Mark – gescheitert waren, beschlossen die West-Alliierten, in den Westzonen separat die DM als eigene Währung einzuführen. Daraufhin riegelten die sowjetischen Behörden die Grenzen ihrer Besatzungszone ab und verhängten am 24. Juni 1948 eine Blockade über West-Berlin. Für die Westmächte war die Stadt zum Symbol geworden, in der sie ihre Standfestigkeit gegenüber dem Kommunismus zeigen wollten. Mit der ›Luftbrücke‹ gelang es den West-Alliierten, Berlin mit Flugzeugen zu versorgen. 1949 wurden zwei deutsche Nachkriegsstaaten gegründet,

Die 1. Generation der Berliner Mauer bestand noch aus einfachen Betonsteinen und -Platten. Im Laufe der Jahre wurde das Grenzsystem mit tödlicher Perfektion weiter ausgebaut und war nahezu unüberwindbar.

Walter Ulbricht

Der Leipziger Walter Ulbricht (1893–1973) war seit 1918 aktives KPD-Mitglied und während der NS-Diktatur mit anderen deutschen Kommunisten im Moskauer Exil. Als Leiter der »Gruppe Ulbricht« kehrte er mit den Sowjets 1945 nach Berlin zurück um nach stalinistischen Modell das neue Deutschland aufzubauen. Aus der SPD und KPD war unter seiner Führung eine sozialistische Einheitspartei geformt worden: *»Es muss demokratisch aussehen, aber wir müssen alles in der Hand haben«.* In der 1949 gegründeten DDR hatte die SED die Kontrolle über alle entscheidenden Fragen in der ehemaligen Sowjet-Zone Deutschlands. Als Erster Sekretär des Zentralkomitees der SED und Staatsoberhaupt griff er massiv in die Umgestaltung der DDR-Städte ein und ließ aus ideologischen Gründen historische Kulturbauten wie z.B. das ›Berliner Stadtschloss, die Potsdamer Garnisonskirche oder die Leipziger Universitätskirche sprengen. Am 13. August 1961 riegelte er Ost-Berlin mit Stacheldraht und Mauer ab, um den Flüchtlingsstrom aus der DDR zu stoppen. Aus »gesundheitlichen Gründen« wurde Ulbricht 1971 als SED-Parteichef von ›Erich Honecker abgelöst.

die Bundesrepublik Deutschland und die Deutschen Demokratische Republik mit Bonn bzw. Ost-Berlin als Regierungssitzen. In den 1950er Jahren begann das ungezügelte Wettrüsten der beiden Machtblöcke, was nach der Bildung der NATO 1949 dann 1955 zur Schaffung des Warschauer Paktes führte. Beide deutsche Staaten traten 1955 den jeweiligen Militärbündnissen bei. Berlin war dabei einer der zentralen Brennpunkte des Kalten Krieges. Schon aus geografischen Gegebenheiten, mitten im Sowjet-Sektor, konnten die Westmächte mit etwa 12.200 Soldaten und einigen Dutzend Panzern und Helikoptern nur eine symbolische Militärpräsenz zeigen. Die Sowjets stationierten in der Berliner Umgebung dagegen eine 90.000 Mann starke Truppe mit tausenden Kampfpanzern und hunderten Flugzeugen, die im Ernstfall West-Berlin eingenommen hätte. West-Berlin als Insel, ein Stachel im kommunistischen Machtbereich, spielte auch eine dominante Rolle als vorgeschobener Spionage-Horchposten des Westens. Die Überreste der bekanntesten Abhöranlage stehen noch heute gut sichtbar auf dem aus Trümmern aufgeschütteten, 115 m hohen ›Teufelsberg im Grunewald. Unter dem Decknamen Operation »Gold« hatten der CIA und der britische Secret Service bereits 1955 einen 420 m langen Tunnel von der Anlage »Site I« in Rudow bis unter Ost-Berliner Gebiet gegraben, um Telefonleitungen anzuzapfen. 1956 konnte der KGB das Projekt enttarnen. Ein Tunnel-Segment ist im ›Alliierten-Museum zu besichtigen.

Potsdamer Konferenz, 1945

»Ich verstehe Ihre Frage so: Dass es Menschen in Westdeutschland gibt, die wünschen, dass wir die Bauarbeiter der Hauptstadt der DDR mobilisieren, um eine Mauer aufzurichten, ja? Ää, mir ist nicht bekannt, dass eine solche Absicht besteht, da sich die Bauarbeiter in der Hauptstadt hauptsächlich mit Wohnungsbau beschäftigen und ihre Arbeitskraft voll eingesetzt wird. Niemand hat die Absicht, eine Mauer zu errichten.«
– Walter Ulbricht, 15. Juni 1961

Umriss Berlins mit den 4 Besatzungszonen der Alliierten

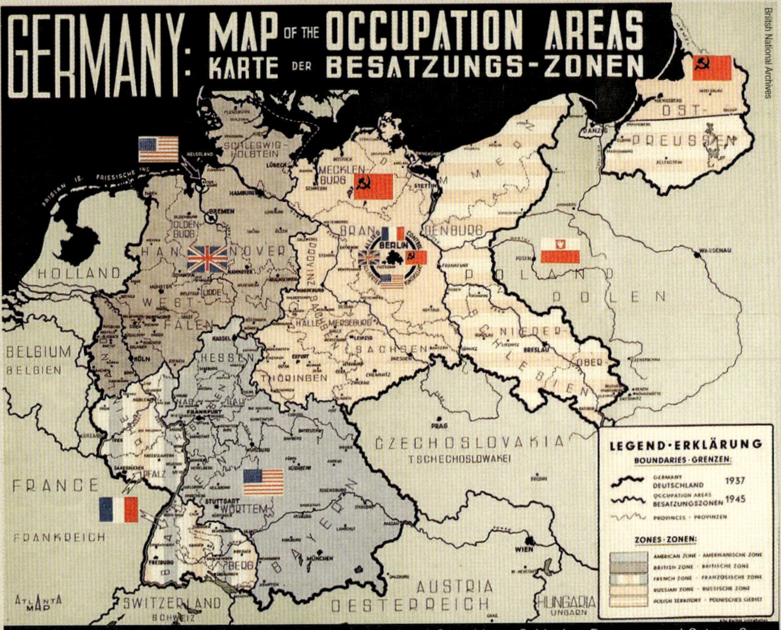

BERLIN IM KALTEN KRIEG

GERMANY: MAP OF THE OCCUPATION AREAS / KARTE DER BESATZUNGS-ZONEN

Deutschlandkarte der alliierten Besatzungszonen mit den ehem. Ostgebieten Schlesien, Pommern und Ostpreußen

Der Mauerbau kam für einige quasi über Nacht, kündigte sich aber schon länger an. Das geteilte Deutschland und Berlin entwickelten sich nach 1945 extrem unterschiedlich. Für die deutsche Verwüstung der UdSSR im 2. Weltkrieg zahlte der traditionell wirtschaftlich schwächere Osten, mit der Demontage der Industrieanlagen durch die Sowjets, Reparationen für ganz Deutschland. Der Westen erhielt mit dem Marshallplan massive US-Aufbauhilfe, womit auch die Überlegenheit der Markt- vor der Planwirtschaft verdeutlicht werden sollte. Während der sozialistische Osten vorrangig die Schwerindustrie ausbaute, baute der kapitalistische Westen die glitzernde Konsumgüterindustrie aus. Entsprechend unterschiedlich sah es dann bereits Mitte der 1950er Jahre in Ost- und West-Berlin aus. Die West-Berliner City um den Kurfürstendamm strahlte schon im Wirtschaftswunderglanz, während im Ostteil noch Mangelwirtschaft (mit langen Käuferschlangen vor den Geschäften) und Trümmerberge

Mauerbau in Berlin, 1961

vorherrschten. Den miesen wirtschaftlichen Verhältnissen und der politischen Gängelung in der DDR suchten viele durch die Flucht in den Westen zu entkommen: 1953 über 300.000 Ost-Bürger. Der günstigste Fluchtweg führte damals über Berlin, wo man noch ungehindert die Sektoren wechseln konnte. Dagegen war die innerdeutsche Demarkationslinie seit 1952 mit Stacheldrahtzäunen und Minenfeldern abgesperrt. Dem anhaltenden Exodus wollte der sowjetische Staatschef Nikita Chruschtschow bereits im November 1958 Einhalt gebieten, indem er den West-

Trümmerfrauen legen Gleise für den Abtransport des Schutts, Berlin, 1946

Alliierten ein sechsmonatiges Ultimatum stellte. Ihre Truppen sollten sich aus Berlin zurückziehen und die Kontrolle der Zugangswege der DDR übertragen. Was die Westmächte aber strikt ablehnten. Nach der Blockade von 1948 war dies die zweite Berlin-Krise mit der ernsten Gefahr eines Atomkriegs. Chruschtschow wollte einen Krieg jedoch nicht riskieren und ließ das Ultimatum ohne Konsequenzen am 27. Mai 1959 verstreichen. Da der Flüchtlingsstrom aus der DDR nicht versiegte, sondern 1960 nach der erzwungenen Kollektivierung der Landwirtschaft wieder anschwoll, griff die Führung der SED auf einen alten Plan zurück, der die voll-

»Rosinenbomber« der US Air Force am Flughafen Tempelhof

»Sozialismus – schön und gut, aber was man uns hier aufsetzt, das ist der falsche Hut!«
– Aus Wolf Biermanns Manuskript »Warte nicht auf beßre Zeiten«, 1974

---

ständige Abriegelung der Grenzen vorsah. SED-Parteichef Walter Ulbricht log noch am 15. Juni 1961 auf einer inzwischen legendären Pressekonferenz: *»Niemand hat die Absicht, eine Mauer zu errichten!«* Anfang August wurde auf einem Gipfeltreffen der Warschauer-Pakt-Staaten in Moskau die Schließung der Grenzen der DDR zur Bundesrepublik vereinbart.

Am 13. August 1961, einem Sonntag, wurden an den Ost-Berliner Sektorengrenzen um 1 Uhr morgens die Übergänge von der Volkspolizei abgeriegelt und die Nachteulen mussten feststellen, dass der S-Bahnverkehr in Richtung Westen eingestellt war. Schwer bewaffnete Pioniereinheiten der DDR begannen, im Licht von Scheinwerfern Stacheldrahtbarrikaden und Straßensperren aufzurichten sowie Erdwälle aufzuwerfen. Auf dem Leipziger und Potsdamer Platz rissen Bauarbeiter das Pflaster auf und setzten Betonpfähle, Maschinengewehre wurden aufgestellt. Bei Tagesanbruch bezogen insgesamt 12.000 Grenz-, Volkspolizisten und Angehörige der Betriebskampfgruppen Stellung entlang der Sektorengrenzen. Ein mit Stacheldraht bespannter, streng bewachter Zaun trennte den Ostteil Berlins nun vom amerikanischen, britischen und französischen Sektor. Straßen und sogar Friedhöfe waren geteilt oder eingeebnet worden. In den USA wurde der überraschte Präsident >John F. Kennedy erst am Vormittag offiziell informiert. Er empörte sich über die Sperren, verzichtete aber auf eine militärische Aktion, solange von der Sowjetunion der freie Zugang nach Berlin,

Checkpoint Charlie, 1961

die Anwesenheit der Westmächte und die Freiheit der West-Berliner zugesagt blieben: *»Es ist keine schöne Lösung, aber verdammt viel besser als ein Krieg!«* urteilte er.

Fall X – Die Angriffspläne auf West-Berlin

Mit der Sowjetunion im Rücken übten die Strategen der Nationalen Volksarmee (NVA) der DDR bis in die späten 1980er Jahre den »Fall X«. So wurden die Pläne zur Eroberung West-Berlins bezeichnet, die zuerst die Ausschaltung der eher symbolischen Truppenverbände der West-Alliierten zum Ziel hatten. Durch die schnelle Besetzung der Kaiserdammbrücke an der Messe sollte verhindert werden, dass sich die alliierten Kräfte vereinigen. Die Flugplätze Tempelhof, Gatow und Tegel sollten eingenommen, die leitenden Polizisten, Politiker und Medienvertreter verhaftet werden. In 7 Stunden wäre der »Stachel im sozialistischem Fleisch« beseitigt gewesen. Obwohl strategisch alles vorbereitet war, die NVA-Elite-Truppen in Beelitz bereit standen, überwog die Furcht vor einem globalen Atomkrieg.

Leipziger Platz 1982

Blick von West-Berlin über den Todesstreifen der Berliner Mauer am Leipziger und Potsdamer Platz. Die Panzersperren der DDR-Grenztruppen folgen im Hintergrund der Stresemannstraße Richtung Süden.

BERLIN IM KALTEN KRIEG

Militärparade der West-Alliierten auf der Ost-West-Achse; Britische Chieftain-Panzer in »Urban Camo«, Juni 1989

Gleichzeitig versuchten viele Ost-Berliner noch an einigen Stellen in der Stadt in den Westen zu flüchten. Sie seilten sich aus Fenstern ab, durchschwammen die Spree, krochen durch die Kanalisation oder sprangen

»Tempelhof Air Base«, 1986

über die Stacheldrahtverhaue auf die andere Seite. Drei Tage später begann die DDR mit der Errichtung der eigentlichen Mauer. Sie war zunächst 1,80 m hoch und zusätzlich mit Maschinengewehr-Posten und Panzersperren gesichert.

Am 27. Oktober 1961 verwehrten die Sowjets regelwidrig US-Militärfahrzeugen den Zugang nach Ost-Berlin. Der Kalte Krieg schien heiß zu werden und beiderseits des >Checkpoints Charlie fuhren Panzer auf. Vom Konfrontationsort Berlin aus drohte die Auseinandersetzung global zu eskalieren. Die USA wollten ihr Recht notfalls mit Waffengewalt durchsetzen. Tagelang standen sich Ende Oktober 1961 am Checkpoint Charlie amerikanische und sowjetische Panzer mit geladenen Geschützen gegenüber. Die NATO und der Kreml befanden sich in höchster Alarmbereitschaft, entschieden sich aber für eine Deeskalation. Im Juni

> »Was in Berlin auf dem Spiel steht, ist nicht ein Ringen um legale Rechte, sondern ein Kampf um Deutschland und, im weitesten Sinne, um Europa.«
> – US-Präsident Harry Truman, 1948

1963 kam Kennedy persönlich in die Stadt und versicherte vor dem >Schöneberger Rathaus, symbolstark, dass auch er ein Berliner sei. Begeistert feierten ihn über 1 Million einge-

West-Berlin:
12.200 westalliierte Soldaten
155 Panzer
6 Artilleriekanonen

Militärparade der Nationalen Volksarmee der DDR auf der Karl-Marx-Allee, 1988

schlossene West-Berliner. Den Blick hinter den »Eisernen Vorhang« versuchte die DDR-Regierung dem US-Präsidenten, Bundeskanzler Konrad Adenauer

T-72 Kampfpanzer der DDR, 1988

und Bürgermeister Willy Brandt zu versperren und verhängte die Säulen des >Brandenburger Tors mit roten Bannern und einer großen DDR-Flagge.

Die Berliner Mauer wurde in den folgenden Jahren ebenso wie die innerdeutsche Grenze kontinuierlich ausgebaut und perfektioniert. Eine Mauergeneration löste die andere ab, 1975 gab es bereits die vierte Version: die 3,60 m hohe Stahlbetonsegmente, die mit einer glatten Röhrenauflage belegt waren, damit sich dort keine Wurfanker verfangen konnten. Dahinter lag der Todesstreifen mit Stacheldrahthindernissen, Elektrozäunen, Selbstschussanlagen, Minenfeldern, Gräben, Panzersperren, Hundeauflagen und Wachttürmen. Wohnhäuser, die sich in Mauernähe befanden, wurden zwangsgeräumt und abgerissen. Trotz der aufwendigen Sperranlagen gelangen immer wieder spontane oder aufwendig geplante (politisch motivierte) Fluchtaktionen, sei es durch selbstgegrabene Tunnel, in umgebauten Autos, mit Flugdrachen, auf dem Surf-

Truppenparade der NVA, 1988

brett über die Ostsee oder in selbstgenähten Heißluftballons. Einige der Fluchtgeräte sind im >Museum Haus am Checkpoint Charlie zu besichtigen.

Ost-Berlin/DDR:
380.000 sowjetische Soldaten
6.900 Panzer
1.200 Flugzeuge

Niemandsland 1986

Soldaten der »US Army Berlin Brigade« patrouillieren mit ihrem Jeep im Süden West-Berlins entlang der Mauer. Im Hintergrund ein Wachturm der DDR-Grenztruppen im Todesstreifen.

Michail Gorbatschow hat als Generalsekretär des ZK der Kommunistischen Partei der Sowjetunion (1985–91) mit Perestroika (Umbau) und Glasnost (Offenheit) die Erstarrung des sowjetischen Systems gelockert, gleichzeitig aber auch den Zerfall des gesamten Ostblock-Kommunismus eingeleitet. Ohne ihn hätte die DDR nicht der Bundesrepublik beitreten können. 1990 bekam er den Friedensnobelpreis. Vor dem >Axel-Springer-Haus erinnert eine Büste an »Gorbi«.

»Wir sind das Volk«: Ost- und West-Berliner vor der Mauer am Brandenburger Tor, 1989

Die friedliche Revolution

Spätestens nach dem ersten Todesopfer an der Mauer wurde überdeutlich, dass der »antifaschistische Schutzwall« keiner war, wie die SED-Propaganda behauptete, sondern eine Maßnahme, um die eigene Bevölkerung gewaltsam in der DDR festzuhalten.

Seit Ende der 1970er Jahre verbreitete sich als Folge des Wettrüstens beider Systeme die Bewegung »Schwerter zu Pflugscharen« von Sachsen aus über die gesamte DDR. Regimekritiker wie der Chemiker Robert Havemann forderten 1982 unter dem Motto »Frieden schaffen ohne Waffen« die Abrüstung in Ost und West sowie das Recht auf freie Meinungsäußerung. Die SED-Führung geriet weiter in die Isola-

> »Die Mauer wird in 50 und auch in 100 Jahren noch bestehen bleiben.«
> – Erich Honecker, Januar 1989

tion. In Polen wurden die Reformen immer erfolgreicher. 30.000 Bürger flüchteten im Sommer 1989 über Ungarn und die Tschechoslowakei aus der DDR. Auf den >Montagsdemonstrationen versammelten sich bald Zehntausende DDR-Bürger und skandierten »Wir bleiben hier!«. Die Oppositionsgruppen formierten sich zu politischen Vereinigungen. Am 4. November kamen mehr als eine halbe Million Menschen auf dem Berliner >Alexanderplatz zusammen, die Meinungsfreiheit,

Ein Trabant überquert 1989 erstmals die Grenze nach West-Berlin. Das Kult-Auto aus »Plaste und Elaste« ist heute nur noch bei Liebhabern, Sammlern oder im Museum anzutreffen.

Die Montagsdemos

Seit 1982 fanden in der Leipziger Nikolaikirche jeden Montag Friedensgebete gegen das Wettrüsten in Ost und West statt. Maßgeblich initiiert hatte sie der evangelische Pfarrer Christian Führer. Erstmals fand eine Montagsdemo nach der Andacht am 4. September 1989 in Leipzig statt. Etwa 1.000 Menschen hatten sich auf dem Nikolaikirchhof versammelt, um Reisefreiheit zu fordern. Gegen aufmarschierte Sicherheitskräfte ertönten »Stasi raus«-Rufe. Danach schlossen sich jeden Montag, auch in anderen DDR-Städten, mehr und mehr Bürger den gewaltfreien Forderungen für Demokratie, freie Wahlen und die Einheit Deutschlands an. Mehrmals kam es zu brutalen Übergriffen der Volkspolizei. Massenhaft strömten die Menschen am 4. November auf den Berliner Alexanderplatz. 500.000 skandierten »Wir sind das Volk!« Die Protestmärsche endeten nach den ersten freien Wahlen. Sie trugen entscheidend zum Fall der Mauer und zur deutschen Wiedervereinigung bei.

Reisefreiheit und freie Wahlen verlangten. Die friedliche Revolution war nicht mehr aufzuhalten. Der Staatsratsvorsitzende >Erich Honecker meinte noch im Januar 1989: *»Die Mauer wird auch in 50 oder 100 Jahren noch bestehen bleiben!«* Der sowjetische Staatschef >Michail Gorbatschow manifestierte im Oktober des gleichen Jahres: *»Das Leben stellt neue Aufgaben, und es gilt, die Bedürfnisse und Stimmungen der Bevölkerung rechtzeitig zu erfassen. Wer zu spät kommt, den bestraft das Leben!«* Der eigentliche Mauerfall am 9. November 1989 kam auch für die SED-Führung überraschend, ausgelöst durch das vorzeitige Verlesen einer neuen Reiseregelung. Noch in der gleichen Nacht stürmten Ost-Berliner die Grenzübergänge und erzwangen die Öffnung des »Eisernen Vorhangs«. In der gesamten DDR besetzten die Bürger Dienststellen der Staatssicherheit. Mit der Gründung des Runden Tisches erhielt die Opposition ein gewisses Kontrollrecht über die Regierung. Unter dem Jubel Tausender begannen in den folgenden Wochen Bagger mit dem Abbruch der verhassten Mauer.

Im März 1990 folgten schließlich die ersten freien Wahlen in der DDR und am 3. Oktober des gleichen Jahres der Beitritt der DDR zur Bundesrepublik Deutschland.

An der innerdeutschen Grenze kamen über 1.000 Menschen ums Leben, davon etwa 136 in Berlin. Auf Flüchtlinge wurde noch bis zum Frühjahr 1989 scharf geschossen. Tausende, denen die Flucht misslang, inhaftierte die DDR jahrelang. Überreste der Mauer sind heute in Berlin nur vereinzelt zu finden. In der Innenstadt ist ihr Verlauf deshalb an vielen Stellen mit Pflastersteinen im Asphalt markiert worden.

Stasi-Beamte bei der Verhaftung

> »Berlin wird leben, und die Mauer wird fallen!«
> – Willy Brandt, 10. November 1989

WIR SIND EIN VOLK

Wir sind das Volk! · Keine Gewalt · Die Mauer muß weg! · Wir bleiben hier! · Freie Wahlen

Außenbezirke

Rund um die historische Mitte reihen sich zahlreiche Sehenswürdigkeiten und historische Schauplätze. Einigen Berlin-Besuchern, aber auch vielen Berlinern, können diese bei der Größe der Hauptstadt schon mal etwas abgelegen vorkommen. Es lohnt sich aber, mindestens die wichtigsten zu besuchen – Orte aus der NS-Zeit und der DDR-Ära, die noch heute einen eigenartigen Klang zwischen Faszination und Bedrohung haben, oft auch beides.

Von seinen Ausmaßen her steht das ehemalige Reichsportfeld mit an erster Stelle. Hier versuchten die Nationalsozialisten, der Welt während der Olympischen Spiele von 1936, nicht ohne Wirkung, vorzumachen, wie friedlich und modern das braune Deutschland sei. Den Dimensionen und der pathetischen Sprache der Steine können noch heute einige erliegen. Das kann Besuchern auch am nie ganz fertiggestellten »Weltflughafen Tempelhof« passieren, allerdings genauso an der monumentalen Stalinallee (heute Karl-Marx-Allee), mit ihren Zuckerbäcker-Bauten nach Moskauer Vorbild. Ganz bestimmt aber nicht am Haus der Wannseekonferenz, an der Gedenkstätte Berliner Mauer oder an den Orten der Repression und der Folter, wie dem ehemaligen Gefängnis der Staatssicherheit in Hohenschönhausen. Hier werden schlimmste Erinnerungen an unmenschliche Zustände wach, die Systeme zu verantworten haben, die vorgaben, eine bessere Welt schaffen zu wollen.

1 Olympisches Tor und Podbielski-Eiche vor dem Olympiastadion, 1936

188 AUSSENBEZIRKE

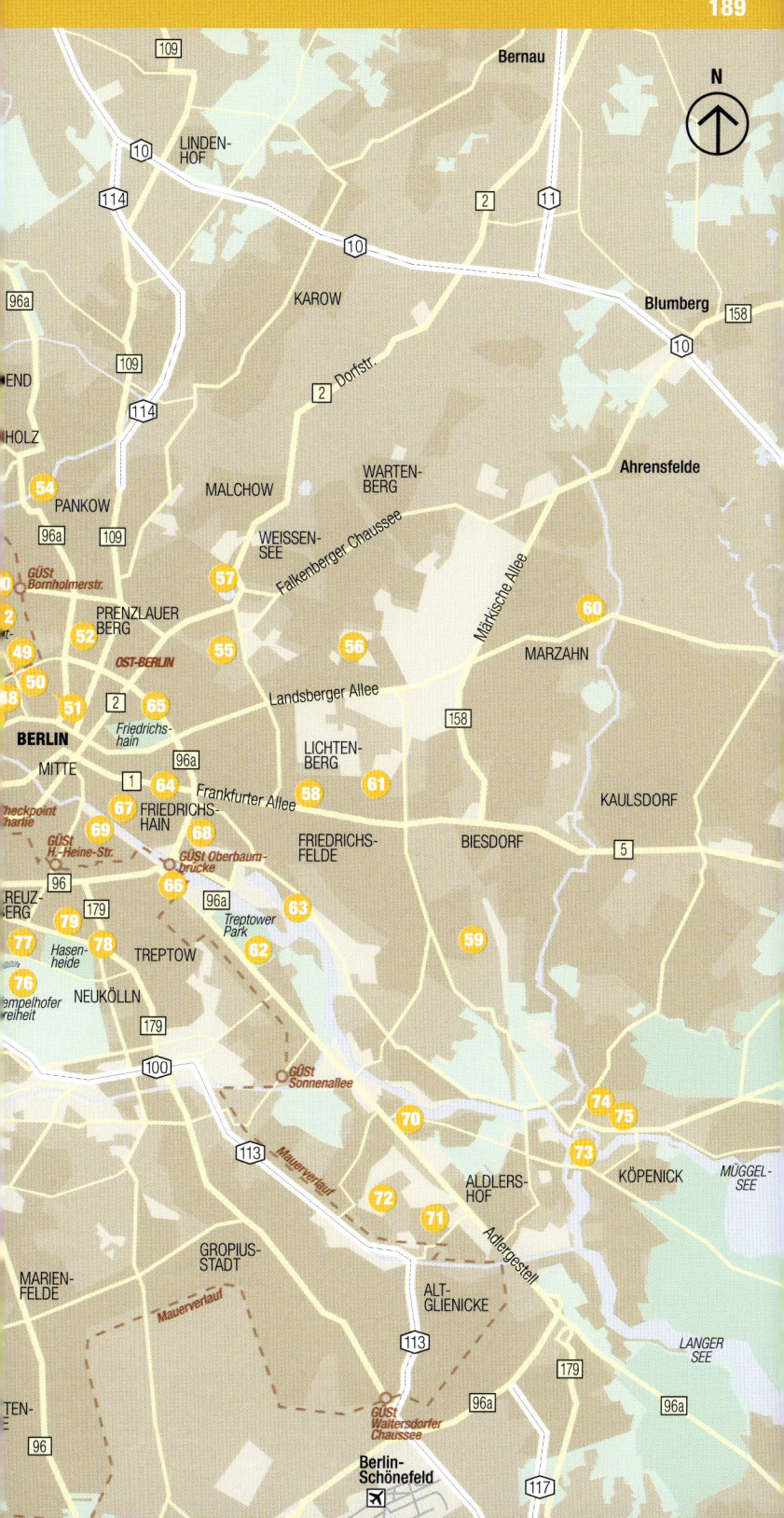

Jesse Owens (1913–1980) schrieb 1936 Sportgeschichte. Als erster Leichtathlet errang der von **Adi Das**sler mit Spikes-Schuhen gesponserte US-Amerikaner bei Olympischen Spielen 4 Goldmedaillen (100 m, 200 m, 4 × 100 m und Weitsprung). Owens passte nicht ins rassistische Bild der Nationalsozialisten. Trotzdem soll ihm Adolf Hitler persönlich gratuliert haben. US-Präsident Franklin D. Roosevelt schickte Owens laut eigener Aussage »nicht einmal ein Telegramm«.

1 1500-m-Lauf: Jack Lovelock (# 467), der spätere Olympiasieger aus Neuseeland, setzt zum Spurt an, 1936

Das Reichssportfeld

❶ Reichssportfeld Berlin sollte eigentlich schon 1916 Austragungsort der Olympischen Spiele sein, doch damals blutete die »Jugend der Welt« auf den Schlachtfeldern des 1. Weltkriegs. Architekt Otto March hatte dafür 1913 das Deutsche Stadion errichtet. Als die Olympischen Spiele dann 1936 tatsächlich im nationalsozialistischen Deutschland nachgeholt werden sollten, beauftragte Adolf Hitler Marchs Sohn Werner, an gleicher Stelle das Reichssportfeld zu erbauen. Mit Anklängen an die Antike entstand eine großzügige Sportanlage, zu der das >Olympiastadion, das Schwimmstadion, das >Deutsche Sportforum, das >Maifeld mit dem Glockenturm, die >Waldbühne, ein Basketball- und Hockeystadion, ein Reitparcours sowie einige Trainingsplätze gehören. Etwa 20 km weiter westlich baute March für die Athleten aus aller Welt das >Olympische Dorf. Nach den perfekt inszenierten Olympischen Spielen zeigte sich das wahre Gesicht des NS-Regimes. Im 2. Weltkrieg diente das gesamte Areal dem Militär und der Rüstungsproduktion, bis die Rote Armee im April/Mai 1945 die Reichshauptstadt eroberte. Danach übernahm die britische Besatzungsmacht das für Zivilisten z.T. unzugängliche Olympiagelände bis 1994 als Hauptquartier. Heute dokumentieren mehrere zweisprachige Informationsstelen und zwei Ausstellungen die nicht unproblematische Geschichte des historischen Ortes. → *Olympischer Platz* Ⓢ *Olympiastadion*

Die Olympiaglocke wurde 1935 vom Bochumer Verein gegossen und triumphal nach Berlin überführt. Ein Reichsadler mit Olympischen Ringen, das >Brandenburger Tor und Hakenkreuze prangen auf der Glocke, die heute am >Olympiastadion steht.

❷ Olympiastadion

Nachdem feststand, dass die Olympischen Spiele von 1936 in Berlin stattfinden würden, sollte dafür das 30.000 Personen fassende Deutsche Stadion erweitert werden. Hitler erschien dies aber bei weitem nicht repräsentativ genug und so ließ er es 1934

2 Olympisches Tor

einfach abreißen. Architekt Werner March entwarf ein imposantes >Reichssportfeld mit dem Olympiastadion für 100.000 Zuschauer im Mittelpunkt. Den Plan einer modernen Glasfassade musste March auf Anordnung des »Führers« verwerfen, stattdessen verkleidete >Albert Speer die Arena mit traditionellem Muschelkalkstein. Doch nach der Fertigstellung des halbversenkten Stadions war es Hitler immer noch nicht großartig genug. Zu einer Erhöhung durch einen weiteren Tribünenrang kam es aber aus Termingründen nicht mehr.

Die Olympischen Spiele brachten den Nationalsozialisten dann die erhoffte Propaganda-Rendite eines anscheinend friedlichen »Dritten Reiches«. Dass nur etwa 30 km weiter nördlich gleichzeitig Häftlinge in Oranienburg das >KZ Sachsenhausen erbauen mussten, ahnte kaum jemand. Während des 2. Weltkriegs produzierte die Firma Blaupunkt in den Katakomben des Stadions Granatzünder. Andere unterirdische Räume baute man zu Luftschutzbunkern um.

Für die Fußball-WM 2006 wurde das Stadion von den Architekten Gerkan, Marg und Partner grundsaniert und die Tribünen elegant überdacht. Über das Olympische Tor mit der uralten Podbielski-Eiche ist die Arena für Besichtigungen zugänglich. → *Olympischer Platz 3* ⏲ *20.03.–31.05.: 9–19 Uhr; 01.06.–15.09.: 9–20 Uhr; 16.09.–31.10.: 9–19 Uhr; 01.11.–19.03.: 9–16 Uhr* Ⓢ *Olympiastadion*

❸ Maifeld und Glockenturm

Nach Entwürfen von Werner March entstanden 1934–1936 am >Olympiastadion in direkter

2 Olympia-Schwimmstadion

Sichtachse zum Marathontor ein Aufmarschplatz für 250.000 Menschen und der 77 m hohe Glockenturm mit einer Tribüne für 60.000 Zuschauer. Hier

1 Eröffnungsfeier, 1936

wurden bei den Olympischen Spielen die Polo- und Dressur-Wettbewerbe ausgetragen. 1937 ließ Hitler auf dem Maifeld zu Ehren des italienischen Faschisten-Führers Benito Mussolini zehntausende Fackelträger auflaufen. Als das ganze Areal nach dem Krieg Teil des Stützpunktes der britischen Streitkräfte war, wurde hier Cricket gespielt und alljährlich der Geburtstag der Queen mit einer Parade gefeiert. Den beschädigten und 1947 gesprengten Glockenturm baute March inkl. der Langemarkhalle mit ihren mystifizierten Devotionalien 1962 wieder auf. Die >Olympiaglocke steht heute am Südausgang des Stadions. An der Langemarkhalle befindet sich eine Ausstellung des >Deutschen Historischen Museums über das >Reichssportfeld. → *Am Glockenturm 1* ⏲ *Mo–So 9–18 Uhr* Ⓢ *Olympiastadion*

2 Innenraum des Berliner Olympiastadions, mit dem Glockenturm am Maifeld im Hintergrund

Die Olympischen Spiele unterm Hakenkreuz

»Ein Regime, das sich stützt auf Zwangsarbeit und Massenversklavung; ein Regime, das den Krieg vorbereitet und nur durch verlogene Propaganda existiert, wie soll ein solches Regime den friedlichen Sport und freiheitlichen Sportler

Deutsche Speerwerferinnen beim Labetrunk, 1936

respektieren?« Diese klaren Gedanken Heinrich Manns (geäußert auf der Konferenz zur Verteidigung der Olympischen Idee 1936 in Paris), konnten die Instrumentalisierung des Sports für politische (und merkantile) Ziele – in Diktaturen oder Demokratien – nicht verhindern. Den deutschen Nationalsozialisten blieb es vorbehalten, mit der Organisation und Durchführung der Spiele der XI. Olympiade in Berlin 1936 ein perfektes Meisterstück für die Perversion der humanen Grundidee zu liefern. Schon einmal sollte Deutschland 1916 die Olympischen Spiele austragen, wegen des 1. Weltkriegs wurden sie abgesagt. Die Deutschen waren erst wieder ab 1925 in den internationalen Olympischen

Unten: Leni Riefenstahl mit ihrem Kameramann Walter Frentz bei Dreharbeiten für die "Olympia"-Filme auf dem Reichssportfeld, 1936

Gremien zugelassen und bewarben sich 1930 erneut. Als die Spiele im folgenden Jahr vergeben wurden, dachte man, dass sie in der Weimarer Republik stattfinden würden. Empört beobachtete die demokratische Welt die Entwicklung in Deutschland nach 1933, besonders die Abschaffung des Rechtsstaats, die unverhohlene Drangsalierung Andersdenkender und die Diskriminierung der Juden durch die Nationalsozialisten. Die Aufrufe zum Boykott der Olympischen Spiele wurden lauter, besonders in den USA und in den liberalen, intellektuellen Kreisen der Emigranten, die NS-Deutschland verlassen mussten. Der amerikanische, antise-

100-m-Lauf: Olympiasieger Jesse Owens (USA)

mitisch sowie rassistisch agierende NOK-Präsident Avery Brundage (ab 1952 IOC-Präsident) war ein Befürworter der deutschen Olympiaausrichtung. Geschickt sorgte er dafür, dass ein US-Boykott der Spiele verhindert wurde. Dem Beispiel der USA schlossen sich viele Staaten an und so erhielten die Nationalsozialisten mit den Olympischen Spielen ein Propagandainstrument, das sie gekonnt ausnutzten.

Die internationalen Medien waren fasziniert, wie perfekt, modern und fortschrittlich sich das »Dritte Reich« präsentierte. Zuvor hatte das Regime allerdings ab dem Sommer 1936 sämtliche antijüdische Hetze aus dem Stadtbild entfernen lassen. Während der NS-Staat ein »Weltfriedensfest« zelebrierte, wurden gleichzeitig Berliner Sinti und Roma nach Marzahn umgesiedelt, zeitgleich mussten Häftlinge im

Olympiasieger werden am Marathontor verewigt

Fußball-Endspiel Italien gegen Österreich, 1936

nahen Oranienburg das >KZ Sachsenhausen erbauen. Der Propagandaerfolg im In- und Ausland war enorm und mit den Olympia-Filmen »Fest der Völker« und »Fest der Schönheit« von >Leni Riefenstahl auch nachhaltig.

Zum ersten Mal wurde 1936 (auf einer vom Propagandaministerium ausgewählten Strecke) ein Fackellauf von Athen nach Berlin veranstaltet. Im >Lustgarten empfingen in einer »Weihestunde« 20.000 >Hitlerjungen und 40.000 SA-Männer das Olympische Feuer. In den neuerbauten Anlagen auf dem >Reichssportfeld und im >Olympischen Dorf in Döberitz erlebte »die Jugend der Welt« friedliche Zeiten mit spannungsreichen Wettbewerben. Ein Novum war nicht nur, dass nun bei den Siegerehrungen die Nationalhymnen gespielt wurden, sondern auch dass die Wettkämpfe live und weltweit im Radio sowie z.T. im Fernsehen übertragen wurden. Unter 49 teilnehmenden Nationen errangen die Athleten des Deutschen Reiches (die jüdischen Sportler wurden, trotz Zusage dem IOC gegenüber, ausgeschlossen) vor den USA die meisten Medaillen. Miese Laune bereitete den braunen Machthabern lediglich der schwarze Lieblingsathlet der Berliner >Jesse Owens. Der sympathische US-Amerikaner war mit vier Goldmedaillen der erfolgreichste Teilnehmer der Spiele. Der damals 31-jährige »NS-Chefdekorateur« >Albert Speer sorgte bei der Abschlussfeier mit dem suggestiven Lichtdom aus Flakscheinwerfern für einen »grandiosen Effekt« (Eigenaussage), den er dann später bei den Reichsparteitagen der NSDAP in Nürnberg perfektionierte.

Oben: Vorderseite der Goldmedaille; unten: Offizielles Plakat der Olympischen Spiele (Entwurf: Franz Würbel)

2 Turnervorführung im Olympiastadion, im Hintergrund Olympisches Feuer und Glockenturm. 1936

2 Feuerhalter in den Zuschauer-Umgängen des Olympiastadions (heute)

4 Waldbühne Was heute unter dem Namen Waldbühne bekannt ist, hieß bei der Einweihung 1936 Dietrich-Eckart-Freilichtbühne. Der völkische Literat Eckart war ein früher Mentor Hitlers, der angeblich die Bezeichnung »Führer« etablierte. Die amphitheaterartige Open-Air-Arena entstand unter der Leitung des Architekten Werner March als Teil des ›Reichssportfeldes in der 30 m tiefen Murellenschlucht. Während der ›Olympischen Sommerspiele fanden hier Boxkämpfe, später große NS-Kultveranstaltungen

4 Vogelsicht der Waldbühne, 1936

statt. Seit der Nachkriegszeit veranstaltet man in der 22.000 Zuschauer fassenden Waldbühne hauptsächlich Konzerte. Nach einem berühmt-berüchtigten Auftritt der Rolling Stones verwüsteten enttäuschte Fans 1965 die Anlage und lieferten sich Schlägereien mit der Polizei. Es dauerte einige Zeit, bis mit Stars wie Bob Marley, Queen, David Bowie, Neil Young, Sting und vor allem den Berliner Philharmonikern friedlichere Fans einzogen. → Glockenturmstr. 1 Ⓢ Olympiastadion

5 Deutsches Sportforum Das Sportforum entstand bis 1936 auf dem ›Reichssportfeld nach Plänen der Gebrüder Werner und Walter March von 1927. Der wuchtige Gebäudekomplex umfasst u.a. neben einer Schwimm- und Turnhalle auch ein Schwimmbecken im großen Innenhof. Dort stehen im Säulengang des Hauses des Deutschen Sports als Kunst am Bau zwei idealisierende Bronze-Plastiken von Hitlers Lieblingsbildhauer ›Arno Breker. Gegenüber sind zwei Wasserbüffel von Adolf Strübe und etwas abseits ein »Ruhender Athlet« von Georg Kolbe. Im imposanten Kuppelsaal des Hauptgebäudes fanden bei den Olympischen Spielen 1936 die Fechtwettbewerbe statt. Nach 1945 okkupierten die Briten das weitläufige Reichssportfeld als Hauptquartier der »Berlin Infantry Brigade«. Die Truppe bestand aus rund 3.000 Soldaten mit einer schweren Kampfpanzer-Einheit. Die Royal Air Force war auf dem nahen ›Flughafen Gatow stationiert. Um den Häuserkampf zu trainieren, hatten die Briten an der Murellenschlucht die »Fighting City«

auf einem alten Schießplatz errichtet. Eine ganze Siedlung ist hier samt Kirche, Hochhaus mit Hubschrauberlandeplatz und S-Bahnwaggons nachgebaut. Seitdem die »Berlin Brigade« 1994 abzog, ist das Olympia-

5 Haus des Deutschen Sports

gelände wieder frei zugänglich und wird von Sportvereinen wie Hertha BSC genutzt. Im Hauptgebäude des Sportforums, das durch zwei große Stelen, auf denen, vergoldete Adlerplastiken stehen, betreten wird, zeigt das Sportmuseum zahlreiche Reliquien und Dokumente der Olympischen Sommerspiele von 1936.
→ Adlerplatz ⏱ Mo–Fr 10–14 Uhr Ⓢ Olympiastadion

5 Emblem der britischen »Berlin Infantry Brigade« und ein Chieftain-Kampfpanzer auf dem Maifeld, 1988

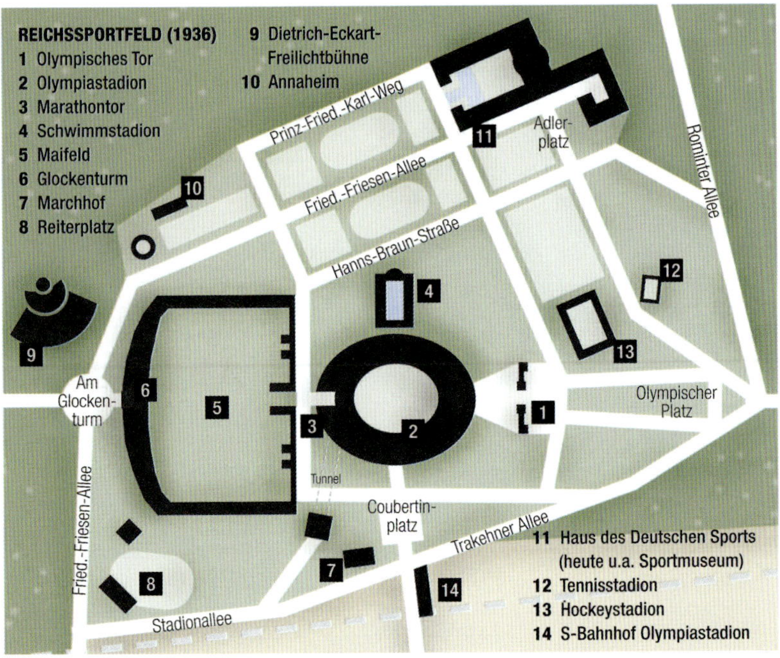
REICHSSPORTFELD (1936)
1 Olympisches Tor
2 Olympiastadion
3 Marathontor
4 Schwimmstadion
5 Maifeld
6 Glockenturm
7 Marchhof
8 Reiterplatz
9 Dietrich-Eckart-Freilichtbühne
10 Annaheim
11 Haus des Deutschen Sports (heute u.a. Sportmuseum)
12 Tennisstadion
13 Hockeystadion
14 S-Bahnhof Olympiastadion
Prinz-Fried.-Karl-Weg
Fried.-Friesen-Allee
Hanns-Braun-Straße
Adlerplatz
Rominter Allee
Am Glockenturm
Olympischer Platz
Tunnel
Coubertinplatz
Trakehner Allee
Fried.-Friesen-Allee
Stadionallee

6 Unité d'habitation »Typ Berlin« Der schweizerisch-französische Architekt Le Corbusier entwickelte schon in den 1920er Jahren sein Konzept für das moderne Wohnen in der Großstadt. Die standardisierte, serielle Produktion sollte eine wirtschaftliche Bauweise komfortabler Wohnungen für breite Bevölkerungsschichten ermöglichen. Le Corbusier entwarf auch ein System mit menschlichen Maßen, nach dem Goldenen Schnitt, den er »Modulor« nannte und bei seinen Bauten verwendete. Diese Art der »Wohnmaschinen« waren damals Ausdruck des modernen Zeitalters und sehr positiv bewertet. Sie sind die Vorläufer der Plattenbauweise, die heute nicht mehr besonders angesehen ist. Im Rahmen der internationalen Bauausstellung, die 1957 in West-Berlin stattfand, errichtete Le Corbusier am Rande des >Olympiastadions eine Unité d'habitation (Wohneinheit), wie er sie bereits zuvor in Marseille und Nantes verwirklichen konnte. Wie eine vertikale Stadt erhebt sich das riesige Gebäude mit einer Länge von 141 m und 53 m Höhe über einer Wald- und Villengegend. Die 530 Wohnungen, zumeist als Maisonette angelegt, werden im Inneren über 130 m lange Innenstraßen (rues intérieures) erschlossen. Das Foyer mit einer Poststelle und einem Ladengeschäft können die Bewohner ebenso als Treffpunkt nutzen wie Gemeinschaftseinrichtungen auf dem Dach. Das Gebäude ist heute denkmalgeschützt und noch immer eine beliebte Wohnadresse. → *Flatowallee 16*
S *Olympiastadion*

7 Teufelsberg um 1986

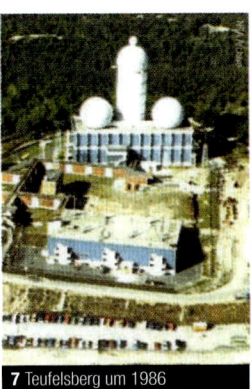

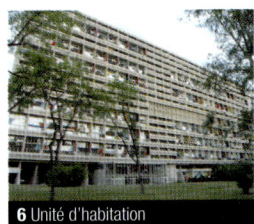

7 Teufelsberg Nach 12 Jahren Hitler-Diktatur und 6 Jahren Weltkrieg lag Berlin 1945 in Schutt und Asche. Die größte Erhebung der Stadt war bald danach ein fast 115 m hoher Berg aus aufgeschütteten Trümmern zerbombter Häuser.

6 Unité d'habitation

In der NS-Zeit standen an dieser Stelle die Rohbauten der für die >Welthauptstadt Germania geplanten Wehrtechnischen Fakultät samt ausgedehnten Bunkeranlagen. Da Sprengungen fehlschlugen, wurde das Areal einfach mit Schutt verfüllt. Seit 1951 nutzten die US-Armee und die NSA (National Security Agency) die »Site 3« auf dem Teufelsberg, um den Funkverkehr im Ostblock abzuhören. Der ostdeutsche Geheimdienst war in der Lage, dort einen

»Maulwurf« zu platzieren. Die weißen Kuppeln der Antennentürme sind auch Jahre nach der Stilllegung der Anlage weithin sichtbar. Im Winter wird der Teufelsberg oft zu Berlins bestem Skigebiet, im Sommer bevölkern Wanderer und Mountain Biker den »Monte Klamotte«. → *Teufelseechaussee (Teufelsberg)* Ⓢ *Heerstraße*

7 Wehrtechnische Fakultät (Modell)

8 Britischer Soldatenfriedhof Heerstraße Der britische Soldatenfriedhof, auf dem fast 3.600 Tote ruhen, ist 1957 nach den Gestaltungsrichtlinien der Commonwealth War Commission von 1919 angelegt worden. Insgesamt flogen die Alliierten im 2. Weltkrieg rund 360 Luftangriffe auf Berlin. Die meisten der hier Begrabenen sind junge britische Besatzungsmitglieder der über der Reichshauptstadt abgeschossenen Bomber der Royal Air Force. Darunter sind auch Kanadier, Australier, Neuseeländer, Inder, Südafrikaner und Polen. Der Friedhof wird seit 1957 als britisches Hoheitsgebiet betrachtet, ist aber frei zugänglich. → *Heerstr. 153* Ⓢ *Pichelsberg*

9 Reichsjugendführung der Hitlerjugend Nahe dem Adolf-Hitler-Platz (heute Theodor-Heuss-Platz) entstand bis 1941 dieses Verwaltungsgebäude von Paul Baumgarten. Den westlichen Teil bezog die Philipp Holzmann AG, den östlichen die Reichsjugendführung der Hitlerjugend (HJ, einschließlich Jungvolk und Bund Deutscher Mädel) unter Artur Axmann. Der Nachwuchsorganisation der NSDAP gehörten in Hitlers Reich 98 Prozent aller Jugendlichen an. Körperliches Training und weltanschauliche Schulung standen im Vordergrund. Die Pimpfe sollten durch Gehorsam, Kameradschaft, Disziplin und Selbstaufopferung kriegstauglich gemacht werden. Und sie wurden es auch: Axmann selbst leitete bei Kriegsende in Berlin HJ-Einheiten, die u.a. an der Heerstraße den Vormarsch der Roten Armee stoppen sollten. Schätzungswei-

9 HJ-Gebäude an der Heerstraße

se mehrere zehntausend völlig indoktrinierte Kindersoldaten wurden so an fast allen Fronten sinn- und gnadenlos verheizt.
→ *Heerstr. 12–16* Ⓤ *Theodor-Heuss-Platz*

9 HJ-Propagandaplakat

10 Reichskriegsgericht Das Reichskriegsgericht wurde als Instrument der NS-Wehrmachtsjustiz bereits nach Hitlers »Machtergreifung« 1933 wieder eingesetzt und später mit weitergehenden Vollmachten (z.B. aufgrund der »Volksschädlingsverordnung«) als letzte Instanz ausgestattet. Nach der Aktenlage sind so mindestens 1.400 Todesurteile vollstreckt worden. Darunter waren Kriegsdienstverweigerer, auch aus religiösen Gründen, und andere politische Gegner des NS-Regimes. Am bekanntesten sind die Urteile gegen die kommunistische Widerstandsgruppe »Rote Kapelle« 1942/43. Wegen der Bombenangriffe zog das Reichskriegsgericht 1943 nach Torgau. Vor dem Gebäude sind mehrere Gedenkplatten angebracht, es wird als Mietshaus genutzt.
→ *Witzlebenstr. 4–10* Ⓤ *Sophie-Charlotte-Platz*

8 Britischer Soldatenfriedhof an der Heerstraße

AUSSENBEZIRKE

Lichtdom 1937

Anlässlich eines Besuchs von Italiens Duce Benito Mussolini erstrahlte der von Albert Speer erdacht Lichtdom aus dutzenden Flakscheinwerfern über dem Berliner Olympiastadion.

Bernd Rosemeyer *(1909–38), Volksheld der 1930er Jahre, verunglückte 1938 tödlich beim Versuch, den Geschwindigkeitsrekord seines Rivalen Rudolf Caracciola von 432,7 km/h auf der Reichsautobahn Frankfurt–Darmstadt zu brechen. Mit seiner Frau, der »Heldin der Lüfte« Elly Beinhorn, wurde er von der NS-Propaganda-Maschinerie ausgiebig vereinnahmt.*

11 AVUS-Steilkurve mit dem noch heute erhaltenen Zielrichterturm, 1934

Raketenautos und Silberpfeile

11 AVUS Die AVUS (**A**utomobil-**V**erkehrs- und **U**ebungs-**S**traße GmbH) war 1921 die erste (private) Straße, die nur Kraftwagen vorbehalten war, also die erste autobahnähnliche Strecke der Welt. Die AVUS-Gesellschaft entstand bereits Anfang 1909 im Kaiserlichen Automobil Club. Die Autohersteller sowie Industrielle wie Hugo Stinnes investierten in die Teststrecke, die erst nach dem Weltkrieg eröffnet werden konnte. Sie führte schnurstracks von der Schleife am Funkturm 9 km geradeaus bis zur zweiten Schleife. Für die Benutzung waren, für damalige Verhältnisse hohe, Gebühren zu entrichten (einfache Fahrt = 10 Reichsmark). Die Automobilrennen, wie der 1926 zum ersten mal durchgeführte »Große Preis von Deutschland«, zogen Abertausende begeisterte Zuschauer an. Aufsehenerregende Rekorde mit futuristischem Gerät wurden aufgestellt. So erfuhr sich Fritz von Opel seinen Spitznamen »der schnelle Fritz« 1928 mit dem raketenangetriebenen Opel RAK2. Die heulende Maschine katapultierte ihn mit sensationellen 230 km/h durch den Grunewald. Die Nazis erkannten schnell die Propagandawirkung des Mix aus Geschwindigkeit + Technik = »Heldenmut« und forcierten den Automobilrennsport. Es war die Ära der windschlüpfigen Silberpfeile und Stromlinienwagen, mit Renn-

11 AVUS-Rekordfahrt: Fritz von Opel beschleunigt den raketengetriebenen Opel RAK2 auf über 230 km/h, 1928

fahrer-Namen wie Manfred von Brauchitsch, Rudolf Caracciola, Hermann Lang oder >Bernd Rosemeyer als Idole. Sie lieferten sich in immer schnelleren Modellen von Auto Union und Mercedes-Benz waghalsige Duelle in der Steilkurve. Die AVUS wurde 1940 an den Berliner Autobahnring angeschlossen und damit Teil der öffentlichen Verkehrsstruktur. In der Nachkriegszeit brachten die Grand-Prix-Rennen den alten Glanz nicht mehr zurück. Seit 1998 ist die Rennstrecke nur noch Legende (speziell für Senioren mit Benzin im Blut). An der Nordkurve sind noch die denkmalgeschützten Tribünen und der alte Zielrichterturm erhalten. → *Nordschleife/Autobahn 115* Ⓢ *Messe Nord/ICC*

12 Haus des Rundfunks

⑫ Haus des Rundfunks

Das 1931 fertiggstellte Haus (Architekt Hans Poelzig) an der Masurenallee schrieb Rundfunk und Architekturgeschichte. Als zweites Rundfunkgebäude Deutschlands (nach München) ist es bis in die Gegenwart wegweisend für Funktionsbauten. Kurz nach der NS-»Machtergreifung« sprach >Joseph Goebbels 1933 Klartext: *»Der Rundfunk gehört uns, niemandem sonst. Und den Rundfunk werden wir in den Dienst unserer Idee stellen, und keine andere Idee soll hier zu Worte kommen.«* Mit dem im gleichen Jahr entwickelten »Volksempfänger« konnte der Propagandaminister bald 65 Prozent aller deutschen Haushalte demagogisieren. Am 22. März 1935 kam dann auch noch das bewegte Bild hinzu: Von diesem Tag an wurde von diesem Haus über den >Funkturm der erste reguläre Fernsehprogrammdienst Deutschlands ausgestrahlt.
Im Frühjahr 1945 besetzte die Rote Armee das Gebäude. Unter ihrer Kontrolle sendete von hier bis 1952 der Berliner Rundfunk, obwohl das Haus schon lange im britischen Sektor lag. Nach dem Sender Freies Berlin (SFB) ist es heute der Sitz des Radio Berlin-Brandenburg. → *Masurenallee 14* Ⓤ *Kaiserdamm*

⑬ Messegelände und Funkturm

Nördlich der >AVUS liegt das 1921 mit der Deutschen Automobil-Ausstellung eröffnete Messegelände Berlins. Weithin sichtbarer Fixpunkt und Wahrzeichen war der 1926 errichtete Funkturm. Das Restaurant in 25 m Höhe und eine Aussichtsplattform auf 125 m wurden erst später hinzugefügt. Bei Kriegsende stand der Turm nur noch auf drei Beinen, trotzdem fiel der 600-Tonnen-Koloss nicht um.

11 AVUS-Strecke

1935 eröffnete Adolf Hitler auf dem Messegelände die Deutschlandhalle, als größte Mehrzweckarena ihrer Zeit. Die Rekordfliegerin, Testpilotin und begeisterte Nationalsozia-

13 Messeplakat der IAA, 1938

listin Hanna Reitsch führte dort 1938 in ihrer Revue »Ki sua heli« mit einem Focke-Wulf den ersten Hubschrauber-Hallenflug vor. Die Messe sah NS-Propagandaausstellungen, wie die von Architekt Egon Eiermann (siehe >Gedätchniskirche) konzipierte und vor Kriegsgerät strotzende Schau »Gebt mir vier Jahre Zeit«, mit einem 18 m hohen Hitler-Bild garniert. Auf der IAA 1939 präsentierten die braunen Machthaber den KdF-Wagen für das Volk (den sie so nie bauten). Als Kübelwagen war der »Jeep der Wehrmacht« in Hitlers Eroberungskriegen im Einsatz. Den legendären Volkswagen schoben die Briten in Wolfsburg nach dem 2. Weltkrieg auf die Fließbänder. Millionen VW-Käfer prägten dann die Wirtschaftswunderjahre und eroberten die Welt. Wenn ein Spielfilm

11 Motorradfahrer-Denkmal (Bildhauer: Max Esser, 1939) an der Messe

AVUS-Steilkurve 1937

Die Rennfahrerlegenden Rudolf Caracciola (Mercedes-Benz #35) und Bernd Rosemeyer (Auto Union #31) liefern sich in der AVUS-Steilkurve ein packendes Duell.

14 Entnazifizierter Hakenkreuzadler am Finanzamt Charlottenburg

heute den Zeitgeist des »Dritten Reiches« atmen soll, taucht dort gerne das Empfangsgebäude der Messe auf, das 1937 der Architekt Richard Ermisch entwarf.

Die Messe ist über eine Brücke mit dem, in Brutal-Architektur

13 Funkturm und Messe

der 1970er Jahre gebauten, Internationalen Congress Centrum verbunden. Der Standort Berlin verlor nach dem Mauerbau an Bedeutung, doch die »Grüne Woche«, die Funkausstellung (IFA) oder die Tourismusbörse (ITB) blieben bis heute alljährliche Highlights. → *Masurenallee, Eingang Nord* U *Kaiserdamm*

🟡 Finanzamt Charlottenburg
Einer der Orte, wo die steinernen (halb)entnazifizierten Reste eines Hakenkreuzadlers noch sichtbar sind. Generell ist das Zeigen von NS-Insignien natürlich verboten, aber an zahlreichen Stellen in Berlin (z.B. >Reichssportfeld, >Flughafen Tempelhof, >Organisation Todt) sind, besonders an öffentlichen Bauten aus dem »Dritten Reich«, die martialischen, in Stein gemeißelten Greifvögel immer noch präsent. Lediglich die Hakenkreuze sind auf Anordnung der Alliierten Sieger schon 1945 aus den Fängen entfernt worden. Der nach links blickende NS-Adler (vom Betrachter aus gesehen) war übrigens der Reichsadler, also das Hoheitstier, der nach rechts blickende der Parteiadler der NSDAP.
Unter diesem typischen Reichsadler in Charlottenburg greift sich jetzt das Finanzamt, was dem demokratischen Staat zusteht. → *Bismarckstr. 48* U *Bismarckstraße*

🟡 Tatort Rudi Dutschke
Am 11. April 1968 wurde der Studentenführer Rudi Dutschke vor dem Büro des Sozialistischen Deutschen Studentenbundes (SDS) am Kurfürstendamm von dem rechtsgerichteten Hilfsarbeiter Josef Bachmann mit drei Schüssen niedergestreckt. Dutschke erlitt Gehirnverletzungen und überlebte nur knapp. Das Attentat geschah in einer Atmosphäre der allgemeinen Hetze gegen die rebellischen Studenten, die u.a. von >Springer-Zeitungen angeheizt worden war. Heftige Protestaktionen in West-Deutschland und im Ausland waren die Folgen. Rudi Dutschke starb 1979 mit 39 Jahren an den Spätfolgen des Attentats. → *Kurfürstendamm 140* U *Adenauerplatz*

🟡 Mahnmal »Gleis 17«
Die Deportationszüge der Deutschen Reichsbahn rollten von Oktober 1941 bis Februar 1945 vom idyllischen Bahnhof Berlin-Grunewald in die deutschen Konzentrations- und Vernichtungslager nach Osteuropa. Dort wo die Todestransporte abgingen, traf nach der gescheiterten Ardennenoffensive am 16. Januar 1945 Adolf Hitler mit seinem Führersonderzug »Amerika« zum letzten Mal in Berlin ein. Der Massenmörder hatte sein Hauptquartier damit endgültig in die Reichshauptstadt verlegt. Der Bahnhof des großbürgerlichen Wohnbezirks Grunewald sah Kolonnen von jüdischen Mitbürgern, die bewaffnete Gestapo-Beamte durch die Straßen zu den Zügen trieben,

16 Zugang zum Gleis 17

die am Gleis 17 warteten. Bei den ersten Transporten verwendete man Personenwaggons, später nur noch verbretterte Güterwagen.
Die Deutschen Reichsbahn verlangte von der SS pro Person und gefahrenem Kilometer 4 Pfennige, pro Kind 2 Pfennige. 50 Prozent Rabatt gab es, wenn mehr als 400 Menschen transportiert wurden. Das gleiche

perfide Abrechnungsmuster übernehmen bei den »Judentransporten« später, im von den Deutschen okkupierten West-

> *»Der letzte Akt der Judentragödie beginnt. In Massen wurden die übriggebliebenen Juden – Greise, Frauen, Kinder – in ungeheizten Viehwagen nach den polnischen Ghettos verfrachtet. Ganze Züge wurden vergast. Millionen Menschen werden ausgerottet.«*
> – Radioübertragung der BBC im deutschen Sendegebiet, 1942

Europa, auch die französische SNCF und die niederländische Spoorwegen.
Von den etwa 170.000 in der Reichshauptstadt lebenden Juden wurden 55.000 in Konzentrationslagern ermordet. Von den etwa 5.000 Juden, die versuchten sich im Untergrund zu verbergen, überlebten nur 400. Als die Rolle der Reichsbahn in der NS-Zeit (erst) in den 1980er Jahren in der Öffentlichkeit diskutiert wurde, schrieb die Deutsche Bundesbahn einen Wettbewerb für eine Erinnerungsstätte aus. 1998 wurde der Entwurf des Architektenteams Hirsch, Lorch und Wandel ausgeführt.

16 »Gleis 17«: Gedenkplatte für ins KZ Theresienstadt deportierte Juden

Das beeindruckende Mahnmal bezieht das gesamte Gleis 17 in die Gestaltung mit ein. Auf gusseisernen Platten sind an den Bahnsteigkanten Deportationsdaten der Züge mit dem Zielort verzeichnet. Die Fahrt in den ungeheizten Viehwaggons, ohne sanitäre Einrichtungen, ohne Essen und Trinken, dauerte, je nach Bestimmungsort, bis zu 4 Tage. Die meisten Transporte gingen vom Bahnhof Grunewald zunächst in die osteuropäischen Ghettos nach Riga, Litzmannstadt, und Warschau. Ab Ende 1942 fast nur noch in die Todesfabrik Auschwitz und in das KZ Theresienstadt bei Prag. Auf der Rampe zum Gleis 17 steht seit 1991 eine größere Skulptur des polnischen Bildhauers Karol Broniatowski. Eine helle Wand ist mit angedeuteten Abdrucken menschlicher Körper versehen, die sowohl Deportationstransporte als auch die vielen leidvollen Märsche der Opfer auf diesem Weg symbolisieren sollen. → *Am Bahnhof Grunewald* Ⓢ *Grunewald*

16 Deportationszug: In Viehwaggons gepferchte Juden auf dem Weg in ein Konzentrationslager, ca. 1942

⓱ Villa Zarah Leander

Mit ihrer dunklen Altstimme sang sich die schwedische Schauspielerin Zarah Leander (1907–1981) in den 1930er

17 Titelmotiv Zarah Leander, 1938

Jahren in die Herzen der deutschen Volksgenossen und im 2. Weltkrieg besonders in die der Landser. Die beiden Top Schlager »Davon geht die Welt nicht unter« und »Ich weiß, es wird einmal ein Wunder gescheh'n« hatten es Propagandaminister ›Joseph Goebbels wegen ihres politischen Subkontextes besonders angetan. Leander, die zwischen 1935 und 1942 zwölf (Propaganda-)Spielfilme drehte, war der bestbezahlte weibliche Ufa-Star. Auch Adolf Hitler soll sie gemocht haben, obwohl keine Fotos von den beiden existieren. Sie verließ Deutschland 1942 und zog auf ihr Landgut in Schweden. Nach dem Krieg setzte sie ihre Karriere fort. Ihre Berliner Villa, die ihr einst die Ufa zur Verfügung gestellt hatte und wo sie damals mit ihrer Familie wohnte, ist 2005 abgerissen worden. → *Am Wildpfad 24* Ⓢ *Grunewald*

⓲ Villa Leni Riefenstahl

Sie war eine schöne, sportlich und musisch begabte Berlinerin, Leni Riefenstahl, Jahrgang 1902. Sie konnte tanzen, schauspielern, filmen und sich zur richtigen Zeit am richtigen Ort aufhalten. Diese agile, kreative, erfolgreiche junge Frau imponierte dem verklemmten braunen Diktator mächtig. Hitler engagierte sie für die Propaganda-Filme »Sieg des Glaubens« (1933), »Triumph des Willens« (1934) und »Tag der Freiheit! – Unsere Wehrmacht« (1935) über die Nürnberger Reichsparteitage. Ihre Olympia-Filme »Fest der Völker« und »Fest der Schönheit« (1938), mit denen sie ihre *»faschistische Ästhetik« (Susan Sontag)* endgültig etablierte, sind weit über Nazi-Deutschland hinaus bewundert worden. Die damals neuartig aufgenommenen und geschnittenen Streifen haben bis heute

> »Nie habe ich bestritten, dass ich der Persönlichkeit Hitlers verfallen war. Dass ich das Dämonische zu spät in ihm erkannt habe, ist zweifellos Schuld der Verblendung.«
> – Leni Riefenstahl, 1949

eine starke suggestive Wirkung. Riefenstahl stand 1935–36 im Zenith ihrer Film-Karriere und ließ sich im Grunewald eine Villa mit alpinem Touch erbauen. Bei der Einweihungsfeier waren u.a. Hitler, ›Joseph Goebbels, und ›Albert Speer zugegen. Zu diesem Zeitpunkt stand fest, wer die Filmgeschichte des »Dritten Reiches« schreiben sollte: In Babelsberg waren 26.000 qm für die »Riefenstahl-Studios« vorgesehen. Ihre Olympiafilme

19 Arno Brekers ehem. Atelier

schnitt sie aber noch eigenhändig in ihrer Grunewald-Villa. Riefenstahls Grundbesitz und Vermögen wurden nach dem 2. Weltkrieg beschlagnahmt, sie selbst im Entnazifizierungsverfahren als »Mitläuferin« ein-

18 Leni Riefenstahl rechts neben Adolf Hitler im Kreise von Athleten der Olympischen Sommerspiele, 1936

gestuft. Leni selbst sah sich immer als eine harmlose, unpolitische Künstlerin, für die politische (Aus-)Wirkung ihrer Werke nicht verantwortlich. Alles in allem gänzlich unwissend über die tatsächlichen Verbrechen des NS-Regimes.
Sie war schon über 60, als ihr noch ein Comeback als Fotografin (Nuba) gelang. Selbst

20 SS-Kameradschaftssiedlung

mit 94 arbeitete sie noch zwischen karibischen Haien als Unterwasserfotografin. Riefenstahl starb 2003 im 102. Lebensjahr am Starnberger See. → *Heydenstr. 30* U *Podbielskiallee*

⓲ Atelier Arno Breker

Als Arno Breker seinen Stil dem Nazi-Geschmack anpasste und Bildhauer des »Führers« wurde, schuf er Werke, die zu Prototypen für die NS-Kunst geworden sind. Nach großen Staatsaufträgen für die >Neue Reichskanzlei, das >Reichssportfeld u.v.m., Büstenbestellungen der NS-Parteigrößen, sollte er auf Hitlers persönlichen Wunsch, für die >Welthauptstadt Germania die wichtigsten Großplastiken entwerfen. Das alles wollte er im neuen, für ihn 1942 gebauten Atelierhaus tun, was aber wegen der alliierten Bombardements nur bis 1943 möglich war. Mit zahlreichen Assistenten, unter ihnen auch bis zu 50 Zwangsarbeiter und Kriegsgefangene, zog er nach Wriezen außerhalb Berlins. Dort stand ihm für die »Arno Breker Steinbildhauerwerkstätten GmbH« ein großes Areal mit Gleisanschluss und Kanalhafen zur Verfügung. Zusätzlich schenkte ihm der »Führer« das nahe Schloss Jäckelsbruch und ein von >Friedrich Tamms erbautes Atelier. Als Zeichen seiner besonderen Wertschätzung setzte Hitler den Staatsbildhauer auf die >Liste der Gottbegnadeten.
Nach 1945 fand Breker im Düsseldorfer Umfeld von Stadtplaner Friedrich Tamms potente alte und neue Klienten: Konrad Adenauer, Ludwig Erhard, Rudolf August Oetker, Gustav Schickedanz, Günther Quandt, Salvador Dalí, Jürgen Hingsen u.v.m. In seinem ehem. Berliner Atelier ist heute die Bernhard-Heiliger-Stiftung, nebenan befindet sich das Brücke-Museum. → *Käuzchensteig 10* U *Podbielskiallee*

⓴ SS-Kameradschaftssiedlung

Das Unternehmen, dem heute die denkmalgeschützte Waldsiedlung Krumme Lanke gehört, ist das gleiche, das die SS-Kameradschaftssiedlung 1937 im Auftrag des »Rasse-

18 Leni Riefenstahl, 1932

und Siedlungshauptamtes der SS« errichten ließ. Die Häuser und Wohnungen waren ausschließlich SS-Angehörigen vorbehalten. Das Gartenstadt-Prinzip, das schon in den 1920er Jahren von Architekten wie Heinrich Tessenow oder Paul Bonatz entworfen wurde, entsprach auch den NS-Ideologen. Reichsführer-SS >Heinrich Himmler bestellte dazu ausdrücklich geschnitzte Holz-Strassenschilder. Die Siedlung, in der bei Kriegsende fast nur Frauen und Kinder verblieben, wurde vor dem Eintreffen der Roten Armee geräumt. Die Alliierten belegten sie bevorzugt mit Flüchtlingen bzw. NS-Opfern. Heute ist es weiterhin eine begehrte und grüne Wohnadresse. → *Selmaplatz* U *Krumme Lanke*

Die »Liste der Gottbegnadeten«

1944 stellten Adolf Hitler und Propagandaminister >Joseph Goebbels die »Liste der Gottbegnadeten« zusammen: Bildhauer, Kunstmaler, Architekten, Schriftsteller, Musiker und Schauspieler, die den Nazis unverzichtbar schienen. Schon mit Kriegsbeginn gab es eine Liste mit Personen, die den Vermerk »uk« (unabkömmlich für den Kriegseinsatz) trugen. »Gottbegnadete« wie Hans Albers, >Heinrich George, Johannes Heesters, Herbert von Karajan oder >Heinz Rühmann mussten selbst nach dem 1943 ausgerufenen »Totalen Krieg« nur Propagandadienste an der »Heimatfront« leisten. Sogar davon befreit waren auf Sonderlisten geführte Personen wie >Arno Breker, Wilhelm Furtwängler, Wilhelm Kreis, Richard Strauss oder Josef Thorak, die ein »überragendes nationales Kapital« darstellten.

22 Drill Team der US Army Berlin Brigade beim Exerzieren, 1985

21 Alliierten-Museum

Im Alliierten-Museum ist nachvollziehbar, wie aus Feinden unter Umständen Freunde werden können. Als 1994 die West-Alliierten Streitkräfte abzogen, ließ die Bundesregierung im alten US-Soldatenkino »Outpost« und in einem Bibliotheksbau das Museum einrichten, in dem die Ost-West-Konfrontation im >Kalten Krieg dokumentiert wird. Auf dem Freigelände stehen Großexponate wie ein britischer »Rosinenbomber«, das >Checkpoint-Charlie-Wachhaus und ein französischer Militärwaggon. Im Innern sind Dokumente und Gegenstände mit einer Fotodokumentation zu Begebenheiten aus der spannungsvollen Ära zu besichtigen. → Clayallee 135 ⓧ Di–So 10–18 Uhr Ⓤ Oskar-Helene-Heim

21 Britischer Frachtflieger der Luftbrücke und das letzte Wachhaus vom Checkpoint Charlie (links)

22 Hauptquartier der United States Army Berlin Brigade

Den größten Teil der West-Alliierten in Berlin stellte mit 6.000 Soldaten die US-Armee. Ihr Hauptquartier, die »General Lucius D. Clay Headquarters«, lagen seit Juli 1945 im Gebäude des ehemaligen Luftgaukommandos III in Zehlendorf. Auf dem Areal befand sich ebenfalls der Sitz des Stadtkommandanten General >Lucius D. Clay sowie Teile der US-Botschaft. Clay leitete von hier aus nicht nur die amerikanischen Besatzungszonen in Deutschland, sondern auch die >Luftbrücke während der sowjetischen Berlin-Blockade 1948/49. Nach dem Bau der Mauer nannte sich das amerikanische Truppenkontingent offiziell »Berlin Brigade«. Rund um das Hauptquartier entstand für die US-Armee eine eigene Infrastruktur mit Wohnsiedlungen, Schulen, Bibliotheken, einem Einkaufszentrum am »Truman Plaza«, Schwimmbädern und Kinos. An der Saargemünder Straße sorgte der Soldatensender AFN (American Forces Network) mit Radio- und TV-Programmen, die auch Generationen Jugendlicher in Nachkriegsdeutschland nachhaltig beeinflussten, für die Unterhaltung der GI's. US-Präsident Bill Clinton löste die »Berlin Brigade« am 6. Juli 1994 offiziell auf. → Clayallee 170 Ⓤ Oskar-Helene-Heim

23 Kaiser-Wilhelm-Gesellschaft

Zum wissenschaftlichen Weltruf Berlins und Deutschlands hat besonders die 1911 in Dahlem gegründete »Kaiser-Wilhelm-Gesellschaft zur Förderung der Wissenschaften« (KWG) beigetragen. Sie versammelte die begabtesten

23 Kaiser-Wilhelm-Institut für Physik

Vertreter des jeweiligen Fachs in ihren Instituten (KWI), die dort unabhängige wissenschaftliche Grundlagen-

Lucius D. Clay

Als Absolvent der Militärakademie in West Point trat Lucius D. Clay (1897–1978) in das Armee-Ingenieur-Korps ein. Nach der alliierten Invasion in der Normandie organisierte Clay als stellvertretender Stabschef von General Dwight D. Eisenhower die rasche Instandsetzung des Hafens von Cherbourg. Kurz vor Ende des 2. Weltkriegs wurde er stellvertretender Oberbefehlshaber der US-Truppen in Deutschland. Als Militärgouverneur der US-Besatzungszone und Befehlshaber der US-Landstreitkräfte in Europa beschleunigte Clay ab 1947 die Demokratisierung Deutschlands. Entschlossen widersetzte er sich der sowjetischen Berlin-Blockade und initiierte die Luftbrücke. Clays Auffassung, dass ein Rückzug aus der Stadt unabsehbare Folgen hätte, sicherte die Freiheit West-Berlins. Als Vier-Sterne-General schied er 1949 aus dem Militärdienst aus. Ein Jahr später übergab er den West-Berlinern die »Freiheitsglocke«. Clay wurde Ehrenbürger Berlins und erhielt das Großkreuz des Bundesverdienstkreuzes. Er verstarb 1978 im Alter von 81 Jahren.

forschung betreiben konnten. Erster Direktor der KWG war der Chemiker und spätere Nobelpreisträger Fritz Haber. Im **KWI für physikalische und Elektrochemie** (Faradayweg 4–6) experimentierte er u.a. mit Chlorgas, was ihn im 1. Weltkrieg zum »Vater der Giftgaswaffen« machte.

In der NS-Zeit hat sich die KWG zuerst der (hervorragenden) jüdischen Wissenschaftler entledigt und dann willfährig und/oder zielstrebig dem NS-System gedient. Dieses Beziehungsgeflecht zwischen rassistischer NS-Politik und Pseudo-Forschung im Zeichen des »Herrenmenschentums« beflügelte etliche Forscher, an den Verbrechen mitzuwirken. So galt z.B. der Leiter des **KWI für Anthropologie, menschliche Erblehre und Eugenik** (Ihnestr. 22–24), Otmar Freiherr von Verschuer als Fachgröße in der Zwillingsforschung. Von seinem ehemaligen Schüler, dem SS-Arzt Dr. Josef Mengele, erhielt er große Mengen menschlicher Präparate von Zwillingen, die eigens dafür im Konzentrationslager Auschwitz ermordeten worden sind.

Die Kernspaltung, die 1938 am **KWI für Chemie** (Thielallee 63) durch Otto Hahn und Fritz Straßmann entdeckt wurde, markiert den Anfang des Atomzeitalters. Gemeinsam mit den Physikern Werner Heisenberg und Carl Friedrich von Weizsäcker arbeiteten sie ab 1940 im Auftrag des Heereswaffenamts am **KWI für Physik** (Boltzmannstr. 20) am streng geheimen Nuklearprogramm der Nazis. Heisenberg gelang es, eine Vorform des Atomreaktors zu konstruieren. Rüstungsminister >Albert Speer wurde von ihnen 1942 über das »Uranprojekt« informiert

23 Nobelpreisträger Heisenberg

und dass die zeitaufwendige Anreicherung von »Uran 235« angesichts der Kriegssituation nicht mehr möglich sei. Sie verschwiegen aber, dass es möglich gewesen wäre, eine Nukleararbombe zu bauen.

Nach dem 2. Weltkrieg sind die Institute der KWG in die neu gegründete Max-Planck-Gesellschaft überführt worden. Dahlem ist auch heute noch einer der weltweit bedeutendsten Wissenschaftsstandorte. → *Ihnestr. 16–20* Ⓤ *Oskar-Helene-Heim*

㉔ Villa Albert Speer

Der Rüstungsminister und Architekt des »Führers« >Albert Speer ließ sich 1935 nach eigenen Entwürfen eine Villa am Schlachtensee erbauen, die zwar teuer war, aber lediglich 125 qm

24 Villa Albert Speer, 1936

Wohnraum aufwies. Im 2. Weltkrieg wurde sie, wie das benachbarte Haus von Martin Bormann, zerstört. Das Grundstück erhielt Speer später nach einer Intervention des damaligen Bürgermeisters Willy Brandt zurück und veräußerte es. → *Schopenhauerstr. 23* Ⓢ *Schlachtensee*

25 GI's in der Goebbels-Villa (oben: Propeller eines britischen Bombers), 1945

25 Insel Schwanenwerder

Auf der Insel Schwanenwerder, wo schon zu Kaiserzeiten die Creme der Society residierte, ist heute so gut wie alles mit Pracht-Villen bestückt und für Normalbürger kein Zugang zum Ufer möglich. Schon im März 1933 wehte über dem Eiland die Hakenkreuzflagge, um die vielen jüdischen Bewohner einzuschüchtern. Wenig später hatten hier einige NS-Größen ihre privaten Domizile. In der Regel unrechtmäßig angeeignete, requirierte Villen und Anwesen:

▶ Das Grundstück **Inselstrasse 7** gehörte seit 1930 dem jüdischen Ehepaar von Gold-

25 Ehem. SS-Wachaus

schmidt-Rothschild, sie emigrierten 1938. Im gleichen Jahr kaufte es >Albert Speer für einen Spottpreis und ließ dann ein Bootshaus errichten. 1943 verkaufte er alles mit großem Gewinn an die Reichsbahn.

▶ Die Villa **Inselstraße 8–10** erwarben >Joseph und Magda Goebbels 1936 für 270.000 RM von einem Manager der Deutschen Bank. »Nun bin ich im eigenen Haus. Am See. Und restlos glücklich. Ein Refugium« jubilierte der Propagandaminister im Tagebuch. Mit der Nachbarin Lida Baarova, der tschechischen Ufa-Schauspielerin, verband Goebbels eine heftige Affäre. 1943 zog die Familie auf den >Waldhof am Bogensee. Auf dem Grundstück steht jetzt ein Neubau des »Aspen Institute«. Goebbels' Privatbunker ist noch erhalten, das Wirtschaftshaus (Nr. 8) diente den SS-Wachen und später der Wasserschutzpolizei, es wurde 2010 abgerissen.

▶ Das Landhaus **Inselstraße 12/14** zwang Goebbels 1934 dem 1934 ausgewanderten jüdischen Bankier Samuel Goldschmidt für lächerliche 117.500 RM ab und nutzte es als Dienstwohnung mit Privatkino.

▶ Das »Haus Waltrud« an der **Inselstraße 16** gehörte dem jüdischen Direktor der Schultheiss-Patzenhofer Brauerei Walter Sobernheim. Die Familie floh 1933 nach Paris. 1936 kaufte es der Ufa-Star Gustav Fröhlich, und lebte darin mit Lida Baarova.

▶ Die Villa **Inselstraße 18** vermietete der Unternehmer Albert Nestler 1941 an die Familie (Albert) Speer.

▶ Das Grundstück **Inselstraße 15/17** kaufte 1938 der Industrielle Maximilian Baginski (Erfinder der Spalt-Tablette). Im Sommer 1945 bezog die Villa US-General Dwight D. Eisenhower, danach General >Lucius D. Clay.

▶ Das Anwesen **Inselstraße 19–22** war im Besitz des jüdischen Bankiers Arthur Salomonsohn. 1939 kaufte es die Reichskanzlei (wahrscheinlich) für Hitler, der es aber nie bewohnte. Heute ist hier ein Jugendheim.

▶ Die Villa **Inselstraße 23–26** gehörte dem jüdisch-stämmigen Bankier Georg Solmssen, der 1937 emigrierte. Hitlers Leibarzt Dr. Theodor Morell kaufte sie 1939 für 300.000 RM.

▶ Der »Amselhof« an der **Inselstraße 38** gehörte dem Warenhausgründer Rudolph Karstadt. 1937 zog dort die Reichsfrauenführerin Gertrud Scholtz-Klink mit einer Reichsbräuteschule ein. → Inselstr. S Nikolaisee

25 Ehem. Reichsbräuteschule

26 Villa Heinz Rühmann

Der eher kleingewachsene Heinz Rühmann (1902–1994) war seit dem großen Filmerfolg mit »Die Drei von der Tankstelle« (1930) einer der beliebtesten und bestbezahlten Ufa-Schauspieler. Obwohl er kein Nationalsozialist war, ließ er sich vom Regime vereinnahmen und genoss etliche Privilegien. Für Propagandazwecke musste der von Fliegerass Ernst Udet zum Piloten ausgebildete Rühmann dann allerdings kurzzeitig zur Luftwaffe. Während der NS-Zeit drehte er (Propaganda-)Filme, darunter Kassen-

26 Heinz Rühmann als »Quax, der Bruchpilot«, 1941

schlager wie »Quax, der Bruchpilot« (1941) oder »Die Feuerzangenbowle« (1944) und stand auf der Goebbelschen ›Liste der Gottbegnadeten‹. Als die Rote Armee 1945 die Reichshauptstadt erstürmte, war Rühmann noch immer in seiner Villa am Kleinen Wannsee, die er in den 1930er

28 Ehem. Grenzturm Drewitz

Jahren vom jüdischen Vorbesitzer weit unter Wert erstanden hatte. 1945 legten Granaten das Anwesen in Schutt und Asche, Rühmanns Frau Hertha Feiler vergewaltigten sowjetische Soldaten mehrfach. Der »Gruppe Ulbricht« half er nach Kriegsende bei der Neuorganisation des Berliner Kulturlebens. Mit dem »Hauptmann von Köpenick« (1956) knüpfte Rühmann an seine früheren Erfolge an. Er starb 1994 mit 92 Jahren am Starnberger See. → *Am Kleinen Wannsee 15* S *Nikolaisee*

27 Exklave Steinstücken Steinstücken war eine von zehn West-Berliner Exklaven. Seit 1920 gehörte die Siedlung zum Verwaltungsbereich von Berlin-Zehlendorf, lag aber außerhalb des geschlossenen Stadtgebiets. Der Mauerbau führte fast zur völligen Isolation des »Eilands«, weshalb die US Air Force einen Hubschrauber zur Versorgung bereitstellte. Erst ab 1972, nach einem Gebietsaustausch zwischen West-Berlin und der DDR, verband ein 100 Meter breiter und 1,2 Kilometer langer Korridor die Exklave mit dem Westen, die nun auch mit Wasser, Strom und einer Buslinie aus West-Berlin versorgt wurde. An der Straße Am Landeplatz erinnert ein Denkmal aus Hubschrauberrotorblättern an die Zeit der Teilung. → *Bernhard-Beyer-Str.* S *Griebnitzsee*

28 Grenzübergang Dreilinden Wer zu DDR-Zeiten von West-Deutschland über den innerdeutschen Grenzübergang Marienborn nach West-Berlin wollte, musste nach schikanösen Kontrollen der DDR-Grenzer zügig, aber keineswegs zu schnell,

28 US-Army-Mauer-Patrouille, 1987

über die holprige Interzonen-Autobahn (die man nicht verlassen durfte) fahren. Am Grenzübergang Dreilinden erfolgten bei der Ausreise aus der DDR erneut penible Kontrollen mit amtlichen Mienen, Stempeln und Gebühren. Seitlich davon stand ein Denkmal mit einem sowjetischen T-34 Panzer, der 1945 als erster Berlin erreicht hatte. Heute steht ein Schneepflug auf dem Sockel. Dahinter lag noch der alliierte Checkpoint Bravo. Einige Grenzgebäude, sowie ein DDR-Wachturm am Stahnsdorfer Damm, sind als Gedenkstätte erhalten. → *Autobahn 115* S *Wannsee*

27 Luftbild der Exklave Steinstücken (zu West-Berlin) mit Mauer, Todesstreifen, Postenweg und Grenztürmen, 1989

Adolf Eichmann (1906–1962) organisierte während der NS-Zeit im >RSHA die Vertreibung und Deportation der Juden in Vernichtungslager. Er gilt als Prototyp des seelenlosen Schreibtischtäters, der mitverantwortlich für die Ermordung von ca. 6 Millionen Menschen ist. Eichmann floh 1950 mit Hilfe des Vatikans nach Argentinien. 1960 entführte ihn der Mossad nach Israel. Eichmann wurde nach einem spektakulären Prozess 1962 hingerichtet.

29 Zufahrt der ehem. Villa Marlier, heute Gedenk- und Bildungsstätte »Haus der Wannsee-Konferenz«

Das Haus der Wannsee-Konferenz

29 Gedenkstätte Haus der Wannsee-Konferenz

In einer vornehmen Villa in idyllischer Lage am Wannsee fand am 20. Januar 1942 eine streng geheime Sitzung von 15 Spitzenbeamten verschiedener Reichsministerien und NS-Organisationen unter dem Vorsitz des Leiters des >Reichssicherheitshauptamts, SS-Obergruppenführer >Reinhard Heydrich, statt. Neben »Blutrichter« Roland Freisler und Gestapo-Chef >Heinrich Müller nahm auch >Adolf Eichmann als Protokollant teil.

Die Zusammenkunft fand statt, nachdem >Hermann Göring den »Führerbefehl« Hitlers zur »Endlösung der Judenfrage« Heydrich 1941 zur Ausführung übermittelt hatte. Mit dem verharmlosenden Begriff war gemeint, dass systematisch alle Juden in Europa und darüber hinaus zu ermorden seien.

29 RSHA-Chef Reinhard Heydrich, Liste der »Judenpopulationen« in Europa, 1942

Der zum Zeitpunkt der Wannsee-Konferenz bereits angelaufene >Holocaust sollte nun perfektioniert werden. Die Teilnehmer erörterten die Organisation und technische Durchführung der Deportationen in Vernichtungslager, legten die Opfergruppen und den zeitlichen Ablauf für das gigantische Verbrechen fest. Bis zum Kriegsende im Mai 1945 sind insgesamt über 6 Millionen Menschen von den Nationalsozialisten in den industriell geführten Tötungsfabriken ermordet worden. Die Gedenkstätte informiert in einer ausführlichen Dauerausstellung über die Wannsee-Konferenz und die Hintergründe der Shoa. → *Am Großen Wannsee 56–58* ⊙ *Mo–So 10–18 Uhr* Ⓢ *Wannsee*

30 Villa Max Liebermann

Der berühmte impressionistische Maler >Max Liebermann bewohnte direkt neben dem Brandenburger Tor ein geerbtes Stadthaus. Mit Anfang 60 bevorzugte er zunehmend die Ruhe und Beschaulichkeit am Wannsee. Mit seiner Frau und Tochter bezog Liebermann 1910 diese neu erbaute Villa, die er ironisch »Schloss am See« taufte. Auf dem Anwesen verbrachte Liebermann 25 darauf folgende Sommer. Ein 7.000 qm großer

30 Villa Liebermann

Garten machte ihm besonders viel Freude und inspirierte ihn zu seinem Spätwerk, hier entstanden um die 200 Gemälde. Als der jüdische Maler starb, zwangen die Nazis die Witwe, die Immobilie weit unter Preis an die Reichspost abzugeben. Sie erhielt auch diese Summe nicht und nahm sich vor der Deportation ins KZ 1943 das Leben. Die Villa wurde ein Lazarett und blieb bis 1969 als Krankenhaus bestehen. Seit 2006 ist hier ein Museum mit einigen Gemälden und Dokumenten über das Leben und Werk Max Liebermanns.
→ *Colomierstr. 3* ⏲ *Okt–Mär: Mi–Mo 11–17 Uhr; Apr–Sep: Fr–Mo 10–18, Mi 10–18, Do 10–20 Uhr* 🅢 *Wannsee*

31 Villa Heinrich George

Heinrich George ist in den 1920er Jahren mit seinen Rollen in Max Reinhards Deutschem Theater und mit den Inszenierungen des links-revolutionären Erwin Piscator bekannt und wohlhabend geworden. Filmrollen wie in Fritz Langs »Metropolis« (1927) und »Berlin – Alexanderplatz« (1931) sicherten ihm den Ruhm, den auch der Propagandist >Joseph Goebbels einzusetzen wusste. Mit seiner Frau Berta Drews und der Dogge »Fellow« lebte George in einer herrschaftlichen Villa am Kleinen Wannsee, nahe den Ufa-Studios in Babelsberg. Man diskutierte und feierte rauschende Feste, auch mit Freunden wie den »entarteten« Malern Max Beckmann und Otto Dix. Innerlich widerstrebend spielte er dennoch in Diffamierungs- und Durchhalte-Filmen wie »Hitlerjunge Quex« (1933), »Jud Süß« (1940) und »Kolberg« (1945) und wurde so zum Inbegriff des Nazi-

31 Plakat »Berlin – Alexanderplatz«

Schauspielers. Als er Ende April 1945 mit seinem Motorboot über den Wannsee aus Berlin fliehen wollte, fasste ihn die Rote Armee. Im sowjetischen Speziallager Hohenschönhausen gelang es ihm ein Häftlingstheater einzurichten, wo er den »Urfaust« aufführte. Zum letzten Mal sah er dort bei einem Besuch seine Frau und seinen kleinen Sohn Götz. Dann wurde George ins ehem. >KZ Sachsenhausen verbracht, hier spielte er vor 12.000 drangsalierten Mitinsassen den »Tod des Tiberius«. Wenig später starb er 1946 im Lager nach einer Blinddarm-OP. Götz George, selbst ein bekannter Mime, erlebte 1998 die Rehabilitierung seines Vaters durch Russland.
→ *Bismarckstr. 34* 🅢 *Wannsee*

29 Ankunft und Selektion jüdischer Frauen, Männer und Kinder im KZ Auschwitz-Birkenau, Mai 1944 (SS-Foto)

32 Ausgestellte Militärflugzeuge auf dem ehem. Rollfeld des Flughafens Gatow

32 Militärhistorisches Museum Flugplatz Berlin-Gatow

Die Aufrüstung im »Dritten Reich« bewirkte auch den Ausbau des Gatower Flugfeldes. Hitler eröffnete die Anlage 1935 zusammen mit der an der Havel erbauten Luftkriegsschule (heute General-Steinhoff-Kaserne). Gatow war seitdem Standort der Flugbereitschaft der Reichsregierung. Zu den 15 Flugzeugen gehörte auch die »Führermaschine«, eine Focke-Wulf Fw 200 »Condor«, pilotiert von Flugkapitän Hans Baur. Zu den Letzten, die von hier aus das von der Roten Armee eingekesselte Berlin verließen, zählten im April 1945 die NS-Flieger-Amazonen Hanna Reitsch und >Beate Uhse. Im Juni 1945 übernahm die britische Royal Air Force Gatow von den sowjetischen Truppen. Während der Berlin-Blockade 1948/49 diente der Flugplatz der alliierten >Luftbrücke. Auf der nahen Havel landeten außerdem zur Versorgung im Minutentakt große Wasserflugzeuge mit lebenswichtigen Rohstoffen und Lebensmitteln. In den Jahrzehnten der deutschen Teilung nutzte die »Air Base RAF Gatow« neben dem Militär auch das britische Königshaus, inkl. Queen Elisabeth II. Heute ist in den Flughafengebäuden, Hangars und auf dem Rollfeld ein sehenswertes Luftwaffenmuseum mit einer Reihe historischer Fluggeräte eingerichtet. Darunter befinden sich, neben dem legendären Dreidecker des »Roten Barons« aus dem 1. Weltkrieg, ein Messerschmitt »Komet« Düsen-jäger des 2. Weltkriegs, Starfighter sowie MiG's aus dem >Kalten Krieg und über 450.000 andere Exponate aus der Luftfahrt.

→ *Am Flugplatz Gatow 33*
 Nov–Mär: Di–So 9–16 Uhr; Apr–Okt: Di–So 10–18 Uhr

33 Alliiertes Kriegsverbrechergefängnis

Ein wuchtiges Festungsgefängnis aus dem Jahr 1879 nutzten die Alliierten von 1946 bis 1987 ausschließlich für die Verwahrung der zuvor vom Internationalen Militärgerichtshof in Nürnberg verurteilten

32 Jagdflieger aus dem 1. Weltkrieg

Hauptkriegsverbrecher des NS-Regimes. Die Bewachung teilten sich die vier Besatzungsmächte im monatlichen Rhythmus. Die sieben Insassen erhielten Rückennummern und belegten jeweils eine Einzelzelle von 3 x 2,70 m Fläche: Nr. 1 Baldur von Schirach, Nr. 2 Karl Dönitz, Nr. 3 Konstantin Freiherr von Neurath, Nr. 4 Erich Raeder, Nr. 5 Albert Speer, Nr. 6 Walther Funk, Nr. 7 Rudolf Heß. Sie sollten zwischen 10 Jahren und lebenslänglich

32 Links: Ankunft von US-Präsident Harry S. Truman in Gatow anlässlich der Potsdamer Konferenz, Juli 1945

INHAFTIERTE KRIEGSVERBRECHER

#1 Baldur v. Schirach Reichsjugendführer und Reichsstatthalter von Wien: 20 Jahre

#2 Karl Dönitz Großadmiral, Oberbefehlshaber der Kriegsmarine, Reichspräsident: 15 Jahre

#3 Konstantin v. Neurath Reichsaußenminister, Reichsprotektor in Böhmen/Mähren: 15 Jahre

#4 Erich Raeder Großadmiral, Oberbefehlshaber der Kriegsmarine: Lebenslänglich

#5 Albert Speer Reichsminister für Bewaffnung und Munition und GBI für Berlin: 20 Jahre

#6 Walther Funk Reichswirtschaftsminister und Präsident der Reichsbank: Lebenslänglich

#7 Rudolf Heß »Stellvertreter des Führers«: Lebenslänglich

33 Sowjetisch-amerikanischer Wachwechsel am Gefängnistor, 1951

hier in Haft bleiben. Raeder, Funk und von Neurath wurden vorzeitig entlassen.
Hitlers Lieblingsarchitekt und Rüstungsminister ›Albert Speer verbüßte seine 20-jährige Strafe bis 1966 vollständig. Speer nutzte die Jahre im Gefängnis für heimliche Aufzeichnungen, die mit Hilfe von bestechlichem Wachpersonal herausgeschmuggelt und als »Spandauer Tagebücher« und »Erinnerungen« zu Bestsellern wurden. Über seine persönliche Beteiligung an den NS-Verbrechen verlor er darin kein Wort.
Ab Ende 1966 bewohnte Rudolf Heß, der nach seinem spektakulären Flug nach Schottland 1941 den Rest des 2. Weltkriegs in britischer Gefangenschaft verbracht hatte, noch lange alleine die teuere Vier-Mächte-Anstalt. In der Neo-Nazi-Szene gilt er als Märtyrer. Im Alter von 93 Jahren beging er am 17. August 1987 Selbstmord. Noch im gleichen Jahr wurde das Gefängnis fast vollständig abgerissen und das »Britannia Centre Spandau«, ein Einkaufszentrum, erbaut. Seit dem Abzug der Briten sind dort einige Discount-Supermärkte.
→ Wilhelmstr. 23, Spandau Ⓢ Spandau

34 Siemensstadt »Wer nie bei Siemens-Schuckert war,/ bei AEG und Borsig,/ der kennt des Lebens Jammer nicht,/ der hat ihn noch vor sich./ Da bist du nichts, da wirst du nichts,/ wenn auch der Magen kluckert,/ so ist's bei Borsig, AEG,/ bei Siemens und bei Schuckert.«
Anfang der 1920er Jahre war Berlin eine bedeutende Industriestadt, mit allen Vor- und

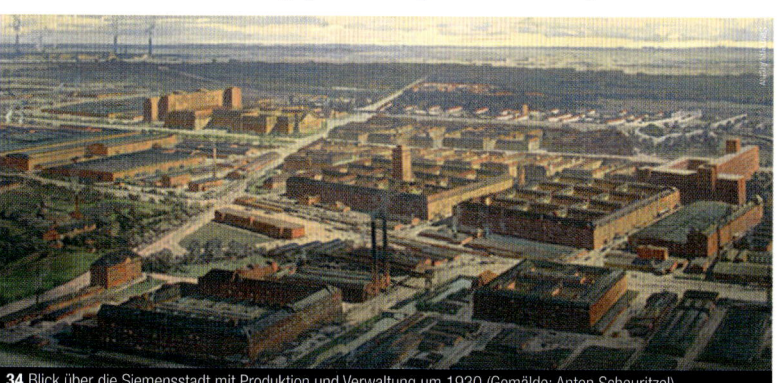

34 Blick über die Siemensstadt mit Produktion und Verwaltung um 1930 (Gemälde: Anton Scheuritzel)

35 Urne mit Erde aus KZs

Nachteilen. Der Spruch gibt die Stimmung unter den Arbeitern wieder, die für die Weltunternehmen den Mehrwert schufen. Die zwischen Charlottenburg und Spandau gelegene Siemensstadt wuchs auf der grünen Wiese um ihre Kathedrale, die Siemens-Hauptverwaltung (Nonnendammallee 101), herum. Die hauseigenen Architekten Karl Janisch und Hans Hertlein schufen 1909–1940 mit dem Schaltwerk- und dem mächtigen Wernerwerk-Hochhaus, dem Dynamowerk und zahlreichen weiteren Gebäuden einen modernen, einheitlichen Industriekomplex, in dem zeitweise fast 70.000 Menschen arbeiteten. Ein Teil von ihnen lebte in der dazugehörigen Wohnsiedlung der Siemensstadt, die 1910–1930 entstand. Besonders prägend waren dort die Planungen der Vertreter des Neuen Bauens (Hans Scharoun, Walter Gropius u.a.), die in der Architekten-Gruppe »Der Ring« wirkten. Nach ihnen ist die inzwischen ins UNESCO-Weltkulturerbe aufgenommene Ringsiedlung benannt. → *Nonnendammallee/Rohrdamm/Wernerwerkdamm* U *Rohrdamm*

35 Gedenkstätte Plötzensee

Während der NS-Herrschaft wurden im Gefängnis Plötzensee, der zentralen Hinrichtungsstätte für politische Gefangene, etwa 3.000 NS-Gegner enthauptet oder stranguliert. Die meisten davon hatte zuvor der >Volksgerichtshof verurteilt. Darunter waren etwa die Hälfte ausländische Zwangsarbeiter und um die 300 Frauen. Eine sadistische Blutorgie vom 7. bis 12. September 1943, bei der mehr als 250 Menschen sterben mussten (aus Versehen auch 6 nicht einmal zum Tode verurteilte), bleibt als »Plötzenseer Blutnächte« im Gedächtnis. Bekannt sind besonders die Exekutionen der Mitglieder der kommunistischen Widerstandsgruppe »Rote Kapelle« und die der Verschwörer des Attentats vom >20. Juli 1944. Bei Letzteren hatte Hitler angeordnet, dass jede Person vor, während und nach der Hinrichtung fotografiert und gefilmt wird. Die Bilder ließ er sich anschließend vorlegen.
Zu den Opfern zählten u.a.: Carl F. Goerdeler, Ulrich von Hassell, Julius Leber, Helmuth James Graf von Moltke, Berthold Schenk Graf von Stauffenberg und Erwin von Witzleben.
Die 1952 eingerichtete Gedenkstätte befindet sich im ehemaligen

35 Gefängnis Plötzensee

Hinrichtungsschuppen des Gefängnisses. Die Fleischerhaken, an denen die Todeskandidaten gehängt wurden, sind noch erhalten, die Guillotine wurde 1943 bei einem Luftangriff zerstört.
→ *Hüttigpfad 16* ⏰ *Mär–Okt: 9–17 Uhr; Nov–Feb: 9–16 Uhr* S *Beusselstraße*

36 Quartier Napoléon

Nachdem die Rote Armee Berlin im Mai 1945 erobert hatte, übernahmen die Franzosen im August die stark zerstörte Kaserne der ehem. »Fallschirm-Panzer-Division I Hermann Göring«. Nach der Instandsetzung diente sie den »Forces Françaises à Berlin« unter dem Namen »Quartier Napoléon« bis 1994 als Hauptstandort in West-Berlin. Das weitläufige Areal verfügte über ein Krankenhaus, Kino, Radio- und Fernsehsender. Die nördlichen Bauten des nahen Flughafens Tegel nutzte die französische Luftwaffe. Heute ist die nach dem Widerstandskämpfer Julius Leber benannte Kaserne der größte Bundeswehrstandort in Berlin. Außerdem befindet sich dort das Gästehaus des Bundesverteidigungsministeriums.
→ *Kurt-Schumacher-Damm 41* U *Kurt-Schumacher-Platz*

36 Quartier Napoléon, Standort der »Forces Francaises à Berlin«, 1971

34 Hitler spricht vor Arbeitern im Dynamowerk der Siemensstadt, 1933

Von Berlin zum Mond

Am 18. Mai 1931 begann in Berlin offiziell das Raketenzeitalter, allerdings hatte dies außer einigen Schaulustigen kaum jemand mitbekommen. Auf dem >Raketenflugplatz in Reinickendorf zischte an diesem Tag die »Mirak 2« der Raketenpioniere um den jungen Wernher von Braun (1912–1977) in wilden Bahnen bis zu 60 m hoch durch die Berliner Luft. Nachdem ein solches Geschoss auf der >Heeresversuchsanstalt Kummersdorf präsentiert wurde, ging von Braun im Auftrag der Militärs nach Peenemünde auf der Ostseeinsel Usedom, um die Rakete als Waffe weiterzuentwickeln. Unter seiner Führung entstand dort die weltweit erste voll funktionsfähige Großrakete A4, besser bekannt unter dem Propagandanamen »V2« (Vergeltungswaffe 2). Auf ihrem Erstflug erreichte sie am 3. Oktober 1942 mit einer Geschwindigkeit von Mach 5 eine Höhe von 84,5 km und verließ kurzzeitig die Erdatmosphäre. Ab 1944 wurde die 14 m hohe Rakete unter mörderischen Bedingungen überwiegend von Sklavenarbeitern des KZ Mittelbau-Dora in einem unterirdischen Montagekomplex aus einigen tausend Einzelteilen zusammengebaut. Bestückt mit 1 Tonne Sprengstoff wurden bis Kriegsende rund 3.200 Raketen von mobilen Startrampen vor allem auf London und Antwerpen abgeschossen. Die »V2« schlug ohne Vorwarnung ein, erst dann war der Überschallknall zu hören. Mehr als 8.000 Menschen kamen dabei ums Leben. Die »Wunderwaffe« hatte vor allem eine psychologische Wirkung auf die Zivilbevölkerung. Nicht über das Planungsstadium hinaus gelangte die Interkontinentalrakete A 9/10, mit der New York angegriffen werden sollte. Stattdessen wurde SS-Sturmbannführer Wernher von Braun mit seinem Stab und zig Beuteraketen 1945 in die USA verbracht. Hier entwickelte er u.a. die Saturn-V-Trägerrakete, was mit seinem größten Erfolg und langjährigem Traum, der bemannten Mondlandung von »Apollo 11«, am 20. Juli 1969 endete.

37 Raketenflugplatz Berlin

Fritz Langs Stummfilm »Frau im Mond« war 1929 die Initialzündung für die Raketenforschung in Berlin. Zur Premiere im >Ufa-Palast am Zoo sollte als PR-Gag eine echte Rakete in den Himmel starten. Daraus wurde zwar nichts, aber bei dem Projekt lernten sich Hermann Oberth, der in seinem Buch »Die Rakete zu den Planetenräumen« (1923) die theoretischen Grundlagen der Raumfahrt entwickelt hatte, und Rudolf Nebel kennen. Gemeinsam mit dem 18-jährigen Wernher von Braun und anderen Raketenverrückten tüftelten und testeten sie seit September 1930 mit wenig Geld und viel Leidenschaft auf einem alten Schießplatz am Tegler Weg (heute Flughafen Tegel und Jungfernheide). Am 18. Mai 1931 gelang mit der »Mirak 2« der erste reguläre Raketenstart. Nun trug die Brache zu Recht den Namen »Raketenflugplatz Berlin«. Das Donnern war manchmal bis zum >Potsdamer Platz zu hören, wenn Geschosse wie die »Mirak 3« 1.500 m in den Himmel stiegen. Die »Narren von Tegel« hatten es geschafft, das Militär auf ihre Sache aufmerksam zu machen. Nach einer Vorführung 1932 an der >Heeresversuchsanstalt Kummersdorf wurden Wernher von Braun und einige andere abgeworben. Ihre Forschungen führten zum Bau der Heeresversuchsanstalt Peenemünde und der »Wunderwaffe« V2. Private Raketentests untersagte Hitler nach seiner »Machtergreifung«, Ende Juni 1934 wurde der Raketenflugplatz Berlin geschlossen. → *Jungfernheide* Ⓤ *Otisstraße*

Links: Rudolf Nebel (l.), Wernher von Braun (rechts außen), daneben Klaus Riedel und Hermann Oberth auf dem Raketenflugplatz Berlin; oben: Abschuss einer V2-Rakete, ca. 1943

38 Borsig-Werke

Die längst verblichene Dampflok-Ära ist untrennbar mit den Borsig-Dampfrössern verbunden, die ab 1898 von der gerade neu errichteten und damals größten Lokomotiv-Fabrik Europas in Tegel auf die Schiene gesetzt wurden. Begründet hatte August Borsig (1804–1854) sein Unternehmen 1837 an der Chausseestraße, wo heute noch das alte Verwaltungsgebäude (Nr. 13) steht. Die Borsig-Generationen waren Pioniere des Eisenbahnwesens und mit ihren Gemeinschafts-Einrichtungen auch Vorreiter des Sozialstaats. Im 2. Weltkrieg mussten im Tegeler-Werk auch ausländische Zwangsarbeiter

38 Borsig-Fabrik und -Eisengießerei an der Chausseestraße, 1847

39 Jüdisches Krankenhaus, 1930

Schwerstarbeit leisten. Sie hausten in mit Stacheldraht scharf gesicherten Lagern.
Auch wenn das Unternehmen in seiner alten Form nicht mehr existiert, sind doch seine »Industriekathedralen« erhalten geblieben. Der 60 m hohe Borsig-Turm in Tegel bietet einen hervorragende Rundblick und in den alten Werkshallen ist ein Einkaufszentrum. → *Am Borsigturm* U *Borsigwerke*

39 Jüdisches Krankenhaus Berlin

Die jüdische Mädchenschule in der Auguststraße teilte sich seit 1861 ein Gebäude mit einem Krankenhaus (siehe >Jüdisches Kinderheim »Ahawah«). Es genoss einen guten Ruf, die steigende Patientenzahl führte 1914 zum Umzug nach Wedding. Mit der »Machtübernahme« durch die Nationalsozialisten begannen die Schikanen. Der jüdischen Klinik wurde die Behandlung von »Ariern« verboten, viele Angestellte mussten entlassen werden und es kam zu Plünderungen. Die Gestapo funktionierte das Krankenhausgelände zu einem Ghetto und Sammellager für Juden um, die von hier aus in Konzentrationslager deportiert wurden. Gleichzeitig war es aber auch Zufluchtsstätte. Bis die Rote Armee die Klinik 1945 befreite, sollen sich hier etwa 1.000 Menschen vor den Nazis versteckt gehalten haben. Außerdem fanden die Sowjets rund 370 jüdische Patienten und einige Internierte vor. Nach Kriegsende wurde der Krankenhausbetrieb wieder aufgenommen. Heute ist die Einrichtung ein Teil der >Charité. → *Heinz-Galinski-Str. 1* U *Osloer Straße*

40 Grenzübergang Bornholmer Straße

»*Die machen uns fertig*«, befürchteten DDR-Grenzsoldaten am Abend des 9. November 1989 am Übergang Bornholmer Straße. Gemeint waren Tausende Menschen, die unaufhaltsam auf sie zustürmten. Kurz zuvor hatte Günter Schabowski, Mitglied des Politbüros der SED, im >Internationalen Pressezentrum vor Journalisten aus aller Welt die Reisefreiheit für alle DDR-Bürger angekündet. Er sagte irrtümlich »*sofort, unverzüglich*« – und so verstanden es auch die Ost-Berliner. Die Grenzer wussten nichts von dem Beschluss und

40 Bösebrücke, Bornholmer Straße

versuchten verzweifelt, Anweisungen zu erhalten. Schließlich gaben sie dem Ansturm nach, stellten alle Passkontrollen ein, öffneten die Schlagbäume und zogen sich zurück. Die Ost-Berliner konnten ungehindert aus- und einreisen. In einem verzweifelten Lagebericht der Volkspolizei hieß es um Mitternacht: »*Alle Grenzübergänge zwischen Ost- und West-Berlin sind geöffnet.*« → *Bösebrücke* U *Bornholmer Straße*

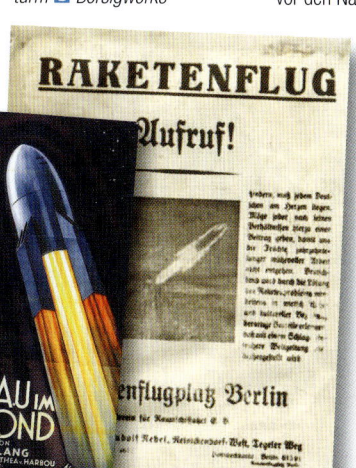

AUSSENBEZIRKE

Friedrich Tamms (1904–1980) baute als Architekt im Stab von >Albert Speer Autobahnbrücken und riesige Flaktürme für die »Führerstädte« Berlin, Wien und Hamburg. Hitler ernannte ihn zum Professor und trug ihn in seine >Liste der Gottbegnadeten ein. Als mächtiger Düsseldorfer Stadtplaner umgab er sich nach 1945 mit den alten NS-Kumpanen. Tamms entwarf u.a. die Rheinbrückenfamilie und das Rheinstadion.

41 Schiffsflak auf dem Gefechtsturm Humboldthain; rechts: Panzerkuppel des Munitionsaufzugs, 1943

Flaktürme und Trümmerberge

41 Flakturm Humboldthain
Berlin war im 2. Weltkrieg ab August 1940 britischen Luftangriffen ausgesetzt, die als Vergeltung für Bombenangriffe der Deutschen auf England erfolgten. Hitler befahl deshalb den Bau von Flakbunkern zur Luftabwehr. Nach dem >Flakturm Zoo entstanden 1941 zwei weitere Paare (bestehend aus einem Leit- und einem Gefechtsturm) im Humboldt- und im Friedrichshain. Im Auftrag von Generalbauinspektor >Albert Speer entwarf Architekt >Friedrich Tamms die »Fliegerabwehrtürme der Deutschen Wehrmacht« nach Skizzen, die Hitler angefertigt hatte. Ähnliche oder gleiche Typen entstanden auch in Wien und Hamburg. Zu den Bauvorgaben schrieb Tamms: »Ausgangspunkt der Planung war die Forderung der Luftabwehr, im Kerngebiet großer Städte eine Flakbatterie so aufzustellen, dass sie höher standen als die Firste der umgebenden Dächer. Da außerdem ein Schußwinkel mit bis 15 Grad unter der Horizontalen angenommen werden musste, war die Höhe der Aufstellung mit 40 bis 50 m über Straßenniveau fixiert. Unterhalb der schweren Flakgeschütze wurde eine Plattform für die Aufstellung von leichter Flak zur Bekämpfung von Tieffliegern verlangt.« Der Gefechtsturm im Humboldthain maß ursprünglich im Grundriss 75 x 75 m, die Höhe liegt bei 39 m. Im Inneren fanden hinter den 3,50 Meter starken Wänden teilweise bis zu

Die Flaktürme sollten nach dem »Endsieg«, mit Natursteine verkleidet, zu »Totenburgen« für die gefallenen Soldaten der Luftwaffe umfunktioniert werden.

30.000 Menschen Schutz. Die Flaktürme verfügten, wie Tamms schrieb, »*über Eigenbrunnen, eigene Kraftwerke und waren gegen Kampfgase sowie Sprengstoffe vollkommen abgeschirmt. Sie waren in jeder Weise autark.*« Die technisch effektiven 12,8 cm-Zwillingsgeschütze mit einer Schusshöhe von 14.800 m hatten am Ende gegen die Übermacht der alliierten Bomber kaum eine Chance. Ab 1943 war die Reichshauptstadt massiven Flächenbombardements ausgesetzt. Hermann Görings Luftwaffe hatten die Alliierten nahezu ausgeschaltet und eine deutsche Stadt nach der anderen versank in Schutt und Asche. Als die Rote Armee 1945 in Berlin einrückte, wurden die Flakgeschütze auf den Türmen zur Panzer-Bekämpfung eingesetzt. Die Bunkerpaare im Humboldthain ließen die Sowjets 1946–48 mühsam sprengen und mit Trümmerschutt auffül-

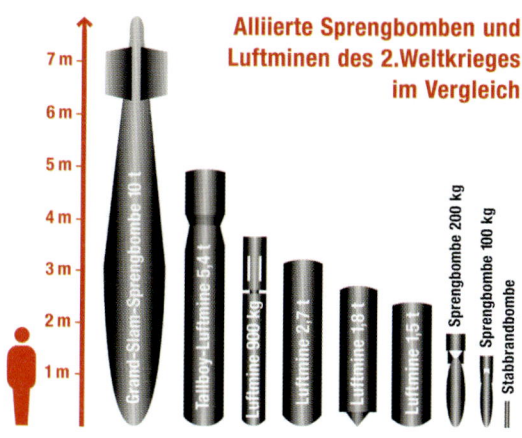

Alliierte Sprengbomben und Luftminen des 2.Weltkrieges im Vergleich

41 Geschützplattform des Flakturms

len. Die Nordwand des G-Turms ist noch erhalten und bietet einen der besten Panoramablicke über Berlin. Das Innere des zerstörten Bunkers können Wagemutige mit Führungen des Vereins >Berliner Unterwelten besichtigen. → *Humboldthain* Ⓤ Ⓢ *Gesundbrunnen*

㊷ **Berliner Unterwelten-Museum** Der inzwischen durch die mediale Präsenz bekannte Verein »Berliner Unterwelten-Museum« ist unermüdlich aktiv bei der Erforschung der unterirdischen Anlagen und Bunker in der Metropole. Die sachkundigen Mitglieder versuchen möglichst viel von den Unterwelt-Strukturen Berlins zu erhalten und den interessierten Besuchern zu zeigen. Auf geführten Besichtigungstouren

»Die Angriffe auf Berlin boten vom Flakturm aus ein unvergeßliches Bild, und es bedurfte eines ständigen Zurückrufens in die grausame Wirklichkeit, um sich nicht von diesem Bild faszinieren zu lassen. Die Apokalypse bot ein grandioses Schauspiel.«
– Albert Speer »Erinnerungen«, 1975

(in mehreren Sprachen) können besonders die Bunker aus dem 2. Weltkrieg und dem >Kalten Krieg, wie der >Flakturm Humboldthain, der >Fichtebunker, aber auch das U-Bahnsystem, der >Großbelastungskörper und andere, sonst nur schwer oder gar nicht zugängliche Orte, be-

41 Treppenhaus im Geschützturm

sichtigt werden. Im ehemaligen Zivilschutzbunker des U-Bahnhofs Gesundbrunnen unterhält der Verein das Berliner Unterwelten-Museum mit zahlreichen Exponaten aus der Zeit, als der Bombenkrieg über Berlin tobte. → *Brunnenstr. 105* ⏱ Ganzjährig werden verschiedene Touren angeboten: *www.berliner-unterwelten.de* Ⓤ Ⓢ *Gesundbrunnen*

41 Nordseite des halb zugeschütteten Gefechtsturms im Humboldthain

AEG-Werk Der deutsche Elektropionier und Unternehmer Emil Rathenau hatte als junger Mann in den Berliner >Borsig-Werken sowie in England und den USA die kapitalistischen Arbeitsprozesse kennen gelernt. 1884 holte er die Glühlampe nach Deutschland und gründete an der Schlegelstraße die »Deutschen Edison Gesellschaft« (siehe >Edison-Höfe). Wenig später benannte er die Firma in »Allgemeine Elektricitäts-Gesellschaft«, kurz AEG, um. Durch den Bau von Elektromotoren entwickelte sie sich am neuen Standort in Wedding zum Industrieriesen. Um 1910 entstanden hier nach Plänen des Industrial-Design-Vaters >Peter Behrens z.T. heute noch erhaltene Bauten wie die mächtige, 180 m lange Großmaschinen-Montagehalle aus Backstein und Glas. Bis in die frühen 1930er Jahre war der »rote Wedding« eine Hochburg der Sozialdemokraten und Kommunisten, an dem sich die Nazis zunächst die Zähne ausbissen. Nicht zuletzt Geldzuwendungen der AEG-Eigner an die NSDAP machten aus den roten die braunen Proletarier. Im 2. Weltkrieg mussten bei dem wichtigen Rüstungsproduzenten AEG auch Zwangsarbeiter schuften. Ein etwa 395 m langer Tunnel, in dem ab 1895 die Werksbahn fuhr (und damit die erste elektrische »U-Bahn« Deutschlands), diente zeitweise als Luftschutzanlage. Heute kann er am »Tag des offenen Denkmals« oder mit dem Verein >»Berliner Unterwelten« besichtigt werden. Das restliche AEG-Areal ist als Industriedenkmal frei zugänglich und wird u.a. von der TU Berlin genutzt. Dazu gehört auch das repräsentative »Beamtentor« mit dem ersten AEG-Logo (von Franz Schwechten) an der Brunnenstraße. → *Gustav-Meyer-Allee 25* Ⓤ *Voltastraße*

43 Links: Peter-Behrens-Halle der Technischen Universität Berlin

44 Meyer's Hof Der Meyer's Hof war ein krasses Musterbeispiel für die Zeit der Berliner Mietskasernen. In dem vom Textilfabrikanten Jaques Meyer in den 1870ern kapitalgünstig, äußerst dicht bebauten Anlage mit sechs Hinterhöfen war eine Trennung von Wohnen und Arbeiten nicht üblich. Es muss

43 AEG-»Beamtentor«

damals ziemlich wüst zugegangen sein; kaum einer der rund 2.000 Bewohner, darunter Schuster, Schneider, Zigarettendreher und Knopfmacher mit kleinen Werkstätten, zahlte für die etwa 260 kleinen und heruntergekommenen Wohnungen Miete. 1972 sprengte man die Reste des Wohnkomplexes für neue Rendite-Bebauung. → *Ackerstr. 132–133* Ⓤ *Bernauer Straße*

Peter Behrens – Urvater des Designs

Der genial-vielseitige Entwerfer Peter Behrens (1868–1940) war der erste, der konsequent auf breiter Linie die technischen und gesellschaftlichen Veränderungen berücksichtigte. Von der Malerei kommend, von Jugendstil und Arts & Crafts inspiriert, gestaltete er wie z.B. für die >AEG alles als Gesamt-Designwerk, von Logo über Briefbogen, Prospekt, Leuchte, Wanduhr aber auch Wohnhäuser und Fabrikhallen. Behrens konzipierte Programme die heute als Corporate Identity (CI) zelebriert werden. Als Architektur- und Grafik-Autodidakt wurde er zum Prototyp des Berufs-Designers. In seinem Berliner Atelier arbeiteten um 1910 die damals noch unbekannten Walter Gropius, Mies van der Rohe und Le Corbusier.

45 Invalidenfriedhof

🅐 Invalidenfriedhof

Der Invalidenfriedhof zählt mit seiner über 250-jährigen Geschichte zu den ältesten und bedeutendsten Begräbnisstätten Berlins. Angelegt wurde er 1748 durch den >Alten Fritz als Teil des preußischen Invalidenhauses für versehrte Soldaten. Vor allem hohe Militärs aus den Befreiungskriegen 1813–15 fanden auf dem Invalidenfriedhof ihre letzte Ruhestätte.

Das prächtigste Monument schuf >Karl Friedrich Schinkel für General Gerhard von Scharnhorst, auf dessen Sarkophag in fast 6 m Höhe ein Löwe ruht. Der Heeresreformer und ehemalige Kriegsminister war 1813 nach einer in der Schlacht bei Großgörschen erlittenen Verletzung verstorben.

Auch dieses Kulturdenkmal stand Hitler und Speer für ihre >Germania-Planungen im Weg. Sarkophage der historischen Prominenz sollten später in der nie gebauten >Soldatenhalle aufgestellt werden. Während des 2. Weltkriegs ließ man hier die Flieger-Asse Ernst Udet und Werner Mölders mit Propaganda-Pomp bestatten. Letzterer war auf dem Flug zu Udets Staatsbegräbnis abgestürzt.

Neben Widerstandskämpfern aus dem Kreis um >Graf Stauffenberg liegt hier auch Hitlers Chefadjutant Rudolf Schmundt, der durch das Attentat vom >20. Juli 1944 in Ostpreußen starb.

Auch den »Organisator des Holocausts«, >Reinhard Heydrich, dessen Grab heute unkenntlich ist, ließ Hitler hier 1942 beisetzen. Der Chef des >Reichssicherheitshauptamtes war an den Folgen eines Vergeltungsanschlags des tschechischen Widerstands im besetzten Prag verstorben.

Mit dem Bau der DDR-Mauer lag der Invalidenfriedhof im Grenzgebiet. Ab 1961 wurden fast 2.800 Grabfelder systematisch zerstört, weil das DDR-Regime im Todesstreifen ein übersichtliches Beobachtungs- und Schussfeld brauchte. Gusseiserne Kreuze landeten in volkseigenen Hochöfen. Auf dem Feld A hatten sich Grenzsoldaten aus Grabsteinen einen Unterstand gebaut. Das Feld I benutzten sie als Parkplatz.

Am 24. August 1961 erschossen Grenzsoldaten den 24-jährigen Schneider Günter Litfin im nahe gelegenen Humboldt-Hafen beim Versuch, nach West-Berlin zu schwimmen. Er war das erste Todesopfer der Berliner Mauer. Sein Bruder richtete ihm und anderen Mauertoten im ehemaligen Wachturm an der Kieler Straße eine Gedenkstätte ein. Auf dem Invalidenfriedhof erinnern heute Mauerreste und der Kolonnenweg an den Grenzverlauf. Viele der zerstörten Grabmale werden nach und nach rekonstruiert. → *Scharnhorststr. 33* 🚇 🚈 *Hauptbahnhof*

Gerhard von Scharnhorst 1755–1813; Preußischer General, Militärreformer

Alfred von Schlieffen 1833–1913; Generalfeldmarschall, Chef des Generalstabs

Manfred von Richthofen 1892–1918; erfolgreichster Jagdflieger des 1. Weltkriegs

Ernst Udet 1896–1941; Jagdflieger im 1. Weltkrieg, Generalluftzeugmeister

Werner Mölders 1913–41; populärster und hochdekorierter Jagdflieger im 2. Weltkrieg

Fritz Todt 1891–1942; Rüstungsminister, Leiter des Autobahnbaus und der »Org. Todt«

Reinhard Heydrich 1904–42; u.a. SS-Führer, Leiter des RSHA und Organisator des Holocausts

45 Reste der Hinterlandmauer auf dem Invalidenfriedhof

AUSSENBEZIRKE

Der Berliner Mauerweg ist ein 160 km langer Wander- und Radweg auf den Spuren der DDR-Grenzanlagen rund um das ehemalige Gebiet West-Berlins. Der Geschichtspfad verläuft meist auf dem einstigen Kolonnenweg der DDR-Grenztruppen, die im Todesstreifen zwischen Vorder- und Hinterlandmauer patrouillierten. Dort wo sich im >Kalten Krieg etwas Besonderes ereignete oder Mauerreste stehen, sind Informationsstelen angebracht.

A 324 23.12.1973 Fluchtversuch und Festnahme, Jörg H.

Die Gedenkstätte Berliner Mauer

46 Stettiner Bahnhof

Vom einst mächtigen Stettiner Bahnhof an der Invalidenstraße ist heute nur ein kümmerlicher Rest, das Empfangsgebäude der Vorortbahn, erhalten. Ab 1842 fuhren von hier aus die Züge zu den Ostseestädten Pommerns. Auf dem Vorplatz sind heute Gleise im Boden eingelassen, auf denen alle Orte zu lesen sind, die einmal von hier aus zu erreichen waren. Als Stettin nach dem 2. Weltkrieg polnisch wurde, ist das stark zerstörte Gebäude 1950 in Nordbahnhof umbenannt und später abgerissen worden. Nach dem Mauerbau existierte nur noch der unterirdische S-Bahnhof, der nun als ungenutzter Geisterbahnhof auf Ost-Berliner Gebiet lag. West-Berliner S-Bahnzüge durchfuhren die Station ohne Halt. DDR-Grenzer patrouillierten auf dem abgedunkelten Bahnsteig mit MP's. Heute informiert eine Ausstellung in der Zwischenebene des Nordbahnhofs über die Geisterbahnhöfe. Oberirdisch befindet sich etwas nördlicher in einem Parkgelände noch ein langes Stück der Ost-Berliner Hinterlandmauer.

→ *Julie-Wolfthorn-Str.*
Ⓢ *Nordbahnhof*

46 Ausstellung Geisterbahnhöfe

47 Grenzstreifen an der Gedenkstätte Berliner Mauer

47 Gedenkstätte Berliner Mauer An keinem anderen Ort in der Hauptstadt lässt es sich so eindringlich nachempfinden, wie die 1961 vom DDR-Regime errichtete Mauer fast über 30 Jahre lang Berlin in zwei Hälften teilte. Die Narben dieses angeblich »antifaschistischen Schutzwalls«, der tatsächlich die DDR-Bürger vom Verlassen des »Arbeiter und Bauernstaats« abhalten sollte, sind heute auch an anderen Orten zu erahnen, aber nirgendwo so sichtbar (erhalten) wie hier. Vom Nordbahnhof bis zum Mauerpark erstreckt sich die Gedenkstätte über 1,4 km entlang des alten Mauerverlaufs an der >Bernauerstraße als Erlebnis- und Lernpfad der deutsch-deutschen Geschichte. Fundamente der vormaligen Bebauung, Fragmente der Grenzanlagen werden neben historischen Ereignissen an Informationsstelen erläutert. Im Mittelpunkt steht ein 70 m langer Original-Grenzstreifen. Eingefasst wird die Anlage von zwei 7 m hohen Stahlwänden, auf deren blank polierten Innenseiten sich die Mauer ins Unendliche spiegelt. Durch Schlitze in der Hinterlandmauer blickt der Besucher von Osten über den menschenleeren Todesstreifen mit dem Postenweg der Grenzer und dem Wachturm auf die Vorderlandmauer. Im angrenzenden Dokumentationszentrum wird eine informative Ausstellung gezeigt. Vom Aussichtsturm überblickt man den ehemaligen Grenzverlauf. Während des Mauerbaus wurden hier zahlreiche Gräber des benachbarten Friedhofs eingeebnet. → *Bernauer Str. 111/119* ⏰ *Apr–Okt: Di–So 9.30–19 Uhr; Nov–Mär: Di–So 9.30–18 Uhr* 🚉 *Nordbahnhof* Ⓤ *Bernauer Straße*

47 DDR-Grenzer an der Mauer

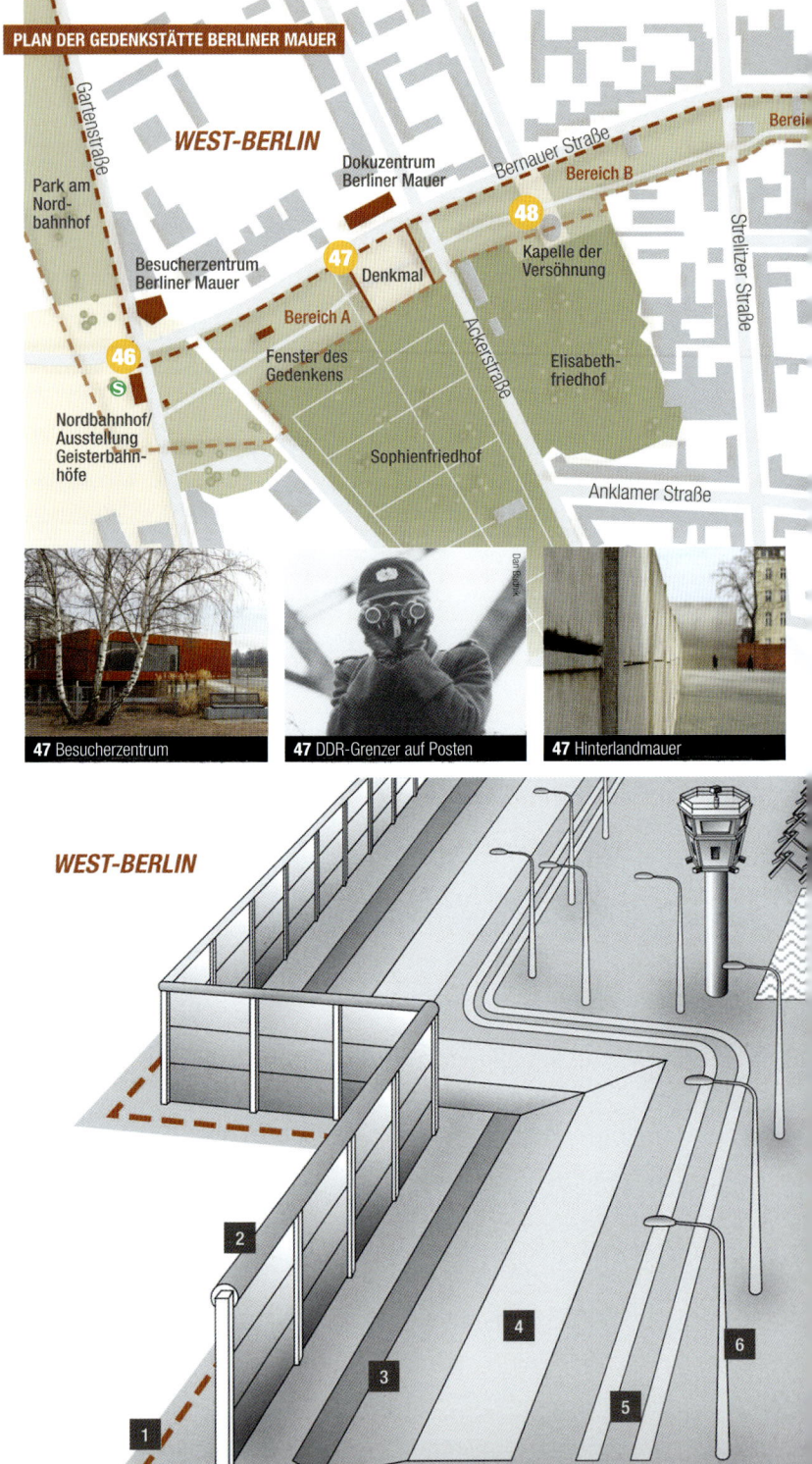

Zögern Sie nicht mit der Anwendung der Schußwaffe, auch dann nicht, wenn die Grenzdurchbrüche mit Frauen und Kindern erfolgen, was sich die Verräter schon oft zu nutze gemacht haben. – Auszug des Schießbefehls für DDR-Grenzsoldaten, 1977

47 Ehemaliger Todesstreifen
47 Grenzturm und Mauerstreifen
47 Maueropfer

TODESSTREIFEN DER MAUER
1. Grenzverlauf
2. Vorderlandmauer nach Westen
3. Kfz-Sperrgraben
4. Kontrollstreifen
5. Postenweg
6. Lichtsperren/Bogenlampen
7. Wachtürme
8. Panzersperren
9. Flächensperren
10. Signalzaun
11. Hinterlandmauer nach Osten

47 Relief des Grenzverlaufs an der Gedenkstätte Berliner Mauer

48 Kapelle der Versöhnung

Inmitten des Todesstreifens der Berliner Mauer stand seit 1961 die nicht mehr zugängliche Versöhnungskirche. DDR-Grenzsoldaten nutzten die 1892 erbaute Kirche als Wachunterkunft, im Glockenturm befand sich ein MG-Stand. Unter dem Vorwand, ein freies Schussfeld zu benötigen, veranlasste die DDR-Regierung 1985 die Sprengung. Heute steht an gleicher Stelle die Kapelle der Versöhnung, ein ovaler Lehmbau mit einer Holzlamellenfassade, in dem sich noch Fragmente aus den Trümmern der Versöhnungskirche befinden. Die alten Glocken hängen in einem separaten Läutegerüst. → *Bernauer Str. 111* ⊙ *Di–So 10–17 Uhr* Ⓤ *Bernauer Straße*

49 Bernauer Straße

Noch heute trennt eine breite Schneise entlang der Südseite der Bernauer Straße die Bezirke Wedding (West) und Mitte (Ost). Hier kam es während des Mauerbaus zu spektakulären Fluchtaktionen. Menschen seilten sich an Bettlaken aus den Fenstern der Häuser ab, die zwar noch im Ostsektor standen, der Gehsteig davor aber schon im Westsektor lag. Diese Bilder gingen um die Welt, wie auch die spektakuläre Aufnahme des Volkspolizisten Conrad Schumann, der am 15. August 1961 an der Ecke Ruppiner Straße über eine Stacheldrahtrolle in den französischen Sektor nach Westen sprang und dabei seine Waffe wegwarf. Die erste Generation der Mauer bot an der Bernauer Straße von Westen her ein gespenstisches Bild. Sie bestand aus den bis zur Hochparterre stehengelassenen Fassaden der zur Grenzsicherung abgerissenen Wohnhäuser. Die Rollläden der Fenster waren heruntergelassen, die Türen versperrt und dahinter vermauert. Später folgten neue Versionen der Mauer, bis zu den heute noch sichtbaren Betonsegmenten mit einer Röhrenauflage. → *Bernauer Str./Strelitzer Str.* Ⓤ *Bernauer Straße*

48 Versöhnungskirche

50 »Tunnel 29«

Am 14. September 1962 begann eine medial besonders aufsehenerregende Massenflucht nach West-Berlin. Durch einen 120 m langen Tunnel zwischen den Häusern Bernauer Straße 73 (West) und Schönholzer Str. 7 (Ost) konnten 29 Männer, Frauen und Kinder in den Westen fliehen. Finanziert und dokumentiert von dem amerikanischen Fernsehsender NBC, hatte eine Gruppe West-Berliner Studenten fünf Monate lang an der engen Röhre gegraben.
Der erfolgreichste Fluchtweg war im Oktober 1964 der »Tunnel 57«.

Die Blauhemden

Mit der Parole »Freundschaft« pflegte sich die blau behemdete DDR-Staatsjugend zu grüßen. Die Massenorganisation, der ca. 80 % aller 14- bis 25-Jährigen angehörten, sollte für den Marxismus-Leninismus begeistern. Mit der »freiwilligen« Mitgliedschaft versuchte die DDR-Führung die Jugend auch den kirchlichen Einflüssen zu entziehen. Die FDJ organisierte die Jugendfreizeit und entschied auch über die berufliche Karriere. Beliebt waren die »Deutschlandtreffen« und »Weltfestspiele der Jugend«. Der letzte große FDJ-Fackelzug marschierte zum 40. Jahrestag der DDR im Oktober 1989 an >Erich Honecker, Egon Krenz und Ehrengast >Michail Gorbatschow vorüber.

Der 143 Meter lange Stollen führte von der Bernauer Straße 97 (West) zum Haus Strelitzer Straße 55 (Ost). 57 Personen gelangten so in die Freiheit. Beim Versuch, die Fluchthelfer zu stellen, kam der DDR-Grenzsoldat Egon Schultz durch den Schuss eines Kameraden ums Leben.

50 Markierung des Mauerverlaufs

Die DDR-Regierung verkaufte den Vorfall als Meuchelmord West-Berliner Agenten. Vor Ort informiert eine Glasstele über den wahren Hergang. → *Bernauer Str. 73/Schönholzer Str. 7* U *Bernauer Straße*

51 Zionskirche Wegen der anhaltenden staatlichen Desinformation und Pressezensur in der DDR gründeten im September 1986 Berliner Oppositionelle die »Umwelt-Bibliothek«. Der Pfarrer der Zionskirchgemeinde, Hans Simon, stellte dafür zwei Kellerräume zur Verfügung. Hier sammelte man schwer zugängliche Literatur, organisierte Veranstaltungen und druckte illegale Flugblätter. Am 25. November 1987 stürmte die >Staatssicherheit die Räume und nahm alle Aktivisten fest. Darauf folgende Mahnwachen und Protestveranstaltungen in der Zionskirche waren Ausgangspunkt für Proteste im In- und Ausland. Da die Gemeinde weiterhin mit Transparenten und Mahngottesdiensten demonstrierte, ließ die Stasi den Kirchturm und den Eingangsbereich sperren. Weitere Aktionen wurden in die >Gethsemanekirche verlegt. Dies war eine der ersten gemeinsamen Kampagnen von Friedens-, Menschenrechts- und Ökogruppen in der DDR. Vor der Kirche erinnert ein Denkmal an den von den Nationalsozialisten 1945 ermordeten Theologen und Widerstandskämpfer Dietrich Bonhoeffer, der hier 1931 als Pastor tätig war. → *Zionskirchplatz* U *Rosenthaler Platz*

52 Gethsemanekirche
Die Gethsemanekirche erlangte zuletzt während der friedlichen Revolution in der DDR überregionale Bekanntheit. Unter dem Motto »*Wachet und betet*« war das Gotteshaus seit dem 2. Oktober 1989 Tag und Nacht für Mahnwachen und kritische Diskussionsveranstaltungen geöffnet. Im Schein von einem Meer brennender Kerzen demonstrierten auf dem Vorplatz täglich Tausende Menschen gewaltfrei gegen das SED-Regime. Am 40. Jahrestag der DDR-Staatsgründung, dem 7. Oktober 1989, gingen Polizei und >Stasi äußerst brutal mit Knüppeln und Wasserwerfern gegen wehrlose Demonstranten vor, die zuvor im Stadtzentrum – anlässlich des Besuches von Generalsekretär >Michail Gorbatschow – die Zulassung des »Neues Forum« gefordert hatten. Hunderte wurden verhaftet. Im März 1990 kam in der Gethsemanekirche die erste und einzige frei gewählte Volkskammer der DDR zu einem Gottesdienst zusammen. → *Stargarder Str. 77* U S *Schönhauser Allee*

51 Zionskirche

49 DDR-Grenzer überwachen Bauarbeiter an der Berliner Mauer, 1962

53 Sowjetisches Ehrenmal

53 Sowjetisches Ehrenmal Schönholzer Heide

Nach dem 2. Weltkrieg entstand 1947 im Volkspark Schönholzer Heide in Pankow das dritte sowjetische Ehrenmal in Berlin. Bis 1945 befand sich hier auf dem Gelände des ehemaligen Luna-Vergnügungsparks ein Lager für Ausländer, die Zwangsarbeit in Rüstungsbetrieben leisten mussten.

Auf der monumentalen Anlage des Ehrenmals sind 13.200 in der >Schlacht um Berlin gefallene Offiziere und Soldaten der Roten Armee begraben. 16 Grabkammern, in denen 1.182 Armeeangehörige liegen, flankieren den Weg zu einem zentralen, 33,5 Meter hohen Obelisk. Davor trauert die überlebensgroße Plastik der russischen »Mutter Erde« um ihren gefallenen Sohn. → *Germanenstr. (Volkspark Schönholzer Heide)* Ⓢ *Schönholz*

54 SED-Siedlung Pankow

»*Entschuldigen Sie, ist das der Sonderzug nach Pankow?/ Ich muss mal eben dahin, mal eben nach Ost-Berlin/ ich muß da was klären, mit eurem Oberindianer*«, sang 1983 Udo Lindenberg. Mit diesem Song versuchte der West-Rocker den SED-Chef >Erich Honecker oder »*Honey*«, wie er ihn nannte, zur Genehmigung für einen Auftritt in der DDR zu überreden. Der »Sonderzug nach Pankow« erreichte sein Ziel. Am 25. Oktober 1984 gab Lindenberg im >Palast der Republik ein Konzert. Sein in der DDR umjubeltes Sonderzug-Lied durfte Udo in der DDR aber nicht »*zum Vortrag bringen*«, genau so wenig kam er bis nach Pankow. Dort wohnte von 1945 bis 1960 die von der Öffentlichkeit streng abgeschottete Führungskaste der SED:

▶ Walter Ulbricht (Generalsekretär des ZK der SED), Majakowskiring 28
▶ Wilhelm Pieck (erster Präsident der DDR), Majakowskiring 29
▶ Otto Grotewohl (erster Regierungschef der DDR, Majakowskiring 46/48
▶ Erich Honecker (Generalsekretär des ZK der SED), Majakowskiring 58
▶ Erich Mielke (Minister für Staatssicherheit der DDR), Stille Straße 10
▶ Markus Wolf (Leiter der DDR-Auslandsspionage), Rudolf-Ditzen-Weg 18/20

Im Haus Majakowskiring 34 schrieb Kulturminister Johannes R. Becher 1949 den Text für die von Hans Eisler komponierte DDR-Nationalhymne: »*Auferstanden aus Ruinen / Und der Zukunft zugewandt, / Lass uns dir zum Guten dienen, / Deutschland, einig Vaterland...*« Seit Honeckers Machtantritt im Jahr 1971 durfte die Hymne nur noch instrumental intoniert werden. Ein »einig Vaterland« strebte die DDR-Führung schon lange nicht mehr an. Aus Furcht vor einem Volksaufstand wie 1956 in Ungarn zogen die höchsten Partei-Funktionäre um 1960 von Pankow in die noch stärker gesicherte >Waldsiedlung bei Wandlitz nördlich von Berlin. Das Schloss Niederschönhausen in Pankow war 1949–1960 Amtssitz des Staatspräsidenten der DDR, danach diente es als Gästehaus der Regierung. 1989/90 verhandelte hier der »Runde Tisch« über die Umgestaltung der DDR. → *Majakowskiring* Ⓤ Ⓢ *Pankow*

54 Erich Honeckers ehem. Villa in der SED-Siedung Pankow

> »*Ich weiß genau, ich habe furchtbar viele Freunde/ in der DDR und stündlich werden es mehr/ och Erich ey bist du denn wirklich so ein sturer Schrat/ warum lässt du mich nicht singen im Arbeiter- und Bauernstaat*«
>
> – »*Sonderzug nach Pankow*«, 1983

55 Holocaust-Gedenkstätte vor dem Friedhofsgebäude

Rudolf Mosse
1843–1920;
Geschäftsmann
sowie Berliner
Zeitungs- und
Buchverleger

Oscar Tietz
1858–1923;
Kaufmann und
Gründer der
Kaufhauskette
»Hermann Tietz«

Adolf Jandorf
1870–1932;
Gründer der
Kaufhauskette
»Jandorf & Co.«
und des KaDeWe

Samuel Fischer
1859–1934;
Verleger und
Gründer des »S.
Fischer Verlags«

Josef Garbáty
1851–1939;
Berliner Ziga-
rettenfabrikant
und Mäzen

Herbert Baum
1912–42; Wider-
standskämpfer
gegen das NS-
Regime (Herbert-
Baum-Gruppe)

Stefan Heym
1913–2001;
Schriftsteller,
seit 1953 in der
DDR, Regimekri-
tiker der SED

55 Jüdischer Friedhof Weißensee Dieser verwunschene Gottesacker ist mit ca. 115.000 Gräbern auf über 42 Hektar flächenmäßig die größte jüdische Begräbnisstätte Europas. Auf der 1880 angelegten Anlage, die für das UNESCO-Weltkulturerbe vorgesehen ist, finden auch heute noch Beerdigungen statt. Zu den zahlreichen Persönlichkeiten, die hier ruhen, zählen der Kaufhausgründer Oscar Tietz, der Verleger Samuel Fischer, der Gründer der Hotel-Dynastie >Berthold Kempinski, die Lokomotivbau-Pioniere Benno Orenstein und Arthur Koppel (O&K), oder der unruhige US-/DDR-Schriftsteller Stefan Heym. Historisch waren jüdische Friedhöfe einheitlich schlicht, hier aber wurden nach der Gründung auch prachtvollere Grabmale und pompöse Mausoleen der reicheren Juden, die sich dem wilhelminischen Bürgertum zugehörig fühlten, standesgemäß von Architekten errichtet. Damals sind auf den Grabsteinen, neben hebräischen Inschriften, auch rein deutsche entstanden. Ein Monument aus der Weimarer Zeit ist jüdischen Soldaten gewidmet, die im 1. Weltkrieg für den Kaiser gefallen sind. Während der NS-Zeit wurden auf dem Friedhof über 580 Thorarollen aus den zerstörten Berliner Synagogen versteckt. Viele Gemeindemitglieder nahmen sich aus Verzweiflung vor der drohenden Deportation das

55 Herbert-Baum-Ehrengrab

55 Mausoleum Katz-Lachmann

Leben, was 1942 zu einem traurigen Höhepunkt der Bestattungen führte. Im gleichen Jahr erschossen die Nationalsozialisten den Widerstandskämpfer Herbert Baum, dessen Gruppe vorwiegend aus linksorientierten jüdischen Mitgliedern bestand. Baum erhielt später ein prominentes Ehrengrab und einen Gedenkstein im >Lustgarten. Auf einem Urnenfeld liegt die Asche von Juden, die in Konzentrationslagern ermordet wurden. Am Haupteingang erinnert auch eine Gedenkstätte an die Millionen Opfer der Shoa.
→ *Herbert-Baum-Str. 45*
⏱ *Apr–Sep: Mo–Do 7.30–17, Fr 7.30–14.30, So 8–17 Uhr; Nov–Mär: Mo–Do 7.30–16, Fr 7.30–14.30, So 8–16 Uhr*
Ⓢ *Greifswalder Straße*

Bärbel Bohley (1945–2010) war Malerin und eine der aktivsten Bürgerrechtlerinnen in der DDR (Neues Forum). Wegen angeblicher »landesverräterischer Nachrichtenübermittlung« kam sie 1983 ins >Stasi-Gefängnis Hohenschönhausen. Ihrem ehem. Anwalt Gregor Gysi warf sie 1993 vor, IM der Stasi gewesen zu sein. Bohley starb enttäuscht 2010: »Wir wollten Gerechtigkeit und bekamen den Rechtsstaat.«

56 Fensterlose Isolier- und Folterzellen im Keller (»U-Boot«) des ehem. Stasi-Gefängnisses Hohenschönhausen

Der Stasi-Staat

56 Gedenkstätte Berlin-Hohenschönhausen Nachdem die Rote Armee Berlin im Mai 1945 erobert hatte, richtete die Sowjetische Militäradministration (SMAD) in Hohenschönhausen in einer ehemaligen Großküche ein Speziallager ein. Ohne Gerichtsverfahren wurden dort deutsche Zivilisten interniert, die für Nationalsozialisten oder Gegner der sowjetischen Besatzungspolitik gehalten wurden. Auf engstem Raum waren bis zu 4.200 Gefangene eingepfercht, die unter Kälte, Hunger und Krankheiten litten. Bis zur Auflösung des Lagers im Oktober 1946 starben schätzungsweise 3.000 Menschen, die Übrigen wurden in das Speziallager Nr.7/Nr.1 (das ehem. >KZ Sachsenhausen) nach Oranienburg verlegt. Das Gelände in Hohenschönhausen diente der SMAD nun als Untersuchungsgefängnis. Viele wurden von hier aus direkt zu 10 bis 25 Jahren Zwangsarbeit verurteilt und in die sowjetischen GULAGs deportiert.

1951 übernahm das >Ministerium für Staatssicherheit (MfS) den Betrieb. Auch das berüchtigte »U-Boot« in den nasskalten und fensterlosen Kellerzellen der Anstalt führte die Stasi weiter. Um Geständnisse zu erpressen, wurden Gefangene dort unten brutal gefoltert oder wochenlang in Isolationshaft gesperrt. Bis 1962 ließ das MfS zusätzlich ein Arbeitslager und einen Gefängnisneubau mit 200 Zellen, Verhörzimmern und einem Krankenhaus errichten. In den

Der »Barkas B 1000« war ein Gefangenentransporter der Stasi. In den 5 fensterlosen Einzelzellen konnten sich die Häftlinge kaum bewegen. Zum Teil waren die LKWs als Lebensmitteltransporter getarnt.

1970er und 1980er Jahren waren es hauptsächlich Regimekritiker und potenzielle DDR-Flüchtlinge, die in Hohenschönhausen festgehalten wurden. Über die Dauer ihrer Haft ließ man die Gefangenen im Ungewissen, auch wusste kaum einer, wo er sich überhaupt befand. Mit anderen Insassen oder den Wärtern durfte nicht gesprochen werden. Die einzige Bezugsperson war der Vernehmungsoffizier. Wie viele Menschen die Anstalt durchliefen, ist unbekannt. Ehemalige Häftlinge führen heute durch den Komplex. → *Genslerstr. 66* ⊙ *Mo–Fr 11–15, Sa–So 10–16 Uhr*

57 Mies-van-der-Rohe-Haus

57 **Mies-van-der-Rohe-Haus**

»*Das ist ja ein komisches Haus*«, soll ›Erich Mielke, Minister für Staatssicherheit, in den 1950er Jahren gesagt haben. Gemeint war ein flach gedeckter, eingeschossiger Backsteinbau, den Architekt ›Mies van der Rohe 1932 für das Fabrikantenehepaar Martha und Karl Lemke in Berlin-Weißensee entworfen hatte. Nach dem 2. Weltkrieg wurde das Haus als Lager und Garage von der sowjetischen Armee genutzt. In der Nachbarschaft bezogen danach hauptsächlich Agenten und Mitarbeiter der Staatssicherheit ihr Quartier. Den architektonischen Wert des Gebäudes erkannte niemand. 1951 ließ ein Offizier der Stasi das völlig verwahrloste Haus für sich und seine Familie herrichten und bewahrte es so unbewusst vor dem Abriss.

Jetzt dient das in den Originalzustand zurückversetzte Mies-van-der-Rohe-Haus als Ausstellungsort moderner Kunst.
→ *Oberseestr. 60* ⊙ *Di–Fr 13–18, Sa–So 14–18 Uhr*

58 **Stasimuseum Berlin – Forschungs- und Gedenkstätte Normannenstraße**

Seit der Gründung des Ministeriums für Staatssicherheit (MfS) im Jahr 1950 residierte der DDR-Geheimdienst an der Normannen-/Magdalenenstraße in Berlin-Lichtenberg. In den folgenden Jahren breitete sich die Stasi über das ganze Viertel aus. Im »Haus 1« befand sich der Amtssitz von Geheimdienstchef ›Erich Mielke. Seine Arbeits- und Privaträume, der Sitzungssaal, ja sogar die Küche und das Badezimmer sind bis heute im Originalzustand der 1950er Jahre erhalten geblieben. In den anderen Etagen informiert eine Ausstellung

56 Vorzeigezelle der Stasi

über die Geschichte des MfS und die Opposition in der DDR. In den Wochen nach der Öffnung der Mauer arbeitete das MfS unbehelligt weiter und vernichtete unzählige Akten. Deshalb besetzten am 15. Januar 1990 etwa 10.000 Demonstranten die Stasi-Zentrale, verwüsteten aus Wut Teile der Einrichtung und bereiteten der Dokumentenvernichtung ein Ende. Heute befindet sich im »Haus 7« das Archiv der Stasi-Unterlagen mit 6 Millionen personenbezogenen Akten des MfS. Wer zu DDR-Zeiten bespitzelt wurde, kann bei der Behörde Einsicht in seine Unterlagen erhalten.
→ *Ruschestr. 103, Haus 1* ⊙ *Mo–Fr 11–18, Sa, So 14–18 Uhr* Ⓤ *Magdalenenstraße*

56 Außenmauer des Stasi-Gefängnisses

Die Staatssicherheit

Das Ministerium für Staatssicherheit (MfS) der DDR wurde 1950 nach dem Vorbild des sowjetischen Geheimdienstes NKWD gegründet. Die Stasi begriff sich als »Schild und Schwert der (SED) Partei«. Ihre Aufgabe war eindeutig: Spionage und Spionageabwehr, Untersuchung »politischer« Verbrechen, Bekämpfung von Gegnern des »sozialistischen« Systems und die Inhaftierung von Staatsfeinden – also die Überwachung aller Lebensbereiche auf dem Gebiet der DDR und darüber hinaus. Rund 17 Millionen Menschen lebten im »Arbeiter und Bauernstaat«, das MfS (»VEB Guck & Horch«) beschäftigte 1989 ca. 91.000 hauptamtliche Mitarbeiter, denen 200.000 Spitzel – inoffizielle Mitarbeiter (IM) – behilflich waren. Die unverhältnismäßig große Personaldichte sowie der Umfang der Bespitzelung kamen erst nach dem Mauerfall an den Tag. Der Überwachungs- und Unterdrückungsapparat legte Millionen von persönlichen Dossiers an, öffnete systematisch die Post und hörte Telefonate ab – Freunde und Verwandte denunzierten Freunde und Verwandte. »Republikflüchtlinge« mussten mit dem Tod rechnen. In der ganzen DDR waren für den Tag X (eines erneuten Volksaufstands) »Isolierungslager« vorgesehen. So hätten z.B. in Augustusburg bei Chemnitz um die 6.000 Personen eingesperrt werden können. Trotz alledem konnte die Stasi nicht verhindern, dass sich oppositionelle Gruppen bildeten. Während der friedlichen Revolution besetzten DDR-Bürger die Dienststellen des MfS und am 14. Dezember 1989 wurde schließlich die Auflösung der Stasi beschlossen. An der Spitze des MfS stand lange Jahre der Altkommunist Erich Mielke. Das Berliner Arbeiterkind war schon ab 1928 im KPD-Selbstschutz und beteiligte sich an der Ermordung zweier Berliner Polizisten, bevor er sich in die Sowjetunion absetzte. Von 1936–39 kämpfte er im spanischem Bürgerkrieg. Seit 1957 war er als Minister für Staatssicherheit der Prototyp des Beton-Apparatschiks und einer der mächtigsten Männer der DDR. Wegen der Polizistenmorde von 1931 wurde er nach der Wende zu 6 Jahren Haft verurteilt. 2000 starb er in Berlin. Anders als sein Stellvertreter Markus Wolf, »der Mann ohne Gesicht«, bleiben Mielke und die Stasi, Synonyme für Repression und Willkür der DDR-Diktatur.

56 Waggon für Häftlingstransporte

ZENTRALE DES MINISTERIUMS FÜR STAATSSICHERHEIT (1987)

1 Haus 1, Dienstsitz von Minister Erich Mielke *(heute: Stasimuseum)*
2 Unterirdischer Munitionsbunker
3 Spionageabwehr, Internationale Beziehungen, Bewaffnung, Chemische Dienste
4 Zentraler Operativstab
5 Zentrale Auswertungs- und Informationsgruppe
6 Spionageabwehr (HA II)
7 Aktenverwaltung, Zentralregistratur *(heute: Behörde des Bundesbeauftragten für die Unterlagen des Staatssicherheitsdienstes der ehemaligen DDR)*
8 Zentrale Koordinierungsgruppe (Flucht und Ausreise)
9 Sicherung der Wirtschaft
10 Garagen und Werkstätten
11 Mitarbeitereingang
12 Hauptverwaltung Aufklärung
13 Staatsapparat, Massenorganisationen, Kultur, Kirche
14 Speisehaus
15 SED- und FDJ-Leitungsbüro
16 Poliklinik
17 Haupteingang
18 Anmeldung, AG Geheimnisschutz
19 Versorgungstrakt für Mitarbeiter (Reisebüro, Buchladen, Kaufhalle), Konferenzsaal, med. Versorgung, Kantine
20 Freier Deutscher Gewerkschaftsbund (FDGB) und Gesellschaft für Deutsch-Sowjetische Freundschaft (DSF)
21 Hans-Zoschke-Stadion
22 »Offiziersrennbahn«
23 Wachmannschaften, Nachrichtendienst
24 Finanzabteilung, Objektsicherung
25 Sicherung Verkehrs- und Fernmeldewesen, Kaderschulung
26 Postkontrolle
27 Sperrmauer

58 Erich Mielkes Dienstzimmer

58 Aufenthaltsraum Mielkes

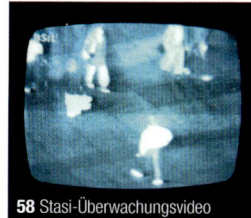
58 Stasi-Überwachungsvideo

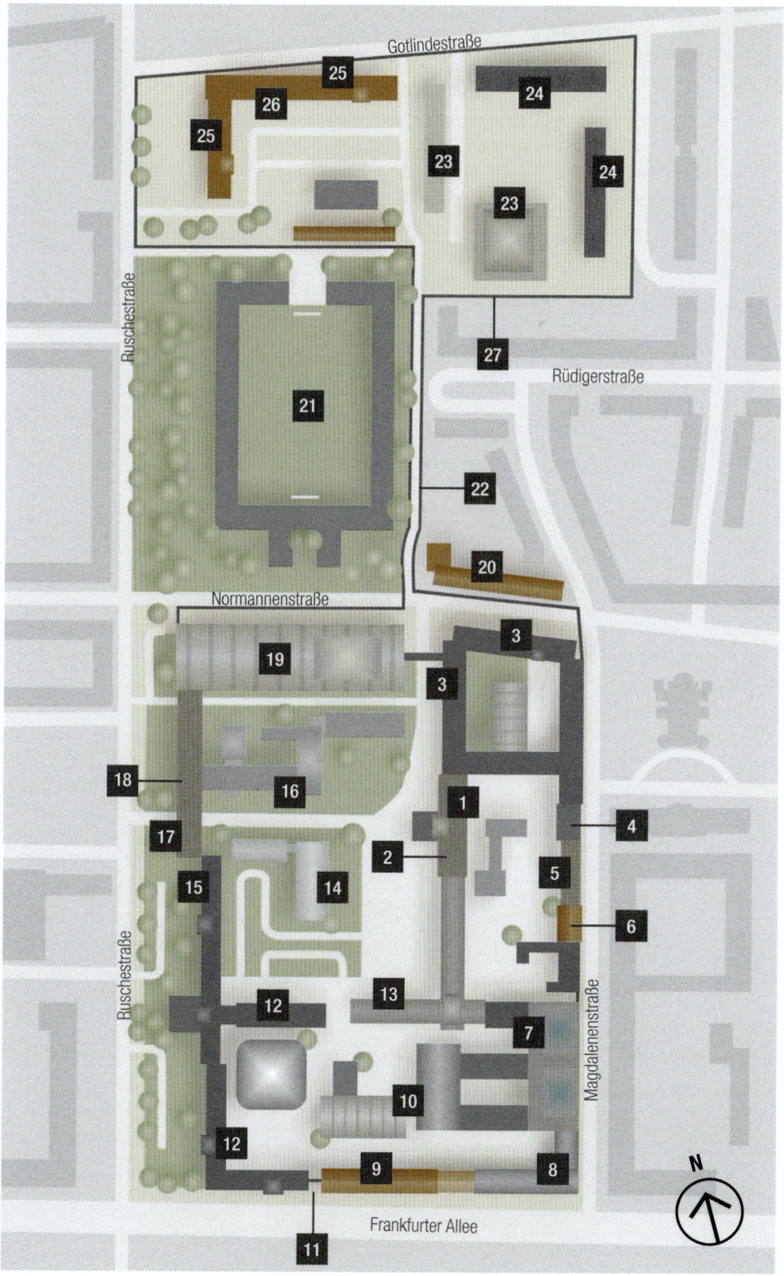

59 »Ruhm der Garde Stalins«, 1945

59 Deutsch-Russisches Museum

Im ehemaligen Offizierskasino einer Wehrmachtspionierschule aus den 1930er Jahren informiert das Museum über die Deutsch-Sowjetischen Beziehungen von 1917 bis 1990. Der Hauptteil der Dauerausstellung ist dem deutschen Vernichtungskrieg im Osten 1941–1945 gewidmet, der heute in Deutschland üblicherweise als »Russlandfeldzug« bezeichnet wird, genauso wie in der NS-Zeit. Im postsowjetischen Russland blieb es bei der Benennung aus der Stalinzeit: »Großer Vaterländischer Krieg« (in Anlehnung an den Vaterländischen Krieg gegen Napoleon). Im 2. Weltkrieg sind etwa 25 Millionen Menschenleben auf sowjetischer und um sieben Millionen auf deutscher Seite zu beklagen.

In diesem Gebäude ist am 8./9. Mai 1945 die Ratifikationsurkunde über die bedingungslose Kapitulation der Deutschen Wehrmacht von >Marschall Georgi Schukow für die Sowjetunion und von Generalfeldmarschall Wilhelm Keitel für das Deutsche Reich unterzeichnet worden. Damit endete formal der 2. Weltkrieg in Europa.

Die Sowjetische Militäradministration (SMAD) nutzte das Haus bis 1949 als Hauptquartier. Schukows ehemaliges Büro ist heute Teil der Ausstellung.

Die DDR und die Sowjetunion eröffneten hier 1967 das »Museum der bedingungslosen Kapitulation des faschistischen Deutschland im Großen Vaterländischen Krieg« als eine Filiale des Moskauer Zentralmuseums der Streitkräfte. Karlshorst, bis 1963 Sperrgebiet, war mit der »Kaserne Nr.1« an der Treskowallee außerdem Standort der sowjetischen Berlin-Garnison. Die 8.000 deut-

59 Sowjetischer T-34 Panzer

schen Bewohner der Gegend musste ihre Häuser aufgeben. Hier befand sich außerdem das Hauptquartier des KGB (deutsch: Komitee für Staatssicherheit) in Deutschland. Der sowjetische Geheimdienst residierte im ehemaligem St. Antonius Krankenhaus. Von dort wurde die gesamte Spionagetätigkeit im kapitalistischen Westen organisiert und geleitet. Die letzten russischen Truppenteile verließen das vereinigte Deutschland 1994.
→ *Zwieseler Str. 4* ⊙ *Di–So 10–18 Uhr* Ⓢ *Karlshorst*

59 »Kapitulationssaal«

60 »Haus 21. April 1945«

Ein kleiner Altbau mit roter Fassade und der zweisprachigen Aufschrift »Na Berlin – Pobeda«, »Nach Berlin! Sieg!« steht hier verlassen zwischen endlosen Plattenbauten an der Landsberger Allee in Marzahn. Es ist angeblich das erste Haus, das die Rote Arme am 21. April 1945 auf Berliner Stadtgebiet erreichte. Die DDR-Behörden tauften es 1985 »Das erste befreite Haus in Berlin« und fügten einen Gedenkstätte hinzu. → *Landsberger Allee 563* Ⓢ *Marzahner Promenade*

61 Gedenkstätte der Sozialisten

In der Nacht vom 15. auf den 16. Januar 1919 wurden im Tiergarten die Gründer der KPD, >Rosa Luxemburg und >Karl Liebknecht, ermordet. Für die Bestattung der sterblichen Überreste wies die Stadt den Kommunisten einen Platz in der »Verbrecherecke« des Zentralfriedhofs Friedrichsfelde zu. Der Architekt >Mies van der Rohe entwarf dafür 1926 ein Mahnmal, welches die Nazis 1935 zerstörten. 1951 konzipierte der erste Präsident der DDR, Wilhelm Pieck, stattdessen eine »Gedenkstätte der Sozialisten« am Haupteingang des Friedhofs. Neben einem zentral angeordne-

59 Deutsch-Russisches Museum im ehem. Offizierskasino der Wehrmacht

59 Sowjetische IS-2 Kampfpanzer nach der deutschen Kapitulation auf der Ost-West-Achse, Mai 1945

ten Stein mit der Aufschrift »Die Toten mahnen uns« befinden sich dort die Gräber von Ernst Thälmann, Rosa Luxemburg, Karl Liebknecht, Otto Grotewohl und ›Walter Ulbricht. Alljährlich findet am zweiten Januarwochenende eine Gedenkveranstaltung statt. Als 1988 Bürgerrechtler die Ideen von Rosa

59 Marschall Schukows Orden

Luxemburg für die DDR nutzbar machen wollten und mit dem Transparent *»Die Freiheit ist immer die Freiheit der Andersdenkenden«* erschienen, wurden sie verhaftet. → *Gudrunstr.* Ⓢ *Friedrichsfelde Ost*

🟠 Sowjetisches Ehrenmal Treptow

In der Schlacht um Berlin starben um die 80.000 sowjetische Soldaten. Sie sind an drei Ehrenmälern im Tiergarten, in der Schönholzer Heide und in Treptow bestattet. Das sowjetische Ehrenmal in Treptow ist das zentrale und größte. Als »Symbol des Sieges der ruhmreichen Sowjetarmee über den Hitlerfaschismus« wurde

62 Standbild eines Rotarmisten auf einem zertretenen Hakenkreuz, Sowjet. Ehrenmal Treptow

die Anlage 1949 eingeweiht. Hier sind etwa 7.000 Rotarmisten begraben. Der bekannte Kreml-Bildhauer Jewgenij W. Wutschetitsch gewann den Denkmal-Wettbewerb. Die pathetische Figur des Rotarmisten mit dem Schwert über dem zertrümmerten Hakenkreuz und einem (deutschen) Kind auf den Arm ist Teil einer Trilogie des sozialistisch-realistischen Künstlers. Die zweite Figur (»Mutter Heimat ruft«, 1967) steht in Wolgograd (früher Stalingrad) und gilt mit 83 m als die höchste freistehende Statue der Welt. Die dritte (»Schwerter zu Pflugscharen«) steht im Garten des UNO-Hauptquartiers in New York.

Dass das Denkmal in Treptow angeblich aus den Steinen der ›Neuen Reichskanzlei erbaut wurde, wird weiter gerne erzählt, hielt aber einer wissenschaftlichen Nachforschung nicht stand.

Im Beisein von Boris Jelzin und Helmut Kohl fand am Ehrenmal 1994 die Verabschiedung der russischen Streitkräfte aus Deutschland statt. → *Treptower Park* Ⓢ *Treptower Park*

🟠 Gefängnis Rummelsburg

Das Gefängnis Rummelsburg war ursprünglich das Arbeitslager eines benachbarten Waisenhauses. Während der NS-Zeit waren dort auch Homosexuelle und »psychisch Abwegige« eingesperrt. Viele von ihnen verschleppten die Nazis später in Konzentrationslager. In der DDR als Gefängnis weitergeführt, saßen hier tausend Häftlinge ein, darunter auch westdeutsche Fluchthelfer, die dann von der BRD freigekauft wurden. Heute befinden sich in den Gebäuden Wohnungen. Die Zellen der ehem. Krankenstation sind Teil des Hotels »Das andere Haus VIII«. Im Keller ist eine Ausstellung über die Geschichte des Baus.
→ *Erich-Müller-Str. 12* Ⓢ *Marzahner Promenade*

AUSSENBEZIRKE

Hermann Henselmann (1905–1995) war der führende Architekt und Städteplaner in der DDR. Seine Entwürfe aus den 1930ern zeigen noch deutlich den Geist des Bauhauses. Die DDR prägte er mit Großbauten wie der FDJ-Jugendhochschule am Bogensee, der >Stalinallee (wo er selbst in einem Turmhaus wohnte), dem >Fernsehturm und dem Haus des Lehrers am >Alexanderplatz oder dem Leipziger Uni-Hochhaus.

Der sozialistische Prachtboulevard

64 Karl-Marx-Allee

Weite Teile des Stadtteils Friedrichshain glichen nach dem 2. Weltkrieg einer Trümmerwüste. So auch die Große Frankfurter Straße, heute Karl-Marx-Allee. Von Frankfurt an der Oder kommend, hatte sich die Rote Armee mit Panzern und Artillerie den Weg in Richtung >Reichstag freigeschossen. Die breiteste Straße Ost-Berlins, erhiel am 21. Dezember 1949 den Namen des damals noch verehrten sowjetischen Diktators. Nach dem Willen von SED-Chef >Walter Ulbricht sollte hier in der Hauptstadt der DDR der Grundstein für den Aufbau des Sozialismus gelegt werden. Architekt >Hermann Henselmann war maßgeblich für die umfangreichen Planungen verantwortlich. In mehreren Bauabschnitten entstanden auf einer Länge von 2,3 Kilometern bis zu 300 m lange, neungeschossige »Arbeiterpaläste« als Wohnbauten mit Ladenlokalen. Zwischen den Torhäusern am Strausberger Platz und am Frankfurter Tor erstreckt sich der großstädtische Boulevard mit breiten Bürgersteigen, Grünanlagen, Großkinos und kleinen Pavillons. Im Rahmen des Nationalen Aufbauprogramms beteiligten sich 45.000 Helfer am Bau der »sozialistischen Straße«. Nach einer von der SED beschlossenen Normenerhöhung erwuchs aus dem Protest der Bauarbeiter an der Stalinallee und dem nahegelegenen Krankenhaus am Friedrichshain am 16./>17. Juni 1953 ein landesweiter Volksaufstand gegen das DDR-Regime.
In der Entstalinisierungsphase musste der sowjetische Tyrann 1961 dem »Vater des Kommunismus« Karl Marx auf den

64 »Sputnik« am Café Moskau

Straßenschildern Platz machen. Gleichzeitig verschwand über Nacht auch die fast 5 m hohe Stalin-Plastik. Ein Stück des bronzenen Ohres von Stalin kann heute, neben weiteren Dokumenten zur Geschichte der Allee, im Café Sybille (Hausnummer 75) besichtigt werden. Nach einer grundlegenden Sanierung der Karl-Marx-Allee

64 Frankfurter Tor auf der Stalinallee (um 1958) und Stalin-Briefmarke der DDR

64 Entwurf von Egon Hartmann (Kollektiv Henselmann) zum »Wettbewerb Stalinallee«, 1951; rechts: Wiederaufbauplakat der DDR

sind die Prunkbauten nun wieder eine begehrte Wohngegend. Ein Highlight ist das ostalgische Café Moskau (Karl-Marx-Allee 34). Den 1964 als »Nationalitätenrestaurant« errichteten Flachbau, der jetzt auch als Nachtclub genutzt wird, schmückt eine Nachbildung des »Sputnik«-Satelliten in Originalgröße. → *Karl-Marx-Allee* U *Strausberger Platz*

65 Flakturm Friedrichshain

Baugleich mit den ›Flaktürmen Zoo und Humboldthain wurde 1941 im Volkspark Friedrichshain ebenfalls ein Bunkerpaar erbaut. Von den 7 Stockwerken des Gefechtsturms, in dem auch tausende Zivilisten Schutz fanden, konnten die Berliner

65 Steinbüste aus dem Flakturm

Museen 3 zur bombensicheren Auslagerung ihrer Kunstwerke nutzen. Darunter befanden sich allein über 1.600 Bilder aus dem ›Bode-Museum. Als die Ostfront im März 1945 näher rückte, überführte man Teile der Bestände in Bergwerke. Zurück blieben ca. 434 großformatige Altmeister und zahlreiche Skulpturen. Der Flakturm wurde am 2. Mai unversehrt der Roten Armee übergeben. Im Bunker

66 Oberbaumbrücke

brachen dann zwei Mal verheerende Feuer aus. Was die Sowjets nicht zuvor schon nach Moskau abtransportiert hatten, ging fast komplett verloren. Die Ursache der Brände ist bis heute ungeklärt, genauso wie viele Werke in die UdSSR verbracht wurden. Einige der verkohlten Skulpturen sind gegenwärtig im Bode-Museum ausgestellt. Die Reste des später gesprengten Flakturms bedeckte man mit Trümmerschutt. Der begrünte Hügel ist jetzt ein beliebter Aussichtspunkt. → *Friedrichshain* U *Strausberger Platz*

66 Oberbaumbrücke

Die Brücke überspannt die Spree und verbindet Kreuzberg mit Friedrichshain. Im 18. Jahrhundert war sie noch eine von zwei hölzernen Zollbrücken Berlins, mit einem Baum als Sperre und damit das östliche Wassertor der Stadt. Das heutige Bauwerk mit seinen zwei Türmen (die an das mittelalterliche Prenzlau und Kyritz erinnern) entstand 1896. Unter dem Bahnviadukt können Fußgänger die Spree in einem Kreuzgang queren. Am 23. April 1945 sprengten deutsche Truppen die Brücke, was den Vormarsch der Roten Armee aber nicht aufhielt. Nach dem Mauerbau 1961 war die Brücke bis 1972 gesperrt, danach gab es nur »Kleinen (Fußgänger)-Grenzverkehr«. Den nach der Wende neugeschaffenen Mittelbogen entwarf Star-Architekt Santiago Calatrava. → *Oberbaumbrücke* U *Warschauer Straße*

Das Ampelmännchen

Mit der Vereinigung sollte 1990 auch der Schlapphutmann von den ostdeutschen Ampeln entsorgt werden. Doch das ehemalige DDR-Volk, das den Gnom seit den Kindertagen aus »Sandmännchen«-Sendungen kannte, erhob sich erneut. Das 1969 erstmals Unter den Linden installierte Piktogramm durfte neben dem (West-)Euromann bleiben. Das Männchen ist nicht nur ein Verkehrszeichen, sondern auch ein Stück gelebter ostdeutscher Identität (die sich auch hemmungslos vermarkten lässt).

East Side Gallery

Kurz nach der Öffnung des »antifaschistischen Schutzwalls« am 9. November 1989 bemalten 118 internationale Künstler –

67 Mauerweg (East Side Gallery)

mit mehr oder weniger originellen Einfällen – dieses über ein Kilometer lange Teilstück der Berliner Mauer zwischen Ostbahnhof und >Oberbaumbrücke. Seit 1992 steht die weltweit bekannte und gern besuchte Open-Air-Galerie unter Denkmalschutz. Die Szenen mit dem mauerdurchbrechenden Trabi oder die mit den sich heftig küssenden Kommunisten-Führern Leonid Breschnew (UdSSR) und

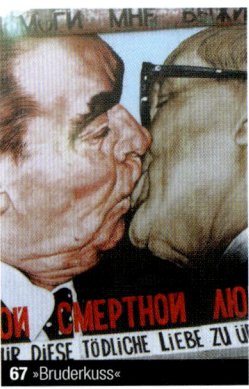

67 »Bruderkuss«

>Erich Honecker (DDR), »Mein Gott hilf mir, diese tödliche Liebe zu überleben«, erfreuen sich besonderer Beliebtheit. Hinter diesen bunten Skurrilitäten verblasst die Erinnerung an das richtige Leben im grauen »real existierenden Sozialismus«. Eine Besonderheit findet sich auf dem Dach des Speichers Mühlenstr. 78. Da die Spree hier während der Teilung die offizielle Grenze zwischen Ost-Berlin (Nordufer) und West-Berlin (Südufer) war, thront dort noch ein kleiner Wachturm aus DDR-Zeiten mit luftigem Ausblick über den 1,6 ha großen East-Side-Park entlang der ehemaligen Grenzanlagen. Der Postenweg im einstigen Todesstreifen ist original erhalten und Teil des >Berliner Mauerwegs. → *Mühlenstr.* Ⓢ *Ostbahnhof*

Winkelturm RAW

Auf dem Gelände des ehemaligen Reichsbahnausbesserungswerks (RAW) in Friedrichshain steht heute einer der letzten Winkeltürme Berlins. Die Luftschutzbunker sind nach ihrem Erfinder Leo Winkel benannt. Aufgrund ihrer bombenabweisenden Form boten sie enormen Schutz. Dieses 19 m hohe Exemplar diente damals der Werksfeuerwehr und ist jetzt als Freeclimber-Turm Teil des Vereins *RAW-Tempel* – der »letzten Bastion alternativer Kultur« in der Hauptstadt. → *Revaler Str. 99* Ⓢ *Warschauer Straße*

Victoria-Speicher Block I, Depot »Entartete Kunst«

Ein verwitterter Zettel in einer Folie informiert, dass im »Block I« des Victoria-Speichers von Herbst 1937 bis März 1939 die Nationalsozialisten die von ihnen so benannte »Entartete Kunst« lagerten und katalogisierten. Dem Regime ungenehme Arbeiten der Bildenden Kunst, besonders nichtgegenständliche sowie sozialkritische Arbeiten

Der Duft der DDR

Wer im Westen jemals einen DDR-Reichsbahnwaggon der Interzonenzüge betrat, wird es nicht wieder vergessen: Schlagartig war man auf fremdem Terrain. Der ungewohnte, seltsam penetrante Geruch war ein Duftzeichen des »Arbeiter-und-Bauern-Staates«. Auch an den Grenzübergängen, in den VoPo-Stuben und in den öffentlichen Gebäuden roch es so. Das Odeur stammte von dem Reinigungsmittel »Wofasept« des VEB Chemiekombinats Bitterfeld/Wolfen. Die DDR-Bewohner haben es kaum registriert, weil sie notgedrungen daran gewöhnt waren. Wie an den Geruch der Kohleheizungen und an die 2-Takter-Abgase der >Trabis. Für Westler war es unverkennbar der O-Duft-Ost.

und Werke im Stil des Expressionismus, Dadaismus, Surrealismus, Kubismus, Fauvismus oder der Neuen Sachlichkeit, wurden aus den Museen und Privatsammlungen im ganzen Reich von NS-Stellen kurzerhand beschlagnahmt. An der Köpenicker Straße deponierte man über 15.000 konfiszierte Werke. Eine gezielte Auswahl daraus zeigten die Nazis in ihrer Wander-Son-

70 Ehem. Zwangsarbeiterlager

derschau »Entartete Kunst« zuerst in der »Hauptstadt der Bewegung«, in München. Über 3 Millionen Volksgenossen in ganz Deutschland sahen die diffamierend inszenierte Ausstellung. Nach einer Visite von Adolf Hitler und >Joseph Goebbels im Victoria-Speicher, ordnete der Propagandaminister an, das Depot zu räumen. Die Arbeiten wurden gewinnbringend (wie 1939 in Luzern) versteigert oder im Hof der Hauptfeuerwehrwache Kreuzberg (Lindenstraße 40/41) verbrannt. Die meisten als »entartet« klassifizierten Künstler, Deutsche wie Ausländer, durften im NS-Machtbereich nicht mehr künstlerisch arbeiten. Dazu zählten neben vielen anderen auch:

- Willi Baumeister
- Max Beckmann
- Marc Chagall
- Otto Dix
- Max Ernst
- George Grosz
- Wassily Kandinsky
- Max Liebermann
- Ernst Ludwig Kirchner
- Paul Klee
- Oskar Kokoschka
- Käthe Kollwitz
- Franz Marc
- Karl Schmidt-Rottluff
- Kurt Schwitters

Bis heute klaffen zum Teil größere Lücken in vielen Kunstinstituten und Sammlungen, die dieser entartete Zeitabschnitt der deutschen Kulturgeschichte hinterließ. → *Köpenicker Str. 24a* S *Ostbahnhof*

70 Dokumentationszentrum NS-Zwangsarbeit

Ein Ensemble flacher Baracken im Außenbezirk Berlin-Niederschöneweide ist das letzte sichtbare Zeugnis von einst über 3.000 stark gesicherten Zwangsarbeiterlagern, die es während des 2. Weltkriegs überall in der Reichshauptstadt gab. Erbaut wurde es 1943 vom Amt des Generalbauinspektors >Albert Speer für die oft direkt von der Straße verschleppten Menschen aus den von Deutschen okkupierten, vorwiegend slawischen, Ländern Osteuropas. Viele davon waren junge Mädchen und Frauen, aber auch Kinder, die kriegswichtige Arbeiten in großen und kleinen Betrieben unter diskriminierenden Verhältnissen verrichten mussten. Diese mit den Kennzeichen »Ost« oder »P« (für Polen) auf der Kleidung versehenen »Untermenschen« waren auch ohne Kennzeichnung im Straßenbild und an den Arbeitsplätzen unübersehbar. Die nach 1945 Heimgekehrten wur-

69 Ausstellungsführer, 1937

den in der UdSSR darüber hinaus von Stalin pauschal der Kollaboration mit den Nazis bezichtigt und noch einmal bestraft. Unter Druck haben Nachfolgefirmen, die von dieser Zwangsarbeit profitierten, erst 2000 über eine Entschädigungs-Stiftung Geldmittel bereitgestellt.

Die denkmalgeschützten Baracken in Niederschöneweide, in denen einst über 2.000 Menschen hausten, sind inzwischen Teil eines Dokumentationszentrums mit Bibliothek und einem Archiv. In der am besten erhaltenen Baracke Nr. 13 finden sich noch heute in den Kellern Inschriften italienischer Zwangsarbeiter. → *Britzer Str. 5* ⊕ *Di–So 10–18 Uhr* S *Schöneweide*

70 Oben: Aufnäher für polnische Zwangsarbeiter aus der NS-Zeit

69 Goebbels (l.) und Hitler im Depot des Victoria-Speichers, Januar 1938

AUSSENBEZIRKE

71 Blick vom Trudelturm auf den Prüfstand (1935) für Flugzeugmotoren der DVL mit den 15 m hohen Abluftürmen

71 Deutsche Versuchsanstalt für Luftfahrt

Aus einer Anregung Ferdinand Graf von Zeppelins ist auf dem ältesten deutschen Motorflugplatz in Berlin-Adlershof 1912 die Deutsche Versuchsanstalt für Luftfahrt (DVL), die Kernzelle der deutschen Weltraumforschung, entstanden. Zahlreiche wissenschaftliche Institute mit großen Versuchsobjekten gruppierten sich auf dem Gelände und wurden besonders nach den Machtantritt der Nationalsozialisten aus dem federführenden >Reichsluftfahrtministerium >Hermann Görings nachhaltig gefördert und vorangetrieben.

Auf dem Areal entstanden einige skurrile Bauten wie der fensterlose Trudelturm aus Beton, der Flugzeugmotorenprüfstand oder der riesige, silbrig angestrichene Windkanal. Die Industriedenkmale sind heute alle Bestandteil des Aerodynamischen Parks der Berliner >Humboldt Universität. Aus der DVL ging in der Bundesrepublik bis 1997 das Deutsche Zentrum für Luft- und Raumfahrt (DLR) hervor, das sich heute mit fast 7.000 Mitarbeitern der Erforschung und Entwicklung des Erd- und des Sonnensystems mit allen Aspekten widmet. → *Newtonstr.* Ⓢ *Adlershof*

71 Trudelturm der DVL (heute)

72 Temmler-Werke

Das Pharma-Werk gründete Hermann Temmler 1917 in Detmold, bevor es 1933 ganz nach Berlin-Adlershof zog. Die teilweise erhaltenen Werksgebäude werden heute als Büroraum genutzt. Temmler stellte eine patentierte Substanz her, die ihm im »Dritten Reich« großen wirtschaftlichen Erfolg bescherte: Pervitin. Das Ende des 19. Jahrhunderts in Japan entwickelte Methamphetamin war ab 1938 auch in Deutschland erhältlich. Die Droge unterdrückt das Schlafbedürfnis, steigert das Selbstbewusstsein und erhöht die Risikobereitschaft. Mit dem Angriff auf Polen 1939 verabreichte die Wehrmacht diese Substanz massenhaft ihren Soldaten, besonders Fliegern und Panzerfahrern. Später hatten fast alle, vom Infanteristen bis zum Matrosen, ihr Pervitin-Röllchen in der Tasche. »*Die Deutschen nutzen eine Wunderpille*«, berichtete die britische Presse erschrocken. Die ohnehin fanatisierten Waffen-SS-Männer waren mit Pervitin besonders lange kampffähig. Durch die häufige Überdosierung kam es zu Todesfällen. Die richtige Pervitin-Menge ist an KZ-Häftlingen wie an Laborratten ausprobiert worden. 1940 lieferte Temmler in 3 Monaten 35 Millionen Tabletten an die Wehrmacht, die bei der Truppe nur »Panzerschokolade« oder »Fliegersalz« hießen. Der »Gröfaz« (Größter Feldherr aller Zeiten) bekam seine Dosis als »Vitamultin S.F.« von Leibarzt Dr. Theodor Morell. Hitler war begeistert, die Wirkung war viel stärker als bei Kola-Tabletten, die er sonst schluckte. Angeblich dopten mit dieser Substanz 1954 auch die deutschen Fußball-Weltmeister des »Wunders von Bern«. Eines der ersten prominenten Todesopfer war 1968 der Boxer Jupp Elze. Als »Speed« werfen sich die Droge heute vor allem viele Raver ein. → *Am Flugplatz 6* Ⓢ *Adlershof*

74 Gedenkstätte Köpenick

🅷🅷 Rathaus Köpenick

Aus dem Schuhmacher Friedrich Wilhelm Voigt wurde im Oktober 1906 der »Hauptmann von Köpenick«. Seitdem ist er ein weltbekanntes Symbol für die preußische Untertanenmentalität und den Kadavergehorsam.
Mit einer vom Trödler erstandenen Offiziersuniform kostümiert, marschierte Voigt 1906 mit einem Haufen gekaperter Soldaten ins Rathaus von Köpenick, verhaftete den Bürgermeister und entschwand mit der Stadtkasse. Der mehrfach vorbestrafte Voigt wurde verhaftet und zu 4 Jahren Zuchthaus verurteilt. >Kaiser Wilhelm II., der über die Köpenickiade herzhaft gelacht haben soll, begnadigte ihn nach 2 Jahren. Voigts Streich verursachte ein großes Medienspektakel, dem viele Verfilmungen folgten. Die bekannteste ist die mit Heinz Rühmann (1956) nach dem Theaterstück »Der Hauptmann von Köpenick« (Carl Zuckmayer, 1931).

Voigt selbst vermarktete sich recht erfolgreich und starb nicht mehr arm 1922 als Gastwirt in Luxemburg. Am Rathaus Köpenick erinnert eine Bronze an den verwegenen Schuster aus Kaisers Zeiten. → *Alt Köpenick 21* Ⓢ *Spindlersfeld*

🅷🅸 Gedenkstätte Köpenicker Blutwoche Juni 1933

Die Köpenicker SA bemächtigte sich 1933 dieses Gefängnisses und veranstaltete eine exemplarische Einschüchterungsaktion gegen Andersdenkende. Mit brutaler Gewalt verhafteten und misshandelten sie während der »Köpenicker Blutwoche« im Juni hunderte SPD- und KPD-Mitglieder, ca. 90 Menschen kamen dabei ums Leben. Die bekannten Täter wurden noch 1933 »begnadigt«. Erst in der DDR kam es 1950 zu einem Prozess mit 15 Todesurteilen und einigen Haftstrafen. Heute ist in dem ehem. Gefängnis eine Gedenkstätte eingerichtet. → *Puchanstr. 12* ⏰ *Do 10–18 Uhr* Ⓢ *Köpenick*

🅷🅹 Fromms Act Gummiwerke

»*Wenn's euch packt, nehmt Fromms Act*«. Mit solchen sprichwörtlichen Slogans wurde nach dem 1. Weltkrieg der erste Markenkondom der Welt ein Begriff für den Schutz vor Geschlechtskrankheiten und ungewollten Schwangerschaften. Julius Fromm, der mit seinen jüdischen Eltern aus einem armen polnischen Schtetl in das Berliner >Scheunenviertel gezogen war, gelang es 1912 in seiner Hinterhofwerkstatt im Prenzlauer Berg, ein transparentes und nahtloses Präservativ aus Naturkautschuk zu entwickeln. Diese wurden nicht nur bei Soldaten, sondern bei fast jedermann zum Pflicht-Utensil: »*Fromms zieht der Edelmann beim Mädel an!*« Bald hatte sich Fromm ein kleines Imperium geschaffen und

73 »Hauptmann von Köpenick«

war ein wohlhabender Mann. Seine neue Fabrik in Köpenick entwarfen 1930 renommierte Architekten der Neuen Sachlichkeit. In der Kantine hing ab 1933 neben dem »Führer« die Hakenkreuzfahne, Fromm hoffte so die braunen Jahre zu überstehen. Doch 1940 »arisierte« das NS-Regime den Betrieb. Über seine Patentante kaufte ein gewisser Reichsmarschall >Hermann Göring das Unternehmen, das über 2 Millionen Reichsmark wert war, für nur 116.000 RM. Der 1945 verstorbene Fromm erfuhr auch postum kein Recht, die DDR zog das gesamte Vermögen der Firma 1949 entschädigungslos ein. → *Friedrichshagener Str. 38/39* Ⓢ *Köpenick*

75 Mickey-Mouse-Reklame-Aufsteller für Fromms Kondome, 1930

Vom »Eagle Square« blickt dieses gewaltige Adlerhaupt über den Platz der Luftbrücke. Die ganze 4,50 m große NS-Plastik von Wilhelm Lemke saß von 1940 bis 1962 auf einer Weltkugel über der Abfertigungshalle des >Flughafens Tempelhof. 1962 musste sie einer Radaranlage weichen. Der Kopf lagerte dann im amerikanischen Militärmuseum in West Point, bis er auf Initiative eines US-Leutnants 1985 zurückkam.

Der »Weltflughafen Tempelhof«

76 Flughafen Tempelhof
Im Sommer 1891 gelang Otto Lilienthal in Derwitz bei Berlin der erste Flug der Menschheitsgeschichte. 18 Jahre später war es sein amerikanischer Konkurrent Orville Wright, der auf dem Tempelhofer Feld, einem ehemaligen Exerzierplatz, einige Rekordflüge veranstaltete.
Ab 1926 war Tempelhof (IATA-Code: THF) die Heimatbasis der

76 Flughafen Tempelhof (Modell), die Treppenhäuser am Bogen waren für die geplanten Dachtribünen gedacht

neugegründeten Luft Hansa AG. Als die Stadt den notwendigen Ausbau der Luftverkehrswege Anfang der 1930er Jahre erkannte und die Modernisierung des Tempelhofer Zentralflughafens beschloss (und auch die Nationalsozialisten die Fliegerei förderten), ging es beschleunigt voran. Architekt Ernst Sagebiel entwarf 1937 einen neoklassizistisch anmutenden Komplex, der sowohl die Visionen Adolf Hitlers umsetzte als auch die zukünftige Flugverkehrsentwick-

lung berücksichtigte. Bei der Fertigstellung 1941 war es das größte Gebäude der Welt. Nach dem Willen des Reichsluftfahrtministers (und ehemaligen Fliegerasses aus dem 1. Weltkrieg)

76 Abfertigungshalle

>Hermann Göring sollten auf dem ovalen Flugfeld alljährlich (Propaganda)-Flugschauen abgehalten werden. Deshalb plante Sagebiel das ausladende, 1,2 Kilometer lange Flughallendach gleichzeitig als riesige Zuschauertribüne für mehr als 100.000 Personen. Über 15 große Treppenhaustürme sollten diese zugänglich sein. Sie wurden nie für ihren eigentlichen Bestimmungszweck benutzt, ebenso wie viele anderen Räumlichkeiten des Flughafens. Der 2. Weltkrieg stellte ab 1939 andere Anforderungen: Es entstand ein Fliegerhorst für die Luftwaffe, in der gebogenen Flughalle und in unterirdischen Tunneln wurden unter Ausbeutung von ausländischen Zwangsarbeitern Jagdflugzeuge vom Typ Focke-Wulf 190 sowie verschiedene Bomber am Fließband produziert. Als sich die Rote Armee 1945 Tempelhof näherte, sollte der gesamte Flughafen laut einem »Führerbefehl« gesprengt werden, doch der zuständige Kommandant Oberst Rudolf Böttger widersetzte sich. Auf nicht eindeutig geklärte Weise kam er kurz danach ums Leben. So fielen die umfangreichen unterirdischen, technisch ausgeklügelten Anlagen unversehrt den Sowjets in die Hände. Bei der Sprengung der Tresortür zum »Filmbunker« ging dort der gesamte Inhalt (Aufklärungsfotos der Luftwaffe) in Flammen auf

76 »Tempelhofer Freiheit«, das ehemalige Flugfeld ist heute ein Park

Die Berliner Luftbrücke

Am 23. Juni 1948 gingen in West-Berlin kurz vor Mitternacht die Lichter aus. Ohne Vorankündigung hatten die Sowjets die Stromversorgung gekappt und sperrten nach und nach alle Zufahrtswege. Vorangegangen war die Währungsreform in den westlichen Besatzungszonen. Auf die Einführung der Deutschen Mark in den Berliner Westsektoren und die geplante Gründung eines Weststaates reagierten die Sowjets mit der Blockade West-Berlins. Über zwei Millionen West-Berliner und 8.000 alliierte Soldaten mit 22.000 Angehörigen saßen in der Falle. Dies war die Stunde von US-Militärgouverneur General >Lucius D. Clay. Als ehemaliger Pionieroffizier und Nachschubexperte des 2. Weltkrieges installierte er kurzerhand die Berliner Luftbrücke – das größte Lufttransportunternehmen der Weltgeschichte. Täglich landeten nun rund um die Uhr mehr als 900 »Rosinenbomber« und entluden 13.000 Tonnen lebenswichtiger Güter. Insgesamt wurden mit fast 280.000 Flügen rund 1,5 Millionen Tonnen Lebensmittel, Brennstoffe und Medikamente eingeflogen. Den Begriff »Rosinenbomber« prägte der amerikanische »Candy-Pilot« Gail Halvorsen. Als erster warf er Süßigkeiten an selbstgebastelten Taschentuch-Fallschirmen kurz vor der Landung in Tempelhof ab. Die Berliner Kinder warteten unten schon auf die Schokoladentafeln und Kaugummis. Seine Operation »Little Vittles« (kleiner Proviant) ging bald durch die Berliner Presse und machte bei anderen Air-Force-Piloten Schule. Die Berliner überlebten dank der wagemutigen Piloten. Nahrungsmittel waren dennoch rationiert, Strom gab es, wenn überhaupt, nur wenige Stunden am Tag. In der westlichen Hälfte der ehemaligen Reichshauptstadt kam wieder Frontstimmung auf. Zur Symbolfigur des Durchhaltewillens wurde der SPD-Bürgermeister >Ernst Reuter. Am 12. Mai 1949 hob Moskau nach fast einem Jahr die Blockade auf. Der Erpressungsversuch scheiterte; 78 Menschen kamen in dieser Zeit ums Leben, den verunglückten Piloten wurde am >Flughafen Tempelhof ein Denkmal gesetzt. Am nördlichen Rand des Flugfelds ist ein »Rosinenbomber« ausgestellt.

und brannte drei Tage lang. Andere Bunker hatte man als Zivilschutzräume genutzt, dort finden sich heute noch zeitgenössische Wandmalereien.
Im Juli 1945 übernahm die US Air Force Tempelhof als Militärstützpunkt. Während der sowjetischen Berlin-Blockade 1948/49 war der Flughafen neben Tegel und Gatow, auf dem Luftweg der einzige Zugang nach West-

76 Ausgebrannter Filmbunker

Berlin. An die legendären Flieger erinnert das Luftbrückendenkmal (Berlinerisch: »Hungerkralle«) auf dem Platz der Luftbrücke. Später flogen wieder Zivilflugzeuge von und nach Tempelhof, zuletzt nur kleinere Executiv-Flieger, dann kam 2008 das Ende des Betriebs.
Wer viel Auslauf und Weitblick braucht, kann sich heute zwischen Spaziergängern, Joggern und Radfahrern frei auf dem alten Flugfeld, der »Tempelhofer Freiheit«, bewegen. Der Zugang erfolgt über Eingänge am Tempelhofer Damm, Columbiadamm oder an der Oderstraße.
Sehr interessant sind auch geführte Rundgänge durch das Flughafengebäude. Hier werden neben der Ehrenhalle, Bunkern und einem unterirdischen Eisenbahntunnel aus der NS-Zeit auch Einblicke in den ehemaligen Hochsicherheitsbereich der US Air Force geboten. Die hatte es sich mitten im Kalten Krieg samt Basketballhalle und Bowlingbahn in den oberen Etagen bequem gemacht. → *Platz der Luftbrücke* ⏱ *Führungen: Mo–Do 16, Fr 13, 16, Sa, So 11, 14 Uhr (Treffpunkt: Ehem. GAT-Bereich Tempelhofer Damm 1–7)* Ⓤ *Platz der Luftbrücke*

77 KZ Columbia

Eine ehemalige Militärhaftanstalt von 1900 am Rand des Tempelhofer Feldes benutzten die Nationalsozialisten nach der »Machtergreifung« von 1934 bis 1936 als Konzentrationslager, da das Hausgefängnis der >Gestapo-Zentrale an der Prinz-Albrecht-Straße bereits mit den politischen Häftlingen überfüllt war. Im KZ Columbia mussten in 156 Zellen bis zu 450 Häftlinge hausen. Die Haftdauer der Insassen bestimmte die Gestapo willkürlich. Der berüchtigte Inspekteur der Konzentrationslager (IKL) und spätere Führer der SS-Totenkopfverbände >Theodor Eicke ersetzte rigoros SS-Männer, die nach seiner Meinung nicht hart genug gegen die Häftlinge vorgingen. Das KZ Columbia war auch eine Ausbildungsstätte, aus der viele spätere Kommandanten der Lager Auschwitz I, Buchenwald, Flossenbürg, Majdanek oder Sachsenhausen hervorgingen.

76 Baskeltball-Halle im Flughafen

Prominenten Insassen waren:
- Leo Baeck (Rabbiner)
- Erich Honecker (späterer SED-Chef in der DDR)
- Robert Kempner (Jurist, u.a. 1946 bei den Nürnberger Kriegsverbrecherprozessen)
- Ernst Thälmann (KPD-Führer)

Bei den Baumaßnahmen für den >Flughafen Tempelhof wurde das Gefängnis 1936 abgerissen und die Häftlinge für die Errichtung des >KZ Sachsenhausen eingesetzt. Ein stählernes Mahnmal von Bildhauer Georg Seibert erinnert seit 1994 an die Leidensjahre im Lager. → Columbiadamm/Golßener Str. U Platz der Luftbrücke

76 Niemals fertig gestellte Ehrenhalle des Flughafens Tempelhof

78 Karstadt Hermannplatz

Nach seiner Fertigstellung im Jahr 1929 war das von Architekt Philipp Schaefer entworfene Karstadt-Warenhaus am Hermannplatz das modernste Europas. Mit seiner Skyline, den zwei 70 m hohen (nachts illuminierten) Türmen und dem Waren- und Serviceangebot erinnerte es an die Wolkenkratzer Amerikas. Als erstes in Europa war es direkt von der U-Bahnstation aus zugänglich. Eine Attraktion war auch das Dachgarten-Restaurant mit 500 Sitzplätzen, 32 m über Berlin. Vermutlich ist das von Bomben bis dahin unversehrte Gebäude im April 1945 von der Waffen-SS größtenteils zerstört worden, damit die hier gelagerten Vorräte nicht der Roten Armee in die Hände fielen. Von dem einstigen architektonischen Wert des Warenhauses ist heute leider kaum noch etwas zu erahnen. → Hermannplatz U Hermannplatz

79 Fichte-Bunker

Dieses Patchwork-Bauwerk war ursprünglich ein 1874 für die englische »Imperial Continental Gas Association« errichteter Gasometer. Er diente zur Versorgung der gasbetriebenen Straßenbeleuchtung und ist heute der älteste und einzige erhaltene seiner Art in Berlin. Innerhalb des Gasometers entstand 1940 im Rahmen

78 Karstadt Hermannplatz, 1929

des Bunkerbauprogramms für die Reichshauptstadt ein Luftschutzbunker für 6.000 Personen. Hinter den fast 2 m starken Stahlbetonwänden und unter einer 3 m dicken Decke suchten bei Luftangriffen dann bis zu 30.000 Menschen Schutz. Auf dem Dach des Bunkers stehen unter der alten Stahlkuppel des Gasometers seit 2010 hochwertige Lofthäuser. Der Luftschutzbunker darunter kann mit seiner gut erhaltenen Einrichtung besichtigt werden. → Fichtestr. 4–12 ⊕ Führungen: Sa, So 11, 13, 15 Uhr, Do 16 Uhr U Südstern

76 Luftbrückendenkmal vor dem Flughafen Tempelhof

80 Großbelastungskörper

80 Großbelastungskörper

Einen gigantischen >Triumphbogen für die Gefallenen des 1. Weltkriegs skizzierte der verhinderte Architekt Adolf Hitler bereits in den 1920er Jahren. In seinen Allmachts-Fantasien von einer >Welthauptstadt Germania sollte er auf der >Nord-Süd-Achse in Korrespondenz zu der jedes Maß sprengenden >Großen Halle gebaut werden. Den Pariser Arc de Triomphe hätte er mit 117 m Höhe und 170 m Breite weit überboten. Hitlers Leibbaumeister >Albert Speer hatte die Entwürfe 1939 fertiggestellt und ließ von 1941 an am vorgesehenen Standort einen Großbelastungskörper für die Bodenbelastungsprüfung erbauen. Dafür wurden hauptsächlich französische Zwangsarbeiter eingesetzt. Der Betonkoloss wiegt über 12.600 Tonnen, hat einen Durchmesser von 21 m, ragt 14 m in den Kreuzberger Himmel und 18 m tief in den märkischen Sand. Noch bis 1944 führten Ingenieure Messungen im Inneren durch, die eine Setzung des Bauwerks um ca. 19 cm ergaben. Der Triumphbogen wäre wohl technisch machbar gewesen. Für die Lieferung von Granit waren die Verträge mit Schweden schon unterzeichnet, der Kriegsbeginn aber stoppte auch dieses größenwahnsinnige Vorhaben. Der Betonklotz ist einer der wenigen sichtbaren Relikte des Germania-Projekts und ist heute denkmalgeschützt. Seit 2009 gibt es eine Aussichtsplattform und Führungen durch das Innere des Großbelastungskörpers. → *General-Pape-Str./Loewenhardtdamm* ⏱ *Apr–Okt: Mi 10–18, Do 10–14, So 13–16 Uhr* Ⓢ *Julius-Leber-Brücke*

81 Kreuzberg-Denkmal

Auf dem Tempelhofer Berg wurde 1821 ein gusseisernes Nationaldenkmal enthüllt, das an die siegreichen Befreiungskriege gegen die Napoleonische Armee 1813 bis 1815 erinnert. Das 19 m hohe neugotische Monument schufen die führenden Gestalter ihrer Zeit im Auftrag von König Friedrich Wilhelm III.: >Karl-Friedrich Schinkel (Denkmal), Johann Heinrich Strack (Plateau), Christian Daniel Rauch, Friedrich Tieck, Ludwig Wilhelm Wichmann (Plastiken). Die Spitze trägt das >Eiserne Kreuz, die von König Wilhelm III. gestiftete Auszeichnung für die Tapferen der Befreiungskriege. Aus dem Tempelhofer Berg, der mit 66 m höchsten natürlichen Erhebung Berlins, wurde zunächst der Kreuzberg (eben wegen des Eisernen Kreuzes) und daraus der Name für den ganzen Bezirk. Von hier oben hat man wohl einen der schönsten Ausblicke auf die Hauptstadt. Tief im Inneren des Denkmalsockels wohnt nicht nur eine große Fledermauskolonie, sondern lagern in einem riesigen, kathedralenähnlichen Gewölbe bedeutende historische Skulpturen wie der

81 Kreuzbergdenkmal, 1895

Münzfries von Friedrich Gilly und >Johann Gottfried Schadow, Genien von Schinkel sowie Abgüsse von Teilen der >Quadriga des >Brandenburger Tors. Einmal im Monat ist nach Voranmeldung beim Bezirksamt Friedrichshain-Kreuzberg eine kostenpflichtige Führung möglich (Tel. (030) 90 29 82 624). → *Victoriapark (Methfesselstr.)* Ⓤ *Platz der Luftbrücke*

81 Kreuzbergdenkmal

> »Das wird wenigstens ein würdiges Denkmal für unsere Toten des Weltkrieges. Der Name jedes unserer 1,8 Millionen Gefallenen wird in Granit eingemeißelt werden.«
> – *Adolf Hitler (Speer, »Erinnerungen«)*

80 Modell der Nord-Süd-Achse mit Südbahnhof (u.), Beutewaffenallee, Triumphbogen und Großer Halle, 1940

82 Konrad Zuse am »Z4«

🏛 Wohnhaus Konrad Zuse
Professor Doktor Konrad Zuse (1910–1995) ist der eigentliche, der legitime Vater der Maschine, die wir heute Computer nennen und die unsere Wirklichkeit nachhaltig veränderte (und weiter verändern wird). Der 27-jährige Zuse wohnte nach dem Ingenieurstudium bei seinen Eltern am Hang des Kreuzbergs, in der Methfesselstraße. Dort bastelte er im heimischen Wohnzimmer 1937 die »Z1«, eine programmierbare Rechenmaschine, zusammen. 1941 folgte, mitten im 2. Weltkrieg, mit der »Zuse Z3« der erste funktionsfähige Computer der Welt. Gleichzeitig gründete er auf einer Fabriketage in der Oranienstraße 6 mit dem »Zuse Ingenieurbüro und Apparatebau« seine erste Firma. Bei den Henschel-Flugzeug-Werken arbeitete Zuse in einem wichtigen Rüstungsbetrieb an ferngesteuerten fliegenden Bomben (Marschflugkörper) und wurde »uk« (unabkömmlich für den Kriegsdienst) gestellt. Beim Heereswaffenamt stieß er mit seinen neuartigen Geräten auf wenig Verständnis. Rüstungsminister ›Albert Speer soll Hitler von Zuses Rechenmaschinen erzählt haben, doch der meinte, für den Endsieg brauche es nur den Mut seiner Soldaten. Zuse erhielt trotzdem eine Förderung von 250.000 Reichsmark. Nach dem Krieg verfügte er mit der nach Süddeutschland geretteten »Z4« über den einzigen arbeitsfähigen Computer Europas. Anders als Bill Gates und Steve Jobs trat Konrad Zuse nicht in die Fußstapfen Dagobert Ducks. Seine Firma ging 1967 im Siemens-Konzern auf. → *Methfesselstr. 7* U *Platz der Luftbrücke*

🏛 Alter St.-Matthäus-Kirchhof
Inmitten von Schönebergs »Roter Insel«, einem von Bahngleisen eingeschlossenen Viertel, in dem traditionell viele Arbeiter wohnten, liegt dieser historische Friedhof. Zu den bekanntesten Persönlichkeiten, die hier ihre letzte Ruhe fanden, gehören u.a. die Gebrüder Grimm, Friedrich Drake und Rudolf Virchow. Etwa entlang der hier verlaufenden Bahntrasse planten Hitler und sein Architekt ›Albert Speer für die ›Welthauptstadt Germania eine gewaltige ›Nord-Süd-Achse, der auch dieser kleine Totenacker im Weg stand. Deshalb wurde ohne Zögern 1938/39 damit begonnen, ein Drittel der Grabstätten auf den Stahnsdorfer Friedhof umzubetten, darunter auch das Mausoleum der Verleger-Dynastie Langenscheidt.
Ein Gedenkstein erinnert an die am ›20. Juli 1944 im ›Bendlerblock hingerichteten und sofort hier begrabenen Widerstandskämpfer Graf ›Stauffenberg, Ludwig Beck, Friedrich Olbricht, Albrecht Mertz von Quirnheim und Werner von Haeften. Als SS-Chef ›Heinrich Himmler von der Beisetzung erfuhr, ließ er ihre Leichen am 21. Juli exhumieren,

83 Friedhofskapelle

für Hitler fotografieren, im Krematorium Wedding verbrennen und die Asche einfach in eine Kläranlage schütten. → *Großgörschenstr. 26* S *Yorckstraße*

🏛 Martin-Luther-Gedächtniskirche
Die Geschichte dieser Kirche ist bemerkenswert und wird unterschiedlich gedeutet. Das protestantische Gotteshaus wurde vor der »Machtübernahme« Hitlers geplant, aber erst von 1933–35 ausgeführt und heute oft einfach als »Nazi-Kirche« bezeichnet. Was auch nicht verwundert, wenn man die Ausstattung sieht: Hakenkreuze und andere verbotenen NS-Symbole sind zwar in den zahlreichen Reliefs beseitigt, aber die abgebildeten ›Reichsadler, Wehrmachtssoldaten, SA-Männer und ›Hitlerjungen sind geblieben. Die Gemeinde interpretiert ihre Kirche als Denk- und Mahnmal des damaligen Zeitgeistes. → *Riegerzeile 1* U *Westphalweg*

82 »Z1« Rechner im Wohnzimmer der Eltern von Konrad Zuse, 1938

85 Kennedy am Rathaus Schöneberg, 1963; oben: Notiz zu den fremdsprachigen Passagen »Ish bin ein Bearleener«

85 Rathaus Schöneberg

Von 1949 bis 1991 war in diesem Gebäude die politische Verwaltung West-Berlins konzentriert. Gleichzeitig war es der Amtssitz der Regierenden Bürgermeister der Stadt. Zu den bekanntesten zählen:
- Ernst Reuter (SPD)
- Willy Brandt (SPD)
- Hans-Jochen Vogel (SPD)
- Richard von Weizsäcker (CDU)
- Eberhard Diepgen (CDU)
- Walter Momper (SPD)

»Alle freien Menschen, wo immer sie leben mögen, sind Bürger Berlins, und deshalb bin ich als freier Mensch stolz darauf, sagen zu können Ich bin ein Berliner!«
– John F. Kennedy, 26. Juni 1963

Wenn die Welt auf diese Stadt schaute, war das Rathaus Schöneberg meist mit im Bild. Im 70 m hohen Turm hängt seit 1950 die Berliner Freiheitsglocke. Das Geschenk der USA ist eine Replik der »Liberty Bell« (Freiheitsglocke). Sie läutet jeden Tag um 12 Uhr, außerdem an Neujahr und zu besonderen Anlässen, wie dem Mauerfall oder am Tag der Terroranschläge des 11. Septembers 2001. Der Nachfolger des Radiosenders ›RIAS führt noch heute dessen Tradition fort und lässt die Glocke jeden Sonntag um 11.58 Uhr über UKW ertönen.
Auf dem Platz vor dem Rathaus fanden geschichtsträchtige Kundgebungen statt, wie der Besuch des US-Präsidenten John F. Kennedy am 26. Juni 1963, bei dem dieser im Beisein des West-Berliner Bürgermeisters Willy Brandt seinen populären Spruch »Ich bin ein Berliner!« verlas. Mit diesem Satz, den er sich zuvor auf einer Karteikarte phonetisch notiert und eingeübt hatte, bekundete er, nach der sowjetischen Berlin-Blockade und dem Mauerbau, die US-Garantie für West-Berlin. Der Rathausplatz trägt heute Kennedys Namen, neben dem Eingang erinnert eine Bronzetafel an die Rede. In Mitte nahe der Neuen Synagoge befindet sich außerdem das ›Museum »The Kennedys«. → *John-F.-Kennedy-Platz 1* U *Rathaus Schöneberg*

86 Bierpinsel

Ein monumentaler Turm im architektonischen Zeitgeist der 1970er Jahre im eher unangesagten Bezirk Steglitz, ein markanter Orientierungspunkt, eine Landmarke also. Nach schwierigen gastronomischen Verrenkungen und unbedingten Renovierungsbedarf will man es jetzt »gehoben« angehen. Dafür durften Streetartisten das Bauwerk 2010 »verschönern«. Die Berliner Nachkriegsmoderne hat es schwer zu überleben. Das Architekten-Ehepaar Ralf und Ursulina Schüler verantworten u.a. auch den ICC-Messebrummer. → *Schlossstr. 17* U *Schloßstraße*

85 Rathaus Schöneberg

Marlene Dietrich 1901–1992

»Der blaue Engel«, ein Spielfilm von Regisseur Josef von Sternberg, machte die Berlinerin 1930 über Nacht bekannt. Sie unterschrieb einen 7-Jahres-Vertrag in Hollywood und drehte mit »Morocco« ihren ersten US-Streifen. Im Film trug sie Männerkleidung, was gleichzeitig Empörung und Nachahmung auslöste. Mit Regisseuren wie Ernst Lubitsch, Billy Wilder, Alfred Hitchcock oder Orson Welles und Filmpartnern wie James Stewart, John Wayne, Gary Cooper erlangte sie Weltruhm. Propagandaminister >Joseph Goebbels erkannte schnell auch ihren potenziellen PR-Wert für das NS-Regime und bot ihr die unglaubliche Summe von 200.000 Reichsmark inkl. freier Filmwahl, wenn sie heim ins Reich kehren würde. Die überzeugte NS-Gegnerin lehnte dies ebenso ab wie das zweite Angebot, als sie 1936 zum letzten Mal vor dem 2. Weltkrieg Deutschland besuchte. Seit 1939 war sie US-Bürgerin, performte für die alliierten Soldaten an der Front und machte das von Lale Andersen gesungene Landser-Schmachtlied »Lili Marleen« auch bei den GI's zum Hit. Mit der US Army kam Marlene 1945 ins besiegte Deutschland zurück, wo sie in Bergen-Belsen ihre ältere Schwester fand, die dort ein Kasino betrieb, die auch KZ-Wächter frequentiert hatten. Die Dietrich erhielt höchste Orden der USA sowie Frankreichs und wurde auf ihren Welttourneen in ihren extravaganten Garderoben zum Weltstar. In ihrem Geburtsland war sie lange Zeit umstritten und z.T. verhasst. Ihren letzen engagierten Film drehte sie mit Spencer Tracy (»Das Urteil von Nürnberg«, 1961). Marlene, der zahlreiche Affären mit Bekannten und Unbekannten beiderlei Geschlechts nachgesagt wurden, wohnte später alleine abgeschirmt in Paris. Als sie 1992, vermutlich tabletten- und alkoholkrank, starb, erhielt sie ihr Grab, wie gewünscht, in Berlin. Im >Filmmuseum wird ihr Nachlass, die Marlene-Dietrich-Collection, gezeigt.

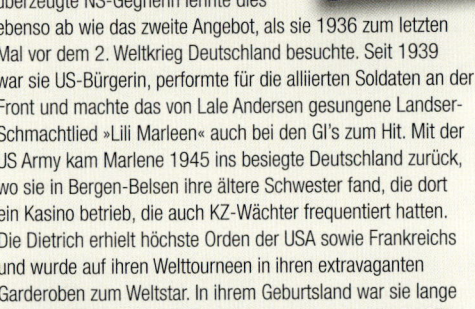

Marlene Dietrich in US-Uniform mit ihrem geliebten Jean Gabin, 1945

87 Wohnung Albert Einstein

»Phantasie ist wichtiger als Wissen«, eine der Erkenntnisse von Albert Einstein, dem die Menschheit vor allem die Relativitätstheorie zu verdanken hat. Diese vollendete er in Berlin, wo das Genie seit 1914 lebte. Max Planck hatte ihn im gleichen Jahr u.a. zum Direktor des >Kaiser-Wilhelm-Instituts für Physik ernannt. Die längste Zeit lebte Einstein in der Haberlandstraße. Viele prominente jüdische Intellektuelle wohnten hier in der »Jüdischen Schweiz«. Persönlichkeiten wie Gerhart Hauptmann oder Harry Kessler, dem die »hübsche Wohnung im Berliner Westen« gefiel, und sogar Charlie Chaplin besuchten ihn. Einstein, der 1921 den Nobelpreis für Physik erhielt, war kein Elfenbeinturm-Forscher, vielmehr kommunizierte er fächerübergreifend und baute sich den Dachboden des Hauses 1922 zum bescheidenen Büro aus. Schon länger war er auch antisemitischer Hetze ausgeliefert. Von einer USA-Reise kehrte Einstein 1933 nicht mehr nach Berlin zurück. Der nationalsozialistische Ungeist beendete eine Ära, als die deutschen Wissenschaften führend in der Welt waren. Trotz SA-Terrors, sind alle wichtigen Einrichtungsgegenstände seiner Wohnung nach Princeton in die USA gelangt. Außerdem hatte Einstein ab 1929 in Caputh bei Potsdam ein Sommerhaus, das heute besichtigt werden kann.
→ *Haberlandstr. 8* U *Bayerische Platz*

88 Friedhof Schöneberg III

Im Juli 1945 suchten Soldaten der 82. US-Luftlandedivision im zerstörten Berlin inoffiziell nach einer gewissen Josefine von Losch, der Mutter von >Marlene Dietrich. Nachdem die Amerikaner die 95-jährige Dame in Schöneberg aufgespürt hatten, arrangierten sie ein Treffen am >Flughafen Tempelhof. Marlenes Mutter verstarb einige Monate später. US-Fallschirmjäger bestatteten sie im Beisein ihrer Tochter auf dem Friedhof Schöneberg. 1960 trat die Dietrich erstmals wieder öffentlich in Berlin auf. Willy Brandt empfing den Star herzlich im >Rathaus Schöneberg. Die konservative Presse (und nicht nur die) hatte ihr die »Feindarbeit« jedoch nicht verziehen. Nach ihrem Tod 1992 in Paris ist sie entsprechend ihrem Wunsch in Schöneberg nahe ihrer Mutter beigesetzt worden. Seit 2004 ruht direkt nebenan der gebürtige Berliner Mode-Fotograf Helmut Newton, alias Helmut Neustädter. → *Stubenrauchstr. 43* S *Bundesplatz*

90 Enigma der Reichswehr, 1929

87 Albert-Einstein-Briefmarke

89 RIAS Den Amerikanern gelang es nicht, im >Haus des Rundfunks – in dem die Sowjets 1945 unmittelbar nach der Einnahme Berlins den »Berliner Rundfunk« einrichteten – auch ihre Sendungen auszustrahlen. Der neugegründete Sender RIAS (**R**undfunk **i**m **a**merikanischem **S**ektor), die »Stimme der freien Welt«, machte dann aber schnell Furore mit einer bisher in Europa nicht gekannten lockeren Art, die Unterhaltung mit den politischen Informationen zu mixen. RIAS wurde außerordentlich beliebt und (mit AFN) Vorbild für heutige Radio-Stationen. Die DDR lag mit ihrer Überzeugung nicht daneben, dass der RIAS ein von der CIA finanziertes, antikommunistisches Radio war (und störte die Sendungen, so gut es ging). RIAS-Direktoren waren Amerikaner, die Programme produzierten aber die Deutschen. Unter den bekannten Moderatoren und Redakteuren waren z.B. der spätere TV-Showmaster Hans Rosenthal und der spätere SPD-Politiker Egon Bahr. Nach der Wiedervereinigung ging der RIAS im DeutschlandRadio Kultur auf.
→ *Hans-Rosenthal-Platz*
U S *Innsbrucker Platz*

90 Chiffriermaschinen AG
Die wohl bekannteste Chiffriermaschine der Welt ist die deutsche Enigma (griech. für Rätsel). Am 23. Februar 1918 ließ sie der Elektroingenieur Arthur Scherbius in Berlin patentieren. 1923 gründete er an der Steglitzer Straße 2 die Chiffriermaschinen AG (in einem nicht mehr vorhandenen Gebäude). Doch kaum jemand interessierte sich für das auf Messen frei angebotene Gerät. So verkaufte er 1934 alles an die Firma Heimsoeth & Rinke. Mit der Wiederaufrüstung des Deutschen Reiches zeigte die Wehrmacht plötzlich Interesse für die Enigma. In verschiedenen Ausführungen war sie bis zum Ende des 2. Weltkriegs für die Verschlüsselung von Funksprüchen zehntausendfach im Einsatz. Nicht nur beim Militär, sondern auch beim Geheimdienst, der Polizei und der Reichspost.

Die Briten erhielten Ende der 1930er Jahre Informationen von dem polnischen Mathematiker Marian Rejewski, der es gemeistert hatte, eine zivile Version der Enigma zu knacken. So gelang es den Tüftlern in Bletchley Park schließlich, fast den gesamten verschlüsselten Datenverkehr der Deutschen mitzulesen. Dies führte vor allem zu einer enormen Schwächung der deutschen U-Boot-Bedrohung von amerikanischen und britischen Konvois im Atlantik. Für US-General Dwight D. Eisenhower und Premier Winston Churchill stand nach dem Krieg fest, dass die Entschlüsselung entscheidend zum Sieg der Alliierten beigetragen hatte. → *Steglitzer Str. 2 (heute Steglitzer Damm)* S *Südende*

90 1941 erbeuteten die Briten eine Enigma auf dem U-Boot »U 110«

91 Himmler (l.) neben Spaniens Außenminister Súñer in der LSSAH-Kaserne

91 Kaserne der Leibstandarte SS »Adolf Hitler«

Mit der »Machtergreifung« Hitlers übernahm 1933 seine SS-Leibstandarte (LSSAH) die frühere Kaserne der Preußischen Hauptkadettenanstalt in Berlin-Lichterfelde. In der militärischen Eliteschule wurden

91 Ehemaliger Kaserneneingang

bis 1920 junge (meist adelige) Kadetten für ihre spätere Offizierslaufbahn ausgebildet. Einige bekannte Kadetten waren: Walther von Brauchitsch, Erich von Manstein, Gerd von Rundstedt, Manfred Freiherr von Richthofen, Erwin von Witzleben und >Hermann Göring.

Die Leibstandarte war eine Hitler unterstellte Sondereinheit der >SS für die persönliche Sicherung des Diktators und seines Regimes. Später wurde sie die Keimzelle der 1939 aufgestellten Waffen-SS. Bei dem vermeintlichen »Röhm-Putsch« war die LSSAH 1934 maßgeblich an der Ermordung des SA-Führers Ernst Röhm beteiligt. Exekutionen an SA-Leuten fanden auch in Lichterfelde statt. Beim Umbau der Kaserne entstand 1936–40 u.a. ein großes Hallenbad mit Skulpturen von >Arno Breker, das bei den Olympischen Spielen genutzt wurde. Am Eingangstor waren zwei steinerne SS-Rottenführer von Bernhard Bleeker postiert, die heute nicht mehr sichtbar sind.

Im 2. Weltkrieg kam die LSSAH als Panzer-Division nahezu an allen Brennpunkten zum Einsatz, auch bei der Verteidigung des Berliner Regierungsviertels im April 1945. Unter dem Kommando von SS-Generaloberst >Sepp Dietrich galt sie als verbissene Kampfeinheit und war für ihren führertreuen Fanatismus berüchtigt, der ihr ständig hohe Verluste zufügte. Die Division war an Kriegsverbrechen wie dem Malmedy-Massaker beteiligt und wurde, wie die gesamte Waffen-SS, 1946 von den Alliierten zur verbrecherischen Organisation erklärt. Im Juli 1945 über-nahm die US-Armee die Kaserne in Lichterfelde. In den »Andrews Barracks« waren u.a. die Militärpolizei und einer der letzten ausschließlich aus schwarzen Soldaten zusammengesetzten Infanteriezüge stationiert. Bis 1945 stand auf dem Gelände eine 4 m große Löwen-Plastik des Bildhauers Herman W. Bissen, die seit 1862 im damals dänischen Flensburg an den Sieg der Dänen bei Idstedt erinnerte. Mit Preußens Sieg kam sie 1864 nach Berlin. US-General Dwight D. Eisenhower ließ das Denkmal im Herbst 1945 nach Kopenhagen bringen. 2010 kehrte der Leo schließlich nach Flensburg zurück.

Seit 1995 befindet sich auf dem ehem. Kasernengelände u.a. das Bundesarchiv. → *Finckensteinallee 63* S *Lichterfelde West*

92 SS-Wirtschafts- und Verwaltungshauptamt

In diesem Haus war in der NS-Zeit als Teil des Imperiums von >Heinrich Himmler das SS-Wirtschafts- und Verwaltungshauptamt (WVHA) und die Zentrale der SS-Wirtschaftsunternehmen.

91 Arkadengang der Schwimmhalle

Alle verwertbaren Gegenstände ermordeter Juden, von Schmuck über Kleidung bis hin zu Haaren, mussten dem WVHA zugeführt werden. Das WVHA war auch für die Versorgung von Hitlers pri-vater Küche zuständig.
Zu den SS-Unternehmen gehörten u.a. der Mineralwasser-

Sepp Dietrich (1892–1966), ein gelernter Fleischer, war ab 1938 Chef von Hitlers Leibstandarte. Sein letztes Kommando führte er in der Schlacht um Wien. 1946 wurde er im Malmedy-Prozess zu lebenslanger Haft verurteilt und bereits 1955 begnadigt.

betrieb »Apollinaris«, ein Verlag, Bekleidungsfirmen und unter Ausbeutung von KZ-Häftlingen betriebene Steinbrüche und Zementfabriken. Der Chef des WVHA, SS-General Oswald Pohl, befolgte dabei das Prinzip »Vernichtung durch Arbeit«: »Der Arbeitseinsatz muß in wahren Sinne des Wortes erschöpfend sein, um ein Höchstmaß an Leistung zu erzielen. Die Arbeitszeit ist an keine Grenzen gebunden. Zeitraubende Anmärsche und Mittagspausen nur zu Essenszwecken sind verboten.«
→ *Unter den Eichen 128–135*
Ⓢ *Botanischer Garten*

92 Eheringe ermordeter Juden

93 Telefunken-Werk

Telefunken war neben der AEG und Siemens die führende deutsche Marke der Elektrotechnik. Das 1903 in Berlin gegründete Unternehmen präsentierte 1928 auf der Funkausstellung das erste Fernsehgerät und 1939 den »Einheits-Fernseh-Empfänger E 1«. An der Goerzallee ließ Telefunken 1938 auf einem riesigen Areal ein neues Werk als Firmensitz von Architekt Hans Hertlein erbauen. Vor dem Hauptgebäude entstand gleichzeitig eine 400 m lange und 70 m breite asphaltierte Fläche. Sie ist eines der wenigen Relikte der >Welthauptstadt Germania. Es sollte ein Teilstück der ersten von 4 Ringschnellstraßen sein, die rund um Berlin geplant waren. Als wichtiger Rüstungslieferant produzierte Telefunken Funk-, Peil- und Radar-Anlagen sowie andere Kommunikationstechnik. Im gesamten NS-Machtbereich arbeiteten dafür bis zu 40.000 Menschen, darunter zahllose Zwangsarbeiter. Von 1945 bis 1994 nutzte die »US Army Berlin Brigade« das ehemalige Werksgelände als Hauptquartier, ab 1949 als »McNair-Barracks«. In der größten, mit allem Komfort ausgestatteten Kaserne waren u.a. drei Infanterie-Bataillone stationiert. Daneben gab es noch die »Turner Barracks« der Panzer-Einheiten in Dahlem, die »Roosevelt Barracks« in Steglitz und die »Andrews Barracks« in Lichterfelde. Aus den Werksgebäuden machte man teure Loftwohnungen. Im Gebäude »1001H« ist ein kleines privates Museum über die McNair Barracks. → *Platz des 4. Juli*
Ⓢ *Osdorfer Straße*

93 Telefunken-Reklame, ca. 1950

94 Erinnerungsstätte Notaufnahmelager Marienfelde

Seit der Aufteilung Deutschlands und Berlins in vier Besatzungszonen flüchteten bis zum Mauerbau 1961 monatlich Tausende Menschen in die westlichen Sektoren. Gerade West-Berlin war für viele das Schlupfloch in die Freiheit, weshalb 1953 das Notaufnahmelager Marienfelde eröffnet wurde. Bis zur Wende 1990 war es für rund 1,35 Millionen DDR-Flüchtlinge die erste Anlaufstelle. Hier gab es das Notwendigste und eine Unterkunft. In einer ständigen Ausstellung zur deutsch-deutschen Fluchtbewegung wird heute im historischen Haus die Geschichte des Notaufnahmelagers ausführlich dokumentiert. → *Marienfelder Allee 66* ⏲ *Di–So 10–18 Uhr* Ⓢ *Marienfelde*

93 Ehemaliges Telefunken-Werk und Germania-Relikt Ringstraße (heute Platz des 4. Juli)

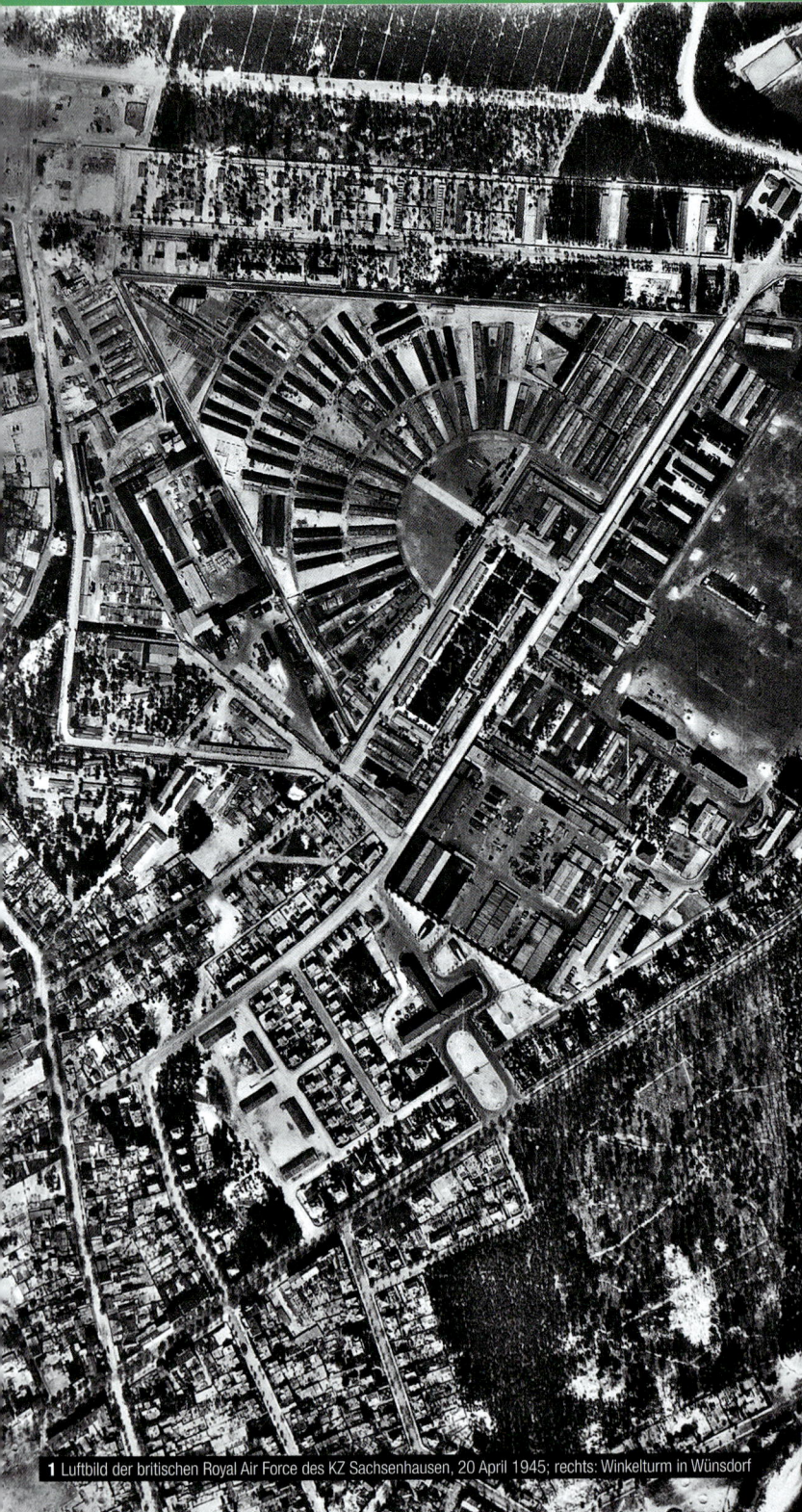

1 Luftbild der britischen Royal Air Force des KZ Sachsenhausen, 20 April 1945; rechts: Winkelturm in Wünsdorf

Umland

Die Metropole Berlin war schon immer symbiotisch mit ihrem brandenburgischen Umland verbunden und Schauplatz von Ereignissen, die eng mit der preußischen und deutschen Hauptstadt verbunden sind. Die einstigen Residenzen der Hohenzollern, wie Sanssouci, das Refugium des Alten Fritz, liegen in Potsdam. In Oranienburg, nur 35 km vor den Toren Berlins, entstand 1936 das berüchtigte Konzentrationslager Sachsenhausen, wo bis 1945 über 200.000 Menschen eingepfercht waren. Rund 40 km südlich der heutigen City exerzierten in Zossen-Wünsdorf preußische Regimenter und beteten moslemische Kriegsgefangene des 1. Weltkriegs in der ersten Moschee Deutschlands. Tief unter der Erde lag hier ab 1939 die geheime Bunkeranlage »Zeppelin«. Aus dem riesigen Hauptquartier dirigierten Hitlers Generäle die Angriffskriege gegen Europa. Mitten im Kalten Krieg hatten als Nachfolger an gleicher Stelle die Rote Armee und der Warschauer Pakt eines ihrer wichtigsten militärischen Nervenzentren.
An landschaftlich reizvollen Orten wussten in der Umgebung Berlins alle Potentaten und Machthaber ein angenehmes Dasein zu führen. So residierten in der Schorfheide nicht nur Reichsmarschall Göring und Propa-gandaminister Goebbels, sondern später auch die DDR-Parteielite mit Ulbricht, Honecker & Co. Heute sind diese beliebten Plätze im Grünen wieder für jedermann zugänglich.

258 UMLAND

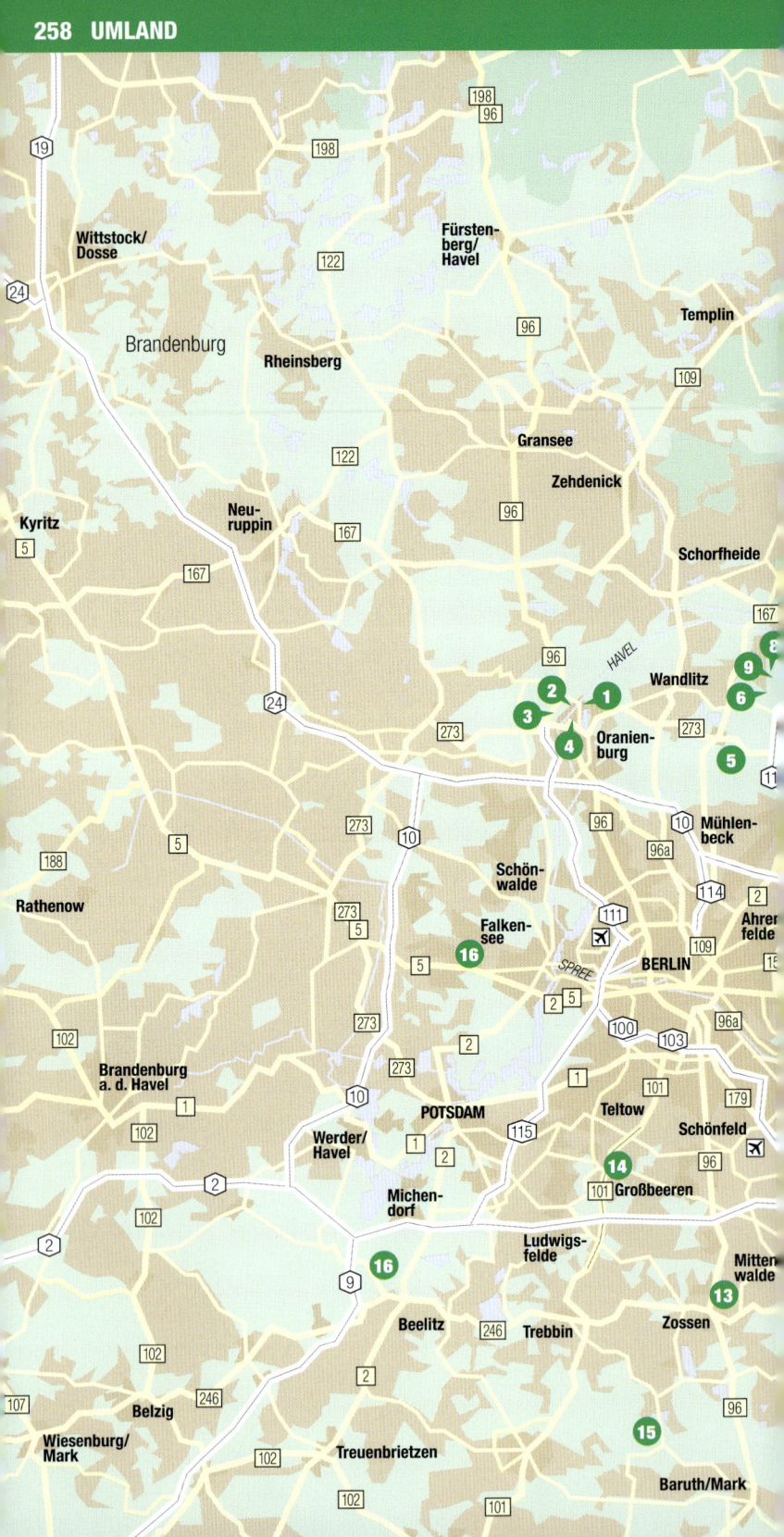

Theodor Eicke (1892–1943) war als erster Kommandant des KZ Dachau und Inspekteur der Konzentrationslager reichsweit für die Organisation des Lagersystems zuständig. 1934 ermordete er SA-Führer Ernst Röhm. Im 2. Weltkrieg war Eicke Kommandant der SS-Division »Totenkopf«, die zunächst aus KZ-Wächtern bestand und viele Kriegsverbrechen beging. Eicke kam 1943 bei einem Aufklärungsflug in der Ukraine ums Leben.

1 Überreste der Krematoriumsöfen des KZ Sachsenhausen

Das KZ Sachsenhausen

❶ KZ Gedenkstätte Sachsenhausen Etwa 30 km nördlich von Berlin mussten 1936 Häftlinge aus den Emslandlagern das Muster-KZ Sachsenhausen erbauen. Durch seine Nähe zur Reichshauptstadt mit der >Gestapo-Zentrale kam ihm eine besondere Bedeutung zu. Es wurde von SS-Architekten in dem zur Überwachung idealtypischen dreieckigen Grundriss angelegt und diente der Ausbildung von KZ-Kommandanten und SS-Wachen. Außerdem befand sich ab 1938 im »T-Gebäude« mit der Inspektion der Konzentrationslager (IKL) die zentrale Verwaltungsbehörde sämtlicher Konzentrationslager. Ihr Leiter >Theodor Eicke war maßgeblich am Aufbau des KZ-Systems beteiligt. Ihm unterstand auch die neben dem Häftlingslager stationierte SS-Totenkopfstandarte »Brandenburg«. Insgesamt wurden bis 1945 über 200.000 Menschen als Regime-Gegner, »rassisch Minderwertige« oder Kriegsgefangene in Sachsenhausen interniert. Sie kamen aus fast allen europäischen Nationen und mussten seit dem 2. Weltkrieg in der Rüstungsindustrie schuften. Zehntausende kamen durch die miserablen Verhältnisse im Lager ums Leben, wurden zu Tode gequält oder bei »medizinischen« Versuchen in der »Krankenbaracke« ermordet. Allein mit einer 1941 eingerichteten Massenerschießungsanlage tötete die SS über 12.000 sowjetische Kriegsgefangene. Im abgeschirmten Prominentenblock saßen Häftlinge wie der Hitler-Attentäter >Georg

»Arbeit macht frei« war eine zynische Toraufschrift an fast allen Konzentrationslagern.

Darunter verstand der SS-Staat das mörderische Prinzip »Vernichtung durch Arbeit«.

Die Aktion »Bernhard«

Im KZ Sachsenhausen startete die SS im Herbst 1942 das größte Geldfälscherunternehmen der Geschichte. Der Chef der Auslands-Spionage Walter Schellenberg benannte die streng geheime Aktion nach ihrem Organisator SS-Sturmbannführer Bernhard Krüger. Eine Gruppe von 140 sachkundigen jüdischen Häftlingen um den russischen berufskriminellen und Meisterfälscher Salomon Smolianoff produzierte hier nachgemachte Fremdwährungen, Pässe, Briefmarken und andere Dokumente. Es gelang ihnen britische Pfundnoten herzustellen, denen sogar Schweizer Banken die Echtheit bescheinigten. Anfangs wollten die Nazis mit der Einschleusung von großen Mengen Falschgeld in den Finanzkreislauf die englische Wirtschaft destabilisieren, später bezahlten sie damit ihre Spione und kauften Rüstungsgüter in Drittländern. Bei Kriegsende verfrachtete die SS die Werkstatt nach Österreich und versenkte zum Schluss alles im Töplitzsee. Insgesamt wurden in Sachsenhausen Blüten im Wert von 135 Millionen Pfund Sterling gedruckt, als Folge musste die »Bank of England« nach 1945 alle 50-Pfund-Noten einziehen und ersetzten.

Elser, der österreichische Bundeskanzler Kurt Schuschnigg, Verleger Peter Suhrkamp, die britischen Spione Payne Best und Richard Stevens sowie Jakow Dschugaschwili. Jakow, der älteste Sohn von Josef Stalin, geriet 1941 an der Ostfront in Gefangenschaft. Die Sowjets hielten übrigens den Halbneffen des »Führers«, Heinrich, Sohn von >Alois Hitler, in Moskauer Haft. Als die Rote Armee das KZ am 22. April 1945 befreite, fand sie nur 3.000 ausgezehrte Insassen vor, 33.000 Häftlinge hatte die SS zuvor auf einen Todesmarsch Richtung Nordwesten geschickt.

Nach vier Monaten wurde das KZ-Gelände erneut zu einem Ort des Schreckens und Leidens. Von August 1945 bis 1950 betrieb der sowjetische Geheimdienst NKWD dort das größte seiner 10 Speziallager. Statt der Täter sind aber hauptsächlich jugendliche Mitläufer, kleine NSDAP-Funktionäre und auch unschuldige Zivilisten eingesperrt worden. In den noch heute vorhandenen Steinbaracken der »Zone II« wurden ehemalige sowjetische Zwangsarbeiter festgehalten, die das KZ überlebt hatten. Stalins NKWD behandelte sie als Verräter und ließ sie in sibirische Gulags abtransportieren. Bis zur Auflösung des Lagers starben 12.000 Personen, 5.500 wurden in DDR-Gefängnisse überstellt. Zu den Opfern zählte auch der im »Dritten Reich« durch Propagandafilme bekannt gewordene Schauspieler >Heinrich George. Als die DDR 1961 in Sachsenhausen eine erste Gedenkstätte einrichtete, blieb das Speziallager ausgeblendet. Heute informieren auf dem Gelände ein Museum und mehrere Dokumentationen in den erhaltenen Gebäuden und zwei nachgebildeten Häftlingsbaracken eindringlich über die jahrzehntelange Geschichte des Unrechts. → *Straße der Nationen 22, Oranienburg ⊙ Di–So 8.30–18 Uhr (im Winter bis 16.30 Uhr)* Ⓢ *Oranienburg*

1 Wachtürme des ehem. KZ

1 Oben: Stalins Sohn Jakow Dschugaschwili, er stürzte sich 1943 in den Elektrozaun und wurde erschossen.

1 Hochbetten in der aus Originalteilen rekonstruierten Häftlingsbaracke #38

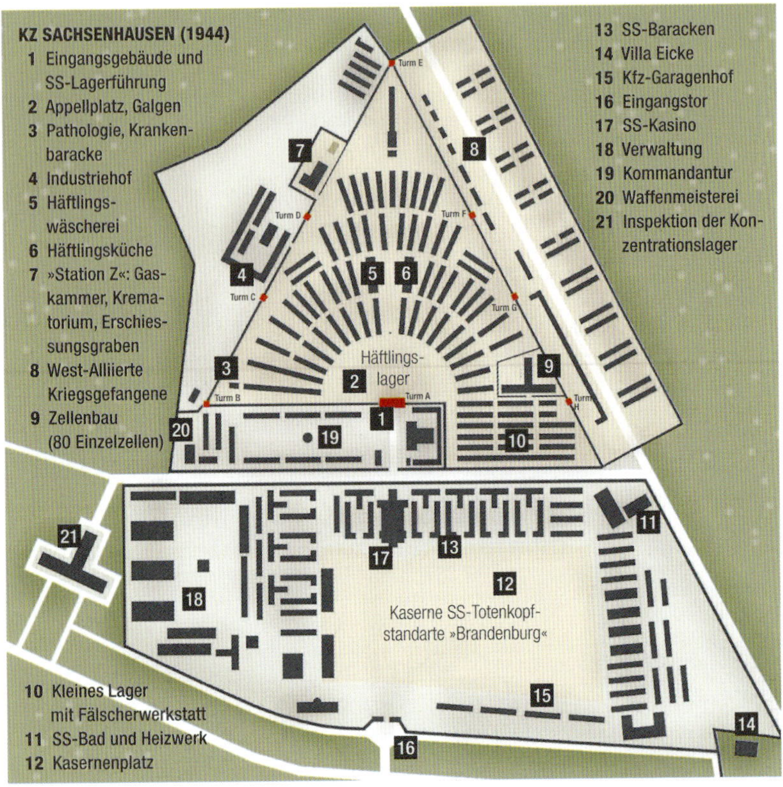
KZ SACHSENHAUSEN (1944)
1 Eingangsgebäude und SS-Lagerführung
2 Appellplatz, Galgen
3 Pathologie, Krankenbaracke
4 Industriehof
5 Häftlingswäscherei
6 Häftlingsküche
7 »Station Z«: Gaskammer, Krematorium, Erschiessungsgraben
8 West-Alliierte Kriegsgefangene
9 Zellenbau (80 Einzelzellen)
10 Kleines Lager mit Fälscherwerkstatt
11 SS-Bad und Heizwerk
12 Kasernenplatz
13 SS-Baracken
14 Villa Eicke
15 Kfz-Garagenhof
16 Eingangstor
17 SS-Kasino
18 Verwaltung
19 Kommandantur
20 Waffenmeisterei
21 Inspektion der Konzentrationslager
Häftlingslager
Kaserne SS-Totenkopfstandarte »Brandenburg«
Turm A
Turm B
Turm C
Turm D
Turm E
Turm F
Turm G
Turm H

2 Schloss Friedenthal

Ein Barockschloss an der Havel, nur etwa 2 Kilometer westlich des >KZ Sachsenhausen, war ab Anfang 1943 Sitz des Führungsstabs der SS-Jagdverbände unter Leitung des drauf-

THIS WAR IS A
1939
1944
Postage
Revenue
JEWSH WAR

2 Deutsche Propagandafälschung einer britischen Briefmarke, 1942

gängerischen SS-Offiziers und Überzeugungstäters Otto Skorzeny. Seit 1940 war er Mitglied der >Leibstandarte-SS »Adolf Hitler«, nahm am »Westfeldzug« teil und entging vor Moskau nur knapp dem Tod.
Als sich der enteignete Besitzer von Friedenthal nicht gefügig zeigte, wurde er kurzerhand ins KZ geschickt. Auf dem Gelände mussten Häftlinge Baracken und rundherum eine 4 m hohe, alarmgesicherte Mauer bauen, hinter der dann die Geheimkommandos für Bombenanschläge, Entführungen, Sabotage und Mord im gesamten Kriegsgebiet ausgebildet wurden. Die dort 1943 geplante Befreiung des in den Abruzzen festgesetzten italienischen Duce Benito Mussolini machte den 1,96 m-Hünen Skorzeny weltbekannt. Die Alliierten hielten »Scarface« nach dem Himmelfahrtskommando bald für den *»gefährlichsten Mann Europas«*. Im Rahmen der von Friedenthal aus ab 1942 gesteuerten >Aktion »Bernhard« entstanden dort die Druckstöcke für täuschend echte Fälschungen.
Im Juli 1944 war Skorzeny eher zufällig an der Niederschlagung der >Operation »Walküre« beteiligt. Mit einem SS-Jägerbataillon besetzte er um Mitternacht den >Bendlerblock und ordnete von Graf >Stauffenbergs Schreibtisch aus das Chaos.
Die umfangreichste in Oranienburg geplante Mission war im Rahmen der Ardennenoffensive 1944 das Unternehmen »Greif«. Unter Skorzenys Kommando sollten 3.000 Landser in US-Uniformen

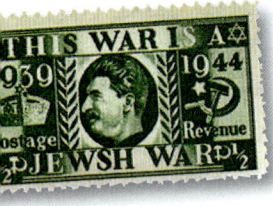

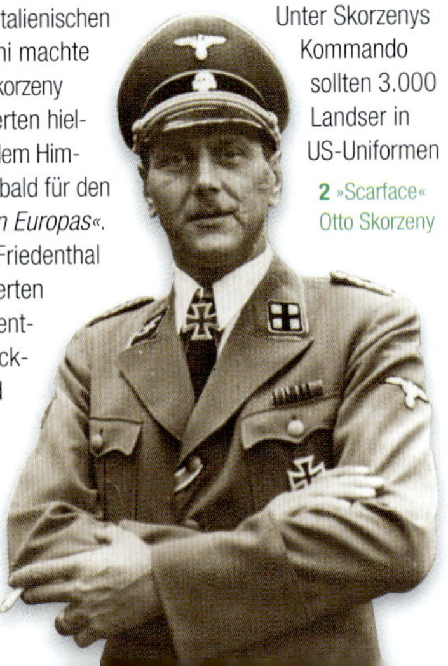

2 »Scarface« Otto Skorzeny

Archiv Boháčová

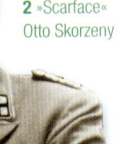

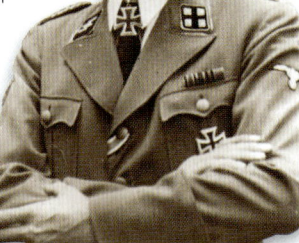

mit Beutewaffen sowie mit in Friedenthal von KZ-Häftlingen umgearbeiteten deutschen Panzern hinter den feindlichen Linien Verwirrung stiften und Brücken besetzen. Die völkerrechtswidrige Aktion scheiterte unter hohen, sinnlosen Verlusten. Bei Kriegsende ließ Skorzeny in Oranienburg bemannte V1-Flugbomben für Kamikaze-Einsätze entwickeln und beteiligte sich am Aufbau der »Werwolf«-Verbände. In Wien und an der Oderfront war er vermutlich an Hinrichtungen beteiligt. Schloss Friedenthal wurde im April 1945 bei einem Luftangriff zerstört.

2 Skorzeny mit Mussolini, 1943

Nach seiner Flucht aus alliierter Gefangenschaft brachte es Skorzeny durch alte NS-Seilschaften in Francos Spanien zum Millionär. Mit seinen Memoiren begeisterte er sogar den Kommunisten Fidel Castro. Bei Skorzenys Beerdigung in seiner Geburtsstadt Wien, verabschiedeten ihn 1975 seine alten Kameraden mit dem Hitlergruß. → *Buchenallee, Oranienburg* Ⓢ *Oranienburg*

❸ Heinkel Flugzeugwerke

Der Ingenieur Ernst Heinkel hatte 1922 in Warnemünde bei Rostock die »Ernst Heinkel Flugzeugwerke« gegründet. Auf dem hauseigenen Flughafen flog Testpilot Erich Warsitz im August 1939 mit der Heinkel He 178 den ersten Düsenjäger der Welt. Nach Plänen von Architekt Herbert Rimpl entstand 1936–1939 in Oranienburg ein Zweigwerk einschließlich einer Wohnsiedlung für die Belegschaft. Hier wurde damals das Strahltriebwerk für die He 178 entwickelt. In Oranienburg baute man vor

3 Vorläufer des Stealth-Bombers: Prototyp der Horten H IX in Oranienburg, 1944

allem den kompakten zweimotorige Bomber He 111 in Serie. Den mächtigen »Fliegenden Festungen« der US-Amerikaner war dieses Modell allerdings weit unterlegen. Allein in diesem Werk schufteten für Heinkel um die 9.000 ausländische Zwangsarbeiter und Häftlinge aus dem nahen >KZ Sachsenhausen. Sie hausten in einem eigens dafür errichteten KZ-Außenlager. Kurz vor Kriegsende begannen auf dem Heinkel-Gelände erste Tests mit den futuristisch anmutenden Flugobjekten von Reimar und Walter Horten. Im Auftrag von Reichsluftfahrtminister >Hermann Göring entwickelten die beiden Pioniere der Nurflügler 1943 einen Jagdbomber, der mit einer Geschwindigkeit von 1.000 km/h eine Bombenlast von 1.000 kg über eine Strecke von 1.000 km ans Ziel tragen sollte. Das Ergebnis war die Horten H IX: der erste und einzige Nurflügel-Kampfjet der Luftfahrtgeschichte. Am 2. Februar 1945 hob die Maschine von Oranienburg zum 45-minütigen Erstflug ab. Zu einer Serienproduktion kam es nicht mehr, allerdings entwarfen die Gebrüder Horten noch das Konzept eines sechsstrahligen Nurflügel-Fernbombers, der nach Görings Fantasien New York mit der angeblich bis 1946 entwickelten Atombombe angreifen sollte. Den modernsten Prototyp der Reihe, bestrichen mit einer leicht radarabweisenden Kohleschicht, erbeuteten nach Kriegsende US-Truppen. Sein später Nachfahre war im Jahr 1989 der amerikanische Tarnkappenbomber B-2. Vom Heinkel-Werk ist noch die Einflughalle und die Wohnsied-

3 Heinkel He 111 Bomber

lung erhalten, auf der alten Rollbahntrasse verläuft nun die Bundesstraße 96. → *Zwischen Bärenklauer Weg und Birkenallee; Oranienburg* Ⓢ *Oranienburg*

2 Speer inspiziert einen erbeuteten Sherman-Panzer der US Army, 1944

4 Gutschein über 50 Reichspfennig

4 KZ Oranienburg Nach dem >Reichstagsbrand 1933 erhielt die örtliche »SA-Standarte 208« den Befehl zum Aufbau eines KZ in Oranienburg. Im März wurden die ersten »Schutzhäftlinge« in der alten Berliner-Kindl-Brauerei eingeliefert. Die meisten von insgesamt über 3.000 Gefangenen, die im Lager malträtiert wurden, waren Kommunisten und Sozialdemokraten. Die SA ermordete mindestens 16 Häftlinge, darunter den Autor und anarchistischen Aktivisten Erich Mühsam. Dem Sozialdemokraten Gerhart Seger gelang als einem von wenigen die Flucht. Er publizierte seine Erlebnisse 1934 im Buch »Oranienburg« (Vorwort: Heinrich Mann) das als frühes Dokument über das Wesen des Nationalsozialismus gilt. Nach der Auflösung des Provisoriums im Juli 1934 wurde das >KZ Sachsenhausen geplant. → *Berliner Str. 20/21, Oranienburg* Ⓢ *Oranienburg*

5 Waldsiedlung Wandlitz
Die selbsternannten Führer der »Arbeiter und Bauern« (also die obersten SED-Kader der DDR) versteckten sich seit den Arbeiteraufständen in der DDR und in Ungarn vor dem Volk in der eigens für sie angelegten Waldsiedlung am Wandlitz- bzw. Liepnitzsee, etwa 40 km nördlich von Berlin. Die DDR-Nomenklatura fühlte sich in ihren bisherigen Domizilen, die vorwiegend in Pankow lagen, nicht mehr sicher. Ab 1958 ließ man sich nördlich von Berlin relativ komfortable Häuschen bauen und von Organen des >Ministeriums für Staatssicherheit (MfS) bewachen und zuvorkommend betreuen. Die Ausstattung und Versorgung war im Vergleich zum DDR-Standard üppig und bequem, aber zugleich ziemlich kleinbürgerlich. Das streng abgeschirmte Privatleben der privilegierten Bewohner wurde erst bei der Wende durch die Medien sichtbar gemacht und sorgte für weitere Empörung bei den DDR-Normalos.
Der angeblich so bescheidene >Erich Honecker frönte als Privatmann einem feudalen Hobby. In der nahen Schorfheide, dort wo schon Reichsmarschall >Hermann Göring gern auf die Pirsch ging, schoss Honecker zuweilen bis zu 12 Hirsche pro Tag. Als Transportmittel westlicher Produktion dienten ihm dabei zuletzt ein grüner Range Rover und ein Mercedes-Benz. Im August 1989, als die DDR vor dem Aus stand und Tausende unzufriedene Bürger in die Prager Botschaft der BRD flüchteten, soll Honecker den größten jemals in der Schorfheide geschossenen Hirsch erlegt haben.
In der Waldsiedlung Wandlitz wohnten u.a. die Genossen:
▶ Otto Grotewohl (1949–64 Ministerpräsident der DDR), Bussardweg 1
▶ Egon Krenz (SED-Generalsekretär und Staatsratsvorsitzender), Bussardweg 4

5 Portal der Waldsiedlung

▶ Willi Stoph (Staatsratsvorsitzender, General), Bussardweg 6
▶ Walter Ulbricht (SED-Generalsekretär und Staatsratsvorsitzender), Habichtweg 1
▶ Erich Honecker (SED-Generalsekretär und Staatsratsvorsitzender) mit Ehefrau Margot (Ministerin für Volksbildung), Habichtweg 5
▶ Erich Mielke (Minister für Staatssicherheit der DDR), Eichelhäherweg 1
▶ Günter Schabowski (Mitglied des Politbüros des ZK der SED), Eichelhäherweg 6

In den ehemaligen Wohnhäusern der DDR-»Kamarilla« kuren heute die Gäste der Brandenburg Klinik. Das weitläufige Gelände ist über das original erhaltene Haupttor frei zugänglich. Auch Teile der ehemaligen Sperrmauer des Innenrings sind noch vorhanden. Führungen werden vor Ort angeboten. → *Brandenburgallee 1, Bernau*

5 Walter Ulbrichts Anwesen in der Waldsiedlung Wandlitz

6 Goebbels Waldhof am Bogensee, 1950–90 Teil der FDJ-Jugendhochschule; rechts: FDJ-Abzeichen

6 Waldhof am Bogensee

Die Stadt Berlin schenkte ihrem Gauleiter >Joseph Goebbels 1936 zum 39. Geburtstag ein idyllisches Landstück am Bogensee, 40 km nördlich der Reichshauptstadt. Zunächst stand dort nur ein großes Blockhaus, 1939 ließ Goebbels auf dem Anwesen ein prächtiges Landhaus errichten. Damit verfügte er dann über 30 Zimmer mit 1.600 qm Wohnfläche. Ein Highlight waren schon damals die im Boden versenk-

6 Wohnzimmer der Goebbels-Villa

»Das Haus ist wunderbar geworden. Ein wahres Schmuckkästchen. Hier läßt sich ausruhen und arbeiten. Welch ein Idyll! So romantisch und still. Ich bin ganz glücklich.«
– Joseph Goebbels, 29. Oktober 1936

baren Wohnzimmerfenster. Ebenfalls dazu gehörten Gäste- und Wirtschaftsgebäude, ein Kinosaal sowie ab 1944 ein Luftschutzbunker. Das Filmunternehmen Ufa beteiligte sich an den Baukosten mit 1,5 Millionen Reichsmark. Stars wie >Zarah Leander oder >Heinz Rühmann zählten zu seinen Gästen. Goebbels nutzte das »Schmuckkästchen« neben der Villa auf der >Insel Schwanenwerder als Erholungsstätte und »Liebesnest«. Bevorzugt traf er sich hier mit seiner Geliebten, der tschechischen Schauspielerin Lida Baarova. Die heftige Affäre musste Goebbels beenden, nachdem auf Betreiben von Ehefrau Magda Adolf Hitler ihm die Beziehung unmissverständlich verboten hatte.

Nach dem 2. Weltkrieg übergaben die Sowjets die unversehrte Anlage der >Freien Deutschen Jugend (FDJ), die sie als (politische) Jugendhochschule, benannt nach dem ersten DDR-Präsidenten Wilhelm Pieck, nutzte. Architekt >Hermann Henselmann erweiterte die kommunistische Kaderschmiede 1951 im Sinne des sozialistischen Klassizismus zu einem monumentalen Komplex. Bald hieß die Institution wegen ihres

6 FDJ-Jugendhochschule

strengen dogmatischen Lehrplans nur noch »Rotes Kloster«. Auch linksausgerichtete Gasthörer aus den kapitalistischen Staaten und Entwicklungsländern nahmen an Vorlesungen teil. Seit der Wende steht das gesamte Ensemble leer. → Lanke am Bogensee, Wandlitz

6 Magda Goebbels (l.) und die Schauspielerin Lida Baarova

7 Hitler (l.) und Göring kommen aus der Gruft Carin Görings am Ufer des Wuckersees, 1934

❼ Carinhall Diesen hochherrschaftlichen Landsitz ließ sich Reichsmarschall >Hermann Göring ab 1933 nach Entwürfen von Werner March, dem Architekt des >Olympiastadions, in der brandenburgischen Schorf-

7 Innenhof von Carinhall, 1937

heide errichten. Der prunksüchtige Reichsjägermeister und treu ergebene Paladin Hitlers benannte das Anwesen nach seiner schwedischen Frau, die 1931 jung verstorben war. Ihre sterblichen Überreste ließ er 1934 von Schweden nach Carinhall in eine mystische Gruft überführen. Der mächtige Nazi Göring lebte dort mit seiner zweiten Frau, der ehemaligen Theaterschauspielerin Emmy Sonnemann (und viel Personal). Im Garten stand das »Edda Schlösschen« für die 1938 geborene Tochter Edda, eine 1:10 Nachbildung von Sanssouci in Potsdam, der Sommerresidenz des >Alten Fritz. Während Deutschland durch alliierte Luftangriffe in Schutt und Asche versank, spielte Reichsluftfahrtminister Göring auf Carinhall mit seiner großen Märklin-Modelleisenbahn, oder einem zahmen Löwen aus dem Berliner Zoo, ging zur Jagd und feierte opulente Feste. Im ganzen Haus lagerte und präsentierte der nach Morphium, Luxus und Macht süchtige »Renaissance-Mensch« kostbarste, in ganz Europa erbeutete oder geraubte Kunstwerke. Ein Teil dieser Sammlung versteckte er 1943 im Salzbergwerk Altaussee in der Steiermark, den Rest ließ er 1945 mit dem Zug nach Berchtesgaden transportieren. Um die feindliche Luftaufklärung zu täuschen, wurde Carinhall gegen Kriegsende mit einem Tarnanstrich versehen, mit Netzen verhängt und bei Ahlimbsmühle eine hölzerne Nachbildung der Anlage aufgebaut. Als die Rote Armee Ende April 1945 auf Berlin vorrückte, ließ Göring Carinhall sprengen und floh nach Hitlers letztem Geburtstagsempfang in der >Neuen Reichskanzlei in die »Alpenfestung« am Obersalzberg. Bis auf einige Reste ist vor Ort, außer der schönen Natur, nicht viel zu sehen. In Eberswalde steht im Park Weidendamm die von Görings Anwesen hierher versetzte Bronze »Amazone« von Bildhauer Franz von Stuck.
→ *Prenzlauer Str., Templin (Groß Dölln), zwischen Großdöllner See und Wuckersee*

7 Göring mit seinem Löwen

❽ Jagdschloss Hubertusstock Das königliche Jagdhaus wurde 1848 erbaut. Als Schloss bezeichnete man es vor allem wegen seiner repräsentativen Funktion bei großen adeligen Jagdgesellschaften, die auch nach dem Ende der Monarchie stattfanden. >Hermann Göring bot es allerdings nicht genug Luxus, deshalb ließ er sich das pompöse >Carinhall erbauen. Nach dem 2. Welt-

4x Hermann Göring
v.l.n.r. als Kadett (1907), Fliegerass (1917), Führer der SA (1923) und Reichsmarschall (1940).

krieg war auf dem Gelände ein Erholungsheim für Offiziere der Volkspolizei, bis das Gebäude 1971 abgerissen wurde. Das renovierte Jagdschloss diente der DDR-Regierung später als Gästehaus. Hier weilte Bundeskanzler Helmut Schmidt bei seinem Besuch 1981, später auch Franz Josef Strauß. → *Hubertusstock 1, Joachimsthal*

10 Hitler auf Schloss Harnekop

9 Honecker-Bunker Wenige Kilometer nordöstlich der >Waldsiedlung Wandlitz entstand 1988 bei Prenden mit dem Decknamen »Filigran« der größte Atombunker der DDR. Auf drei unterirdischen Ebenen sollten im Kriegsfall 17 Mitglieder des Nationalen Verteidigungsrats, darunter auch >Erich Honecker, und weitere 500 auserwählte Personen Schutz finden. Die wichtigsten Räume sind frei schwingend an 6,8 cm dicken Stahlseilen aufgehängt. Zusätzlich sollten Stoßdämpfer die Druckwelle einer Nuklearexplosion abdämpfen. Ebenso wie der ehemalige Regierungsbunker der BRD im Ahrtal bei Bonn wird der DDR-Bunker heute nicht mehr genutzt und ist versiegelt. → *Ützdorfer Str., Prenden*

10 Schloss Harnekop
Von dem herrschaftlichen Anwesen, das 1772 als Schloss Monchoix erbaut wurde, ist heute nichts mehr vorhanden. In der NS-Zeit nutzte es die SA als »Führerschule«, mit einer Wehrsportanlage samt Schützengraben und Unterstand im Schlosspark. Im Frühjahr 1945 befand sich hier das Hauptquartier der »Heeresgruppe Weichsel«. Der so gut wie geschlagene Hitler ließ sich dort am 3. März zum letzten Mal an der Ostfront blicken und hielt im Schloss eine Lagebesprechung ab. Wenig später überrollte die Rote Armee Harnekop, das nach dem Krieg völlig zerstört war. Die Schlossruine nutzten die Bürger zum Wiederaufbau ihres Dorfes. Wesentlich mehr Baustoff, vor allem Stahlbeton, war 1976 für den streng geheimen »Führungsbunker des Ministers für die Nationale Verteidigung der DDR« nötig. Der am Ende der Lindenallee bei Harnekop in 30 m Tiefe entstandene Atombunker sollte im Fall eines Nuklearkriegs zwischen Ost und West als Kommandozentrale der Nationalen Volksarmee (NVA) dienen. Bis zu vier Wochen hätten mehrere Hunderte Insassen in den 150 Räumen überleben können. Die Anlage ist als militärhistorisches Denkmal unter sachkundiger Führung zu besichtigen.
→ *Lindenallee, Harnekop* ⊙ *Führungen: Tel 0171 94 40 304*

11 Reichsautobahn-Tankstelle Fürstenwalde
Nach einen Entwurf des von Hitler zum Hochschulprofessor ernannten >Friedrich Tamms entstand 1937 diese Tankstelle an der Reichsautobahn Berlin–Frankfurt/Oder (heute A 12).

9 SED-Chef Erich Honecker

Tamms, der im Stab >Albert Speers Architekt der Reichsautobahnen war, konzipierte die Zapfstelle als Typenbau »Fürstenwalde«, nach deren Muster weitere folgten. Der Entwurf könnte auch in den USA stehen und unterschied sich deutlich von damals üblichen Autobahntankstellen im Heimatschutzstil. Die Station war aus beiden Richtungen anfahrbar und führte bis 1995 Minol-Sprit, danach drohte der Abriss. Dieses letzte in Deutschland erhaltene Exemplar (zwei weitere stehen heute noch in Polen bei Wroclaw, ehemals Breslau), ist denkmalschutzgerecht restauriert und gilt als die älteste Reichsautobahntankstelle.
→ *A 12, nördliche Ausfahrt Fürstenwalde-West*

8 Jagdtrophäe Honeckers aus der Schorfheide

11 Denkmalgeschütze Reichsautobahn-Tankstelle Fürstenwalde

Gotthard Heinrici (1886–1971), der Defensiv-Stratege, befehligte die >Schlacht an den Seelower Höhen<. Mit der »Heeresgruppe Weichsel« sollte er Berlin an der Oder verteidigen. Ohne »Führererlaubnis« zog der Generaloberst seine Truppen mehrmals zurück, ignorierte Befehle und verlor deshalb seinen Kommandoposten. Hitlers Selbstmord ersparte ihm das Kriegsgericht.

Die Ostfront vor den Toren Berlins

12 Gedenkstätte/Museum Seelower Höhen Über vier Tage, vom 16. bis 19. März 1945, tobte die größte Schlacht und letzte sowjetische Offensive des 2. Weltkriegs auf deutschem Boden. Die Seelower Höhen, ca. 50 km östlich von Berlin, waren mit der Oder die einzige natürliche Barriere vor den Toren der Reichshauptstadt. Adolf Hitler befahl die Stellung ohne zurückzuweichen bis zur letzten Patrone zu halten.

Die sowjetischen Divisionen waren unter Marschall >Georgi Schukows< Kommando den deutschen Kräften zahlen- und materialmäßig im Verhältnis 1:10 überlegen. Die unmissverständliche Zielsetzung der Roten Armee war es Berlin einzunehmen, um den Krieg zu beenden. Westlich der Oder hatten sich etwa 100.000 deutsche Soldaten, zusammengewürfelt aus Wehrmacht, Waffen-SS, >Hitlerjugend< und Volkssturm, eingegraben.

Im Morgengrauen eröffneten die Sowjets die Schlacht mit einem Frontalangriff von 1 Million Mann, 14.000 Geschützen, darunter auch die gefürchteten »Stalinorgeln« (Raketenwerfer auf den LKWs) und über 5.000 Panzerfahrzeugen. Nur unter enormen Verlusten und viel später als geplant gelang der Roten Armee der Durchbruch. Bei dem sinnlosen Gemetzel fielen mindestens 33.000 sowjetische und

12 Museum Seelower Höhen

polnische sowie 12.000 deutsche Soldaten. Noch heute werden in der Region bei Bauarbeiten oft Gebeine gefunden.
Nach der Einnahme Berlins beauftragte Schukow den Bildhauer Lew Kerbel den »ruhmreichen Weg« seiner Truppen mit drei Ehrenmälern (Küstrin, Seelower Höhen und Berlin-Tiergarten) zu versehen. Die Gedenkstätte bei Seelow ist dem Befehlsbunker Schukows nachempfunden. Sie wurde 1972 von der DDR als Museum mit kommunistischer Geschichtsauslegung eingerichtet, inzwischen aber mehrmals überarbeitet. Beim Bau der Anlage verwendete man skandinavischen Granit, der eigentlich für Hitlers >Welthauptstadt Germania< in Fürstenberg/Oder eingelagert war.
Wer schon mal so weit im Osten ist, sollte auch einen lohnenswerten Abstecher zur ehemaligen Festung Küstrin, direkt hinter der polnischen Grenze, unternehmen. → *Küstriner Str. 28a, Seelow* ◷ *Apr–Okt: Di–So 10–17 Uhr, Nov–Mär: Di–So 10–16 Uhr*

12 Gedenkstätte/Museum Seelower Höhen mit einer Großplastik von Lew Kerbel im Hintergrund

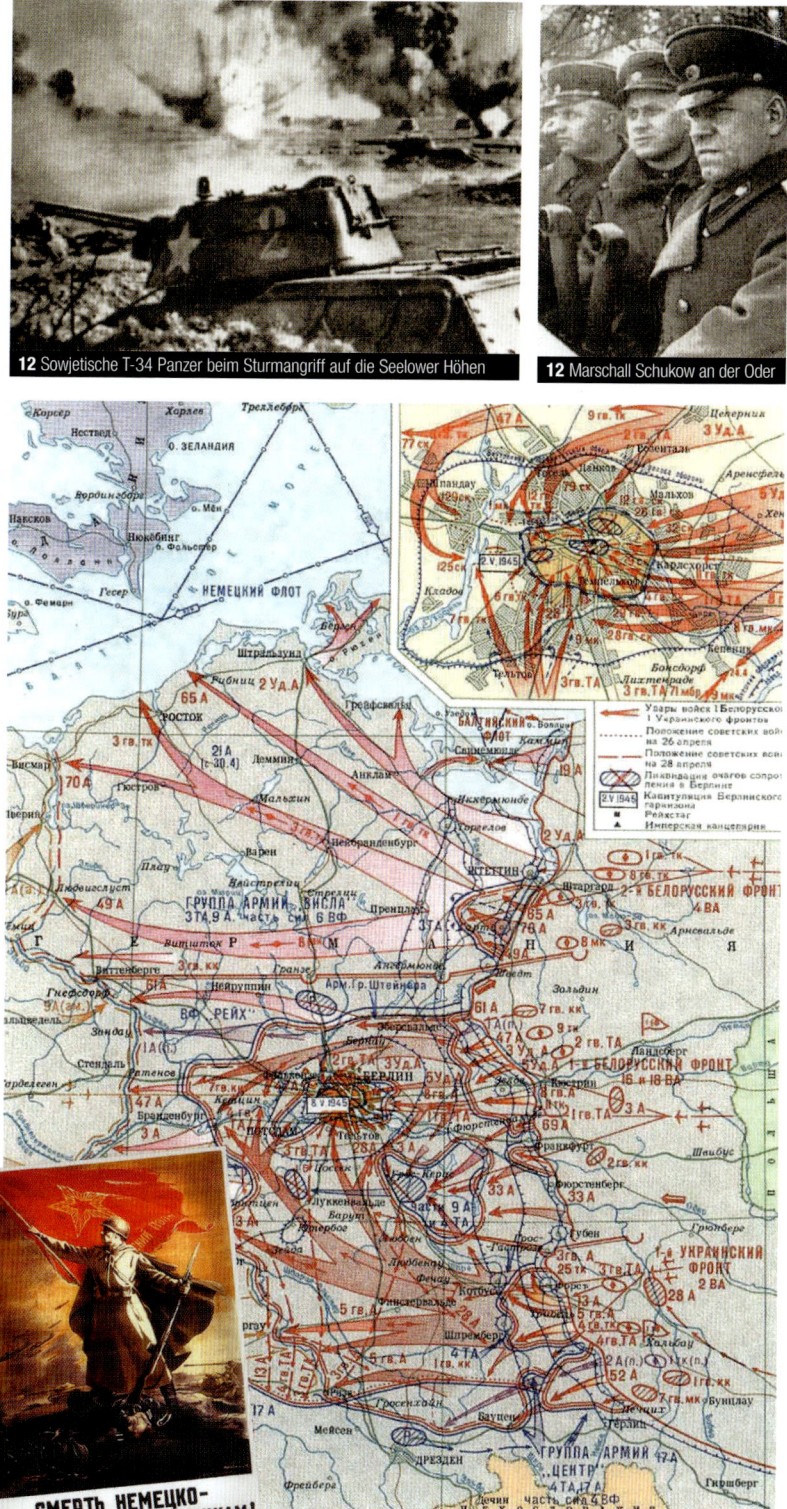

12 Sowjetische T-34 Panzer beim Sturmangriff auf die Seelower Höhen

12 Marschall Schukow an der Oder

UMLAND

Heinz Guderian (1888–1954) war der Vater des Blitzkriegs und Begründer der Panzertruppe als selbständiger Kampfverband. Er leitete u.a. den Generalstab des Heeres in Wünsdorf und optimierte ab 1943 mit >Albert Speer die Panzerproduktion. Nach dem >20. Juli 1944 sorgte er für die Auslieferung vieler Verschwörer an den Volksgerichtshof. Ab 1950 arbeitete Guderian für Konrad Adenauers »Amt Blank«, dem späteren Verteidigungsministerium.

13 Bunkerhaus der Siedlung »Maybach I«

Vom Halbmondlager zur Bunkerstadt

13 »Zeppelin« Hauptquartier des Oberkommandos des Heeres Rund 40 km südlich von Berlin wurde am Anfang des 20. Jahrhunderts ein kaiserlicher Truppenübungsplatz in Zossen-Wünsdorf angelegt. Während des 1. Weltkriegs internierte man auf dem militärischen Sperrgebiet rund 30.000 moslemische Kriegsgefangene im Lager »Weinberge« und im »Halbmondlager«. Sie stammten vorwiegend aus dem Russischen Reich sowie aus den britischen und französischen Kolonien in Afrika und Indien. Die Moslems sollten hier durch eine auffallend gute Behandlung überzeugt werden, als Verbündete mit dem Deutschen und Osmanischen Reich im »Heiligen Krieg« gegen die Entente-Mächte zu kämpfen. Deshalb errichtete man 1915 im Lager die erste Moschee auf deutschem Boden. Der Holzbau ist nicht mehr vorhanden, aber ein indischer Soldatenfriedhof in Zehrensdorf.

Nach Hitlers »Machtergreifung« wurde 1933 in Wünsdorf der erste Panzerverband aufgestellt. 1937 entstanden hier unter dem Decknamen »Zeppelin« umfangreiche Bunker für eine militärische Nachrichtenzentrale. Die Anlage zählt zu den größten ihrer Art in Deutschland und erstreckt sich unterirdisch über mehrere Etagen und schier endlose Tunnel. Darüber standen mit »Maybach I«

13 Verwitterter Lenin vor dem »Haus der Offiziere«

13 »Tresor des 20. Juli 1944«

und »Maybach II« (benannt nach dem damaligen Luxus-Autohersteller, der auch Panzermotoren lieferte) scheinbar normale Stabssiedlungen. Die mit Ziegeln ver-

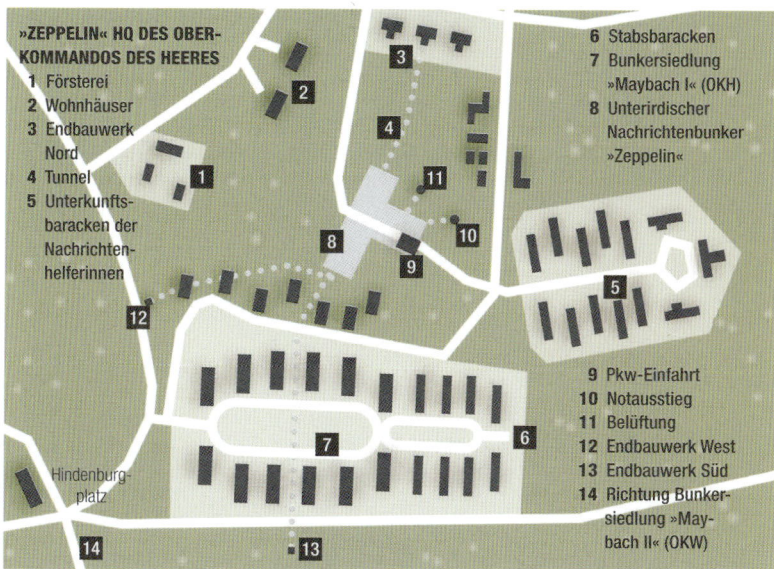

»ZEPPELIN« HQ DES OBERKOMMANDOS DES HEERES

1. Försterei
2. Wohnhäuser
3. Endbauwerk Nord
4. Tunnel
5. Unterkunftsbaracken der Nachrichtenhelferinnen
6. Stabsbaracken
7. Bunkersiedlung »Maybach I« (OKH)
8. Unterirdischer Nachrichtenbunker »Zeppelin«
9. Pkw-Einfahrt
10. Notausstieg
11. Belüftung
12. Endbauwerk West
13. Endbauwerk Süd
14. Richtung Bunkersiedlung »Maybach II« (OKW)

blendeten Häuser waren allerdings massiv armierte Bunker, die bis zu 9 m tief in die Erde reichen. 1939 bezogen das Oberkommando des Heeres (OKH) und der Wehrmacht (OKW) das neue Hauptquartier, um von

13 Tunnel zum Endbauwerk West

hier aus die Angriffskriege gegen halb Europa zu koordinieren. Die Anlage bot Hitlers Stabsplanern Schutz vor jeglicher Waffe, die im 2. Weltkrieg Verwendung fand. Hier arbeiteten neben dem Kommandeur der Panzerverbände >Heinz Guderian und Generalleutnant Friedrich Paulus, der das »Unternehmen Barbarossa« mitplante, auch Reinhard Gehlen (der spätere Gründer des Bundesnachrichtendienstes, BND), als Chef der Abteilung »Fremde Heere Ost«. In Wünsdorf waren zeitweise auch einige spätere Verschwörer des militärischen Widerstandes, wie Oberst Graf >Stauffenberg oder Admiral Wilhelm Canaris tätig. Heute steht vor dem Antiquariat Gutenberghaus der gesprengte »Tresor des 20. Juli«, in dem die Gestapo 1944 wichtige Unterlagen der Abwehr fand, die u.a. zur Verhaftung von Dietrich Bonhoeffer, Hans von Dohnanyi und General Hans Oster führten.

Von 1945 bis 1994 nutzten die sowjetischen Militärs die bereits von ihnen z.T. zerstörten Bunker und bauten die Anlage zu ihrem deutschen Hauptquartier aus, das im >Kalten Krieg eine eminent wichtige strategische Bedeutung für den Warschauer Pakt hatte. Heute sind große Teile des Areals frei zugänglich. In den alten Kasernen sind nun Wohnungen, die gesprengten Spitzbunker sind Abenteuerspielplätze. Einer der erhaltenen Winkeltürme (benannt nach dem Konstrukteur Leo Winkel) kann

13 Gesprengter Winkelturm

vom Garnisonsmuseum aus besichtigt werden. Kostenpflichtige Führungen durch die Bunker werden von sachkundigen Amateurhistorikern angeboten.

→ *Gutenbergstr. 1, Zossen (Wünsdorf) ⏲ Apr–Okt: Mo–Fr 14 Uhr, Wochenende/Feiertage 12, 14, 16 Uhr; Nov–Mär: Di–Fr 14 Uhr, Wochenende/Feiertage 13, 15 Uhr 🚆 Wünsdorf Waldstadt*

13 Moslemische Kriegsgefangene vor der Moschee des Halbmondlagers, ca. 1917

272 UMLAND

16 Patient Hitler in Beelitz, 1916

⑭ Gedenkturm Großbeeren

Bei Großbeeren erlebte die ausgezehrte Grande Armée Napoleon Bonapartes 1813 auf dem Rückweg vom fehlgeschlagenen Russlandfeldzug eine weitere Niederlage. Unter Führung von General Friedrich Wilhelm Bülow verhinderten preußische, russische und schwedische Truppen eine erneute Besetzung Berlins.

14 Bülow-Pyramide

An die siegreiche Armee Bülows erinnert eine Pyramide und der zum 100. Jahrestag der Schlacht errichtete, 32 m hohe Gedenkturm mit einem kleinen Museum. Von der Aussichtsplattform reicht der Blick gen Norden bis Berlin.
→ *Genshagener Str.* ⏲ *Mai–Sep: Sa 14–18 Uhr, jeden 1. und 3. So 15–18 Uhr* 🚆 *Großbeeren*

⑮ Heeresversuchsstelle Kummersdorf

Bis 1945 betrieb das Heer in Kummersdorf eine waffentechnische Versuchsanlage, dazu gehörte auch der Flughafen Sperenberg. In den streng geheimen unter- und oberirdischen Bunkern wurden alle möglichen Experimente betrieben und vor allem wissenschaftlich scharf geschossen. Ein gewisser Wernher von Braun vom >Raketenflugplatz Berlin tüftelte hier von 1932 bis zu seinem Umzug 1937 nach Peenemünde an der V2-Rakete. Im Rahmen von Hitlers »Uranprojekt« arbeitete eine andere Gruppe am Bau eines Atommeilers. Außerdem lagerten in einer Sammelstelle Beutestücke wie amerikanische, britische und sowjetische Panzer.
Zu den monströsesten Waffen, die in Kummersdorf erprobt wurden, zählte der von Ferdinand Porsche entwickelte, 188 Tonnen schwere Panzer »Maus« und das von Krupp gebaute Eisenbahngeschütz »Dora«. Mit der weltgrößten Kanone belagerte die Wehrmacht u.a. Sewastopol.

15 Eisenbahngeschütz »Dora« im eigens aufgebauten Gleisbett

In der DDR-Zeit war das Areal Sperrgebiet der »Gruppe der Sowjetischen Streitkräfte in Deutschland« (GSSD). Heute befindet sich vor Ort, neben Resten der alten Versuchsanlagen, das Historisch-Technische Museum Kummersdorf mit fahrbereiten Panzerfahrzeugen und vielem mehr. → *Museum: An der Försterwiese, Am Mellensee* ⏲ *Nach Absprache, Tel: 0173 364 93 84*

⑯ Heilstätten Beelitz

Der Gefreite Adolf Hitler ist der bekannteste Ex-Patient unter vielen namenlosen kranken und verwundeten Soldaten, die im 1. Weltkrieg und später – im von Hitler entfesselten – 2. Weltkrieg, hier behandelt wurden.

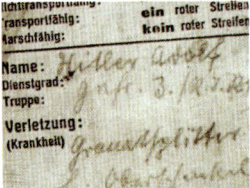

16 Hitlers Krankenzettel von 1916

Der Österreicher im bayerischen Militärdienst erlitt als Melder am 7. Oktober 1916 durch einen Granatsplitter eine schwere Verletzung am linken Oberschenkel. Am 9. Oktober traf er mit dem Lazarettzug in den Heilstätten Beelitz ein und blieb bis zum 4. Dezember, im März 1917 kehrte Hitler genesen an die Front in Flandern zurück.
Der weitläufige Krankenhaus-Komplex, südlich von Potsdam, ist 1902 ursprünglich als Arbeiter-Lungenheilstätte eröffnet worden. Nach dem Niedergang des »Dritten Reiches« nutzten die sowjetischen Truppen die Klinik bis zu ihrem Abzug 1994. Der abgesetzte und krebskranke SED-Chef der DDR >Erich Honecker und seine Frau Margot wohnten hier 1990/91 einige Monate auf exterritorialem Gebiet, bevor sie in Moskau Asyl erhielten.
Das verwunschene Architektur-

OLYMPISCHES DORF (1936)
1 Empfangsgebäude (Zoll, Presse, Post, Bank, Gepäck)
2 Gaststätte
3 Hindenburghaus
4 Bastion
5 Thingplatz
6 Jesse-Owens-Haus
7 Speisehaus
8 Schwimmhalle
9 Sportplatz
10 Sporthalle
11 Kommandantenhaus
12 Finnische Sauna
13 Waldsee
14 Märchenwald
15 Tor
16 Richtung Berliner Olympiastadion

Hamburger Chaussee

ensemble steht größtenteils leer und ist trotz Denkmalschutz leider lange dem Verfall und Vandalismus überlassen worden. Die morbide Ausstrahlung des Ortes ist besonders bei Filmcrews beliebt: »Männerpension« (1996), »Der Pianist« (2002), »Operation Walküre« (2008). Führungen über das Gelände sind nach Voranmeldung möglich. → *Poststr. 16, Beelitz* ⏱ *Führungen, Tel: 033 204-391 55*

17 Hindenburghaus

17 Olympisches Dorf Für die 1936 in Berlin ausgetragenen Olympischen Sommerspiele erbaute Architekt Werner March 1934–36 etwa 20 km westlich des ›Reichssportfeldes das Olympische Dorf. Ein Busdienst brachte die Athleten aus aller Welt zum ›Olympiastadion. Die über 150 Gebäude in einer idyllischen Parklandschaft waren von Anfang an für eine spätere militärische Nutzung vorgesehen. Zu der, für die damalige Zeit sehr modernen, Anlage gehören u.a. das elliptische Speisehaus der Nationen, das Hindenburghaus, eine Schwimm- und Sporthalle sowie eine finnische Sauna. Die einzelnen Bauten trugen Namen deutscher Städte und waren geografisch entsprechend zugeordnet. Nach 1936 zog dort die Wehrmacht ein. Das gesamte Areal gehörte nun zu dem südlich gelegenen Truppenübungsplatz in der Döberitzer Heide. Es war eines der größten Schulungszentren von Infanterie und Luftwaffe. Nach der Niederlage des NS-Reiches 1945 belegten die sowjetischen Streitkräfte die Objekte bis zu ihren Abzug 1992. Sie hinterließen ein unwirtliches Areal mit später hinzugefügten, jetzt verfallenden Plattenbauten. Durch eine Initiative der DKB-Stiftung wurden bereits einige Gebäude des Olympischen Dorfes renoviert. Dazu gehört auch das Haus, in dem der legendäre farbige Athlet ›Jesse Owens 1936 wohnte.

17 Jesse Owens mit olympischen Gold und Eichenlaubkranz

Das Gelände kann auf eigene Faust oder unter sachkundiger Führung besichtigt werden. Die Döberitzer Heide ist heute eine riesige, mit Unterstützung der Heinz-Sielmann-Stiftung unter-

17 Jesse Owens Zimmer

haltene Naturlandschaft, auf der sogar Bisons zwischen alten Bunkern grasen. → *Rosa-Luxem-burg-Allee 70, Wustermark (Elstal)* ⏱ *Apr–Okt: Mo–Fr 10–16, Sa, So 10–17 Uhr*

INDEX

17. Juni 1953 **62**
17. Juni (Straße) **149**
20. Juli 1944 **155**

A

Adlon (Hotel) **16**
Admiralspalast **72**
AEG-Werk **222**
»Ahawah« (Jüdisches Kinderheim) **110**
Akademie der Künste **15**
Akzisemauer **59**
Alexanderplatz **106**
Alliierten-Museum **208**
Alliierter Kontrollrat **169**
Alliiertes Kriegsverbrechergefängnis (Spandau) **214**
Alte Nationalgalerie **102**
Alte Reichskanzlei **31**
Alter Fritz (Bio) **80**
Alter St.-Matthäus-Kirchhof **250**
Altes Museum **101**
Ampelmännchen **239**
»Angriff«-Haus **56**
Anhalter Bahnhof **57**
Anne-Frank-Zentrum **108**
»Arbeit macht frei« **260**
Auswärtiges Amt **30**
AVUS **200**
Axel-Springer-Haus **68**

B

Bahnhof Friedrichstraße **72**
Baker, Josephine **162**
Ballhaus Clou **56**
Bauakademie **88**
Bauhaus-Archiv **158**
Behrens, Peter (Bio) **222**
Belle-Alliance-Platz **69**
Bellevue (Schloss) **167**
Bendlerblock (Gedenkstätte Deutscher Widerstand) **154**
Berber, Anita (Bio) **161**
»Berlin Brigade« **208**
»Berlin Infantry Brigade« **195**
Berlin Story Bunker **57**
Berliner Dom **103**
Berliner Ensemble **73**
Berliner Luftbrücke **246**
Berliner Mauer (Gedenkstätte) **224/226**
Berliner Mauerweg **224**
Berliner Stadtschloss **94**
Berliner Unterwelten-Museum **221**
Bernauer Straße **228**
Bernhard, Aktion **261**
Biermann, Wolf (Wohnhaus) **113**
Bierpinsel **251**
Bismarck, Otto von (Bio) **28**
Blindenwerkstatt Otto Weidt **108**
Bode-Museum **103**
Bogensee (Waldhof) **265**
Bohley, Bärbel (Bio) **232**
Bombenkrieg **136**
Bornholmer Straße (Grenzübergang) **219**
Borsig-Werke **219**
Botschaft Dänemarks **152**
Botschaft der Russischen Föderation **78**
Botschaft der Schweiz (Schweizerische Botschaft) **24**
Botschaft der USA **14**
Botschaft des Vereinigten Königreichs **30**
Botschaft Frankreichs **17**
Botschaft Italiens **153**
Botschaft Japans **152**
Botschaft Jugoslawiens (Gesandtschaft) **152**
Botschaft Spaniens **152**
Brandenburger Tor **12**
Braun, Wernher von **218**
Brecht-Weigel-Gedenkstätte **113**
Breker, Arno (Atelier) **207**
Britischer Soldatenfriedhof Heerstraße **197**
Bundesdruckerei **71**
Bunkerstadt (Zossen-Wünsdorf) **270**
Bücherverbrennung **81**

C

Café Kranzler **161**
Canisius-Kolleg **152**
Carinhall **266**
Charité **114**
Checkpoint Charlie **66**
Chiffriermaschinen AG **253**
Clay, Lucius D. (Bio) **209**

D

DDR-Museum **99**
Denkmal für die ermordeten Juden Europas **26**
Denkmal für die im Nationalsozialismus ermordeten Sinti und Roma **25**

Hitler im Lustgarten 1938

Denkmal für die im Nationalsozialismus verfolgten Homosexuellen **25**
Denkmal zur Erinnerung an die Bücherverbrennung **81**
Deutsch-Russisches Museum **236**
Deutsche Kinemathek **61**
Deutsche Versuchsanstalt für Luftfahrt **242**
Deutsches Historisches Museum (DHM) **87**
Deutsches Sportforum **195**
Deutsches Technikmuseum **59**
Deutschlandhaus **59**
Dietrich, Marlene (Bio) **252**
Dietrich, Sepp **254**
Diskontobank **159**
Dokumentationszentrum NS-Zwangsarbeit **241**
Dorotheenstädtischer Friedhof **113**
Dreilinden (Grenzübergang) **211**
Dschugaschwili, Jakow **261**
Dutschke, Rudi (Tatort) **204**

E

Eagle Square **244**
East Side Gallery **240**
Ebert, Friedrich **20**
Edison-Höfe **115**
Eichmann, Adolf (Bio) **212**
»Eichmannreferat« **158**
Eicke, Theodor (Bio) **260**
Einstein, Albert (Wohnung) **252**
Eisernes Kreuz **86**
Elser, Georg (Denkzeichen) **35**
»Emil und die Detektive« **160**
Enigma **253**
»Entartete Kunst« (Depot) **240**
Erinnerungsstätte Notaufnahmelager Marienfelde **255**
Ernst-Reuter-Haus **151**
Europahaus **59**
Euthanasie-Zentrale **157**
Exklave Steinstücken **211**

F

Fall X **177**
Fasanenstraße (Synagoge) **162**
FDJ (Jugendhochschule) **265**
Fechter, Peter (Denkmal) **67**
Fernsehturm **106**
Fichte-Bunker **247**
Finanzamt Charlottenburg **204**
Flakturm Friedrichshain **239**
Flakturm Humboldthain **220**
Flakturm Zoo **151**
Flughafen Gatow **214**
Flughafen Tempelhof **244**
»Forces Françaises à Berlin« **216**
Forschungs- und Gedenkstätte Normannenstraße **233**
Freie Deutsche Jugend **228**
Friedhof Schöneberg III **252**
Friedrich der Große (Bio) **80**
Friedrich der Große (Reiterstandbild) **80**
Friedrich II. (Bio) **80**
Fromms Act Gummiwerke **243**
Funkturm **201**
»Führerbunker« **40/42**
»Führerpalast« **131**
Führungsbunkers des Ministers für die Nationale Verteidigung der DDR **267**
Fürstenwalde (Reichsautobahn-Tankstelle) **267**

G

Gedenkstätte Berlin-Hohenschönhausen **232**
Gedenkstätte Berliner Mauer **224/226**
Gedenkstätte der Sozialisten **236**
Gedenkstätte Deutscher Widerstand **154**
Gedenkstätte Haus der Wannsee-Konferenz **212**
Gedenkstätte Köpenicker Blutwoche Juni 1933 **243**
Gedenkstätte Plötzensee **216**
Gedenkstätte Stille Helden **108**
Gedenkstätte/Museum Seelower Höhen **268**
Gedenkturm Großbeeren **272**
Gefängnis Rummelsburg **237**
Generalbauinspektion für die Reichshauptstadt Berlin **15**
Generalinspektion für das Straßenwesen **14**
Gesandtschaft Jugoslawiens **152**
Geschichtspark Zellengefängnis Moabit **115**
Gestapo-Zentrale **53**
Gethsemanekirche **229**
»Gleis 17«, Mahnmal **204**
Glockenturm **191**
Goebbels, Joseph (Bio) **46**
Goebbels, Joseph (Stadtvilla) **27**
Goldene Zwanziger Jahre **164**
Goldschlag, Stella (Bio) **56**
Gorbatschow, Michail (Bio) **184**
Göring, Hermann (Bio) **50**
Göring, Hermann (Chronik) **266**
»Gottbegnadetenliste« **207**
Grenzturm Leipziger Platz **63**
Grenzübergang Bornholmer Straße **219**
Grenzübergang Dreilinden **211**
Grenzübergang Invalidenstraße **114**
Grenzübergänge **66**
Großbelastungskörper **248**
Große Halle **132**
Großes Becken **133**
Guderian, Heinz (Bio) **270**
Guttenberg, Karl Ludwig Freiherr von und zu **115**

H

Halbmondlager **270**
Hamburger Bahnhof **114**
Hansaviertel **166**
Hauptbahnhof **115**
»Haus 21. April 1945« **236**
Haus der Flieger **51**
Haus der Kulturen der Welt **167**
Haus der Wannsee-Konferenz (Gedenkstätte) **212**
Haus des Rundfunks **201**
Haus Schwarzenberg **108**
Haus Vaterland **61**
Heeresversuchsstelle Kummersdorf **272**
Heilstätten Beelitz **272**
Heinkel Flugzeugwerke **263**
Heinrich, George (Villa) **213**
Heinrici, Gotthard (Bio) **268**
Henselmann, Hermann (Bio) **238**
Heydrich, Reinhard **52, 55**
Himmler, Heinrich (Bio) **53**
Hindenburg, Paul von (Bio) **118**
Hitler, Adolf (Bio) **40**
Hitler, Alois (Gaststätte »Alois«) **159**
Hitlerjugend (Reichsjugendführung) **197**
Hochbunker Pallasstraße **169**
Hoher Orden vom Schwarzen Adler **94**
Holocaust **121**
Holocaust-Denkmal **26**
Homosexuellen-Denkmal **25**
Honecker, Erich (Bio) **98**

Honecker-Bunker **267**
Hotel Adlon **16**
Hotel de Rome **81**
Hotel Esplanade **63**
Hotel Kaiserhof **47**
Hubertusstock (Jagdschloss) **266**
Humboldt, Gebrüder **78**
Humboldt-Universität **79**

I

IG Farben, Verwaltungssitz der **19**
Insel Schwanenwerder **210**
Institut für Sexualwissenschaft **167**
Internationales Pressezentrum der DDR **89**
Invalidenfriedhof **223**

J

Jagdschloss Hubertusstock **266**
Jugendhochschule der FDJ **265**
Justizvollzugsanstalt Moabit **167**
Jüdische Knabenschule **110**
Jüdischer Friedhof Mitte **109**
Jüdischer Friedhof Weißensee **231**
Jüdisches Berlin **110**
Jüdisches Kinderheim »Ahawah« **110**
Jüdisches Krankenhaus Berlin **219**
Jüdisches Museum **71**

K

KaDeWe **160**
Kaiser-Wilhelm-Gedächtniskirche **161**
Kaiser-Wilhelm-Gesellschaft **208**
Kaiserhof (Hotel) **47**
Kalter Krieg **170**
Kapelle der Versöhnung **228**
Karl-Marx-Allee **238**
Karstadt Hermannplatz **247**
Kaserne der Leibstandarte SS »Adolf Hitler« **254**
Kästner, Erich **160**
Kaufhaus Wertheim **65**
Kempinski, Berthold (Bio) **60**
Kennedy, John F. **18/251**
Kennedys, The (Museum) **110**
Kranzler, Café **161**

Kremser, Simon (Bio) **59**
Kreuzberg-Denkmal **248**
Krolloper **24**
Krupp, Verwaltung **152**
Kummersdorf (Heeresversuchsstelle) **272**
Kunsthaus Tacheles **111**
KZ Columbia **247**
KZ Gedenkstätte Sachsenhausen **260**
KZ Oranienburg **264**

L

Leander, Zarah (Villa) **206**
Lehrter Bahnhof **115**
Leibstandarte SS »Adolf Hitler« (Kaserne) **254**
Leipziger Platz **63**
Fasanenstraße (Synagoge) **162**
Liebermann, Max (Haus) **18**
Liebermann, Max (Villa) **213**
Liebknecht, Karl (Tatort) **151**
»Liste der Gottbegnadeten« **207**
Litfaßsäule **109**
Luftbrücke **246**
Lustgarten **100**
Luxemburg, Rosa (Tatort) **151**

M

Mahnmal »Gleis 17« **204**
Maifeld **191**
Martin-Gropius-Bau **51**
Martin-Luther-Gedächtniskirche **250**
Marx-Engels-Forum **98**
Marx, Karl (Allee) **238**
Mauerweg **224**
Maxim-Gorki-Theater **81**
Messegelände **201**
Meyer's Hof **222**
Mielke, Erich (Bio) **234**
Militärhistorisches Museum Flugplatz Berlin-Gatow **214**
Ministergärten **26**
Ministerium für Staatssicherheit **234/235**
Moltke, Helmuth Karl Bernhard von (Bio) **148**
Montagsdemonstrationen **185**
Museum Blindenwerkstatt Otto Weidt **108**
Museum für Film und Fernsehen **61**
Museum für Kommunikation **47**
Museum für Naturkunde **115**

Museum Haus am Checkpoint Charlie **67**
Museum »The Kennedys« **110**
Museumsinsel **100**
Müller, Heinrich (Bio) **52**

N

Napoléon (Quartier) **216**
Nelson-Theater **162**
Neue Nationalgalerie **158**
Neue Reichskanzlei **34/36**
Neue Synagoge **111**
Neue Wache **86**
Neues Museum **101**
Nofretete **102**
Nord-Süd-Achse **127**

O

Oberbaumbrücke **239**
Ohnesorg, Benno (Tatort) **166**
Olympiaglocke **190**
Olympiastadion **191**
Olympische Spiele **192**
Olympisches Dorf **273**
Organisation Todt, Sitz der **69**
Ost-West-Achse (Straße des 17. Juni) **149**
Owens, Jesse (Bio) **190**

P

Palast der Republik **94**
Pallasbunker **169**
»Parlament der Bäume« **23**
Pascha, Talât (Tatort) **162**
Pergamonmuseum **102**
Peter-Fechter-Denkmal **67**
Plötzensee (Gedenkstätte) **216**
Polizeipräsidium Alexanderplatz **107**
Postfuhramt **111**
Potsdamer Platz **60**
Preußen **92**
Preußisches Abgeordnetenhaus **51**
Prinz-Albrecht-Gelände **52**

Q

Quadriga **12**
Quartier Napoléon **216**

R

Raketenflugplatz Berlin **218**

278 INDEX

Rathaus Köpenick **243**
Rathaus Schöneberg **251**
Reichsautobahn-Tankstelle Fürstenwalde **267**
Reichsbahnbunker **112**
Reichsbank **89**
Reichsführung der SS **54**
Reichsjugendführung der Hitlerjugend **197**
Reichskanzlei, Alte **31**
Reichskanzlei, Neue **34/36**
Reichskriegsgericht **197**
Reichsluftfahrtministerium **48**
Reichsmarschallamt **131**
Reichsministerium für Rüstung und Kriegsproduktion **14**
Reichsministerium für Volksaufklärung und Propaganda **46**
Reichssicherheitshauptamt **55**
Reichssportfeld **190**
Reichstag **20**
Reichstagsbrand **119**
Reichstagspräsidentenpalais **22**
Reuter, Ernst (Bio) **174**
RIAS **253**
Riefenstahl, Leni (Villa) **206**
Rohe, Ludwig Mies van der **158**
Rohe, Mies van der (Haus) **233**
Rohe, Mies van der (Hochhaus) **73**
Romanisches Café **160**
Rosemeyer, Bernd (Bio) **200**
Rosenstraße **99**
Rotes Rathaus **99**
Rummelsburg (Gefängnis) **237**
Rühmann, Heinz (Villa) **210**

S

Salon Kitty **163**
Sass, Gebrüder **159**
S-Bahnhof Potsdamer Platz **63**
Schadow, Johann Gottfried (Wohnhaus) **79**
Scheunenviertel **108**
Schinkel, Karl Friedrich (Bio) **88**
Schinkelmuseum **88**
Schlacht um Berlin **136**
Schloss Bellevue **167**
Schloss Friedenthal **262**
Schloss Harnekop **267**
Schmid-Ehmen, Kurt **34**
Schukow, Georgi K. (Bio) **136**
Schwanenwerder (Insel) **210**
Schweizerische Botschaft **24**
Seelower Höhen (Gedenkstätte/Museum) **268**

SED-Haus **107**
SED-Siedlung Pankow **230**
Shell-Haus **157**
Siegessäule **148**
Siemensstadt **215**
Skorzeny, Otto **262**
Soldatenhalle **131**
Sowjetisches Ehrenmal Schönholzer Heide **230**
Sowjetisches Ehrenmal Tiergarten **24**
Sowjetisches Ehrenmal Treptow **237**
Sowjetisches Speziallager **260**
Sozialverwaltung der jüdischen Gemeinde **99**
Spandau (Alliiertes Kriegsverbrechergefängnis) **214**
Speer, Albert (Bio) **125**
Speer, Albert (Villa) **209**
Sportpalast **169**
Springer, Axel (Haus) **68**
SS (Reichsführung) **54**
SS (Schutzstaffel) **53**
SS-Kameradschaftssiedlung **207**
SS-Wirtschafts- und Verwaltungshauptamt **254**
Staatsoper Unter den Linden **79**
Staatsratsgebäude **98**
Stadtschloss **94**
Stalinallee **238**
Stasi **56/233/234**
Stasimuseum Berlin **233**
Stauffenberg, Claus Schenk Graf von (Bio) **154**
Ständige Vertretung der BRD bei der DDR **112**
Stettiner Bahnhof **224**
Stille Helden (Gedenkstätte) **108**
Straße des 17. Juni **149**
Stresemann, Gustav (Bio) **31**
Südbahnhof **130**
Synagoge Fasanenstraße **162**
Synagoge Levetzowstraße, Mahnmal **166**

T

Tamms, Friedrich (Bio) **220**
Technikmuseum **59**
Telefunken-Werk **255**
Temmler-Werke **242**
Teufelsberg **196**
Theater des Westens **162**
Todt (Organisation) **69**
»Topographie des Terrors« **52**

Trabant (Trabi) **184**
Tränenpalast **72**
»Tresor« **65**
Triumphbogen **130**
»Tunnel 29« **228**

U

U-Bahnstation Mohrenstraße **47**
Ufa-Palast am Zoo **161**
Uhse, Beate **14**
Ulbricht, Walter (Bio) **175**
Ullsteinhaus **68**
Umlauftank **166**
United States Army Berlin Brigade, Hauptquartier der **208**
Unité d'habitation **196**
Unter den Linden **74–87**

V

V2-Rakete **218**
Victoria-Speicher Block I, Depot »Entartete Kunst« **240**
Volksgerichtshof **169**

W

Waldbühne **195**
Waldhof am Bogensee **265**
Waldsiedlung Wandlitz **264**
»Walküre«, Operation **155**
Wandlitz (Waldsiedlung) **264**
Wannsee-Konferenz **212**
Weidt, Otto (Blindenwerkstatt-Museum) **108**
Weinhaus Huth **61**
»Weisse Kreuze« **23**
Welthauptstadt Germania **124**
Wertheim, Kaufhaus **65**
Wilhelm II., Kaiser (Bio) **95**
Wilhelmstraße **28/29**
Winkelturm RAW **240**
»Wofasept« **240**
»Wunden der Erinnerung« **157**

Z

Zentrum »Flucht, Vertreibung, Versöhnung« **59**
»Zeppelin«, Hauptquartier des Oberkommandos des Heeres (Zossen-Wünsdorf) **270**
»Zigeuner« (Denkmal) **25**
Zionskirche **229**
Zoobunker **151**
Zuse, Konrad (Wohnhaus) **250**

IMPRESSUM 279

PastFinder

3. Auflage MMXVI
© MMXVI PastFinder®

ISBN 978-988-9978-80-8

PastFinder
Brend'amourstraße 31
40545 Düsseldorf
Deutschland

 info@pastfinder.de

 PastFinder.de

Konzeption, Art Direction, Produktion, Fotografie, Illustration, Kartographie: Maik Kopleck, Brigitte Staab

Lektorat: Dr. Robert Kuhn
Senior Adviser: Hans Höfer

DRUCK
BALTO print

DIESES Buch, einschließlich aller seiner Teile, ist urheberrechtlich geschützt. Vervielfältigungen, Übersetzungen, Mikroverfilmungen sowie die Einspeicherung und Verarbeitung in elektronischen Systemen bedürfen der schriftlichen Zustimmung des Verlages.

PastFinder® ist ein eingetragenes Markenzeichen.

Die Informationen in diesem Stadtführer stammen aus zuverlässigen Quellen; für ihre Vollständigkeit und Richtigkeit können wir jedoch keine Haftung übernehmen. Bewertungen von Sehenswürdigkeiten, Personen oder historischen Ereignissen geben die Sicht der Autoren wieder.

*Maik Kopleck (*1975)*
Kommunikationsdesign-Studium an der Fachhochschule Düsseldorf, Art Director für die BBDO-Werbeagentur, freier Fotograf in San Francisco. Begründete 2001 in Berlin als Ein-Mann-Verlag die PastFinder-Reiseführer-Reihe. Arbeitet als Designer, Fotograf, vielfacher Autor und Verleger in Düsseldorf, Berlin und Singapur.

*Vilibald P. Barl (*1938)*
Erkundet Berlin (und andere Metropolen der Welt) seit Jahrzehnten in unregelmässigen Zeitabständen. Jahrelang prägte seine Handschrift die Publikationen der weltweit erfolgreichen APA-Guides aus Singapur. Den praxiserfahrenen Kommunikations-Design-Veteranen und Hochschullehrer interessiert auch jüngere Geschichte und Politik. Barl lebt und arbeitet in Düsseldorf und anderswo.

LITERATUR (Auswahl)
Benz, Wolfgang: Enzyklopädie des Nationalsozialismus, München 2001

Kopleck, Maik: PastFinder Berlin 1933–1945, Berlin 2004

Kopleck, Maik: PastFinder Berlin 1945–1989, Düsseldorf 2011

Reichhardt, Hans J.; Schäche, Wolfgang: Von Berlin nach Germania, Berlin 1998.

Wörner, Martin u.a.: Architekturführer Berlin, Berlin 2011

INTERNET (Auswahl)
berlin.de
berliner-mauer-dokumentationszentrum.de
gdw-berlin.de
ns-gedenkstaetten.de
shoa.de
stiftung-bg.de
topographie.de
stadtentwicklung.berlin.de
wikipedia.org

FOTOGRAFIEN
Alle Fotografien, Karten und Illustrationen, die nicht explizit im Bild ausgewiesen sind, stammen aus dem Archiv des Verlages bzw. von PastFinder Images oder Maik Kopleck. Einzelne Fotografien stammen aus dem Archiv der Autoren. Trotz großer Bemühungen konnten in vereinzelten Fällen die Rechteinhaber nicht ermittelt werden.

FOLLOW PASTFINDER

 Twitter

 Flickr

 Tumblr

 YouTube

Weitere Publikationen aus der PastFinder-Reihe:

PASTFINDER (14,90 EUR)

**PastFinder Berlin
(Jubiläums-Edition)**
ISBN 978-988-9978-80-8

PastFinder Berlin 1933–1945
ISBN 978-3-86153-326-9

PastFinder Berlin 1945–1989
ISBN 978-988-9978-81-5

PastFinder Düsseldorf
ISBN 978-988-99780-5-1

PastFinder Hamburg
ISBN 978-3-00-020331-2

PastFinder München
ISBN 978-3-86153-354-2

PastFinder Nürnberg
ISBN 978-3-00-020329-9

PastFinder Obersalzberg
ISBN 978-3-86153-355-9

PastFinder Amsterdam
ISBN 978-988-9978-78-5

PastFinder Wien
ISBN 978-988-9978-77-8

PASTFINDER ZIKZAK
(5,90 EUR)

PastFinderZIKZAK Berlin
ISBN 978-988-99780-2-0

PastFinderZIKZAK Dresden
ISBN 978-988-99780-7-5

PastFinderZIKZAK Frankfurt
ISBN 978-988-99780-6-8

PastFinderZIKZAK Köln
ISBN 978-988-99780-4-4

PastFinderZIKZAK Leipzig
ISBN 978-988-9978-66-2

PastFinderZIKZAK München
ISBN 978-988-99780-3-7

PastFinderZIKZAK Potsdam
ISBN 978-988-99780-9-9

PastFinderZIKZAK Ruhrgebiet
ISBN 978-988-9978-65-5

PASTFINDER PLAKATE
(14,90 EUR; DIN A2)

Die Große Halle
ISBN 978-3-00-020333-6

Die Adler der Deutschen
ISBN 978-3-00-0203332-9

PastFinder.de

PastFinder BERLIN APP

Vom Kaiser über Hitler bis zum Mauerfall: Mehr als 200 Sehenswürdigkeiten, 1200 historische und aktuelle Fotos, Infografiken, GPS-Karten, intuitive Navigation und vieles mehr. — **HISTORY AT YOUR FINGERTIPS**™